航运市场学

徐万海　白彦壮　周丽丹　主编

天津大学出版社
TIANJIN UNIVERSITY PRESS

图书在版编目(CIP)数据

航运市场学 / 徐万海，白彦壮，周丽丹主编. —天津：天津大学出版社，2023.10
“双一流”高校建设“十四五”规划系列教材
ISBN 978-7-5618-7550-6

Ⅰ. ①航… Ⅱ. ①徐… ②白… ③周… Ⅲ. ①航运市场—高等学校—教材 Ⅳ. ①F560.8

中国国家版本馆CIP数据核字（2023）第126593号

出版发行	天津大学出版社
地　　址	天津市卫津路92号天津大学内（邮编：300072）
电　　话	发行部：022-27403647
网　　址	www.tjupress.com.cn
印　　刷	北京盛通印刷股份有限公司
经　　销	全国各地新华书店
开　　本	787mm×1092mm　1/16
印　　张	21.5
字　　数	483千
版　　次	2023年10月第1版
印　　次	2023年10月第1次
定　　价	59.00元

前 言

航运业是世界经济发展的基础产业，是全球经济不可替代的组成部分，为国民经济、对外贸易、社会发展提供重要支撑。目前，中国已经成为世界上最具有影响力的航运大国，正向航运强国稳步迈进。

随着国际航运经济的快速发展与工业革命的持续推进，国际社会对航运人才的培养提出了更高要求。航运经济涉及港口物流、海洋运输、市场经济等各个范畴，决定了航运知识的复杂性和丰富性；航运市场日新月异、瞬息万变，决定了航运知识的多变性。因此，覆盖航运、经济等知识且具有时效性的《航运市场学》教材的编写是非常迫切的。

编者在多年从事教学和科研工作的过程中进行了大量的调查研究，在编写本书时还参阅了国内外相关的教科书与研究成果，力求结合最新的理论、数据和航运市场的变化，不断总结、改进和完善。

全书共七章。第一章为绪论，讲述了水路运输的历史、航运的特点与作用、航运的现状与未来趋势；第二章为航运市场的经济学分析，包括航运市场的需求分析、供给分析、供求状态分析和周期分析；第三章为航运市场的概念与分类，讲述了航运市场的概念与功能，阐述了航运市场的形态，详细介绍了干散货航运市场、集装箱航运市场、油船航运市场和其他相关航运市场；第四章为航运市场运价，介绍了航运成本及其影响因素，重点讲述了航运运价的影响因素、制定方法和调整策略，还介绍了班轮运价与航运运价指数；第五章为航运市场营销策略，从航运的角度介绍了航运市场的营销环境、客户购买行为、竞争战略分析、产品策略和营销管理；第六章为国际航运中心，包括国际航运中心的概念、全球主要国际航运中心和国际航运中心发展新模式；第七章为航运政策与航运组织，包括航运政策概述、国际航运公约、国际航运组织和国际航运协会与机构。

本书由徐万海负责全书纲领框架的制定。具体的分工为徐万海负责第一章至第四章的编写，白彦壮负责第五章的编写，周丽丹负责第六章至第七章的编写。全书由周丽丹统稿。

本书可作为高等院校船舶与海洋工程专业、海运经济与管理专业、外贸运输专业、运输经济管理专业、国际经济贸易专业和物流管理专业本科生、研究生的专业课程教学用书，也可作为航运业、物流业从业人员自学或培训参考用书。

本书在撰写过程中参考了大量的文献资料、专业数据、同类教材，在此一并对相关作者表达真挚的谢意。同时，感谢天津大学出版社给予的大力支持与帮助。

因时间与水平有限，书中若有错误与疏漏之处，恳请读者与专家给予批评指正。

编者

2023 年 3 月 1 日

目录
CONTENTS

139

第四章
航运市场运价

201

第五章
航运市场营销策略

271

第六章
国际航运中心

Chapter 1

第一章
绪论

第一节　水路运输的历史

与生俱来的好奇心，促使人类拥有跨越江河、湖泊甚至大海，探索新天地的强烈愿望，推动人类的祖先发明了木筏、独木舟等一系列水上交通工具，并发明了帆，以借助风的力量推动前进。随着认识的进步，人们发现仅仅靠风驱动是不够的，因此又发明了桨。人们把帆、桨装在独木舟上，打造出最原始的帆船。

水路运输是以船舶为主要运输工具、以港口或港站为运输基地、以水域（包括海洋、河流和湖泊）为运输活动范围的一种运输方式。水路运输是目前主要运输方式中兴起最早、历史最悠久的一种运输方式，其技术经济特征是载重量大、成本低、投资少，但其灵活性不强，连续性也较差，更适于大宗、低值、笨重货物和各种散装货物的中长距离运输（特别是海运），如外贸货物的进出口运输。目前，水路运输仍是世界很多国家非常重要的一种运输方式。

一、运输船舶发展史

人类使用船舶作为运输工具的历史几乎与人类文明史一样悠久。从远古独木舟一直到现代运输船舶，船舶的发展经历了四个时代：舟筏时代、帆船时代、蒸汽机船时代和柴油机船时代。

（一）舟筏时代

人类以舟筏作为运输、狩猎和捕鱼的工具，最早起源于石器时代。据鉴定，1956年在浙江出土的古代木桨为四千年前新石器时代的遗物，这说明舟筏的历史可以追溯到史前时期。原始人类通过石斧砍劈或火烧将巨大的树干制成中空的独木舟，这是最古老的水上运输工具。独木舟的踪迹遍布全世界，目前，南美洲和南太平洋群岛的居民仍使用独木舟作为生产和交通工具。远古人类将树干、竹竿、芦苇等捆扎成筏，用兽皮做成皮筏，以在水上漂行。筏较独木舟吃水浅，航行更加平稳，且取材更加方便，制造更加简易。在中国东南山区溪流中，竹筏的应用仍然相当普遍。

进入青铜时代以后，随着木材加工能力的提高，人类可以将原木加工成木板，再将木板平接或搭接为船壳，在其内部用板和框架增加强度，形成若干舱室，最终将木材加工成木板船。木板船比独木舟大，性能比筏更好。早期的木板船，板与板之间、板与框架之间用纤维绳或皮条绑缚，后来通过铜钉或铁钉连接。板与板之间还用麻布、油灰捻缝，以达到水密效果。

舟筏时代的船舶是靠人力来推进和操纵的，所用的工具为桨、篙和橹。桨不受水域深度和广度的限制，在地中海区域应用极为广泛。篙可以直接触及水底和河岸，使用轻便，主要用于浅水航道。橹是比桨先进的划船工具，效率高而不占水面，兼具推进和控制航向的功能，在中国内河木船上广泛使用。

在14世纪之前的初始航海阶段，古代世界的航行一直局限在东部地中海区域，航海民族以埃及人、地中海海域的腓尼基人、北欧海域的维京人、印度洋海域的阿拉伯人最为著名。他们在地中海区域从事海上贸易，为了争霸地中海，经常发动海上战争。

1. 古埃及的航海贸易

公元前4000年前后，古埃及在地中海与克里特岛之间存在贸易活动。公元前2500年左右，古埃及人驾驶桨帆船沿地中海的东岸行进，从西奈半岛运回砂岩、铜矿石，从黎巴嫩、叙利亚运回橄榄油和贵重的雪松。尼罗河是古埃及发展水上航行的第一条大河。因洪水原因，古埃及只有极少的道路，古埃及人最便利的出门方式就是在尼罗河上乘船航行，这促使古埃及大力发展造船业。古埃及的商船经常航行到红海和地中海东部的港口，沿尼罗河乘船可直下努比亚，那里有丰富的金、铜、紫晶矿石和大量的牛。大约公元前1490年，有一支古埃及海上贸易船队出红海到靠近亚丁湾的东非索马里沿岸开展贸易活动，满载古埃及所需的黑檀木、泻药、象牙、金子和其他珠宝等商品而归，当时古埃及航海贸易的盛况由此可见一斑。

2. 腓尼基人的远航贸易

古代被称为腓尼基的地方在地中海东岸、黎巴嫩山西侧，也就是现在的叙利亚沿海区域。腓尼基的文化和历史可以追溯到公元前4000年。

腓尼基人是迦南人的后裔，善于航海和经商。公元前1500年左右，腓尼基的海外贸易蓬勃发展，许多腓尼基人纵横航行于地中海，往来各地进行交易，很快便以勇敢的航海家和商人闻名于世。 腓尼基人的船是当时世界上最好的海船，船头往往雕刻着一个高高昂起的鸟头，船尾竖着一条鱼尾巴。他们就是驾驶着这种半鱼半鸟的航船，乘风破浪，在大海上航行。公元前1200年，他们成为古代世界最成功的航海贸易商人。由于海上贸易的兴盛，腓尼基在东部地中海相继发展了推罗、西顿等港口城市。腓尼基人从骨螺中提取出昂贵的紫红色染料，腓尼基的名字即来源于古希腊语，意为“紫色的国度”。腓尼基盛产的雪松木是良好的造船材料，腓尼基人都是航海能手，不少商人拥有自己的商船，在整个地中海乃至更远的地方都可以看到腓尼基的贸易商船。船商常用本国制造的象牙雕刻、漂亮的玻璃瓶和玻璃珠分别从塞浦路斯换回铜、从非洲换回盐等。公元前7世纪末，古埃及法老尼科二世雇佣腓尼基探险家，进行了一次环绕非洲的探险航行，并取得了成功。从公元前10世纪起，腓尼基各邦开始利用航海优势，向海外进行殖民活动，殖民地遍布地中海沿岸各地。

3. 维京人的海洋探险

维京人，别称北欧海盗。“维京”的意思是侵略峡湾附近国家的人。有些史学家称之为“海盗”。4—8世纪维京人的航海活动主要以劫掠为目的。在北欧民族于8—11世纪创造的“维京文明”时期，他们的足迹向东沿第聂伯河进入俄罗斯到达里海，向南进入地中海，几乎遍及世界各地，开创了人类远程海上探险的先例。

维京人建造了桨帆并用的狭长形船只并驾驶其航行于北欧海域，这类船通称维京长船。在“维京文明”时期，北欧人特别是挪威人改进了他们的造船技术，通过若干世纪的努力，把维京长船的建造技术发展到了较高水平。

4. 阿拉伯人的东西方连接

公元 7 世纪，阿拉伯帝国建立，随着阿拉伯帝国击败拜占庭帝国和波斯萨珊王朝称霸中东，阿拉伯人完全控制了东西方贸易的通道。阿拉伯人重视商业和航海，他们在中世纪起到了连接东西方贸易的桥梁作用。阿拉伯商人和船队西到西班牙、北非，东到东非、印度、马六甲、爪哇、苏门答腊岛，远到中国和日本。

阿拉伯人巧妙地创制了一种用纤维和油脂的混合物填塞船壳板缝的办法，保证其不浸水，以便进行远洋航行。

（二）帆船时代

15 世纪至 19 世纪中叶是帆船发展的鼎盛时期。15 世纪初中国航海家郑和远航东非，15 世纪末哥伦布发现新大陆，他们的船队都是由帆船组成的。在帆船发展史上，地中海沿岸地区、北欧与西欧地区和中国都作出了重大贡献。19 世纪中叶美国的飞剪式快速帆船带来了帆船发展史上的最后一个高潮。

15 世纪人类进入“大航海时代”（又被称作“地理大发现”）。大航海时代是人类文明进程中很重要的一段时期。欧洲人开辟了横渡大西洋到达美洲，绕道非洲南端到达印度的新航线，并且完成了第一次环球航行，代表人物有哥伦布、达·伽马、麦哲伦、库克等。

15 世纪欧洲人对世界的认识还仅限于欧洲、地中海、北非海岸、中东和印度、中国与日本，尽管对中国和日本的认识局限于《马可·波罗游记》这本书，但对于书中“黄金之国”的说法，欧洲人深信不疑。但那些令西欧人垂涎的商品交易权却控制在意大利人手中。所有东亚的商品从海路或丝绸之路运到东地中海，再由控制地中海商品贸易权的意大利人转卖到西南欧各国，葡萄牙、西班牙、法国和英国的商人非常渴望能和东亚地区直接贸易。

为打破意大利人对东方市场和海上航路的垄断，欧洲人竭力开辟新的海上航路。最先探寻通往印度的新航路的是葡萄牙人。1416 年亨利亲王创立了航海学校，推动了航海探险活动的开展。1488 年迪亚士沿非洲西岸航行，最先发现好望角，并绕过非洲南端进入印度洋。1497 年达·伽马沿迪亚士航线继续东进，经非洲东海岸，于 1498 年到达印度，开辟了连接大西洋和印度洋的航线。

当葡萄牙人沿非洲海岸向印度探航时，西班牙航海家却朝着另一个方向开辟新航线。出生于意大利的哥伦布受雇于西班牙，1492 年至 1504 年曾四次西航，到达了美洲。尽管哥伦布误认为所到之处是目的地印度，但他发现新大陆的消息大大激起了欧洲人航海探险的热情。

16 世纪荷兰巴伦支为探寻一条由北方通向东方的航线，曾在北冰洋地区进行了三次航行。17 世纪初英国哈得孙曾屡次探索经北冰洋通向中国的航路。

库克是 18 世纪英国最伟大的航海家和探险家之一,他在 1768—1779 年曾三次跨越大洋,完成了人类历史上第一次环南大洋航行。在这期间,库克至少两次穿越南极圈,创下了人类南进的新纪录。库克所乘坐的"奋进"号是第一艘到达新西兰的英国船只, 1770 年"奋进"号到达澳大利亚,库克也因此被称为现代澳洲之父。1778 年 1 月,库克在第三次航行中发现了夏威夷群岛;1779 年 2 月,他在夏威夷岛被当地人打死,其充满惊险的传奇一生就此止步。

阅读资料

库克航海的历史评价和深远影响

第一,库克的三次航海以前所未有的方式向欧洲展示了太平洋。随着与航海相关的书籍、地图等在英国、法国、荷兰、德国和意大利的大量出版,欧洲民众对世界和太平洋有了新的认知。得益于库克三次航海的宣传,欧洲人更加了解太平洋海域和土著民族。太平洋成为欧洲以外被科学观察和描述的最大海域,1768 年后的 100 多年,太平洋成为科学家最关注的海域之一。

第二,为了提高航海者的观察能力和记录技术水平,从库克的第一次航海开始,参与航海的海船便配备了优秀的随航科学团队和精良先进的科学仪器,这一做法逐渐成为英国航海探险远征的惯例。库克航海探险活动的计划、装备和实施受到科学方法和科学态度的影响。科学考察从此成为航海的重要目的。库克航海所引领的科学航海的实践传统一直以来得到传承,并影响了他的追随者以及英国的航海事业。库克以后优秀的航海家们,包括詹姆斯·金(James King)、威廉·布莱(William Bligh)、乔治·温哥华(George Vancouver)和亨利·罗伯茨(Henry Roberts),吸收和践行了库克的方法,并将科学航海探险的传统传至后世。

第三,库克航海正处于帝国利益与知识发展相互交融的时代,航海过程中的科学信息收集和记录都依赖帝国的实力。反过来,以库克为代表的航海团队通过经验性观察、分类、标记、收集和整理等实证主义科学研究程序,将那些遥远海域的岛屿和大陆纳入英帝国的版图和信息框架之内。库克航海所取得的这些巨大成果使得英国对太平洋的信息掌握超越了欧洲其他海洋强国,提升了英帝国在太平洋海域的影响力。

第四,库克航海探险实现了帝国的"信息累积循环",这一信息累积包含调动和管控英国国内的经济和政治资源、博物馆和其他收集中心,以及天文学家和博物学家等科研人员。特别值得关注的是航海之后植物学家所起的重要作用,他们因为在三个方面服务于帝国而被称为"帝国的代理人"(Agents of

Empire):①鉴定珍贵植物并编入目录,保证本国政府对药物、食品和昂贵农产品的国内市场的廉价供应;②发现一些昂贵进口热带农产品的国内或者殖民地替代品,例如,大黄、茶叶和咖啡等;③研究如何使珍贵植物适应其他地区的环境,以及将咖啡、茶叶和甘蔗移植到帝国殖民地。以上方面推动了英帝国的种植园经济和大西洋贸易体系的形成与发展。

资料来源:张建红. 布鲁诺·拉图尔理论视域下的库克科学航海[J]. 自然辩证法通讯, 2020, 42(1):9.(有改动)

(三)蒸汽机船时代

1776 年英国发明家瓦特制造出世界上第一台有实用价值的蒸汽机, 1807 年美国人富尔顿首次将蒸汽机用于“克莱蒙脱”号轮船,并在哈得孙河上航行成功,开启了机械力代替自然力的蒸汽机船时代。资本主义国家的早期工业大多沿通航水道设厂,因此水运的发展对工业布局有着很大的影响。同时,由于地理条件的限制,加上海运运量大、成本低,国际贸易货物的 2/3 是通过海上运输的。第二次世界大战以后,世界经济逐步向全球化过渡,国际客货运量不断增长。20 世纪 80 年代初,国际海运量在货运总量中约占 82%,按货运周转量计算则占 94%。

1. 早期蒸汽机船

19 世纪是由帆船向蒸汽机船过渡的时期。早期的蒸汽机船装有全套帆具,蒸汽机安装在甲板上,仅提供辅助动力,驱动装在两舷的巨大明轮。1819 年美国人罗杰斯建造的“萨凡纳”号蒸汽机帆船横渡大西洋,在 27 天的航程中仅有 60 小时是使用蒸汽机推进的,其余时间仍用风力推进。1839 年第一艘装有螺旋桨推进器的“阿基米德”号船建成。早期的帆船是木帆船, 1850 年以后,人们逐渐用铁作为造船材料。1880 年以后,钢很快代替铁作为造船材料。1876 年英国建造的新船中只有 8%使用钢材,而到 1890 年,则只有 8%是铁船了。

2.“大东方”号蒸汽机船

1854—1858 年英国建造的“大东方”号铁船被认为是造船史上的奇迹。布鲁内尔第一个将梁的力学理论应用于造船,在船体建造上首创了纵骨架结构和格栅式双层底结构,双层底向两舷延伸直到载重水线以上,形成了双层船壳,上甲板也用同样结构以增加船体强度。“大东方”号长 680 英尺(约 207 米),排水量达 27 000 吨,比当时的大型船大 6 倍。船内部用纵横舱壁分隔成 22 个舱室,船上安装两台蒸汽机,一台驱动直径为 56 英尺(约 17 米)的明轮,另一台驱动直径为 24 英尺(约 7 米)的螺旋桨,蒸汽机总功率为 8 300 马力(约 6 105 千瓦),最高航速为每小时 16 海里(约 30 千米)。船上有 6 根桅,帆的总面积为 85 000 平方英尺(约 7 897 平方米）。该船能载客 4 000 人，装货 6 000 吨。“大东方”号问世半个世纪以后才出现比它更大的船。“大东方”号尽管经营失败，但在造船理论和技术方面为现代钢船的发展开辟了道路。

3. 蒸汽机船的完善

早期蒸汽机船驱动明轮用的蒸汽机是单缸摇臂式蒸汽机，气压很低。19 世纪 80 年代出现了三胀式蒸汽机，将气压提高到 10.5 千克力/厘米^2（约 1.05 兆帕）。此时明轮已为螺旋桨所代替，三胀式蒸汽机配合螺旋桨成为典型的动力装置。19 世纪末，蒸汽机已发展为四胀式六汽缸，蒸汽压力提高到 13.6 千克力/厘米^2（约 1.36 兆帕），功率达到 1 万马力（约 7 355 千瓦）。高压水管锅炉也逐渐取代了苏格兰式火管锅炉。20 世纪初，货船一般用三胀式蒸汽机作为主机，功率约为 2 000 马力（约 1 471 千瓦），航速约为每小时 10 海里（约 19 千米），载重量增大到 6 000 吨。航行于大西洋上的大型远洋客船，以往复式蒸汽机为动力，单机功率达到 2 万马力（约 14 710 千瓦）。

4. 汽轮机船、柴油机船的问世

1896 年英国人帕森斯将他发明的反作用式汽轮机成功地应用于船上；同年，瑞典人迪拉瓦尔发明了冲击式汽轮机。进入 20 世纪以后，船用汽轮机不断得到改进，因为重量轻、功率大、旋转均匀和无往复运动部件等，普遍应用于大型高速船上。至今，某些大功率船仍用汽轮机作为推进动力装置。1892 年德国工程师狄塞尔发明了压燃式内燃机（即柴油机），20 世纪初柴油机开始应用于船上。柴油机热效率高、油耗低，因而得到广泛应用。20 世纪 40 年代末，柴油机船的吨位即已超过蒸汽机船。

5. 油船和散货船的出现

早期的杂货船承揽一切货种的运输，包括散装的煤炭、谷物等和桶装的油类。1886 年开始出现具有现代油船特征的船，其将货油直接装在分隔的油密舱室内并用泵和管系进行装卸。进入 20 世纪后，世界对石油的需求量逐渐增加，油船逐渐成为专用船。1944 年最大的油船载重量为 23 000 吨。散货船略早于油船出现，但在 20 世纪上半叶由于港口装卸效率不高，其发展缓慢，最大的载重量只有 1 万吨左右。第二次世界大战后，各国经济开始恢复，原料需求剧增，油船和散货船都向大型化发展。

6. 大型远洋客船的兴起

19 世纪 70 年代以前，运输船舶都是客货混装的。1870 年英国创办了丘纳德汽船公司和白星航运公司，在英国和北美之间的航线上增加了旅行条件舒适的客船航班，豪华客船“海洋”号航行成功。此后各国相继建造大型豪华客船，航行于大西洋航线和东方航线上。19 世纪 80 年代，已有载客千人以上、载重万吨以上、航速每小时超过 20 海里（约 37 千米）的豪华客船。20 世纪 30 年代，大型远洋客船的建造达到高潮，如著名的“玛丽皇后”号、“伊丽莎白皇后”号和“诺曼底”号都是在这个时期建造的。它们的载重量都在 8 万吨以上，主机为汽轮机，功率为 16 万马力（约 12 万千瓦），航速每小时超过 30 海里（约 56 千米）。大型远洋客船的建造，对造船技术的发展起了重要的推动作用，同时也使某些保障航行安全的法规逐步建立和完善。例如 1912 年“泰坦尼克”号沉没事故催生了当今世界最重要的国际海事公约《国际海上人命安全公约》。

阅读资料

“泰坦尼克”号

“泰坦尼克”号（*Titanic*），又译作“铁达尼”号，是英国白星航运公司下辖的一艘奥林匹克级邮轮，排水量为 46 000 吨，1909 年 3 月 31 日在哈兰德与沃尔夫造船厂动工建造，1911 年 5 月 31 日下水，1912 年 4 月 2 日完工试航。

“泰坦尼克”号是当时世界上体积最庞大、内部设施最豪华的客运轮船，有“永不沉没”的美誉。然而不幸的是，在从英国南安普敦出发驶向美国纽约的处女航中，“泰坦尼克”号便遭厄运。1912 年 4 月 14 日 23 时 40 分左右，“泰坦尼克”号与一座冰山相撞，造成右舷船首至船中部破裂，五间水密舱进水。4 月 15 日凌晨 2 时 20 分左右，“泰坦尼克”号船体断裂成两截后沉入大西洋底 3 700 米处。2 224 名船员及乘客中，1 517 人丧生，其中仅 333 具罹难者遗体被寻回。“泰坦尼克”号沉没事故为和平时期死伤最为惨重的一次海难，其残骸直至 1985 年才被再度发现，受到联合国教育、科学及文化组织的保护。

2021 年 7 月 2 日，据美国哥伦比亚广播公司报道，由于船体一直受到洋流和细菌的侵蚀，沉船“泰坦尼克”号的残骸正在逐渐消失。当地时间 2022 年 8 月 30 日，“泰坦尼克”号残骸的高清视频发布，首次以 8K 分辨率展示船体。

资料来源：泰坦尼克号（英国 1912 年沉没的巨型邮轮）[EB/OL]. [2022-12-03]. https://baike.baidu.com/item/%E6%B3%B0%E5%9D%A6%E5%B0%BC%E5%85%8B%E5%8F%B7/5677?fr=aladdin.（有改动）

（四）柴油机船时代

柴油机船问世后，发展很快，逐渐取代了蒸汽机船。第二次世界大战期间，为了适应战时运输的需要，美国建造的 2 610 艘自由轮（使用燃油锅炉和蒸汽机的万吨级杂货船）是最后建造的一批往复式蒸汽机远洋运输船舶。第二次世界大战结束后，工业化国家经济的迅速恢复和发展，国际贸易的空前兴旺，中东等地石油的大量开发，促使运输船舶迅速发展。1982 年同 1948 年相比，船舶数量增长了 1.6 倍，总吨位增长了4.3倍。船舶普遍采用柴油机推进。为了提高船舶运输的经济效益,船舶出现了大型化、专业化、高速化等多种趋势。

1. 船舶大型化

首先是油船吨位的增长和油船的大型化。1930年的世界商船队中,油船吨位只占总吨位的1/10,1980年上升为1/2,1983年初各种油船的载重量达到3.3亿吨。油船吨位的剧增主要在于油船大型化。20世纪50年代,3万~4万吨的油船已被认为是“超级油船”;60年代中期,出现了20万吨以上的超大油船和30万吨以上的特大油船;70年代,出现了50万吨以上的大油船。在油船大型化的同时,也出现了装运煤炭、矿砂、谷物等的大型散货船。60年代末,大型散货船的载重量超过10万吨,最大的已达17万吨。从50年代后期起,出现了兼装原油和干散货的兼用船,如油散船和油散矿船等。

2. 船舶专业化

第二次世界大战以后,各种专用船发展很快。杂货船用途广泛,适应性强,在数量上至今仍占首位。典型的杂货船都以低速柴油机为动力装置,载重量不超过2万吨,航速每小时15海里(约28千米)左右。中国设计的“风”字号和“阳”字号货船都是典型的杂货船。为了提高杂货船运输多种货物的能力,近年来人们制造出多用途船。多用途船除载运普通件杂货外,还能载运集装箱、重货、冷藏货和散货等。

水路集装箱运输于20世纪50年代中期兴起,1957年出现第一艘集装箱船。这是件杂货运输形式的重大变革。这种运输形式在货物包装、装卸工艺、码头管理和水陆联运等方面都有所突破。采用集装箱运输,可以大大缩短船舶停港时间,节约人力,保证货运质量,实现“门到门”运输。1982年全世界已有集装箱船718艘,总吨数为1 294万吨,占世界商船总数的1%,总吨数的3%。这种船船型窄,航速快,货舱内有导轨,甲板上有缚固设备,一般不设装卸设备,而是依靠港口专用设备进行装卸。

第二次世界大战后得到发展的重要专用船还有:

①装运液化天然气和液化石油气的液化气船;

②船上设有跳板,采用滚装方式装卸载货车辆的滚装船(又称开上开下船);

③以驳船作为运输单元,不需要停靠码头进行装卸而能实现江海直达运输的载驳船。

3. 船舶高速化

自20世纪50年代起,航运界为了加快船舶周转速度,一度掀起船舶高速化的热潮。普通杂货船航速提高到每小时18海里(约33千米),集装箱船航速在每小时20海里(约37千米)以上,美国建造的“SL-7”型高速集装箱船,以两台6万马力(约4.4万千瓦)的汽轮机为主机,最高航速达每小时33海里(约61千米)。但从石油危机以来,燃料费在运输成本中的比重直升,船舶只能通过减速箱来驱动螺旋桨,油耗低、能燃用劣质油的不同功率的柴油机几乎占领船用发动机的全部市场。因此，第二次世界大战后的运输船舶发展阶段被称为柴油机船时代。

21 世纪是海洋的世纪，海洋已经成为人类第二大生存和发展空间。“谁控制了海洋，谁就控制了贸易，谁控制了世界贸易，谁就控制了世界的财富，最后也就控制了世界本身。”这是英国航海探险家雷利的名言。未来，世界各国的竞争将在海洋上展开，国际贸易和大宗货物运输的主要通道也只能是海洋。

二、中国水路发展历史

（一）奴隶社会时期

进入奴隶社会后，交通多恃水道。夏、商、周各代的国都，为便于诸侯朝贡和人员往来，设置时均务求舟楫能至。另据史载，当时长江、黄河与淮河都已通船。如在黄河流域，船只可溯航至禹门口一带，并可经汾水通至山西曲沃，经渭水通达秦都雍（今陕西省宝鸡市凤翔区）。在长江流域，船只西可通达四川的宜宾和成都（溯岷江），北经汉水转唐白河可抵河南的南阳，南分别经湘水及其支流可通到广西全州和湖南郴县（今属郴州市）。

（二）春秋战国时期

春秋战国时期，南方主要发展水运，先后开凿有沟通江、淮两大流域的邗沟运河和沟通黄、淮两大水系的鸿沟运河等，使我国东部形成黄、淮、江三大水系相互连接的水运交通网，推动了经济文化较落后的吴、越等地的开拓与发展。

（三）秦汉时期

秦汉时期，在水运方面最著名的建设工程有秦时开凿的沟通长江、珠江水系的灵渠，以及东汉末年曹操在河北修建的直通冀东北滦河下游的白沟、利漕渠、平虏渠、泉州渠和新河等一系列运河。到 3 世纪初，在我国东部已出现了滦、海、黄、淮、江、珠六大水系相连通的发达水运网。在海运方面也有了明显的发展，航船已利用舵来控制航向，并出现了现在的秦皇岛、烟台等著名港口。同当时的日本、朝鲜的海上往来更多了，并开辟有通往东南亚和印度洋沿岸的航线。

（四）隋唐时期

到了隋唐时期，我国造桥技术已达到很高水平，隋代所建的河北省赵县安济桥（亦称赵州桥），净跨径达 37.2 米，气势雄伟，结构合理，在当时是十分先进的。该桥至今仍相当完好，比欧洲同类桥型的出现要早千余年。此外，在沿海，除广州港外，扬州、华亭（松江）、杭州、明州、温州、福州、泉州、潮州、密州、登州、平州（卢龙）、都里镇（旅顺口附近）等港口与城镇，也都发展到一定的规模。我国同海外通商的地域范围在逐渐扩大。内河水运已建成以洛阳为中心，东北至涿郡，东南到余杭，总长达

2 700 余千米的南北大运河。

(五)宋元明清时期

时至宋元明清,我国交通运输业有了十分显著的进步与发展。如内河水运,通过济州河、会通河和通惠河等的开发,将举世闻名的北起北京、南达杭州的京杭大运河建成通航。再如海上交通,指南针的发明和海图的出现及其应用,为我国发展远洋国际航行提供了更加有利的条件。明代郑和率领庞大船队,七下西洋,远及非洲东海岸的索马里和肯尼亚等地,遍访了 30 多个国家和地区,大大促进了我国同这些国家与地区之间的政治、经济、文化和技术的交流,成为世界航海史上具有划时代意义的伟大创举。由于海运事业的辉煌成就,早在宋元时期,我国广州、泉州和明州等港口都已成为国际上著名的海港,特别是泉州港,还曾成为当时世界上最大及最著名的海港。

正是由于宋元时期倡导开放政策和鼓励海外贸易,加上设置管理机构市舶司实行有效管理,泉州港等成为国际性贸易大港,中国与海外的贸易欣欣向荣,蓬勃发展。在南宋年间,市舶司的收入一度占国家总财政收入的 1/50。明代的海禁和清代的"迁界"政策,尤其是顺治十八年(1661 年)大规模强迫沿海民众内迁,严重阻碍了海外交通和海外贸易的发展,造成私商贸易蔓延,内地向东南亚大规模移民。

(六)清末至中华人民共和国成立前

由于清末封建统治阶级的腐朽没落,加上帝国主义的掠夺,我国的航运事业被帝国主义列强所垄断,自 1842 年《南京条约》要求开放五个通商口岸开始,我国就丧失了沿海航运权。1858 年《天津条约》的签订又使我国丧失了长江航运权。帝国主义控制了我国的海关,致使我国水运事业发展更加缓慢。直到 1890 年,我国才出现了一些私营轮船公司。中华人民共和国成立前夕,我国的轮驳船总吨位仅约 37 万吨,内河航运里程仅 7.3 万千米。

(七)中华人民共和国成立之后

中华人民共和国成立之后,我国的水运事业有了很大的发展,内河通航里程逐步增加,建成了一批万吨级、五万吨级乃至十万吨级的泊位,成批地建造了万吨级以上的货轮和大型客货班轮。即便如此,我国水运事业仍然无法满足国民经济发展的需要,港口吞吐能力不足,船舶在港停留时间长,船舶运输能力得不到有效利用,运输内部各环节作用未充分发挥,特别是对发展内河运输的重要性认识不足,缺乏统筹安排。

阅读资料

三晋史话：史上第一次内河航运——泛舟之役

在我国古代，水路运输由于具有成本低廉、装载量大且节省人力的优势，成为当时重要的一种交通运输方式。我国历史上第一次有明确记载的内陆河道水上运输事件发生在春秋时期的秦晋两国之间，历史上称之为“泛舟之役”。泛舟之役事件的始末，还得从晋惠公借粮说起。

晋惠公借粮

晋惠公是春秋时期晋国君主。有一年，晋国遭遇大旱，仓廪空虚，于是向有姻亲关系的秦国求助。虽然秦国当时和晋国因割地一事有些矛盾，但秦穆公还是决定把粮食借给晋国救急。于是，秦国就派了大量的船只，从秦国的都城雍装载粮食上船，经过渭河东下进入黄河，再从黄河北上，进入汾河，最终到达晋国的都城绛。据说，这次运粮船队的白帆从秦都雍到晋都绛，沿途八百里首尾相连，络绎不绝，故史称“泛舟之役”。

背信弃义

不巧的是，第二年，秦国也发生灾荒，而晋国却获得大丰收，于是秦国也请求晋国卖一些粮食给秦国救急。晋惠公与大臣商议此事，权衡利弊后决定不卖。这种背信弃义的行为彻底激怒了秦国，于是秦国率兵大举伐晋，晋军大败，晋惠公也因此被俘。晋惠公借粮事件，不仅让我们看到了一次空前的古代黄河水运盛况，还给后人留下了“晋惠公借粮，有借无还”的歇后语。

资料来源：三晋史话：史上第一次内河航运——泛舟之役[EB/OL].(2021-03-28)[2022-05-03]. https://baijiahao.baidu.com/s?id=1695451878780129102&wfr=spider&for=pc.（有改动）

第二节　航运的特点与作用

在国际贸易中，水路运输是较为普遍的运输方式。本书中航运指的就是水路运输。根据活动双方的国籍和适用法律的不同，航运又分为沿海运输和远洋运输。沿海运输是指国内沿海港口间的海上运输；远洋运输是指一国港口与外国港口之间的海上运输，即国与国之间的海洋运输。

一、航运的特点

（一）航运具有全球性，既依赖国际贸易，同时又促进国际贸易的发展

航运的环境是全球性的，世界政治、经济形势是航运最根本的环境，没有和平稳定的政治形势和世界范围内生产力的发展，就不会有国际贸易的进一步发展，同时也不会有航运的快速发展。

在经济全球化的形势下，以全球采购、配送为特点的新兴经济已经成为世界生产与贸易的主要形态，而以航运为中心的相关物流在整个全球供应链中占据了重要的地位。世界航运业已经成为经济全球化的主要载体。据统计，超过90%的国际贸易通过航运实现，航运业已成为国际经贸往来的主要纽带，具有显著的国际化特征，全球的供应链管理更是与资本的流动相融合。正是由于航运业及与其相关的供应链服务行业具有跨国界、跨币种的经营特点，航运业的国际化衍生出对国际化金融交易的巨大需求。航运业需要金融机构提供涉及本外币、内外贸、离在岸、境内外业务的相关金融产品。

（二）航运是一种市场活动，且具有较强的竞争性

航运是一种市场活动，是在市场经济机制下满足国际贸易对海上运输需求的一种活动。这就要求航运经营者置身于市场环境，依据市场经济规律来处理具体的事务（包括制定发展战略和经营策略等）。因此，航运具有较强的竞争性。

（三）需要多种运输方式配合，并促进其他运输方式的发展，在运输大系统中占重要地位

因为国际贸易的货物运输主要依赖海上运输，所以在海岸线上形成了许多为国际贸易运输服务的港口。以这些港口为基点，其他水、陆运输呈辐射状得到相应的发展，在客观上形成了多种运输方式配合的国际贸易运输系统。

（四）受国际公约和规则的约束

国际航运活动涉及各国经济利益和主权问题。同时，海上运输的安全问题也为各国所关注，所以在国际航运实践中，一系列国际性的规章得以确立和完善，这为开展国际航运活动提供了重要的技术保证和组织保证。

（五）已构成专业性的行业群体

由于国际航运需要巨额投资，并且航运活动本身具有风险且依赖有关专门行业的配合，因而，航运活动需要与一些行业建立稳固的联系，如银行业和保险业为航运不可缺少的支撑性行业，修造船、航运代理、船用物料供应、船舶及货物检验、理货、海事仲裁等也都伴随着航运事业的发展而产生。

二、航运的作用

（一）航运是国际贸易活动的支柱

国际贸易的货物运输主要依赖海上运输，国际航行船舶承担着80%以上的国际贸易的货物运输。

（二）航运是世界范围内开发和利用自然资源的重要手段

由于世界上自然资源的分布极不平衡，各国、各地区在资源开发、利用和加工上的能力强弱不一，通过国际海上运输推动国际贸易发展，不平衡情况才能得到改善。

（三）航运是促进各国和各地区经济发展的重要因素

航运促使原材料与制成品的生产得到发展，促进相关行业和相应工业技术得到发展。

（四）航运是国家外汇收入的重要来源

国家远洋船队的活动是一种"无形贸易"活动，本国船舶运输CIF（Cost，Insurance and Freight，成本加保险费加运费，亦称到岸价）出口货物时，因货价包括运费，实际上国家从运输劳务中获得外汇；本国船舶运输FOB（Free on Board，船上交货价，亦称离岸价）进口货物时，运费由本国进口商交给本国船舶公司，从而为国家节省外汇支出；本国船舶承运FOB出口货物或CIF进口货物及承运双边贸易货物以外的别国货物，可为国家创收外汇。

（五）航运是国家海上的军事后备力量

国家商船队在战时可以直接投入军事运输，国家海军一旦有所需要，即可征用商船构成强大的军运船队。

阅读资料

航运经济的发展成就

航运经济建设发展紧跟国家经济建设步伐，中华人民共和国成立初期，"一化三改造"（"一化"指社会主义工业化，"三改造"指对农业、手工业、资本主义工商业的社会主义改造）如火如荼。航运领域内，主要是对私营航运企业以及私营港埠企业进行社会主义改造，在"保证重点，照顾一般"的方针指导下，现代航运企业起步并发展，但由于缺乏竞争优势，很长一段时间内，"薄利多运"成为航运企业的发展策略。随着国内形势不断变化，航运企业呈现出螺旋式上升的发展态势，经历了艰难曲折的发展过程，直至改革开放的春风吹来，航运企业焕发勃勃生机。以改革促进发展，航运企业活力不断被激发，随着开放进程的加快，远洋航运业务也得到了突飞猛进的发展。如今，我国航运实力已经跻身世界前列，航运经济体量不断扩大，海洋货运量占全国货运总量的1/4，具有代表性的中远海运集团（中国远洋海运集团有限公司的简称，亦可简称中远海运）的综合实力已经位列全球第四，港口吞吐总量居世界第一，其中宁波舟山港以122 405万吨的吞吐量位列世界第一。

从百废待兴到关乎国家命脉的重要产业，航运经济建设成就举世瞩目。"海上丝绸之路"建设以航运为支撑，"双循环"经济发展格局同样离不开航运，如今的航运经济俨然已经成为国家经济战略的重要支撑，正如习近平总书记在上海考察时指出的："经济强国必定是海洋强国、航运强国。"

资料来源：李建星. 中国共产党百年航运建设的重大成就和历史经验初探[J]. 珠江水运，2022（20）：43-46.（有改动）

第三节 航运的现状与未来趋势

一、国际航运发展现状

航运作为全球经济贸易最主要的载体，是国内国际双循环的血脉乃至命脉，对全球经济的影响深远而重大。由欧美国家的航运发展历史可以看出，向海图强是国家发展的必由之路。经济强国必定是海洋强国、航运强国。航运业是国际贸易发展的重要保障，也是世界各国人民友好往来的重要纽带。航运对保障产业链、供应链稳定，促进经济贸易发展至关重要。

2022年受新型冠状病毒肺炎疫情（以下简称新冠肺炎疫情或疫情）、俄乌冲突、能源危机、通货膨胀等多重因素扰动，国际环境复杂严峻，全球经济发展普遍放缓，航运市场"高需求、高运价"阶段终结，行情震荡走弱。

（一）国际集装箱运价跌至疫情前水平

2022年，受主要经济体货币宽松政策以及俄乌冲突爆发的影响，大宗商品价格加速上涨，全球通胀压力加大，欧美国家的消费能力减弱，购买需求逐步萎缩，社会库存升至高位，中国外贸出口订单缩减，出口额增幅不断收窄。运力方面，尽管欧美国家港口的拥堵情况并未缓解，但集装箱船舶手持订单量持续增加，运力保持快速增长态势，2022 年末集装箱航线运力约为 2 614.3 万 TEU[①]，同比增长 4.5%。

在“需求减、运力增”的背景下，国际集装箱运输市场“一箱难求”“一舱难求”的局面不再，部分跨太平洋东行的航次以及亚洲至北欧和地中海的航次取消，闲置集装箱船的数量持续增加。法国海事咨询机构（Alphaliner）数据显示，2022 年末全球不活跃集装箱船队运力占集装箱船队总数的 5.5%，高于 2021 年末（2.3%）的水平。自 2022 年初开始，集装箱运价持续下跌，年末已接近 2019 年同期水平。

（二）国际干散货运价先扬后抑

2022 年上半年，俄乌冲突引发能源危机和粮食危机，为此欧洲从印度尼西亚、澳大利亚等国家进口煤炭的需求增加，中东和北非等粮食进口严重依赖俄罗斯和乌克兰的国家，不得不转向从南美国家进口粮食。4 月，印度遭遇极端高温天气，电煤进口量也大幅增加。2022 年 1—11 月，欧盟国家和印度分别进口煤炭 1.056 亿吨和 1.889 亿吨，同比增长 35.2%和 12.2%。受此影响，煤炭、粮食的贸易格局发生变化，航线运距增大，对巴拿马型、超灵便型等中小型船只的需求增加，运费快速冲高，带动干散货运输市场的价格在传统淡季大幅走高。

2022 年，受全球经济走弱、疫情反复以及房地产市场低迷的影响，钢材市场运行疲软，铁矿石需求减少，全球铁矿石发运总量为 14.82 亿吨，同比减少 4 694 万吨，其中四大矿山发运总量为 9.13 亿吨，同比减少 3 124 万吨。对海岬型船舶的需求量不及往年，尤其是 2022 年下半年本该是铁矿石发运高峰期，市场交投氛围弱于预期，拖累国际干散货运输市场整体行情震荡走低。2022 年波罗的海干散货运价指数（BDI）均值为 1 933.8 点，同比下跌 34.3%，其中上半年均值为 2 279.4 点，同比上涨 1.0%，下半年均值为 1 591.0 点，同比下跌 56.0%。

（三）国际油品运价升至高位

俄罗斯原油出口量占全球原油贸易总量的 12%，其中约 60%销往欧洲。2022 年 2 月末俄乌冲突的爆发导致欧洲对俄罗斯实施多项能源禁令，引发全球能源供给紧张，短期内全球石油运输需求量激增，国际油价暴涨。3 月美国西得克萨斯州中间基原油（WTI）和布伦特原油最高报收于 123.7 美元/桶和 128 美元/桶，创 2008 年以来最高。2022 下半年受全球经济下行、美元加息、原油消费疲软等因素的影响，国际原油价格经历多轮下调后回落至 80 美元/桶左右。2022 年，波罗的海原油运价指数（BDTI）均值为 1 390.5 点，同比上涨 115.8%，波罗的海成品油运价指数（BCTI）均值为 1 230.6 点，同比上涨 131.4%。克拉克森（Clarkson）数据显示，2022 年 10 月以来超大型油轮（VLCC）的平均等价期租租金（TCE）达到 78 400 美元，创 28 个月来新高。

---

① TEU 是英文 Twenty-feet Equivalent Unit 的缩写，表示长度为 20 英尺（约 8.8 米）的集装箱，为国际计量单位，也称国际标准箱单位，通常用来表示船舶装载集装箱的能力。

二、国际航运发展趋势

（一）国际集装箱运力过剩加剧

当前，美联储（全称为美国联邦储备系统）持续加息，高通胀、能源危机等问题逐步发酵，欧美国家经济悲观预期增强，下游终端消费放缓，工厂库存不断增长，进口贸易商砍单减单，集装箱运输需求面临萎缩。国际货币基金组织（IMF）预测短期内全球至少 1/3 的国家将陷入经济衰退。

运力方面，2022 年末港口拥堵情况已基本缓解，同时大量 2020 年高运价时期下订单的新造船密集下水，导致运力过剩现象明显加剧。丹麦海事数据分析公司 Sea-Intelligence 预计将有 450 万至 480 万 TEU 的集装箱运力陆续交付，到 2023 年集装箱运输市场上将有 1 300 万 TEU 的集装箱运力过剩。

综合来看，集装箱运输市场整体需求收窄、供给增加，运价上涨缺乏支撑，将会震荡走低，但班轮公司运力管控强化、船舶拆解加快、全球生产贸易格局变化以及"散改集"业务增加等变数仍存在。

（二）国际干散货运输不确定性较强

2023 年全球贸易或将持续放缓，海运贸易将失去强劲动力，联合国贸易和发展会议（UNCTAD）预计，全球海运贸易量的增长将维持低位。俄乌冲突的发展趋势以及中国经济在疫情防控平稳转段后的恢复程度仍存在较大不确定性。

一方面，鉴于当前的能源危机形势，欧洲会继续加大对美国、印度尼西亚、南美洲等国家和地区的煤炭的需求，因此煤炭海运量将稳中有升。另一方面，尽管 2022 年末中国疫情防控措施进一步优化调整，但终端消费及房地产市场回暖仍需时间和政策支撑，钢材消费短期内较难改善，铁矿石需求承压。

运力方面，当前散货船手持订单处于历史低位，且国际海事组织（IMO）现有船舶能效指数（EEXI）和碳强度指标（CII）的减排战略规则在 2023 年生效，按规定船舶应放慢航速以节省燃料，这将直接影响船舶周转率。2023 年，国际干散货运力供给低速增长，市场需求延续 2022 年震荡格局，受地缘政治及中国经济复苏影响，不同船型需求发生阶段性变化，运价大幅波动。

（三）国际油品运输持续火爆

尽管全球经济下行压力有所加大，但鉴于对中国经济恢复以及航运业复苏的预期，2023 年全球原油消费量将略高于 2022 年。受高油价驱使，"OPEC+"（石油输出国组织（OPEC）和组织之外的一些国家（包括俄罗斯）共同组建的联盟）的增产意愿不强，且俄罗斯受石油价格上限影响将小幅减少产量。在原油供给增长不足的背景下原油市场仍将维持偏紧态势。

运力方面，由于 2021 年油运行业低迷，船东造船意愿较低，导致 2022—2024 年油轮运力增速放缓。同时，欧盟对俄罗斯收紧制裁将会遏制石油产出，全球原油海运贸易将转向长距离运输，间接消耗部分运力。油轮运输市场需求稳健增长，运力增速放缓，运价有望维持高位。

（四）航运呈现一体化和联营趋势

班轮公司联营趋势不可阻挡。为了保证在降低成本、减少经营风险的同时，又能提供适应市场需求的规模运输，班轮公司纷纷采取联盟、合营、兼并等形式，以更好地开展全球化的集装箱班轮运输。全球航运联盟将随着国际航运形势的变化进一步调整和整合，以形成对国际航运市场公平竞争和稳定发展起到更大作用的全球航运新体系。

（五）世界航运重心东移趋势明显

随着世界经济中心继续向亚太地区转移，亚洲船队悄然崛起，亚洲航运装卸货量已多年稳居各大洲榜首。从我国港口表现来看，截至 2022 年，上海港集装箱吞吐量已连续 13 年蝉联世界第一，宁波舟山港货物吞吐量连续 14 年保持全球第一。亚洲船舶运力供给总量不容小觑。日本、中国、新加坡、韩国等亚洲国家的船舶所有人控制的世界船队运力已达到世界船队总运力的 1/3 以上。从航运中心城市分布来看，《2021 新华·波罗的海国际航运中心发展指数报告》显示，2021 年综合实力排名前 10 的全球航运中心城市中有 5 个位于亚洲，占了一半。克拉克森研究统计数据显示，2022 年全球新船订单量为 4 278 万修正总吨（1 384 艘），同比减少 20%。其中，中国船企承接 2 082 万修正总吨（728 艘），以 49%的占比居首。韩国船企承接 1 627 万修正总吨（289 艘），全球占比 38%，排第二。

（六）高质量发展已成行业共识

一方面，新一轮技术革命和产业变革为航运发展集聚了新动能，智能航运、区块链技术等成为业界热点，我国也在这些领域积极探索并积蓄了一定的先发优势，如我国第一艘自主航行货船“筋斗云 0 号”已于 2019 年底在珠海完成首次试航，中远海运集团已联合达飞集团（全称为法国达飞海运集团）等行业巨头成立了全球航运商业网络（GSBN）。另一方面，绿色低碳理念深入人心，我国通过设置船舶排放控制区，加强港口船舶污染物接收设施建设，鼓励港口和船舶应用新能源、清洁能源等，推动航运业绿色转型升级取得明显进展。此外，近年来我国自由贸易区（以下简称自贸区）、自由贸易港（以下简称自贸港）建设持续推进，《区域全面经济伙伴关系协定》（RCEP）正式生效，也将为我国航运高质量发展提供更为广阔的空间。

（七）货主、港口、航运联盟

航运企业与大货主、大企业集团建立战略性合作伙伴关系，签订长期运输合同或长期承运协议，形成长期战略联盟，是保障企业经济效益、有效规避经营风险的重要措施，也是开展企业融资及租赁活动的有效保障。航运业中的企业联盟与合作主要包括上下游企业联盟、横向企业联盟。上下游企业联盟中最典型的是货主与船公司联盟、港航联盟、港口与货主联盟。

（八）运输物流化趋势加强

随着经济全球化的深入发展，货主愈发要求对全程物流供应链的整体监控，而不再仅仅关注海上运输的一段。联营与物流是21世纪航运业的两大主题。航运业进入经济全球化的新时期，有两大趋势会持续下去：一是航运企业进一步深化合并，出现更多的组合或联合体；二是以互联网为基础的现代物流开始兴起。随着联营的盛行，班轮公司的航班得到扩充，联营公司间通过相互约束避免运力快速增长。此外，船舶大型化、航速及港口装卸效率的提高，也使船舶周转率得到提升。

长期以来，航运企业从事的都是较为单一的水上运输业务，随着贸易交货方式的多样化，如何调整和扩展航运企业的服务范围已经成为航运界高度关注的核心问题。综合物流服务的出现给国际航运企业带来机遇，不少航运企业在实践中逐渐认识到：在水上运输的基础上全面介入物流服务，积极满足货主对运输服务更高层次的要求，以货主为中心全面提高门到门运输的服务水平，将给自身带来多方面的竞争优势。事实上，发展综合物流服务给这些企业带来了崭新的空间和丰厚的利润，而且极大地巩固和增强了其在航运业的竞争优势。

三、我国航运发展现状

2023年，高通胀、地缘政治等带来的风险持续，全球经济衰退预期进一步增强，而中国随着疫情防控的平稳转段，经济呈现恢复性增长趋势。在此背景下，航运市场有望随着中国经济企稳回升实现缓慢增长。

（一）国内沿海运输运价低位平稳

2022年，在煤炭长协保供政策、夏季连续高温、铁路运力提升的叠加作用下，国内煤炭产量实现增长，2022年1—11月全国生产原煤40.9亿吨，同比增长9.7%，曹妃甸港、京唐港、秦皇岛港三港煤炭下水量达2.7亿吨，同比增长1.8%。然而非煤货类表现不理想，由于受疫情反复、房地产市场低迷、外贸需求减弱等多重不利因素的影响，制造业产需双弱，沿海钢铁及砂石等非煤货类运输需求大幅减少。

2022年宁波出口集装箱运价指数（NCFI）均值为2 732.4点，同比下跌16.1%，12月末指数为763.8点，同比下跌82.1%，较2019年同期下跌21.4%，其中美东、美西航线运价跌至2 803美元/FEU[①]、1 376美元/FEU，同比下跌85.3%、92.3%，较2019年同期增长1.1%、下跌14.3%。

（二）我国港口运输在全球处于顶尖水平

改革开放40余年来，我国航运业飞速发展。国际海事信息网发布的报告显示：

① FEU是英文Forty-foot Equivalent Unit的缩写，表示长度为40英尺（约12.2米）的集装箱，与TEU同为国际计量单位。

2022 年全球前 20 大货物吞吐量港口中我国独占 16 个，前 5 名均是中国港口，其中宁波舟山港货物吞吐量已连续 14 年位居全球第一，上海港紧随其后；全球前 10 大港口中，我国占 8 个；早在 2015 年，我国年造船能力已突破 8 000 万载重吨，是当年全球造船能力的 40%，后因行业重组整顿，我国年造船能力调整为 6 000 万载重吨，仍位居全球第一；我国海运量自 1988 年以来始终位居全球第一。

（三）航运文化发展相对滞后致使我国航运软实力存在短板

以黄土地为代表的农耕文化深入人心，而蓝色海洋文化、航运文化则长久缺失，导致我国在航运软实力上与传统航运强国相比存在不小的差距，集中体现在我国在参与重要国际海运公约和海运标准制定等方面的话语权较弱，国内涉海法律体系还不健全，财税金融等政策对航运的支撑保障力度不足，对全球海上重要战略通道和战略支点的影响力较为有限等方面。此外，我国在航运金融、航运保险、航运仲裁等高端航运服务供给上还存在较大缺口，在大宗货物贸易和航运议价、运输方式选择上的主导权偏弱。

（四）配套保障能力不足对我国航运安全构成威胁

首先，我国航运基础工业仍存在较大的提升空间。我国虽已成为世界上最大的造船国，但在发动机、雷达等船舶关键部件的生产供应上，仍主要依赖国外厂家，同时我国远程感知和监控远洋运输船舶的手段也较为有限，在航运业前端的船舶新能源研发等方面还有待持续攻关。

其次，我国对石油等重要物资的承运比例不高，一旦发生国外经济制裁或国际争端、战争等突发事件，我们的"粮袋子""油罐子""煤篓子"等将面临较高的风险。此外，我国沿海粮食码头的中转仓储能力建设还存在短板。

最后，由于近年来"海陆差"不断缩小、船员职业吸引力下降，我国面临新增船员人数减少、船员队伍年龄结构老化的严峻考验。船员结构性短缺问题必须引起高度重视。

四、我国航运发展策略

当前，我国正在向着第二个百年奋斗目标奋进。新征程中，航运业要加快发展，推动经济增长，必须以习近平新时代中国特色社会主义思想为指导，坚持稳字当头、稳中求进，统筹发展和安全，着眼"稳、优、强"谋篇布局，以时不我待的责任感和紧迫感加快建设航运强国，当好中国式现代化的开路先锋，为促进我国经济持续健康发展提供强有力的交通运输保障。

(一)在推动供应链“越来越稳”上下功夫

1. 全力保障国际国内物流供应链稳定畅通

充分发挥国际物流保障协调工作机制的作用，提高国际物流服务保障能力，做好国际国内物流供应链保通保畅工作。持续优化和完善海运服务网络，扩大和稳定我国出口航线运力和集装箱供给，加强沿海集装箱码头能力和粮食码头中转仓储能力建设。推动大型航运企业与国有粮食、能源和矿石进口企业签订长期运输合同。促进中欧班列、中欧陆海快线等高质量可持续发展。持续完善国际物流供应链服务保障系统功能，大力推动部门间、政企间、供应链上下游企业间信息交互共享。

2. 加大重要物资保通保畅保运力度

统筹利用各种运输资源，保障“出口货物出得去、进口货物进得来”，着力做好煤炭、天然气、粮食、矿石、原油等关系国计民生的重要物资的运输保障工作。健全和完善重要物资应急运输保障体系，全力保障集装箱运输，提高应急运输指挥调度水平。同时，推动建立重点地区和能源物资供应重要地区的跨地区、跨部门协调联动工作机制。加强对航道、航运枢纽大坝和通航建筑物的运行监测，保障航道畅通。此外，注重提升石油、粮食等重要战略和民生物资五星旗船舶的承载比例，做好相应类型船舶运力的战略储备。

3. 加快完善国际航运网络体系

着力增强重要战略通道、支点的安全保障能力，加强与重要战略支点国家的海事合作，通过推动签订双多边合作备忘录、派驻海事官员等方式，深化在应急搜救、突发事件处置等方面的合作。同步做好对重要海上运输通道基础数据资料的收集和掌握，加强对五星旗、中资方便旗船舶在重要海上运输通道航行情况的研究并进行规律分析，做好海上运输通道安全风险评估和监测预警。积极参与北极航运事务，推动打造“冰上丝绸之路”。积极响应“一带一路”倡议，顺应产业链、供应链转移趋势，引导航运企业进一步加大对新兴市场、区域市场等的运力投入，进一步提升国际航线服务的均衡性和稳定性。

(二)在推动支撑保障“越来越优”上做文章

1. 加快完善航运保障网络，构建“陆海空天”一体化水上交通运输安全保障体系

从陆、海、空、天四个维度全面提升水上感知和安全保障能力，不断补强陆基、海基安全保障基础，补全空基、天基感知和通信网络，促进“陆海空天”多维高效深度融合，加快实现“多维感知、全域抵达、高效协同、智能处置”。提高海上“动脉”流转速度，推进沿海海上“高速公路”建设，在船舶密集的高风险水域开展航路扫测和清理维护工作，落实全国沿海船舶航路规划，将全国沿海船舶航路纳入全国海洋主体功

能区规划和全国海域使用权登记系统等，切实提高船舶通行效率。

2. 加快推进智能航运发展

支持智能船舶发展和应用，开展智能船舶测试阶段海事管理、智能船舶发展路线图及法规标准体系研究，逐步建立传统和智能航运兼容并存发展的安全监管机制。持续加快智能化港口建设进程，加大港作机械等装备关键技术、自动化集装箱码头操作系统、远程作业操控技术研发与推广力度，推进新一代自动化码头、堆场的建设和改造。积极探索智能航运服务，推进打造权威、高效、透明的智能航运服务平台，有效集成各类航运服务信息，提高航运经营管理水平，降低航运交易成本。

3. 稳步推动航运绿色转型

制定和完善航运领域"双碳"实施方案，组建全国船舶能耗中心，推动建立航运温室气体减排监测、报告和核算体系，实施船舶大气排放清单和温室气体排放清单等制度。开展绿色船舶和清洁能源新技术应用研究，引导船舶使用清洁、绿色、低碳能源。持续提升船舶污染防治监管能力，建设船舶污染监视监测体系，加强卫星遥感技术应用，提高船载危险化学品、危险货物、污染危害性货物的快速检测鉴定能力和运输安全监管水平。加强船舶污染应急处置能力建设，建立船舶污染应急联防体，优化区域应急资源配置，着重提升敏感水域、人口密集区船舶污染事故应急处置能力。

4. 加大对航运从业人员的关怀力度

着重加大对以船员为代表的航运从业人员的关心和保障力度，注重提高船员职业技能水平，促进船员体面劳动，强化船员权益保障。持续做好船员换班工作，为畅通物流循环提供人力支持。妥善应对当前船员年龄结构老化、新增船员数量减少等潜在风险，通过继续打造西部海员培养基地、实施退役军人"浪花计划"等方式，有效扩充我国船员队伍，提升船员队伍国际竞争力。

（三）在推动航运软实力"越来越强"上出实招

1. 积极营造良好的政策环境

加强与财税等部门的沟通对接，在加大航运基础设施财政资金保障力度、研究实施船舶"吨位税制"可行性等方面积极合作，促成更有力地支持航运发展的财税政策出台。努力推动将远洋船员个税优惠政策纳入法律规定，常态化减轻船员税负。鼓励商业银行等金融机构参与船舶融资租赁等业务，积极拓宽航运发展融资渠道。发挥自由贸易试验区政策优势，大力发展跨境金融服务，利用境外低成本资金发展航运金融服务。建优建强我国航运中心，完善以全球性国际航运中心上海、香港为龙头，以区域性国际航运中心大连、天津、青岛、厦门、广州等为支撑的国际航运中心发展建设格局。

2. 着力提升航运国际影响

更加突出航运战略地位，结合《交通强国建设纲要》《国家综合立体交通网规划纲要》的实施，高位推进航运基础设施完善、航运人才队伍建设、航运网络优化等任务的实施。健全航运发展法律框架，适时出台航运法，修订完善《中华人民共和国海商法》等“龙头法”，同步做好《中华人民共和国国际海运条例》等配套法规及相关规范性文件的修订工作。积极参与全球航运治理，增强航运制度性话语权，建立健全参与国际航运事务的“政产学研用”研究机制，形成一批具有国际影响力的提案和议案。拓展与“一带一路”沿线国家和地区的航运合作，支持政府部门、科研机构和企业广泛参与相关政府间和非政府间国际组织工作。加强国际航运领域技术合作，加快推进北斗卫星导航系统加入全球海上遇险与安全系统（GMDSS）。

案例分析

我国航运绿色发展趋势

面对国际航运应对气候变化以及国内航运减污降碳的压力，我国积极应对，从以下 10 个方面采取措施发展绿色航运。

（一）强化新造船舶的能效水平要求

国际海事组织（IMO）的航运温室气体减排初步战略近期措施之一，就是通过加强能效设计指数（EEDI）的要求，降低新船的碳排放强度。将集装箱船、杂货船、液化天然气运输船、具有非传统推进系统的豪华邮轮和 15 000 载重吨以上的气体运输船等 5 种船型的能效设计指数第三阶段要求由原计划的 2025 年 1 月 1 日提前至 2022 年 4 月 1 日执行，并将其中具有较大减排潜力的集装箱船的能效设计指数第三阶段折减系数按照不同吨位从 30%提升到了大于 30%到 50%不等，预期随着航运应对气候变化压力的逐步增大，这一措施会进一步加强。我国国际航行新造船舶需要积极落实 IMO 的要求，提高船舶设计和建造水平，适应越来越严格的船舶设计能效指数标准。针对国内航行船舶，2013 年，我国以 2009 年前 5 年设计建造的船舶能效水平为基线要求，制定发布了《营运船舶 CO_2 排放限值及验证方法》（JT/T 827—2012），但是该方法后来只用作实施《内河船型标准化补贴资金管理办法》进行高性能船舶补贴的依据，并没有普遍实施。在新的形势下，我国会基于近年新造船舶技术进步情况更新标准要求并将标准切实用于控制国内营运船舶的市场准入，逐步提高营运船舶船队的总体能效水平。

（二）提升在役船舶的技术水平和营运效率

IMO 的航运温室气体减排初步战略近期措施之二，就是分别利用现有船舶能效指数（EEXI）和碳强度指标（CII）提升在役船舶技术水平和营运效率。现有船舶能效指数以主机功率、船舶的参考速度和台架试验燃油消耗量等 3 个因素为基础，评估每艘现有船舶完成单位运输周转量的能源效率表现。为了提高全球船舶的能源效率，IMO 规定船舶的现有船舶能效指数必须低于设定的最大阈值，这一要求适用于所有 400 总吨及以上的船舶并于 2023 年 1 月生效。根据由实际年度燃料消耗、航行距离和运输能力计算得出的碳强度指标对每艘船的碳强度进行评分，并跟踪其在一段时间内的改进进展，推动淘汰碳强度评级较差的船舶，从而提高船队的整体营运能效水平。现有船舶能效指数和碳强度指标是 IMO 用于提高在役船舶能效水平的 2 个新指标，我国将会借鉴 IMO 的做法，针对国内营运船舶采取相应措施，以提升在役船舶的营运能效水平。

（三）建立全生命周期船用燃料碳排放评价体系

借鉴 IMO 和“欧洲绿色协议”配套政策的经验，引入全生命周期船用燃料碳排放的概念，开发相应的评价体系，用燃料生产过程的低碳或者负碳排放保证整个船用燃料全生命周期的低碳或零碳排放，为实现低碳或零碳排放航运创造可行的条件。

（四）提高船舶发动机排气污染物排放限值要求

制定并发布《船舶发动机排气污染物排放限值及测量方法（中国第三、四阶段）》标准，进一步提升各种污染物的排放控制要求并将温室气体排放限制纳入标准，推动低碳或零碳排放船用推进系统的开发。

（五）强制靠港船舶使用岸电

发布并实施强制靠港集装箱船舶、邮轮、客滚船等类型货运船舶靠港使用岸电的政策并强化监管，有效减少靠港船舶的大气污染物特别是氮氧化物排放。

（六）推动我国船舶排放控制区升级

研究提出船舶排放控制区的升级方案，进一步强化海船使用燃油硫含量的控制要求，以便控制进入排放控制区的新造船舶的氮氧化物排放，对于采用选择性催化还原后处理系统满足氮氧化物排放控制要求的船舶，研究提出有效的监管技术措施，为深入打好污染防治攻坚战创造条件。此外，适时研究提出将我国船舶排放控制区升格为 IMO 认可的船舶排放控制区的方案和计划。

（七）促进船用全生命周期低碳或零碳排放燃料的开发

发布船用低碳或零碳排放燃料发展中长期规划，鼓励船用动力电池、船用氢燃料电池等技术开发以及电制甲醇、合成氨等生产、运输、存储和使用技术开发，明确将这些船用低碳或零碳排放燃料应用于船舶的试点示范应用路线图和时间表。

（八）开展低碳或零碳排放船舶试点示范

参加国际航运绿色走廊建设，建立我国港口与主要贸易伙伴国家港口或“一带一路”沿线国家港口之间的低碳或零碳排放航运示范航线；在国内内河或沿海建设港到港绿色试点航线或者在区域范围内建设低碳或零碳排放船舶航行示范区。

（九）规范船用低碳或零碳排放燃料供应基础设施技术和建设要求

制定并发布内河和沿海港口船舶充电设施和船用加氢站的技术条件标准以及建设和检测技术规范。

（十）提出推动航运低碳或零碳排放中国方案

鉴于我国在低碳或零碳排放燃料生产、运输车辆清洁能源利用方面的技术优势以及巨大的市场容量，随着低碳或零碳排放燃料生产、运输、储存和应用技术以及船舶推进技术的进步，我国将越来越有能力将内河、沿海和远洋航运低碳或零碳排放的可行路径描述得更加清晰，实施得更加到位，从而提供中国智慧，为国际航运低碳或零碳排放创造条件。

有效经济地推动航运低碳或零碳排放需要全球统一标准或者区域联动，在技术研发、示范应用、营运管理以及机制建设等方面投入大量资金；为落实航运低碳或零碳排放目标，需要建立有效的市场机制。我国会在坚持“共同但有区别的责任”“先立后破”原则的基础上，提出建立合理公平的资金筹集机制和市场机制的“中国方案”。

资料来源：彭传圣. 我国航运绿色发展现状与趋势[J]. 中国海事，2022（6）：19-23.（有改动）

案例讨论

1. 面对国际航运应对气候变化以及国内航运减污降碳的压力，我国需要采取何种措施？
2. 对能效设计指数的概念如何解释？
3. 船舶排放控制的主要内容是什么？

思考题

1. 运输船舶发展史经历了哪几个时代？
2. 航运有哪些特点？
3. 航运的作用是什么？
4. 国际航运发展趋势有哪些？
5. 我国航运发展现状有哪些特点？
6. 我国航运发展策略有哪些？

Chapter 2

第二章 航运市场的经济学分析

第一节 航运市场的需求分析

一、航运需求的概念及特征

(一)航运需求的概念

一般需求指在一定时期内和一定价格水平下,消费群体愿意而且能够购买的商品和劳务的总量。

航运需求指在一定时期内和一定的运价水平下,国家或地区之间的有形贸易对海上运输能力和劳务的需求。航运需求包括海上运输量、货类结构、运输距离及时间要求等内容。

(二)航运需求的类型

按需求对象,航运需求可划分为总体需求和个别需求,如图 2-1 所示。

总体需求指在一定时期内和一定运价水平下,整个国际有形贸易对海上运输能力和劳务的需求总和。总体需求由同一时期的个别需求组成。个别需求指在一定时期内和一定运价水平下,许多性质不同、货类不同和运输要求相异的具体需求。个别需求具有需求的特殊性,不同的个别需求对重量、容积、形态和包装形式有不同要求,对运输时间、运输区域、运输速度及运输距离有不同要求,对运输质量和运输技术条件有不同要求,等等,这些特殊性被称为个别需求的异质性。

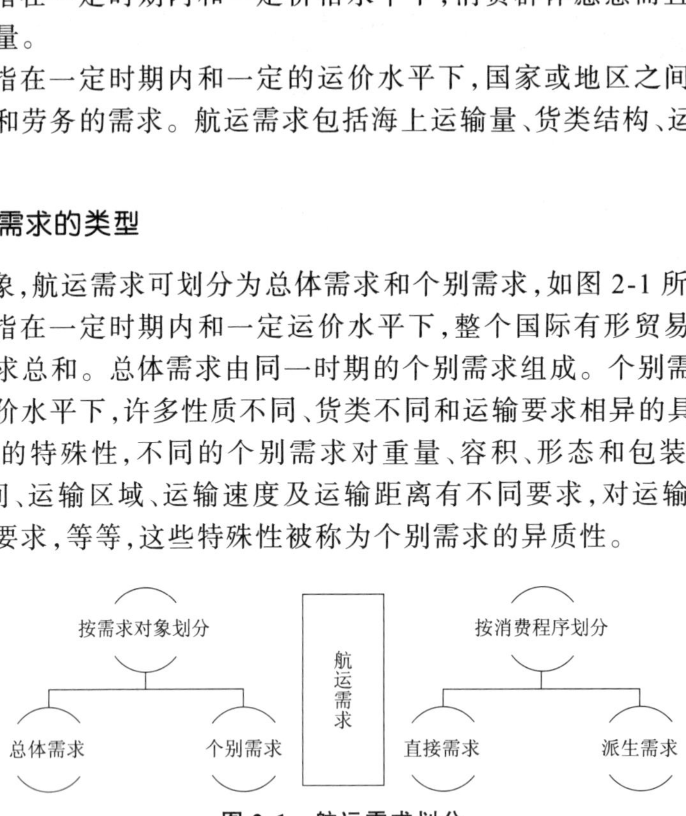

图 2-1　航运需求划分

按消费程序,航运需求可划分成直接需求和派生需求,如图 2-1 所示。

直接需求是消费群体对最终产品的需求,通常指对消费资料的需求。派生需求是因对最终产品的需求而产生的需求,通常指对生产资料的需求。运输生产是产品生产过程在流通领域的继续,与商业贸易活动紧密相关,这一情况在国际航运中的表现更为突出。海上运输是实现全球范围内商品流通和进行国际贸易的重要手段,因此航运需求是由国际贸易派生出来的需求,即派生需求。这一特性决定了国际航运市场的发展变化受国际贸易形势的直接影响。

(三)航运需求量的表达形式

航运需求量以运输货物的数量表示,其影响因素很多,包括货物运价、货物市场(进出口国家或地区)价格、关税与法律政策、进出口贸易合同条款、政治与军事方面的偶然性因素等。有些影响因素与航运需求量正相关,有些则与航运需求量负相关。所有影响因素共同作用,决定了一定时期内的航运需求量。

航运需求量与各影响因素之间的关系的函数表达式为

$$Q_d = f(P_f,\ P_i,\ P_e,\ P_c,\ P_m,\ a)$$

式中:Q_d 为某类货物的航运需求量;P_f 为其航运运价;P_i 为其进口国家或地区的价格;P_e 为其出口国家或地区的价格;P_c 为关税;P_m 为贸易合同违约罚款;a 为其他影响因素(如保险费、仓储费等)。

表示某类货物或商品的航运需求量与其各影响因素之间的关系的函数表达式,称为航运需求函数。在航运需求函数中,每个自变量发生变化,都会对因变量(航运需求量)产生一定影响。其中,对航运需求量影响最大的因素是货物的运价和其在进出口国家或地区的市场价差。

假设除运价外,其他各因素都保持不变,则航运需求函数为

$$Q_d = f(P_f)$$

此函数仅反映航运需求量与运价之间的关系。除了用函数形式表示需求量与其影响因素之间的关系外,还可以用需求表与需求曲线等工具表示需求量与其影响因素之间的关系。图 2-2 为航运需求曲线。

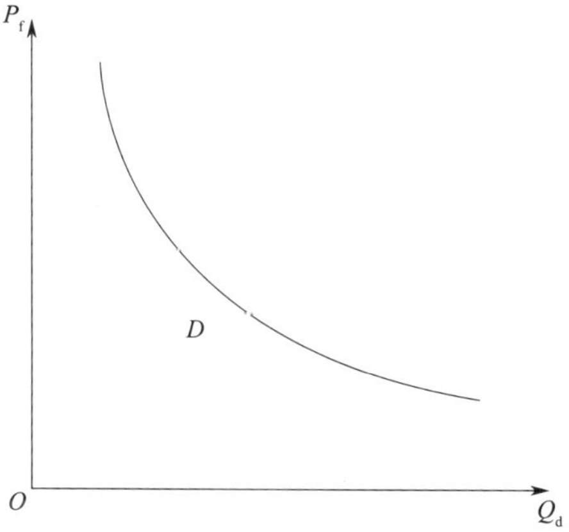

图 2-2　航运需求曲线

航运需求曲线表示在其他自变量保持不变的前提下,运价对航运需求量的影响。横轴 Q_d 表示航运需求量(因变量),纵轴 P_f 表示运价(自变量),D 即为表示航运需求量与运价之间的关系的航运需求曲线。航运需求曲线是一条自左上方向右下方倾斜的曲线,其斜率为负,因此运价与需求量之间存在着朝相反方向变动的关系,这就是所谓的需求规律。

（四）航运需求的特性

1. 规律性

航运需求是由国际贸易派生出来的需求，而世界经济是国际贸易的先导。世界经济具有周期性波动的特点。研究表明，一般情况下，世界经济4~5年呈现一个短周期波动；9~10年呈现一个中周期波动；50~60年呈现一个长周期波动。世界经济的周期性波动直接影响国际贸易的发展，进而影响航运需求的发展。因此，航运需求也呈现周期性变化，“十年一山”便是航运市场中比较普遍的循环规律。此外，航运市场中还存在“冬高夏低”的季节性流动规律。要对航运需求进行分析，首先需要对世界经济和国际贸易发展现状和趋势进行分析。航运需求反映国际贸易在商品结构、数量、价值等方面的变化，同时服从世界经济与国际贸易发展的规律。

2. 潜在性

航运需求既是由国际贸易派生出来的需求，也是一种潜在需求。这种潜在性的存在是因为世界经济的兴衰反映到国际贸易上具有一定的潜伏期；且国际贸易大部分是未来贸易，因此国际贸易的发展对航运需求的影响存在滞后性。世界经济的发展反映到国际贸易上与国际贸易的发展反映到航运需求上都有一定的时间差，世界经济的兴衰在国际贸易上反映出来通常需要0.5~2年，而国际贸易的发展对航运需求的影响通常需要0.5年左右的时间才能显现。因此，世界经济的变化最快也要在1年之后才能在航运市场上显现。

3. 不平衡性

航运需求的不平衡性，在国家或地区之间、运输对象之间都是普遍存在的，这一特点既是资源分布、经济发展和国际贸易不平衡导致的结果，也是推动航运市场发展的根本动力。例如，资源分布不平衡产生货物自产地到消耗地之间的运输需求，经济发展不平衡产生原材料和工业品的运输需求。这些货物的运量和流向都是极不平衡的，因此其对航运的需求也是不平衡的。

4. 个别需求的特殊性

航运的个别需求是千差万别的。货类、运输要求、国家与地区、运输性质等不同因素以不同组合形式呈现出的个别需求具有各自的特殊性，通过对个别需求的特殊性进行分析，可以在运输组织过程中采取相应的技术措施，以满足这些特殊要求，如货物自身的特殊性（理化性质、运量、体积、形状和包装等）、货物运输的特殊要求（运输时间、运输速度、运输区域和运输距离）等。随着世界经济与国际贸易的发展，航运需求的多样化、标准化和时效化趋势日益凸显，这就要求航运企业研究它的规律并满足其特殊要求。

5. 航运需求的同一性

无论个别需求怎样千差万别，它们都表现为运输对象的位移，不产生新的物质产品，因此航运需求具有同一性。这一特点可使航运需求函数大大简化。

二、影响航运需求的因素

航运需求源于国际贸易对货物的海运需要，国际贸易的发展又取决于世界经济的发展，而世界经济受社会、经济、政治、技术以及自然因素等的影响。因此，国际航运市场同样受到这些复杂多变的因素的影响。

（一）经济环境

国际航运市场的经济环境由区域经济发展状况和各个国家的经济状况共同决定，受到世界经济与国际贸易环境的直接影响，这种影响关系到航运市场的容量、结构、状态和发展前景。

1. 各国经济体制的同一趋势

各国的经济制度对国际贸易有很大影响，目前各国的经济制度大致可分为以公有制为主导的经济制度和以私有制为主导的经济制度。经济体制主要是以经济调节手段为标准进行划分的，全球主要存在计划经济与市场经济两大体制。近年来，各国经济制度已普遍形成公有制和私有制混合存在、相互补充、相互促进的态势。一个明显的趋势是实行计划经济的国家已经开始接纳市场调节手段，承认市场在调节资源配置方面的合理性。市场经济将促进国际交流和贸易的发展，扩大对国际航运的需求。

2. 各国经济发展的不平衡

各国经济发展的不平衡是显而易见的，发达国家和发展中国家的经济发展水平存在巨大差距。全球资源分布的不平衡，各国文化和经济发展历史背景的不相同，导致全球生产力分布极不平衡。

各国经济发展的不平衡，突出地反映在市场发展的水平上，发达国家的市场和发展中国家的市场有着明显的差距。发达国家的市场基础环境较好，市场容量大，生产经营水平高，国民收入水平高，政府对经济干预较少，市场开放度大，贸易往来比较自由，但市场竞争激烈，波动性较强，经营利润率较低。发展中国家的市场基础环境较差，生产经营水平不高，经济两极分化严重，国际收支不平衡，通货膨胀率普遍较高，政府对经济干预较多，市场竞争不激烈，经营利润率较高。各国经济发展水平对国际贸易的影响很大，发达国家贸易量大，货物种类多，附加值高，而发展中国家主要以出口初级产品为主。

各国经济发展的不平衡，也会反映在航运市场的发展上。经济发达的国家和地区，通常也是航运发达的国家和地区，拥有强大的国际航运力量。发达国家的经济、贸易与海上运输息息相关，航运是其经济发展的重要支柱，因此这些国家一向对航运发展给予扶持政策，以强大的船队支持本国的对外贸易，参与国际航运市场的竞争。而发展中国家的船队力量由于受资金、技术、政策等因素的限制，发展缓慢，技术力量薄弱，船队构成不合理，在国际航运市场上的竞争力不强。可见，经济发展的不平衡会影响到航运市场，导致发达国家与发展中国家在航运市场占有量方面相差悬殊。

3. 航运与经贸发展的相关性

影响航运的首要因素是世界经济，经济是贸易的先导，世界经济的发展为国际贸易不断开辟新的领域。当世界经济高速增长时，国际贸易相应地呈现增长的趋势，随之对航运产生强烈的需求，航运市场则出现繁荣发展的景象。反之，当世界经济衰退时，国际贸易处于萎缩状态，与此同时，货源不足使航运运量明显下降，航运市场则变得萧条和不景气。世界经济与国际贸易的发展特征往往通过对航运的需求表现出来，这反映了世界经济、国际贸易与航运需求之间本源需求与派生需求的关系。

4. 经济全球化的发展趋势

世界经济相互依存，相互渗透，相互影响，相互竞争，很难严格区分出纯粹的商品经济市场和计划经济市场，尤其是第二次世界大战后独立的民族国家多数也开始突破计划经济的局限而进入国际市场，发展为商品经济与计划经济两种模式相结合的市场，经济全球化势不可挡。

（二）政治和法律环境

国际航运市场受到各国政治和法律环境的影响和约束，政治和法律环境主要指各国政局变化和对外投资、对外贸易政策及其他相关政策法令等，一般包括国家之间的关系、国家或地区的政局稳定性、各国对国际贸易的态度、关税壁垒政策及有关的经济立法、政治事件等。

1. 国家之间的关系

国家之间的关系对航运需求影响很大。两国关系友好时，进出口贸易都会增长；反之，关系恶化时，进出口贸易会急剧减少，甚至中断。某些发达国家常常运用贸易限制等经济手段达到其政治目的，如战略性物资的进出口限制或最惠国待遇的附加条件等。

2. 国家或地区的政局稳定性

政治冲突通常会导致政府对外投资的态度和政策方面的变化。对多党制的国家来说，政党之间的不同政见和不同政策，往往是执政党与在野党之间分歧的表现。在国家政权更迭时，对外贸易政策会发生根本改变。一些国家政权更迭频繁，导致政局的稳定性较差，严重影响外来投资的进入和贸易的发展，对经济和贸易的发展造成破坏性的后果，航运需求随之遭受冲击。

3. 各国对国际贸易的态度

各国对国际贸易的态度集中体现在各国对外开放的程度上，即政府对外来投资经营持鼓励还是限制的态度。有的国家对外来投资和贸易全面开放，并采取措施予以支持；有的国家对外来投资和贸易采取封闭性政策，限制甚至拒绝外国资本进入，对外国出口商实行配额限制，采取冻结通货措施，甚至运用各种法令限制或禁止外国人在本国投资和进行贸易或没收外国人资产。后者是典型的自给经济的封闭模式，这种模式已被证实是不可取的，这种国家的航运需求一般较少。

有些国家和地区实行有条件的开放政策，在国际贸易方面实行贸易保护主义，以保护本国的经济利益，这就是所谓的贸易壁垒。贸易壁垒与世贸组织的自由贸易原则相对立。

4. 关税壁垒政策及有关的经济立法

对进口进行控制的一种最常见手段就是征收关税，关税壁垒政策就是根据进口商品的重量、体积、数量或价值课征高额进口关税（税率高达百分之几十，甚至百分之几百），以此抵制外国商品的输入，达到保护本国某些工业的发展，并增加政府财政收入的目的的政策。关税政策是发展中国家限制外国商品输入，保护本国工业发展的一种手段。某些发达国家，一方面提出自由贸易，另一方面也用征收高额关税的方法限制竞争对手的商品输入。另外，运用进口限额规定、实行许可制度以及在非关税壁垒中设置烦琐的海关手续等也成了对外国商品进行进口限制的手段，这些手段将导致贸易量的下降。

还有一些国家通过经济立法的手段保护竞争，或保护消费者利益，或保护社会利益。

5. 政治事件

政治事件一般指国与国之间的关系恶化、地区性战争、国内革命或政变以及外国资本的国有化等。政治事件对航运市场的影响是显而易见的，它们往往给航运需求带来突发的、难以预料的变化，两次世界大战是最有说服力的例证。除此之外，1945年之后，朝鲜战争、苏伊士运河的国有化及其关闭、两伊战争、海湾战争、“9·11”恐怖袭击、2022年俄乌冲突等政治事件都对世界航运市场产生了重大的影响。这些事件一般都是通过影响经济进而影响货物贸易，最后影响航运需求的。由于政治事件的突发性，即使是高明的市场分析家也难以对其影响作出预测。因此，不能忽视政治事件对航运市场需求的重要影响。

6. 其他因素

除了上述因素之外，还有一些国家的外汇管制、政府部门的办事效率、宗教习俗等等都会在不同程度上对国际贸易产生影响，从而带来航运市场需求的变化。

(三)科学技术环境

科学技术是影响航运需求的长远性因素。科学技术作为生产力的构成要素,自始至终起着加速各国经济增长和推动经济全球化的作用。特别是科技革命,对改变世界经济结构、大力推动世界经济的形成和发展具有不可忽视的作用。

1. 第一次科技革命

以蒸汽机的发明为主要标志的第一次科技革命推动社会生产力空前发展,促使世界经济、国际贸易进入了前所未有的发展时期,商品交换的范围扩展到了全球,加速了世界市场的最终形成,为海上贸易的大规模发展,为专业航运从国际贸易中独立出来创造了条件。

2. 第二次科技革命

19 世纪后期,第二次科技革命首先发生在美国,它以电力的发明和使用为代表,使人类跨入了电气时代。一方面,电力带动生产力的快速发展,提高了生产的社会化程度,促进国际分工向纵深推进,进一步加强了各国之间的经济联系;另一方面,生产力水平的快速提高,导致资本主义各国生产关系的急骤变化,推动资本主义从自由竞争向垄断过渡,使得资本输出与资源掠夺在全球范围展开,进而加快了资本主义国家对世界领土的瓜分速度。

3. 第三次科技革命

第三次科技革命是在第二次世界大战后发生的。它的主要标志是原子能等新能源的发现和利用,电子计算机等的发明和应用,新材料的人工合成与利用,空间技术的发展以及遗传工程的重要成就,等等。这次科技革命首先从美国开始,当时苏联也部分参与了这一过程,后来逐步扩大到西欧、日本以及其他国家和地区。在第三次科技革命的推动下,世界贸易额增长更快,从 1948 年至 1980 年的 32 年时间里,增长了 7.2 倍。而后,世界贸易额又从 1980 年的 207.5 亿美元增长至 2000 年的 636.4 亿美元,20 年时间增长了 2 倍。

4. 第四次科技革命

第四次科技革命是 2013 年德国人在汉诺威工业博览会上率先提出来的,是以人工智能、石墨烯、虚拟现实、量子信息技术、可控核聚变、清洁能源以及生物技术为突破口的科技革命,明确了未来"个性化"工业生产的发展方向。随着工业生产由集中式控制向分散式增强型控制转变,未来,工业生产的界限将会逐渐消失,现有的产业链将面临重组,未来的国际物流也将呈现出与工业生产类似的"个性化"的特点。能够满足不同类型客户的个性化需求将成为未来航运企业的核心竞争力。传统航运市场标准化、大规模集散的物流模式将再次遇到发展的瓶颈。

（四）自然环境

自然环境是相对于社会环境而言的，它指的是由水土、气候等自然事物构成的环境。各国自然环境条件对其经济发展和航运需求的影响极大。

1. 地理环境

大多数濒临海洋的国家，都受到海洋的恩惠，因为海洋运输是国际贸易的主要方式。进入国际市场，发展对外贸易，首先要具备航运的条件与能力，无论是资本主义发展的初期，还是资本主义发达的现代，许多经济发达国家的发展都是与发达而强大的航运分不开的。人们早已认识到，航运也是一种潜在资源，对航运不断开发，从而满足日益增长的国际贸易需求是推动世界经济发展不可缺少的条件。

2. 资源分布

全球资源分布、生产力布局以及工业发展的不平衡，必然会导致对航运的需求，因而形成了原料和燃料向工业发达国家运输，而工业产品向发展中国家或其他工业化国家运输的货流格局，这既反映了货物流向分布的规律性，又反映了流量分布的不平衡性。因此，在大多数国际航线上，货物流量很难在往返航向上达到平衡，由此造成了运力的浪费。

3. 港口城市

港口城市是一个国家或地区发展国际贸易和国际航运的基础。航运企业都以港口为依托建立航运发展基地。航运市场大多依托世界著名的港口或区域港口群的中心港形成，例如英国伦敦的波罗的海海运交易所是世界上第一个航运市场，美国的纽约、挪威的卑尔根、瑞典的哥德堡、德国的汉堡、荷兰的鹿特丹、意大利的热那亚、日本的东京和中国的上海与香港等都是国际航运市场或区域性航运市场。各航运市场之间有着密切的联系，构成了整个国际航运市场网络。

4. 气候条件

气候既是人类生活的环境要素，也是人类生活的重要资源，它对航运发展产生的影响是不可忽视的，如风暴、海流、气温等。气候条件与农业生产的关系最为密切，气候分布的不均匀性造成农业生产地区间的巨大差异。而这种差异会带来农业资源分布的不均和农作物生产的不平衡，进而通过影响国际贸易而对航运需求产生影响。

三、航运需求原理

航运需求是决定航运业获利能力的一个主要因素，航运需求原理是航运市场需求分析的核心，通过建立需求函数，可以揭示航运需求的某些规律。

(一)航运需求规律

在影响航运需求量的其他因素不发生变化的情况下,某类货物的航运需求量与其运价之间存在反向变动关系,即运价提高,需求量减少;运价下降,需求量增加。因而航运需求曲线是一条自左上方向右下方倾斜的曲线。

航运需求规律是揭示航运需求量与运价之间关系的理论,其基本内容是航运市场运输需求随运价上涨而减少,随运价下跌而增长,可用以下公式表示:

$$Q_d = K\left(\frac{1}{P_f}\right)$$

式中:K 为与运量相关的系数;其他符号的含义同前。

此式表示航运需求量与运价呈反向变动(反比)的关系。

航运需求规律具有普遍意义,它是航运市场需求变化的基本规律。需求规律作为一种经济理论是以一定的假设条件为前提的,这个假设条件就是“其他条件不变”。航运需求规律在假定影响航运需求的其他因素不变的前提下,研究货物运价与航运需求量之间的关系。

(二)航运需求弹性

弹性是指当经济变量之间存在函数关系时,因变量对自变量变化的反应程度。需求弹性分为需求价格弹性、需求收入弹性、需求交叉弹性。

1. 航运需求弹性的概念

海运货物的航运需求量受到很多因素的影响,需求弹性表示影响需求的诸因素发生变化后,需求量所作出的反应的程度。某种货物海运运价的提高(或降低),在影响货物航运需求的其他因素给定不变的条件下,会引起航运需求量的减少(或增加)。对于货物运价的一定程度的变化,需求量作出反应(增减变化)的程度,对于不同货种(以及同一货种的不同运价)是不同的。例如,货价较低的大宗初级产品运价的增减所引起的航运需求量的变化较大;而价值较高的高档消费品运价的增减所引起的航运需求量的变化较小。航运需求弹性就是用来对运价变动所引起的航运需求量变化进行量化分析的一个概念,理论上可以对影响航运需求的任何变量的需求弹性进行考察,但因一些影响因素很难加以量化,所以仅考察航运需求的价格弹性,即运价变化对航运需求量的影响程度。

2. 航运需求弹性的测定

航运需求受许多因素影响,其中运价是最主要的影响因素,因此,一般所说的航运需求弹性是指航运需求价格弹性。航运需求价格弹性是指在其他影响因素不变的情况下,航运需求量对运价变动的反应程度,或运价的变动所引起的航运需求量的变动幅度。货物在不同运价水平下的航运需求弹性是不同的。

测定航运需求弹性的指标是弹性系数,航运需求量变动比率与运价变动比率的

比值即为航运需求弹性的弹性系数，其计算公式为

航运需求弹性系数=航运需求量变动比率/运价变动比率

即

$$E_d=\frac{\frac{\Delta Q}{Q}}{\frac{\Delta P}{P}}=\frac{\Delta Q}{\Delta P}\frac{P}{Q}$$

式中：E_d 为航运需求弹性系数；Q、ΔQ 为航运需求量及其增量；P、ΔP 为航运运价及其增量。因本书仅考虑航运需求量与航运运价的关系，故将 Q、P 的下标略去。

一般来说，运价与航运需求量呈反向变动关系，航运需求弹性系数为负值。某种货物在某一运价水平下的弹性大小，用 E_d 的绝对值表示。航运需求弹性系数 E_d 的大小可能会出现以下五种情况。

①$|E_d|=1$，表示航运需求具有单位弹性，即航运需求量与运价同幅度变动。具体而言，就是运价每提高（或降低）1%，航运需求量相应减少（或增加）1%。

②$|E_d|>1$，表示航运需求富有弹性，即航运需求量增加的比例比较大。具体而言，就是 $\frac{\Delta Q}{Q}$（航运需求量变动比率）$>\frac{\Delta P}{P}$（运价变动比率），或者运价每变化 1%，航运需求量的变化大于 1%。一般工业商品的航运需求弹性大都属于此种情况。

③$|E_d|<1$，表示航运需求缺乏弹性，即航运需求量增加的比例较小。具体而言，就是 $\frac{\Delta Q}{Q}<\frac{\Delta P}{P}$，或者运价每变化 1%所引起的航运需求量变动的比率小于 1%。大米、蔬菜等的航运需求弹性大多属于此种情况。

④$|E_d|=0$，表示航运需求完全无弹性或航运需求弹性为零，即航运需求曲线是一条与纵坐标轴平行的直线。不论运价如何变动，航运需求量都不变，即不管 ΔP 数值如何变化，ΔQ 之值均为零，航运需求函数的形式是 $Q=C$（C 为任何既定常数）。

⑤$|E_d|=\infty$，表示航运需求完全富有弹性或需求弹性无穷大，即在既定运价之下，航运需求量可以任意变动，航运需求函数的形式是 $P=K$（K 为任何既定常数），这意味着航运需求曲线是一条与横坐标轴平行的直线，与横坐标轴的距离等于既定常数 K。

严格地说，①、④、⑤这三种情况均是理论上的假定，在实际的运输中，绝大多数货物的航运需求弹性属于②、③两种情况。

3. 航运需求点弹性

弹性可分为点弹性和弧弹性两种。点弹性是指需求曲线上某一价格点所具有的弹性。依据数学原理，根据弹性系数定义所给出的计算方法，可引申出航运需求曲线上任一点的点弹性系数，就是令 ΔP 趋近于零，于是 $\frac{\Delta Q}{\Delta P}$ 便趋近于某一极限值，即 Q 对 P 的导数。令 E 代表点弹性系数，则由

$$E_d=\frac{\Delta Q}{\Delta P}\frac{P}{Q}$$

得
$$E=\lim_{\Delta P\to 0}\frac{\Delta Q}{\Delta P}\frac{P}{Q}=\frac{dQ}{dP}\frac{P}{Q}=\frac{1}{\frac{dP}{dQ}}\frac{P}{Q}$$

因为纵坐标表示运价 P，横坐标表示航运需求量 Q，dQ/dP 是航运需求曲线上任一点的切线的斜率的倒数，dP/dQ 是航运需求曲线上任一点的切线的斜率，而 P/Q 中的 P 与 Q 值实际上表示航运需求曲线上某一点的位置，因此若航运需求曲线为直线，则线上每一点的斜率均相同，而各点的 P/Q 的值不同，所以各点对应的 E 也是不同的。

$$E=\frac{dQ}{dP}\frac{P}{Q}$$

根据上述计算点弹性系数的公式，若航运需求函数为已知，可求出任一运价点的点弹性系数。

例：设某货物的航运需求函数为 $Q=200-20P$，$P\geqslant 0$，$Q\geqslant 0$。

$dQ/dP=-20$，代入点弹性系数公式，得

$$E=\frac{dQ}{dP}\frac{P}{Q}=-20\frac{P}{Q}=\frac{-20P}{200-20P}$$

此式表示航运需求点弹性系数 E 是运价 P 的函数。

若 $P=2$，则 $E=-0.25$；

若 $P=5$，则 $E=-1$；

若 $P=0$，则 $E=0$。

4. 航运需求弧弹性

弧弹性是指需求曲线上两点之间的弹性或需求曲线上两点之间所具有的平均弹性。对于航运需求曲线上两点之间的一段弧的弹性，可以用弹性定义给出的公式进行近似计算，但是遇到的问题是：公式中的 P/Q 之值，采用变动前后的数据，得出的弹性系数结果全然不同。这表明在同一条需求曲线的两点之间的弧上，运价由一点运动到另一点计算出的弹性值，与由另一点运动回始发点所计算出的弹性值是完全不同的。这表明在相同的需求规律下（同一条需求曲线上），运价变动数值相同，但变动方向不同，其需求弹性是截然不同的，即在同一段弧上，运价下降和运价上涨所具有的航运需求弹性是完全不相同的。

例：设线性需求方程为 $Q=5-2P$，如图 2-3 所示，求出需求曲线上 AB 弧的弹性，已知两点坐标为 $A(1,3)$、$B(2,1)$（注：坐标表示方式为(P,Q)）。

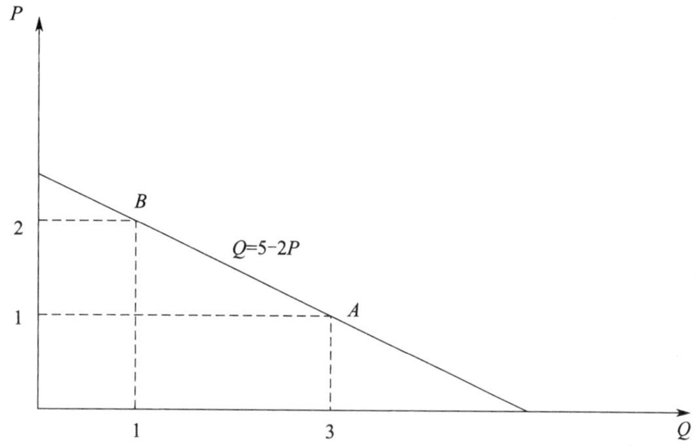

图 2-3　线性需求曲线

根据弹性定义公式，有

$$E_{dAB}=\frac{\Delta Q}{\Delta P}\frac{P}{Q}=\frac{\dfrac{Q_B-Q_A}{Q_A}}{\dfrac{P_B-P_A}{P_A}}=\frac{\dfrac{1-3}{3}}{\dfrac{2-1}{1}}=-\frac{2}{3}$$

$$E_{dBA}=\frac{\Delta Q}{\Delta P}\frac{P}{Q}=\frac{\dfrac{Q_A-Q_B}{Q_B}}{\dfrac{P_A-P_B}{P_B}}=\frac{\dfrac{3-1}{1}}{\dfrac{1-2}{2}}=-4$$

经过计算得出 AB 弧的需求弹性系数 E_{dAB} 的绝对值为 2/3，小于 1，表示 AB 弧缺乏弹性；BA 弧的需求弹性系数 E_{dBA} 的绝对值为 4，大于 1，表示 BA 弧富有弹性。同样一段弧，降价和涨价时航运需求弹性不同。为了消除这种差别，一般采用中点弹性公式，即采用 P_A 与 P_B、Q_A 与 Q_B 的算数平均值，即

$$E_{dAB}=\frac{\dfrac{\Delta Q}{\frac{1}{2}(Q_1+Q_2)}}{\dfrac{\Delta P}{\frac{1}{2}(P_1+P_2)}}=\frac{\Delta Q}{\Delta P}\frac{P_1+P_2}{Q_1+Q_2}$$

代入已知数据，得到 AB 弧的平均弹性系数：

$$E_{dAB}=\frac{\Delta Q}{\Delta P}\frac{P_1+P_2}{Q_1+Q_2}=\frac{1-3}{2-1}\times\frac{1+2}{3+1}=-\frac{3}{2}$$

(三)航运需求弹性的影响因素

一般来说，航运需求弹性较小。这是因为航运是国际贸易不可缺少的运输方式，绝大多数货物贸易都依赖海上运输，所以运价的变动(上升)不会引起航运需求量的很大的变动(减少)；此外，贸易商在大多数的情况下，会把运费增加的部分加到货物

价格上去，所以运价的上升不会显著减少货物贸易对航运的需求。但是，考察不同货类市场的情况可以发现，在一定的条件下，航运需求随运价变动而变化的情况还是比较明显的。航运需求弹性的大小与下列因素有关。

1. 货物负担运输费用的能力

货物本身的价格对航运需求弹性有很大的影响。货物本身价值高的，其航运需求一般对运价的升降反应不太敏感，因为运价占货物价格的比率相对较低，班轮运输的货物多属此类；而货物本身价值较低的，其航运需求对运价的变动比较敏感，因为运价占货物价格的比率较高，大宗散货多属此类。凡运价与货物价格的比值相对较小者（货物价值高者），负担运费的能力较强，它们在运价上升时被削减或取消航运需求的可能性很小，即需求弹性很小；而货物价格较低的大宗初级产品因负担运费的能力较弱，有较大的需求弹性。

2. 货类有代用物资的可能性

在工业生产中，当某些物资稀缺或价格昂贵时，可以找到代用物资，而有些物资难以由其他物资替代，这种情况反映在航运需求上就会有不同的结果。如焦煤和铁矿石，因其固有的生产模式，几乎无法改变它们对航运的需求，运价上升时它们对航运的需求不会显著地减少，除非在离生产地更近的地方寻找到同样的物资来源，所以这类货物的航运需求弹性很小，而作为燃料的煤炭有较多可代用的物资，在航运需求上就会有较大的弹性。

3. 运输技术上的取代性

有些货物在传统习惯上由海上船舶运输，但也可以通过其他运输方式进行运输，如改用管道运输原油，油船运输的需求就会明显削减；空运也可取代海上班轮中一部分高价商品的运输；西伯利亚大陆桥和北美大陆桥的使用，使海上集装箱运输的需求减少；等等。凡是可由其他运输方式运输的货类，它们的航运需求都有较大的弹性；凡是在运输技术上被其他运输方式取代的可能性很小或不可能被取代的货类，它们的航运需求弹性都很小，甚至是非弹性的。

4. 时间的紧迫性

航运需求弹性还与货物的季节性以及市场状况有关。若某种货物急于进入市场销售，或者属于易腐易烂的货物等，其运输的需求者一般会选择价格较高但速度快的运输方式，尽快把货物推上市场，而不会选择运价低、速度慢的运输方式。在这种情况下，运输需求的价格弹性就小。如果货物的所有者有充分的市场时间的话，那么他会选择运输速度慢但价格较低的运输方式，或者干脆等待运价下降。此时，运输需求的价格弹性较大。

5. 整个流通过程的费用水平

航运运价是影响航运需求的重要因素，但是货主除注意运价变动外，更关心整个流通过程的费用水平。海运过程中，港口停泊和货物的装卸、保管、保险等费用的变化都对航运需求有影响。货主对航运需求的改变，经常以整个流通过程的费用水平为依据。

(四)航运需求弹性分析

1. 航运需求弹性对航运企业收入的影响

航运需求弹性能够直接反映运价变动时对航运需求量的影响程度，从而与航运企业的运输收入有着密切的关系。航运企业的运输收入（TR）是由运价（P）和运输量（Q）决定的，即

$$\mathrm{TR}=PQ$$

运输收入的变动既与货物的运价变化有关，也与货物的运输量变化有关，对上式求全微分，可得

$$\mathrm{dTR}=P\mathrm{d}Q+Q\mathrm{d}P$$

对上式右边各项提取 $Q\mathrm{d}P$，再进行整理，可得

$$\mathrm{dTR}=Q\mathrm{d}P\left(1+\frac{P}{Q}\frac{\mathrm{d}Q}{\mathrm{d}P}\right)=Q\mathrm{d}P(1+E)$$

由于 $E<0$，上式可以简化为

$$\mathrm{dTR}=Q\mathrm{d}P(1-|E|)$$

根据上式，可以分析航运需求弹性对航运企业运输收入的影响。

①如果航运需求是缺乏弹性的，即 $|E|<1$，则上式括号内的值为正值。若航运企业提高货物的运价，即 $\mathrm{d}P>0$，则 $\mathrm{dTR}>0$。因此，对于缺乏弹性的航运需求，提高货物运价，总运输收入就会增加。因为，航运需求缺乏弹性，在运价提高时，航运需求量虽有所减少，但减少的程度比起价格提高的程度要小，所以航运企业总运输收入会有所增加。同理，对于缺乏弹性的航运需求，降低货物的运价，其总运输收入则会减少。因此，在航运需求缺乏弹性的情况下，货物运价与运输收入之间呈同向变化关系。

②如果航运需求是富有弹性的，即 $|E|>1$，这意味着上式中括号内的值是小于零的。如果提高货物的运价，即 $\mathrm{d}P>0$，则 $\mathrm{dTR}<0$。因此，对于富有弹性的航运需求，若提高货物的运价，总运输收入反而会减少。因为，航运需求富有弹性，在运价提高时，航运需求量不仅有所减少，而且减少的程度比运价提高的程度要大，这样一来航运企业总运输收入非但不会增加，反而还会减少。同理，对于富有弹性的航运需求，若降低货物的运价，总运输收入反而会增加。因此，又可以得出，在航运需求富有弹性的情况下，货物运价与运输收入之间呈反向变化关系。

③如果航运需求是单位弹性的，即 $|E|=1$，则上式括号内的值为零，此时无论提高还是降低运价，总运输收入均不会发生变化，即 $dTR=0$。

由此可知，对于不同弹性的航运需求应采取不同的运价策略。对于缺乏弹性的航运需求，可以通过提高运价来增加总运输收入；对于富有弹性的航运需求，可以通过适当降价进而增加运输量来提高总运输收入。对于有单位弹性的航运需求，由于运价适度变动不会影响运输收入，航运企业可以针对不同的市场，灵活应用不同的运价策略。当要扩大航运市场份额时，可以用降低运价的方法，将竞争对手挤出市场；若要提高其运输服务质量，则可以适当提高运价，以树立企业在货主心目中讲求质量的形象。企业可以在国家允许的一定范围内确定运输的价格，采取合理的浮动方向和大小，以提高自身的竞争力和经济效益。

一般情况下，企业不会选择在航运需求曲线的非弹性区间降价，因为这样做会减少总运输收入，而且运输量的增加又会增加总成本，其结果将是利润的急剧下降。当然，企业即使在有需求弹性的范围内降价，也不一定就有良好的经济效益，这要看降价引起的收入增加是否超过新增加运输量的成本增加量，实际上就是要考虑降价或涨价所造成的机会成本。

2. 航运需求价格弹性对运输利润的影响

以上分析了航运需求弹性对航运企业运输收入的影响，即在航运需求弹性系数的绝对值大于 1 时，航运企业可以通过降低运价增加运输收入。但是，未能解决增加运输收入后能不能增加总利润这一问题，因为，即使是航运需求弹性系数的绝对值大于 1 的货类，也可能出现增加运输收入后不增加总利润，甚至总利润下降的情况。

例：假设某货物原运价为 10 元/吨，成本为 5 元/吨，则利润为 5 元/吨，运量为 1 万吨，则运输收入为 $10\times1=10$ 万元，总利润为 $5\times1=5$ 万元。现运价降为 7 元/吨，成本不变，利润则变为 $7-5=2$ 元/吨，运量变为 2 万吨，则运输收入变为 $7\times2=14$ 万元，总利润为 $2\times2=4$ 万元。由此可见，当运价下降 30%时，运量增加 100%，但总利润依然下降，此时航运需求弹性系数的绝对值 $|E_d|=\dfrac{10}{3}>1$。这说明航运需求弹性系数的绝对值大于 1 仅仅是充分条件，要实现运输利润的增长，还必须满足其他条件。

要使货物运输通过降低运价增加运输收入后增加总利润，还必须符合以下条件：

$$(\text{原运价下的利润率}-\text{降低幅度})\times|E_d|>1$$

运价的下降，实际上是降低利润率，从而减少运输价格中包括的利润。在这种情况下，要使总利润增加，就必须增加运输量，以运输价格中的薄利，实现运输后得到厚利。在保证增加总利润的既定目标下，运价中利润率降低的幅度即降价幅度，取决于两个因素：一个因素是运价中原有利润率的高低，另一个因素是降低运价后运输量增加的幅度。这两个因素之间存在着一种互为条件的关系，它们之间可以互相弥补。也就是说，运价原有利润率越高，降价后对运输量增加的要求越低，即运输量增加得越少；而降价后运输量增加的幅度越大（$|E_d|$越大），对原有利润率的要求也就越低，即原有利润率越低或降价幅度越大。以上公式正是反映了这种关系，公式中括号

内所得的差就是降价后运价中剩余的利润率，而公式中航运需求弹性系数的绝对值则反映了降价后需求量变化的程度，以上两者的乘积的大小反映了利润额的大小。如果以上两者的乘积小于或等于1，都将使总利润减少。

一般情况下，只要符合以上两个条件，即航运需求弹性系数的绝对值大于1，降价后剩余的利润率与需求弹性系数的绝对值的乘积大于1，航运企业就可运用降价策略实现利润增长。

（五）航运需求交叉弹性

航运系统是交通运输系统的一个子系统，航运与其他交通运输方式之间存在以下三种关系：①水平替代；②垂直互补；③互相独立。

货主为了实现货物运输，往往不依赖某一种运输方式，而是同时依赖两种或两种以上的运输方式。在假定其他条件不变的情况下，一种运输方式的运价发生变化，不仅影响对该运输方式的需求量，而且对其他运输方式的需求量也可能产生影响。用于衡量一种运输方式的运价变动对另一种运输方式的需求量的影响程度的指标是航运需求交叉弹性。将 x 运输方式对 y 运输方式的需求交叉弹性定义为

$$E_{xy}=\frac{\frac{\Delta Q_y}{Q_y}}{\frac{\Delta P_x}{P_x}}=\frac{\Delta Q_y}{\Delta P_x}\frac{P_x}{Q_y}$$

式中：$\frac{\Delta P_x}{P_x}$ 表示 x 运输方式运价的相对变动，$\frac{\Delta Q_y}{Q_y}$ 表示在 x 运输方式的运价发生变动时引起的 y 运输方式需求量的相对变动。

在 ΔP_x 趋于零时，上式就成为导数形式：

$$E_{xy}=\frac{\mathrm{d}Q_y}{\mathrm{d}P_x}\frac{P_x}{Q_y}$$

E_{xy} 的大小测量了 x 运输方式的运价变动对 y 运输方式需求量的影响程度。

（六）航运需求交叉弹性的分类

由于航运与其他运输方式之间存在不同的关系，因而它们之间的需求交叉弹性也是不一样的，根据 E_{xy} 的正负可以将航运与其他运输方式之间的关系分为以下三类。

1. 水平替代（$E_{xy}>0$）

若航运与其他运输方式之间可以互相替代，在 x 运输方式的运价上涨时，货主至少会将原来准备由 x 运输方式承运的一部分货物转为由可替代 x 运输方式的 y 运输方式承运。这样，在 x 运输方式运价上涨时，就会增加对 y 运输方式的需求量，它们的需求交叉弹性 $E_{xy}>0$。例如，航运和铁路运输可以相互替代时，航运的运价上涨，

会增加对铁路运输的需求量。

2. 垂直互补($E_{xy}<0$)

如果货主的货物同时需要航运与其他运输方式共同实现联运时,若 x 运输方式的运价上涨,货主自然就会减少对 x 运输方式的需求量,由于 x 运输方式必须和 y 运输方式同时联运,当 x 运输方式的需求量降低了, y 运输方式的需求量也就必然减少,即 $E_{xy}<0$ 。例如,由航运和公路运输组成的联运系统,在公路运输运价上涨时,会减少对该系统中航运的需求量。

3. 互相独立($E_{xy}=0$)

若航运与其他运输方式是互不相关的, x 运输方式的运价上涨,虽然会影响 x 运输方式的需求量,但对 y 运输方式的需求量没有影响,或者影响甚微,这时需求交叉弹性 $E_{xy}=0$,说明这两种运输方式是彼此独立的,没有多大关系。

(七)航运需求交叉弹性对航运企业决策的影响

当航运业存在着相关(水平替代或垂直互补)运输方式时,相关运输方式的运价变动也会影响到对航运业的需求量,这需要在不同的情况下采取不同的策略。

在航运企业经营多种运输方式的情况下,若其中有水平替代或垂直互补的运输方式,那么在制定运价时要考虑水平替代或垂直互补的运输方式之间的相互影响。就其中一种运输方式而论,降低运价可能会给航运企业带来损失,但如果其中垂直互补运输方式的运输量会因此迅速增加,导致航运企业总的利润增加,这样的降价是值得的。

当与航运业相关的运输方式分别在不同的企业中经营时,航运企业的决策又要有所不同。例如,从表面上看,某航运企业的运输业务能够完全控制航运市场,似乎是航运市场的主导者,但如果该航运企业所经营的运输业务存在着大量的替代运输方式,其需求交叉弹性相当大,那么该航运企业一旦提高其运价,就会大大减少运输量,从而失去航运市场。因此,航运企业的决策人员应当了解本企业运输的需求交叉弹性,以保证自身处于有利的地位。

利用需求交叉弹性可以帮助航运企业开拓市场,如果一家航运企业一时无力与大型航运企业进行竞争,那么它就可以去经营与大型航运企业垂直互补的运输业务,这样,随着大型航运企业的运输量增加,其运输量也会随之增加。

阅读资料

对华“脱钩”还真不行，依赖中国航运业让美国倍加脆弱

经过数十年的改革开放，中国逐步发展成为全世界最大的制造业国家，西方发达国家每年都要进口大量的中国商品，以至于形成了对中国商品的高度依赖，因为中国商品物美价廉。自特朗普执政时期开始，美国就开始实施遏制中国发展的战略，其中最明显的一项措施便是对来自中国的商品加征额外的关税。美国政府想以此为手段，提高中国商品的价格，间接迫使美国民众不再购买中国商品，转而选择本土制造或者其他国家的商品。但是显然，美国政府有些过于想当然了，中国不仅仅是商品物美价廉，并且有非常强大的生产能力和极高的效率，美国客户下单之后，也只有中国工厂能够以最快的速度保质保量完成。

尽管其他国家也有生产生活用品的厂家，但是他们的产量和质量，甚至供应链体系都无法与中国成熟的商品制造体系相竞争。包括美国和欧洲国家在内，很多国家在圣诞节前夕都会有一次集中性的购物狂欢，美国各大超市和电商都要为这次狂欢拼命备货。为此，它们不得不在全球寻求货源，而它们中的绝大多数最终还是选择了中国，因为其他国家的厂家仅能满足他们一小部分需求，要想满足国内需求，只能求助于中国商家。尽管如此，美国政府仍然不愿意取消对中国商品加征的关税，甚至还在想尽一切办法阻止中国商品进入美国，不过其也无法替美国民众找到更好的替代品。

在高通胀的情况下，美国超市的货架经常被空置，不是人们需求增加，而是供应不足。除此之外，美国人还意识到另外一个问题，这让他们很难实施对华“脱钩”策略。他们发现，美国的进出口贸易对于中国航运公司的依赖也非常强。

中国是全世界第一航运大国，并且中国还是世界第一轮船制造大国，国际航线上到处是中国的船只。连美国公司也不得不选择中国的轮船来为他们运输货物。美国部分政客认为，这种情况是危险的，如果美国不尽快摆脱对中国航运的依赖，将无法贯彻对华“脱钩”政策，将来很有可能被中国“卡脖子”。

因此他们列举了世界上很多国家的航运公司，建议美国公司在选择的时候能够避开中国企业。别的国家有大型航运公司和货船，并不代表着这些船都处于空闲状态，世界航运非常繁忙，即便如今世界上有那么多的大型运输船，但依旧无法满足需求。

中国和韩国的造船厂每年都要接到大量的订单，因此美国公司如果要避开中国企业，要么只能等，要么就要花费更高的价格租仓位，这些成本最终都会转嫁到美国民众身上。

对华“脱钩”战略，令美国政府与美国企业、美国民众之间产生了巨大的

分歧，高昂的成本让这项战略无法完全实施。美国现在不但没有减少对中国商品的进口，在高额关税的情况下，进口量还增加了不少，这对美国政府来说是个不小的讽刺。

实际上美国自身对于外国产品的依赖非常严重，除了中国之外，对俄罗斯的产品也非常依赖，即便俄乌战争期间，也在大量进口俄罗斯产品。因此，美国政府的对华“脱钩”政策，最终只能是一场闹剧！

资料来源：非常点评. 对华“脱钩”还真不行，依赖中国航运业让美国倍加脆弱[EB/OL].（2022-10-05）[2023-05-03]. https://baijiahao.baidu.com/s?id=1745751281020716587&wfr=spider&for=pc.（有改动）

第二节　航运市场的供给分析

航运供给与航运需求是航运市场的两大基本要素。航运供给是为航运需求服务的，是航运需求得以满足和实现的物质基础，航运供给在千变万化的航运需求的支配下发展和变化。对航运供给的研究必须紧密结合航运需求的发展规律。

一、航运供给的概念及特征

（一）航运供给的概念

航运供给是指在一定时期内和一定运价水平下，拥有运输船舶的全体船舶所有人，能够而且愿意提供的船舶吨位量。形成航运供给必须具备两个条件：航运生产者具备提供航运服务的愿望和提供航运服务的能力。这两者缺一不可，缺少任一个都不能形成有效的航运供给。

（二）航运供给的一般表达形式

衡量航运市场运力供给的主要指标是船舶吨位。船舶所有人提供一定吨位的运力所愿意接受的价格称为供给价格。航运市场中，船舶吨位供给受许多因素影响，如运价、成本、新船竣工量、船舶买卖市场、船员劳务市场以及经营环境等。航运供给与各影响因素之间的关系可用函数形式描述为

$$D_s = f(P_f, a_1, a_2, a_3, a_4, a_5)$$

式中：D_s 为船舶吨位供给量；P_f 为货物航运运价；a_1 为运输成本；a_2 为新船竣工量；a_3 为商品或货物价格；a_4 为相关运输方式运价；a_5 为其他影响因素。

以上函数形式是航运供给函数的一般形式,其意义是表示船舶吨位供给量与各影响因素之间的关系,每一因素的变动都会对供给量产生影响。在这些因素中,运价和运输成本是最主要、最直接的影响因素,是主要考察和分析的对象。

假设运价以外的所有因素都保持不变,航运供给函数可简化为 $D_s = f(P_f)$,此式仅反映船舶吨位供给量与运价之间的关系。D_s 与 P_f 之间的关系也可用图 2-4 表示,图中的 S 为航运供给曲线,代表 D_s 与 P_f 的对应关系。

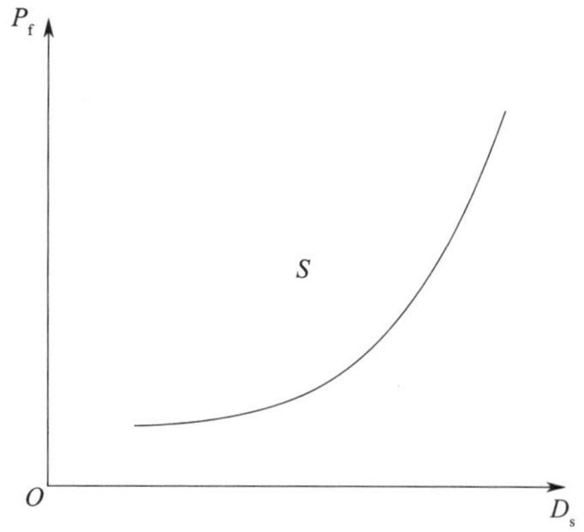

图 2-4　航运供给曲线

(三)航运供给的主要特征

1. 航运产品的非储存性

航运企业的生产活动就是通过船舶运输使运输对象发生空间位置的变化,并不生产新的物质产品。因此,航运产品的生产和消费是同时进行的,也就是说,航运产品不能脱离生产过程而独立存在,这就是航运产品的非储存性。由于航运产品的非储存性,当航运需求随着国际贸易的增长而增长时,运输能力也要有相应的增长,以调整供求关系。然而,运输能力的增长往往需要较长的周期(通常指造船周期),因此运输能力的建设需要适度超前。

航运产品的非储存性,决定运输储备不能采取产品的形式,而只能采取运输能力的形式,要求运输能力应具有适量的储备,以适应市场的变化。运输能力的超前建设与运输能力储备对航运企业来说,既可能是其抓住航运市场需求增长机遇的助力,又可能会因航运市场供过于求而使其面临风险。所以,运输能力建设的超前量和运输能力的储备量是航运企业经营所要研究的非常重要的课题。很明显,运输能力储备量越大,航运企业承担的风险越大,适应航运需求的能力也越强;相反,运输能力储备量越小或没有储备,其承担的风险也就越小,但是适应航运需求的能力也越弱。

2. 航运供给的不平衡性

不平衡性既是需求的主要特征,也是供给的特征之一。不平衡性首先表现为供给与需求的不平衡，一般存在两种情况：$Q_d > D_s$和$Q_d < D_s$。

① $Q_d > D_s$。如果运力供给不足，运价将会迅速作出反应，运价的刺激必然使造船市场变得活跃、复航船舶增加、船舶延迟修理和推迟报废等，从而使上升趋势的运价迅速回落。

② $Q_d < D_s$。航运市场的供需不平衡较常见的是$Q_d < D_s$的情况，这是船舶供给和运力储备过剩所致。这种情况下，航运企业要承担运力浪费的风险。所以，减少浪费也是航运企业经营策略中的重要内容之一。不平衡反映在营运期里，有旺季与淡季的不平衡，这会导致运输供给出现高峰与低谷供给量的悬殊变化，使运力存在浪费风险。此外，大多数货物存在运输方向的单向性，因而往返航程的运量分布是不平衡的，这迫使航运企业从运力、运输船舶的性能以及运输技术组织措施等方面寻找新的途径，尽量减少空载损失和运力的浪费。

在不断变化的航运市场中，不平衡性是绝对的和长期的。这种情况与航运企业的规模、市场的容量、运行状态以及市场环境密切相关。

①船队规模大，供给能力强，适应市场需求增长的能力就强。当国际贸易量不断增长时，航运企业可以占领更大的市场份额，但是在航运市场萧条时期，航运企业也必须承担供给过剩的巨大风险。

②船队规模小，供给能力有限，机动灵活性强。尤其是在航运市场萧条时期，承担的供给过剩的风险小，但是，在航运贸易繁荣时期，它的竞争力和适应市场需求增长的能力较弱。

不平衡规律说明，保持船队的适当规模和合理结构，是航运运力合理运用和减少浪费的基础。

3. 航运生产的时空差异性

航运产品只能在运输生产过程——运输船舶（或运输工具）的位移过程中产生。而航运产品的消费，即运输需求的满足，也只能在这种运输生产过程中实现。但是，这并不意味着航运产品的生产必然与其消费相对应。例如，一艘N万吨的船舶，可以提供的运力为N万吨，但是，在某一航次中的实际货载可能达不到这个数量，则势必造成亏载或亏舱，致使运力被浪费。所以，生产与消费的脱节不可避免。

这种供给与需求之间在时间、空间上的差异性所造成的生产与消费的差异，使得航运企业必须承担运力损失和空载航行等经济风险。所以，运输活动的经济效益取决于供需在时间与空间上的匹配度。为此，航运企业一方面应经常研究与分析航运需求的变化，把握未来需求的趋向；另一方面，通过市场信息及时调整航线及供给布局，保持船队的生产经营活动处于最佳状态。当然，要达到这一水平，不仅需要提高航运经营管理水平，而且需要正确运用科学的现代化管理方法。

4. 航运供给的成本转移性

航运供给能够在较大范围内超额生产，而不引起成本的明显上升，即航运企业可以在成本增加很少的情况下，在需求允许时增加供给量。但是，这是以航运条件恶化、航运服务质量下降为代价的，会使得本该由航运企业承担的成本部分地转嫁到货主身上。航运供给的成本转移还体现在航运活动带来的空气、水和噪声等的污染，能源和其他资源的过度消耗以及交通阻塞等方面，这些成本消耗也会部分地转移到航运外部的成本中。

5. 航运供给的社会公益性

社会基础设施都有不同程度的公益性，航运面向全社会服务，也属于社会基础设施。航运供给存在着程度不同的规模经营效益递增的规律，存在着使用者与非使用者之间利益的溢出性。国家用纳税人缴纳的税费建设航运供给基础设施，受益者是社会成员，也包括纳税人自己，但是，社会上的受益者和贡献者并不完全是一一对应的，每一个社会成员的贡献与受益也不完全相当，这反映了航运基础设施的社会公益特性。

6. 航运供给的可替代性与不可替代性

在某些航线上，当存在多个运输者分别以多种运输方式完成同一运输对象的时空位移时，航运与其他运输方式之间存在可替代性。可替代性构成了运输者之间竞争的基础。但与此同时，航运产品具有时间上的规定性、空间上的方向性、运输船舶的适应性、运输服务的经济性及方便程度等方面的要求，这使航运与其他运输方式之间的可替代性受到限制，这种限制使得航运与其他运输方式提供的运输服务产生差异，这种差异可能导致航运在某一领域的运输供给上形成一定程度的垄断。因此，航运供给的可替代性和不可替代性是同时存在的，而且是有条件限制的。航运既面临着与其他运输方式之间的竞争，也会在某些领域形成垄断。

二、影响航运供给的因素分析

影响航运供给的因素，首要的是航运需求。航运供给是为航运需求服务的，航运供给随着航运需求的变化而变化。因此，影响航运需求的某些因素对航运供给也产生影响，如世界经济与国际贸易的发展、国家政策与法律的规定、自然环境因素的变化等。通常，航运市场需求的变化影响航运供给的规模和态势，供给随着需求的增长而扩大，随着需求的减少而缩减。但是，航运供给与航运需求又有区别，航运需求者是货主及其代理人，而船舶吨位的供给者是航运企业及其代理人，他们在航运市场上分属买、卖两方，具有不同的出发点和不同的市场目的与行为。航运市场上需求与供给的规模及结构的调整，一般需要较长的时间，而且情况极其复杂。

（一）经济因素

经济方面的因素，既包括世界经济发展的前景，也包括各个国家的经济状况。世界经济发展的前景将刺激航运总供给能力发生变化，各国的经济状况是航运需求与供给发展的基本条件。研究航运供给，实质是探索航运资源的合理配置与有效运用的问题。

各国经济大体上可以划分为以下四种类型。

1. 自给经济类型

此种经济类型以农业为主，以产品自给为主，属封闭经济，仅有少量的剩余农产品参与交换，缺乏货币等交易工具，购买力很低。该经济类型对应的国家，进出口的贸易量均不大，对运输的需求也不大，尤其对海上运输的需求更小，通常没有自己的船队，对外贸易运输几乎完全依赖交易的另一方。

2. 原料输出类型

该经济类型对应的是以丰富的自然资源作为经济支柱的国家，国民收入依赖出售天然资源，因此这些国家为原料的开采、提炼和处理提供技术市场，同样配套的内陆运输设备以及工具、配件等均有较大的市场。这类国家对外贸进出口及运输依赖性很强，有较大的市场潜力，但是它们基本上长期被工业化国家所控制。

3. 工业化中经济类型

这种经济类型对应的国家，制造业与加工业正在崛起，且在国民经济中的地位日益重要，亟须推动进出口贸易发展，对航运需求强烈。但是，由于资金、人才和交通运输等条件的限制，这些国家往往以低级的、劳动密集型的产品出口换取外汇及工业原料、精密仪器和重型机械等。这些国家的外贸运输需求与供给，开始从完全的依赖型逐步向自立型或部分自立型发展，它们已经认识到航运对本国经济发展的重大意义，开始建立自己的船队，服务本国的外贸运输，有一定的供给能力和市场潜力。

4. 工业化经济类型

这种经济类型对应的国家有雄厚的工业基础，并不断向外国输出资本和工业品。它们进口大量的原料和燃料，拥有较高的生产力水平，国民收入水平高，具有多层次的消费需求，所以市场活跃，进出口贸易发展势头强劲，航运需求大。这些国家不仅对航运有强劲的需求，而且拥有一定规模的船队，保持着较强的供给能力和竞争能力，在国际航运市场上占据相当优势。

还有一些传统的航运国家，以其相当大规模的船队参与航运市场竞争，且以第三国运输为主要目标，保持一定的市场占有率，例如希腊、挪威、丹麦、马耳他和瑞典等。

总之，发达国家与传统航运国家的船队在世界航运市场上占有垄断优势，拥有的商船吨位占世界商船总吨位的80%左右。

从上述分析可以明显看出，航运资源的分布是极不平衡的，大量的航运资源为少数国家所垄断。这种不平衡的资源分布又是进一步加剧不平等竞争的重要根源，同时也是造成航运资源浪费的主要根源。

（二）政治因素

世界经济和贸易的发展，使航运业成为独立的物质生产部门。但是，国际航运业是连接世界上不同经济类型、发展水平、地理位置与自然环境以及不同社会制度的国家的主要纽带，其处在极其复杂和竞争激烈的国际环境中，面对着国家、地区和集团之间的各种矛盾和利害冲突，因此依赖政府的支持和保护，各国政府都竭力采取各种保护措施和政策，以便在国际航运市场激烈的竞争中保护和发展本国的船队，所以航运业的发展从一开始就受到国家政体、政府政策以及军事需要等多种政治因素的影响。

1. 国家政体与社会性质

资本主义国家的航运往往是与军事侵略及经济扩张紧密联系在一起的。一些资本主义大国始终把商船队作为军事需要的后备力量，长期保有相当大的运力储备，一方面以其雄厚的供给能力控制航运市场；另一方面，则以方便旗船参与市场竞争。方便旗船的经济性对发展中国家航运业构成威胁，助力这些大国争夺发展中国家的航运市场。

第二次世界大战之后，世界力量的对比发生了重大变化，但旧的经济秩序未发生根本改变，新秩序正在形成的过程中。发达国家在经济上继续处于控制和垄断地位，发展中国家仍处于原材料和初级产品的生产国和工业制成品的进口国地位。发达国家仍以巨大规模的船队控制着大多数发展中国家的对外贸易运输。发展中国家出口收入以及产品在国际市场上的竞争能力，在很大程度上取决于由发达国家控制的海上运输价格。因此，许多发展中国家逐步认识到，在国际贸易中，如果没有自己的商船队，就无法掌握国家的经济命运，就不能掌握对外贸易的主动权。

然而，航运业是资金和技术密集型的产业，发展中国家由于面临资金缺乏、技术落后或技术力量薄弱等困难，船队一直发展缓慢，二手船占相当大的比重，所以船龄偏高、船舶技术状态较差，这使得这些国家的航运业在航运市场上的供给能力和竞争能力很弱，只能在本国政府的航运政策保护下才得以发展。

由此可见，由于历史的原因，发展中国家的航运业远不能满足经济发展的需要，航运供给能力严重不足，航运资源具有很大的开发潜力。

2. 航运政策

航运政策是影响航运供给的重要因素，它是一个国家的政府为实现航运发展确定的指导方针。国际航运从诞生之日起，就受到各当事国政府直接或间接的支持和介入。商船队几乎是国家威力和经济实力的象征，带有浓厚的政治和军事色彩。早在 15—18 世纪，为发展和保有一支强大的商船队，葡萄牙、西班牙、英国和法国等均给予航运业以间接补助；16—18 世纪，丹麦和波罗的海沿岸国家也颁布了有关的法律以直接补贴支持本国航运。

国际航运政策大致可以分为以下几类：造买船补贴、低息贷款、货载保留、营运补贴、税收优惠、关税减免、船队更新补贴、沿海航行权、海事保险补贴和航运市场准入等。

(三)科学技术因素

科学技术对运输供给的影响主要表现在交通基础设施和运载设备的技术水平以及管理水平上。用先进技术建设的高等级公路、铁路线、车站、码头等交通基础设施,可以迅速提高运输供给能力。

运输设备的革新,使运输供给从小运量、低运能、低速度,发展到大运量、大牵引力、高速度,大大提高了运输生产效率,降低了运输成本,提高了运输服务质量,提升了运输生产的组织管理水平,从而提高了运输供给的能力。

1. 第一次科技革命

第一次科技革命以蒸汽机取代风帆作为船舶动力装置,使航运业发生了第一次革命,使交通运输业由手工业时代进入机器运输业时代,出现了蒸汽机轮船和蒸汽机火车。

2. 第二次科技革命

第二次科技革命使造船工业跨入社会化大生产阶段,船舶成为殖民主义者向海外扩张最强大的运输工具。第二次科技革命之后出现了电力火车、内燃机火车和内燃机轮船,继而出现了汽车、飞机等现代运输工具。

3. 第三次科技革命

第三次科技革命加快了交通工具的改造与革新速度,使世界商船队迅速壮大,船舶向大型化方向发展。第三次科技革命使铁路运输实现了信息技术电子化,使信号设备从以继电技术为基础发展到以电子计算机为主体;在水运方面,出现了自动化船舶、自动化无人机舱、卫星通信、卫星导航等;在航空运输和公路运输方面,无人驾驶飞机、无人驾驶汽车的出现,预示着交通运输业的美好前景。

4. 第四次科技革命

第四次科技革命,是继蒸汽技术革命、电力技术革命、信息技术革命之后的又一次科技革命,是以互联网、可再生能源、人工智能、无人控制技术、虚拟现实以及生物技术为代表的全新技术革命。传统规模化的航运方式将向柔性化定制式方向发生转变,航运供给的形式也将向航运资源共享、个性化定制方向发展。

科学技术是推动社会经济发展的第一生产力,也是推动航运发展的第一生产力。每一次科学技术成果在造船业与航运业的应用都大大提高了航运供给能力,为航运业提供日益先进、高效和经济的船舶。

(四)相关市场因素

造船市场、买卖船市场、拆船市场以及船员劳务市场等相关市场是为航运服务的市场,也是影响航运供给的重要因素。

造船市场的变化,决定新船向市场的投入量变化;买卖船市场的动态往往反映闲置吨位的进出市场趋向;拆船市场的发展变化对航运供给产生一定的影响;船员劳务市场对航运供给产生的影响也是不可忽视的。

三、航运供给原理

航运供给原理是航运市场分析的又一主要内容。由于供给反映了一定时期内航运市场的船舶运力,因而它对航运市场的变化以及航运企业的经营状况均会产生重大的影响。因此,航运供给原理是国际航运市场分析的关键内容,对于指导航运企业开展生产经营活动具有相当重要的意义。

(一)航运供给能力的要素

船舶的供给能力是指船舶能够完成的运输工作量,即海运周转量,以吨海里为计量单位。从微观角度看,构成航运供给能力的主要因素有船舶吨位、船舶航速、平均运输距离、港口效率和航运企业的经营管理水平。船舶吨位是指船舶的净载重吨位,它表示运输生产能力,是航运供给的主要因素。船舶航速是指船舶的营运速度,它是一个平均的概念,在实际营运过程中,它是一个变量。船舶速度性能是航运供给能力的重要因素之一,它不仅影响船舶运输能力和船舶营运成本,而且影响客货运达速度和航运市场的竞争能力。平均运输距离是指投入市场的船舶在营运期内在两个市场或两个港口之间的海上平均运输距离,它之所以是构成航运供给能力的重要因素,是因为不同运输距离的海上运输对运输能力供给量的需求也是不同的。港口效率是指船舶在港的装卸作业、技术作业与辅助作业等的生产性总停留时间的生产率,港口效率必然影响船舶的生产能力,所以它也是影响船舶供给能力的因素。航运企业的经营管理水平是一个定性的因素,它对船舶供给能力的影响渗透在其他指标中。

(二)航运供给定律

航运供给量与运价之间的对应关系可用表格列出,也可绘出供给曲线,还可用公式 $D_s = f(P_f)$ 表示。一般情况下,在影响航运供给量的其他因素不变的条件下,航运供给量与运价之间存在着相同方向的变化关系,即运价提高,船舶所有人会增加船舶吨位的供给;运价下降,则会相应减少船舶吨位的供给。航运市场船舶吨位的供给量随着运价的上涨而增加,随着运价的下跌而减少,这是航运市场供给变化的一个最基本的规律,这个规律称为航运供给定律。航运供给定律具有普遍意义,它是航运市场供给变化的基本规律。由于航运供给量与运价之间存在着这种同向变动的依存关系,因而航运供给曲线是一条自左下方向右上方倾斜的曲线。

根据航运供给定律,在影响航运供给的其他因素不变的条件下,航运供给量随运价同方向变化。具体而言,航运供给量是沿着给定供给状况的供给曲线变动的。如图 2-5 所示,当运价在 P 的水平时,船舶供给吨位为 D,当运价提高到 P_2 或降低到 P_1 时,则船舶吨位供给量相应增加到 D_2 或者减少到 D_1。

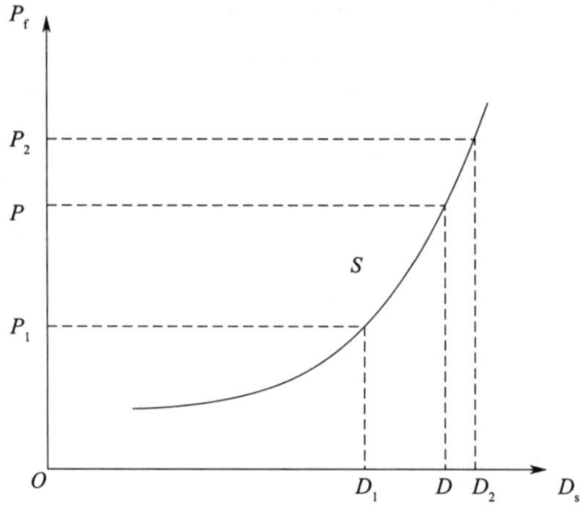

图 2-5　航运供给曲线

航运技术、航运生产要素等因素的变化,会使航运供给曲线发生移动,即航运供给发生了变化。这时,与任一运价对应的航运供给量均较前增加或减少(或者说,与每一船舶吨位供给量相对应,运价较前增加或减少),这表现为航运供给曲线向右或向左移动,这种情况称为供给状况发生了变化。在这种情况下,航运供给的变化,源于供给的状况本身发生了变化,它表现为与每一个运价水平相对应的航运供给量均较以前发生了变化,如图 2-6 所示。

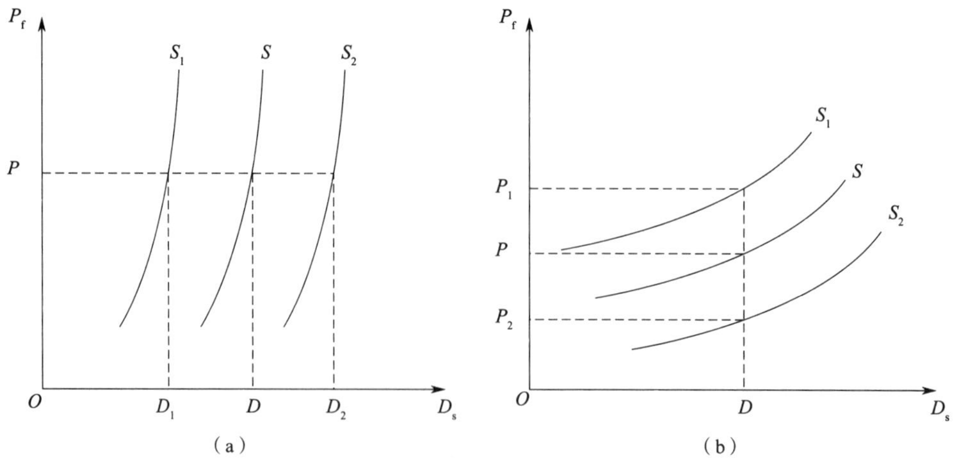

图 2-6　航运供给曲线的移动

(a)航运供给曲线水平移动　(b)航运供给曲线垂直移动

图 2-6(a)中 S 曲线表示原来的供给曲线,S_1 曲线表示航运生产要素价格的提高

等因素引起供给状况变化而产生的新的供给曲线。它表示与原来任何一个运价相对应的供给数量均较前减少。而航运技术水平的提高等因素引起了供给曲线向右方移动,形成了 S_2 曲线,它表示与原来的任一运价相对应,船舶所有人打算提供的船舶吨位均较以前增加了。

绘制航运供给曲线的限制条件是,除运价以外的其他因素(如运输成本、新船竣工量、旧船船价等)保持为常数,因为其中任何一个因素的变化都会引起供给曲线的形状、斜率和位置的变动。供给曲线表示运价与船舶吨位供给之间存在的多种可能性,即供给量的变化由对应的运价的变化所决定。各类船舶的供给曲线,各有不同的形状,不存在适合各类船舶的通用供给曲线。

供给量的变化与供给的变化是有区别的。供给量沿供给曲线运动,每一运价水平对应相应的航运供给量,不同的运价对应不同的航运供给量;供给变化是指供给曲线的位移,产生这种位移的原因不是运价发生了变化,而是运价以外其他影响因素发生了变化。

如图 2-6(a)所示,当曲线向右移动,即由 S 移动到 S_2,表明在同一运价水平条件下供给量由 D 增加到 D_2,S 曲线向左移动到 S_1,则供给量由 D 减少为 D_1。

如图 2-6(b)所示,供给曲线的上下移动,表示船舶供给量不变,而运价则表现出明显的差别。这种情况,或是由于生产条件的变化造成的,或是表现为船舶类型不同而呈现的运价差异。

(三)航运供给弹性

航运供给弹性是指供给的价格弹性,是供给量变动对运价变动的反映程度,其衡量的是运价变动的比率所引起的供给量变动的比率。同航运需求弹性一样,航运供给弹性测量运价变动所引起的航运供给量变动的程度。航运供给弹性系数 E_s 被定义为

$$E_s = \frac{\frac{\Delta D}{D}}{\frac{\Delta P}{P}} = \frac{\Delta D}{\Delta P}\frac{P}{D}$$

或

$$E_s = \frac{\mathrm{d}D}{\mathrm{d}P}\frac{P}{D}$$

式中:E_s 为航运供给弹性系数;D 为船舶吨位供给量;P 为运价;ΔD 和 ΔP 分别为船舶吨位供给量和运价的增量。(因本书仅考虑供给与运价的关系,为简化分析,略去了 D 和 P 的下标。)

因为供给量与运价同方向变动,所以航运供给弹性系数为正值。这样,供给量对运价变化的反应就可以用供给的价格弹性系数加以衡量,如果供给弹性系数超过 1,即 $E_s>1$,那么供给是富有弹性的;如果供给弹性小于 1,即 $E_s<1$,则供给是缺乏弹性的;如果供给弹性恰好等于 1,即 $E_s=1$,则供给具有单位弹性。

供给曲线上每一点表示一定的供给状态,根据供给曲线上的特定点,可检验供给

弹性的状态特征，看其是富有弹性还是缺乏弹性。对于穿过原点的线性供给曲线来说，整个曲线上任何一点都具有单位弹性（$E_s=1$），见图 2-7 中曲线 S_3；图 2-7 中曲线 S_2 是完全水平的供给曲线（$E_s=\infty$）；图 2-7 中曲线 S_1 是完全垂直的供给曲线（$E_s=0$）。S_1、S_2 是理论上的特例。通常情况下，航运市场供给呈现为富有弹性或缺乏弹性两种情况。

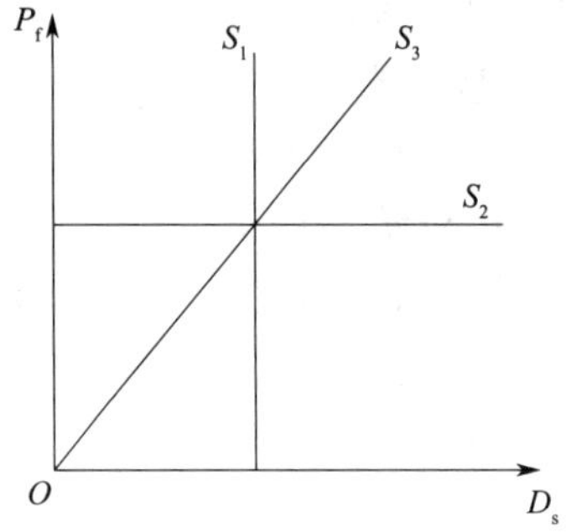

图 2-7　航运供给弹性

图 2-8 中的 S 是一条供给曲线，为检验 S_1、S_2、S_3 三个特定点的供给弹性，在各点引供给曲线的切线并将其延长与坐标轴相交，如果切线延长线与运价轴首先相交，则供给是富有弹性的（$E_s>1$），如 S_1 点；如果切线延长线首先与供给量轴相交，则供给是缺乏弹性的（$E_s<1$），如 S_3 点；如果切线延长线穿过原点，则供给弹性为单位弹性，如 S_2 点。

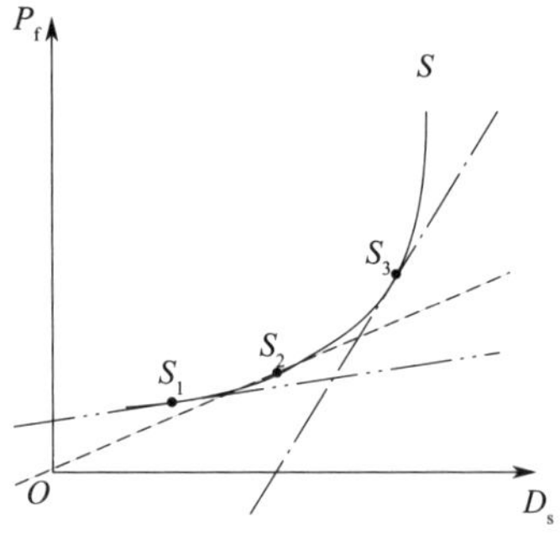

图 2-8　航运供给曲线

在国际航运市场中，航运供给主要受市场需求和运价水平的影响。结合航运生产的特点，航运供给弹性在各种情况下受到一些因素的影响，表现出不同的规律性，主要体现在以下几点。

1. 航运需求

航运供给是在航运需求的引导下进行的，船舶吨位供给量既取决于运价也取决于航运需求。当需求量小时，航运供给具有较大的弹性，因为市场上有过剩的运力，提高运价可刺激船舶投入市场，船舶吨位供给量就会增加；当需求量大时，航运供给具有较小的弹性，因为此时运力处于紧张状态，无多余的运力来源投入市场，而在建的船舶需要一定周期才能投入市场，因此船舶吨位供给量不会很快增加，供给弹性较小。

2. 航运经营方式

航运经营有定期船和不定期船两种。定期船在航线垄断条件下经营，其航线、运价事先规定，因而对市场变化的反应比较迟钝，在运输需求增大时难以即刻扩大供给，在需求削减时要改变航线或减少派船也较困难，不易随市场需求的变化作适应性的调整，这说明定期船的供给弹性很小。而不定期船的经营极为分散，进入或退出市场的限制很小，所以在运价上升时能显著增加吨位供给，在运价下跌时又能较快地减少吨位供给，这说明不定期船的供给弹性相对较大。

世界各地的船公司将船舶运力投向定期船（班轮）和不定期船市场。班轮航行于定时营运的航线，因初始投资较大以及管理机构庞大等，一些班轮公司发展到了相当大的规模，并且形成了寡头垄断的市场格局，严重地阻碍了供给吨位的自由进出。凭借规模经济的优势，班轮公司可以依据利润最大化的原则制定运价，并且在短期内保持相对稳定的运价水平以及吨位供给。从长期的角度分析，班轮市场的吨位供给水平还受由航运需求决定的运价水平的影响。

3. 供给规模

航运经营者是遍布世界各地的大小船公司，它们基本上是相互独立的，也无力左右市场运价，只能在一定的运价水平下采取一定的营运策略。从微观（个别企业）角度来看，各船公司对运价的变动是十分敏感的。当运价上升或下跌时，船公司将设法通过租进或租出船舶、买进或卖出旧船、延迟或提前拆船等方式来增加或减少运力供给。若在较长时期内市场运价坚挺，或预计在较长时期内市场前景看好，则会刺激航运经营者投资建造新船，以提高供给能力。因此，单个船公司的供给弹性较大。

从宏观（整个市场）角度考察，与个别供给有所不同（在短期内，运价上升，会刺激租船和买船等活动），在新船投入市场之前，整个市场的运力供给量并没有真正地增加。当运价上涨并在一段时间内保持较好的态势时，旧船价格和新船造价也会相应上涨，航运企业投资建造新船的热情会有所减弱。因此，就整个市场而言，供给弹性相对较小。

4. 时期的长短

时期的长短是决定航运供给弹性大小的主要因素。从短期与长期的角度考察供给弹性的变化，会发现航运供给有不同的特点。市场状态变化后，短期内需求与供给之间会存在一定时间上的差异，这是因为船舶从闲置到复航或新船投入市场营运需要一段时间，船公司来不及增加船舶运力，所以运价无论怎样提高，运力供给均无法及时增加，航运供给缺乏弹性甚至供给弹性为零，供给曲线是垂直于横轴（供给量）的一条直线。在新船投入市场之前，船公司只能通过租船或买旧船来增加运力投放。从长期来看，船公司可以通过建造新船来扩大供给，整个航运业供给的规模也可以增加，因而其供给弹性将大于短期内的供给弹性。从长期的角度考察，市场状态变化后，在运价的作用下，供给与需求会逐步趋于相互适应，表明在长期内运输供给具有足够的弹性。

5. 运价的涨跌

运价是船公司最为关注的市场信息，当运价上涨时，各船公司将采取一切措施竞相增加运力，如加速航行、延缓修理、复航船舶、推迟退役、购买旧船等，同时运价上涨会诱使新的投资者提供船舶运输吨位。这说明它能刺激供给量较快增加，此时供给弹性较大。当运价下跌时，船公司将逐步减少船舶吨位供给，某些船舶（如集装箱船）不会轻易退出市场，因为船舶所有人要考虑经营航线的性质、市场竞争中的地位以及封存维持费用等，往往采用减少亏损、继续营运的策略。如果运价疲软且持续时间较长，船舶吨位供给将逐渐减少。

需要指出的是，当运价下跌时，短期内船舶所有人将指示海上航行船舶采用经济航速甚至低速航行，指示货运部门承揽不满载货物业务，甚至为了将船舶转移到运价水平稍高的航区而不惜长距离压载航行，这些措施可以减少船舶营运量，但并不能改变吨位供给水平，因此供给弹性较小。若在运价坚挺时期订造的新船又拖至这一时期交船，很可能出现实际吨位供给量非但没减少，反而有所增加的局面。当运价下跌至单位封存点成本以下时，船舶所有人只能指示船舶终点停航（或拍卖）。只有闲置吨位出现才会使实际供给吨位减少，所以这个时期的吨位供给弹性较小。

阅读资料

疫情对跨太平洋航线集装箱运输市场供给的影响

疫情暴发初期，跨太平洋航线的运力供给短期过剩，班轮公司纷纷采取系列削减运力措施，这些措施一定程度上避免了跨太平洋航线班轮公司之间出现严重的恶性竞争，缓解了跨太平洋航线运力过剩的状况。随着疫情带来的影响逐渐降低，跨太平洋航线逐渐复苏，运力出现“供不应求”状况，航线运费率短时间内“暴涨”，跨太平洋航线市场变得更加难以预测。总体看来，疫情对跨太平洋航线集装箱运力供给方的影响依然存在，疫情短期对运力供给方的影响包括如下几个方面。

1. 航运成本骤然上升

在疫情暴发前，跨太平洋航线的集装箱班轮的运输成本已经在逐年上升。班轮公司为了实现利润最大化，不断通过规模经济降低成本。集装箱班轮运输成本由五个部分构成，分别是船舶成本、集装箱成本、装卸成本、物流成本和管理成本。疫情对集装箱班轮运输成本的影响，主要体现在集装箱成本、装卸成本以及物流成本三部分。由于集装箱班轮运输存在规模经济，大型集装箱船的单箱运输成本比小型集装箱船的单箱运输成本低，导致集装箱班轮公司订造的商船越来越大，集装箱班轮大型化趋势越来越明显，与之配套的集装箱港口、与港口配套的集疏运系统也趋向大型化。这种集装箱班轮运输行业的大型化趋向使得集装箱行业的投资增大，固定成本投资巨大，任何集装箱班轮运输市场的风险，都可能使投资者风险放大化，导致成本的上升。

2. 市场波动剧烈，船东决策难度大

疫情对跨太平洋集装箱班轮公司除了上述成本的影响之外，还使得船东对市场的决策难度提升。这主要源于集装箱班轮运输市场波动剧烈，船东对变幻莫测的航运市场不能精准预测，使得很多市场机会白白流失，不得不承受很多损失。2020 年上半年，航运学者预测跨太平洋航线市场受疫情的影响，其运费率将持续下降。在此背景下，跨太平洋航线的班轮公司开始对集装箱运力进行削减。结果，2020 年下半年，随着美国疫情的恶化，美国对中国防疫物资的需求增加，导致跨太平洋航线的运力需求大于供给，跨太平洋航线的运费率大幅提高，许多集装箱班轮公司匆忙将运力从其他航线调整到跨太平洋航线，白白流失了许多增加利润的机会。疫情导致跨太平洋航线市场变得比疫情之前更加复杂以及不确定，船东对运力需求波动的具体趋势无法作出准确判断，决策难度比疫情之前更甚。

资料来源：罗凤. 疫情对跨太平洋航线集装箱运输市场供需影响研究[D]. 厦门：集美大学，2021.（有改动）

第三节　航运市场的供求状态分析

航运供给与航运需求密切相关，因此只有把航运市场的供给与需求这两个方面结合起来，才能考察它们之间的关系以及航运市场的运行机制与状态。

一、供需均衡机制

市场的均衡是指市场上各种对立和变动着的力量，在冲突、调整和运行过程中，出现相对力量相当、供给与需求暂时平衡的状态。

从供给与需求两方面的对比关系考察市场状态及其变化规律的方法属于均衡分析。依考察的对象和前提的不同，均衡分析可以分为局部均衡分析和一般均衡分析。局部均衡分析是在假定其他条件不变的情况下，分析某一货类或船型的供给与需求达到均衡的运动过程；一般均衡分析是在假定各货类和所有船型的总供给、总需求与运价相互影响的情况下，分析总供给与总需求达到均衡的运动过程。

供给与需求是决定航运市场行为的最基本的两种力量，是不会绝对平衡的，但是市场作为有机体，总是存在着自行调节机制——市场运行机制，使供给和需求形成某种规律性的运动，出现某种相对均衡的状态，即市场均衡。

（一）航运市场均衡的形成

航运市场均衡是指航运市场的需求与供给两种力量相当时所处的状态，这时航运需求价格与航运供给价格恰好相等，这一价格称为均衡价格。均衡价格所对应的航运需求量与航运供给量相等，这种状态下的运量称为均衡供求量。均衡价格一经确定，均衡供求量也随之确定。

在图 2-9 中，D 代表航运需求曲线，S 代表航运供给曲线，纵坐标轴为运价，横坐标轴为供给需求量。A 点是 S 与 D 相交点，称为均衡点。A 点的需求运价与供给运价相等，该点对应的运价为均衡价格。由均衡价格决定的运量称为均衡运量。市场均衡价格是通过航运市场供需的自发调节形成的，当市场运价背离均衡价格时，由于需求与供给曲线没有变，该市场的均衡价格没有变，此时市场运行机制就会自发发挥作用，促使运价回到均衡价格的位置。这种均衡状态的形成是以航运公司和货主内部充分竞争为必要条件的。

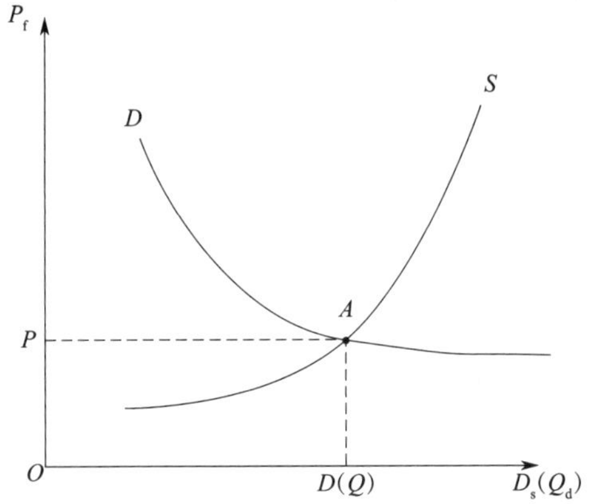

图 2-9　航运供求曲线

均衡的稳定机制，可以通过图形进行分析。先看市场运价高于均衡价格时的情况，如图 2-10（a）所示，A 点为均衡点，P 为均衡价格，D 为均衡供给量，Q 为均衡需求量，此时市场上供需之间是平衡的，即 $D=Q$。为了方便叙述，统一用 Q 表示均衡供求量，下同。现假定市场运价为 P_1，$P_1>P$，在这一价格水平上供给量为 D_1，需求量为 Q_1，供给量大于需求量，即 $D_1>Q_1$，市场上出现运力供过于求（$D_1-Q_1>0$）的情况，于是产生运价下降的压力。

随着运价下跌，市场上供给量逐渐减少，而需求量逐渐增加，供给量沿供给曲线 S 由 G 点向左下方运动，需求量沿需求曲线 D 由 F 点向右下方运动，运价随之下降，当降至 P 时，供给量减少到 Q，需求量也增加至 Q，即 G 点和 F 点分别运动到 A 点，这时市场上的供给量与需求量相等，从而恢复了市场的均衡。

再看市场运价低于均衡价格的情况，如图 2-10(b)所示，A 点为均衡点。假定市场运价为 P_2，$P_2<P$，此时的需求量为 Q_2，供给量为 D_2，$Q_2>D_2$，市场上的运力供不应求($Q_2-D_2<0$)，于是产生运价上升的作用力。随着运价的上涨，市场上供给量逐渐增加，而需求量逐渐减少，供给量沿供给曲线 S 由 J 点向右上方运动，需求量沿需求曲线 D 由 I 点向左上方运动，当运价上涨到 P 时，供给量增加到 Q，需求量也减少到 Q，这时市场上的供给量与需求量相等，从而恢复了市场的均衡。

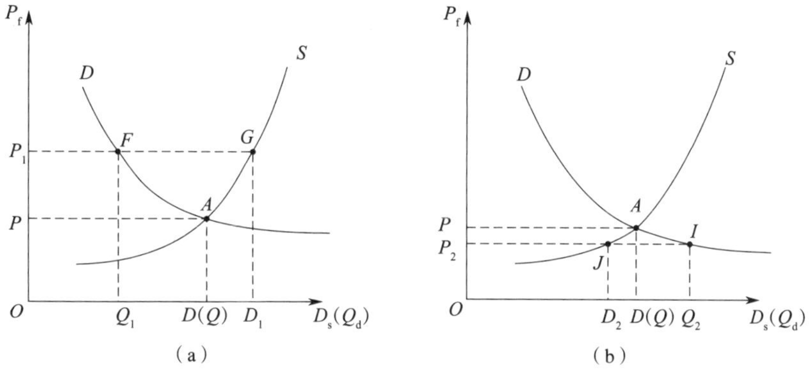

图 2-10　航运供求变化曲线

(a)市场运价高于均衡价格　(b)市场运价低于均衡价格

(二)均衡的维持

这种稳定的均衡不是绝对静止的，而是一直存在于动态过程之中的。如前所述，均衡是在供求矛盾、运价波动的相互作用之中形成的，并且是在供求矛盾、运价波动的相互作用之中维持的。航运市场中经常地、大量地存在着冲击这种均衡的力量，可称为市场的盲目冲击力。例如，市场信息不畅通可能造成各种假象，船公司和货主及其代理人盲目行动，由于时间、空间的矛盾所引起的暂时不平衡等都会经常地冲击着均衡价格和均衡供求量。受到这种冲击后，市场运价将背离均衡价格，那么将重复均衡价格的建立过程，将市场运价拉回到均衡价格水平，从而维持这种均衡。无论盲目的冲击力多大，只要供给与需求条件没有变，这种均衡的相对稳定就可能维持下去。

二、均衡变动机制

当市场均衡形成之后，随着时间的推移，各种力量对比会发生变化(即供给与需求条件的变化)，原有均衡就要被打破并向新的均衡推进。从长期看，航运市场的供求发展就是处于打破旧的均衡、建立新的均衡的动态过程中。均衡是暂时的和相对的，不均衡是永恒的和绝对的。决定均衡状态变动的因素，就是使供给曲线与需求曲线发生位移(即供给条件与需求条件发生变化，使总供给与总需求发生了变化)的因素。

(一)总需求变动对均衡的影响

总需求发生变化,也就是需求曲线发生位移。在图 2-11 中, D 是原需求曲线, S 是供给曲线,曲线 D 与 S 的交点为 E,P 为原均衡价格,Q 为均衡供求量。

①假定由于某些原因总需求增加,即需求曲线 D 向右平移到 D_1,并与 S 相交于 E_1 点,产生的新的均衡价格为 P_1,新的均衡供求量为 Q_1,且 $P_1>P$,$Q_1>Q$。这表明,在供给不变的前提下由于总需求的增加,均衡价格上升了,均衡供求量也会相应地增加。

②假定由于某些原因总需求减少,即需求曲线 D 向左平移到 D_2,并与 S 相交于 E_2 点,同时产生了新的均衡价格 P_2,新的均衡供求量为 Q_2 且 $P_2<P$, $Q_2<Q$,这说明,在供给不变的前提下,由于总需求的减少,均衡价格下降了,均衡供求量也会相应地减少。

(二)总供给变动对均衡的影响

图 2-12 中,S 为原供给曲线,D 为需求曲线,S 与 D 相交于 E 点。P 为原均衡价格,Q 为原均衡供求量。

①假定由于某些原因总供给增加,即供给曲线 S 向右平移到 S_1,并与 D 相交于 E_3 点,产生新的均衡价格 P_3,新的均衡供求量 Q_3,且 $P_3<P$, $Q_3>Q$。这说明,在需求不变的前提下,总供给的增加必然导致均衡价格下降,均衡供求量增加。

②假定由于某些原因,总供给减少,即供给曲线 S 向左平移到 S_2,并与 D 相交于 E_4 点,产生新的均衡价格 P_4,新的均衡供求量 Q_4,且 $P_4>P$, $Q_4<Q$。这说明,在需求不变的前提下,总供给的减少必然导致均衡价格上升,均衡供求量减少。

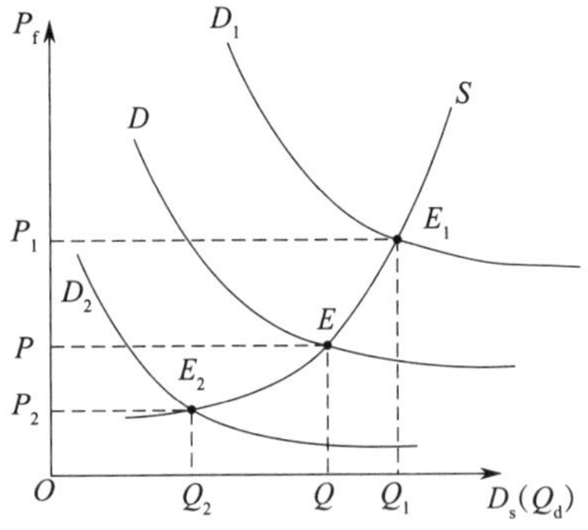

图 2-11　需求变动曲线

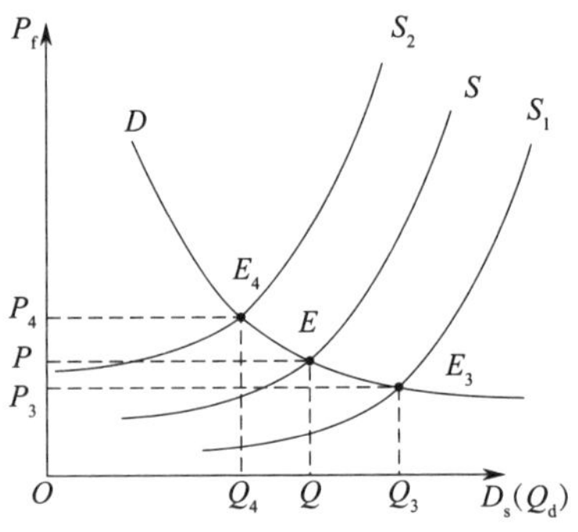

图 2-12　供给变动曲线

(三)总供给与总需求同时变动对均衡的影响

以上都是在假定供给或需求一方变动,而另一方固定不变的情况下,分析供给或需求对均衡价格、均衡供求量的影响。在市场运行中这样的情况是不多见的,更多的是两者同时发生变动的情况。

供给和需求同时变动无非是两种情况,或者是同方向变动,或者是反方向变动。

当供给与需求同方向变动时，可能是同时增加，也可能是同时减少；而当供给与需求反方向变动时，可能是总需求增加、总供给减少，也可能是总供给增加、总需求减少。下面以其中一种情况来解释总供给与总需求都发生变化时对均衡的影响。

假定总需求增加、总供给也增加，也就是需求曲线和供给曲线都向右平移，如图2-13所示，D为原需求曲线，S为原供给曲线，E为原均衡点，P为原均衡价格，Q为原均衡供求量。

总需求增加，即需求曲线D平移到D_1。

①如果总供给也增加，增加的幅度小于总需求增加的幅度，即供给曲线移动到S_1，则新的均衡点为E_1，新的均衡价格为P_1，新的均衡供求量为Q_1，于是$P_1>P$，$Q_1>Q$。

②如果总供给增加的幅度等于总需求增加的幅度，即供给曲线平移到S_2，则新的均衡点为E_2，新的均衡价格为P_2，新的均衡供求量为Q_2，于是$P_2=P$，$Q_2>Q$。

③如果总供给增加的幅度大于总需求增加的幅度，亦即供给曲线平移到S_3，则新的均衡点为E_3，新的均衡价格为P_3，新的均衡供求量为Q_3，于是$P_3<P$，$Q_3>Q$。

从以上分析可以看出，在总供给和总需求同时增加的情况下，当总供给的增加幅度小于总需求的增加幅度时，均衡价格要上升；当总供给的增加幅度与总需求的增加幅度相等时，均衡价格不变；当总供给的增加幅度大于总需求的增加幅度时，均衡价格要下降。但不论何种情况，均衡供求量都是增加的。

用同样的方法，可分析在其他三种情况下均衡价格的实际变化情况。

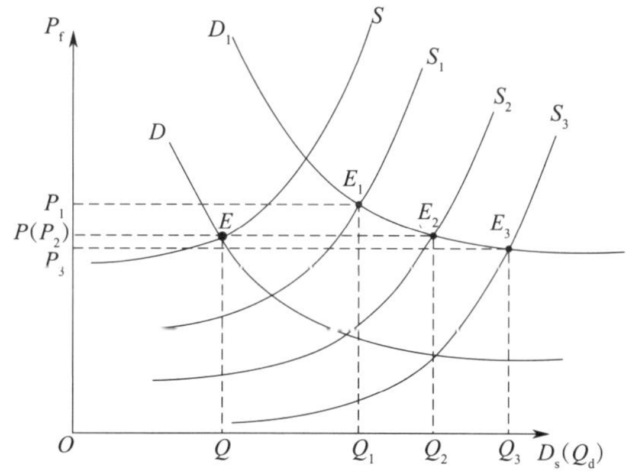

图 2-13　供需变动曲线

三、市场运行机制

航运市场均衡的形成与变动过程是其基本的运行机制。通常，在供求条件不变的情况下，市场处于一定的均衡状态。虽然不均衡是经常出现的，但是运价与供求的冲突和调整等作用，能够不断地恢复和维持均衡。

当供求之间出现矛盾，比如供大于求时，则会导致运价的下跌，随着市场运价下跌,供给逐渐减少,需求逐渐增加,反之亦然。当供给与需求变动到一定程度,即两者趋于一致时,航运市场会出现供求平衡状态。然而,由于市场盲目冲击力的存在,市场不均衡→均衡→不均衡→均衡的过程是反复进行的。但是,在一定的供给和需求条件下,必然能够形成和维持相对稳定的均衡。这是一种稳定的均衡机制。

从长期看,世界经济要发展,国际贸易要发展,航运需求必然增长;科技进步、造船工业的发展必然推动供给增加,供求条件发生变化,必定要打破原有的均衡,引起新的供求冲突与矛盾。这一新的供求冲突与矛盾又会引发运价的波动,而运价的波动将会推动市场走向新的均衡。供给、需求和市场运价就是处于相互影响、相互作用,推动航运市场形成稳定均衡、维持稳定均衡与打破稳定均衡,从而形成新的均衡这样的周而复始的运动过程中的。这就是以运价为自动调节手段的市场机制的动态运行过程。

第四节　航运市场的周期分析

在世界航运发展史上,航运市场几乎一直上演着繁荣与衰退交替循环的变化,即存在着所谓的周期性。航运业这种交替循环的现象可能是由世界经济的繁荣与萧条引起的,也可能是伴随着战争、科学发展和人类文明发展的进程而产生的。每次繁荣与衰退的交替都有相似之处。数百年来,航运业这种繁荣与衰退的循环平均每隔10年发生一次,周而复始,呈现出极其相似的运行轨迹。

经济周期一般指经济活动沿着经济发展的总体趋势所经历的有规律的扩张和收缩过程,一般分复苏、繁荣(顶峰)、衰退、萧条(谷底)四个阶段,也可对应分为扩张期(上升)和收缩期(下降)两个阶段。根据经济学理论,经济周期可以分为:短周期,即基钦(Kitchen)周期,平均3~4年;中周期,即朱格拉(Juglar)周期,平均9~10年;长周期,即库兹涅茨(Kuznets)周期,平均20年左右;还有更长的康德拉季耶夫(Kondratieff)周期,在50年以上。

航运需求是全球经济贸易的派生需求,航运市场的发展与全球经济和贸易的发展息息相关。因此,航运周期与经济周期密切相关,或者可以说,在全球航运发展史上,剔除一些不可预测的历史事件等影响因素,航运周期实际是全球经济周期在航运市场上的反映。但是,航运市场的供给具有自身的特征,比如,沉淀成本大、船舶建造周期长等,从而导致航运市场船舶供给的价格弹性较小,船舶供给的增减(新造船、拆解船)具有较为明显的滞后性。因此,航运供给的这些特征使得航运市场周期和经济周期又有所不同,具有一定的独特性。

根据周期的长短分类,航运周期可以分为短周期、中周期和长周期三个主要的类型。航运市场长周期和经济发展长周期基本吻合,一般为20~30年,甚至更长一些;中周期则不固定,可能为7~8年,也可能为9~10年,还可能为10~15年;而短周期一般只有3~4年,或者更短一些。短周期持续时间较短,影响未来预判的因素较少,因而可预见性较强，企业较容易驾驭。航运市场的中周期和长周期持续的时间较长，影响市场走势的因素在长时期内具有很大的可变性，企业很难把握市场的走势和未来的发展状况，一些企业经过 20 年、30 年甚至更长的周期已经消亡或者早已退出市场。因此，一般来说，对航运市场中长周期的把握和预判比较困难。

一、航运产品生命周期各阶段的特点

产品生命周期是指某产品进入市场到被淘汰退出市场的全部运动过程。它是产品的一种更新换代的经济现象。一种新产品正式上市，它的生命周期由此开始，当经历一段时间后它不再被消费者接受而退出市场，其生命周期便至此结束。产品生命周期主要经历四个阶段，即导入期、成长期、成熟期和衰退期，如图 2-14 所示。

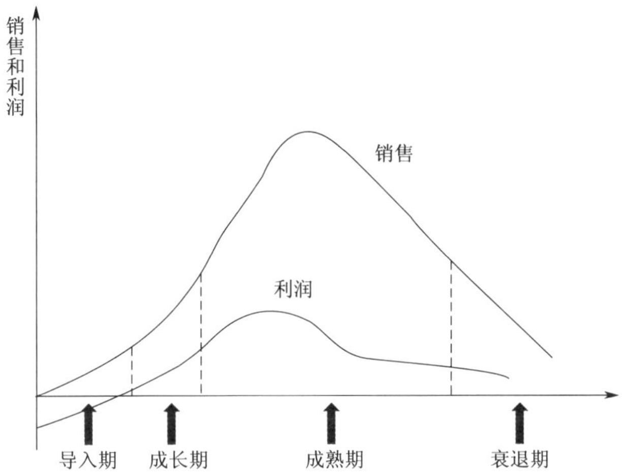

图 2-14　产品生命周期曲线

（一）导入期

新产品投入市场，便进入投入期。此时顾客对产品还不了解，只有少数追求新奇的顾客可能会购买，销售量很低。为了扩展销路，需要大量的促销费用，对产品进行宣传。在这一阶段，由于技术方面的原因，产品不能大批量生产，因而成本高，销售额增长缓慢，企业不但得不到利润，反而可能亏损。产品也有待进一步完善。

导入期有以下特征：

①企业投入较大，但产品几乎无人购买；

②企业产量小，无法形成规模效应，生产成本较高；

③企业需要投入大量的促销费用，对产品进行宣传推广，促使潜在消费者接触了解产品；

④产品质量、性能不稳定以及市场不确定性导致销售产品风险较大；

⑤竞争对手少，甚至没有竞争对手。

对于航运企业来说，导入期的产品特点为：

①航线不多，船型单一，挂靠港口少，运输服务质量不高；

②产品知名度不高，成本较高，消费者缺乏对产品的认识，市场局面一时难以打开，客户不多。

（二）成长期

这一时期，顾客对产品已经熟悉，大量的新顾客开始购买产品，市场逐步扩大。产品大批量生产，生产成本降低，企业的销售额迅速上升，利润也迅速增长。竞争者看到有利可图，纷纷进入市场参与竞争，使同类产品供给量增加，价格随之下降，企业利润增长速度逐步减慢，最后达到产品生命周期中利润的最高点。

成长期有以下特征：

①产品在导入期通过成功的营销活动，已被广大消费者和经销商所接受；

②企业具备了大批量生产的条件，生产成本大幅下降，利润迅速增长，竞争加剧，市场开始细分。

对于航运企业来说，成长期的产品特点为：

①航线逐渐增多，船型逐渐多样化，挂靠港口越来越多；

②企业运输服务质量不断提高，成本不断降低，市场逐渐拓宽，运力规模明显扩大，运输量和利润逐渐上升；

③同类企业逐渐增加，竞争日益激烈。

（三）成熟期

这一时期，市场需求趋向饱和，潜在的顾客已经很少，销售额增长缓慢直至转而下降，这标志着产品进入了成熟期。在这一阶段，竞争逐渐加剧，产品售价降低，促销费用增加，企业利润下降。

成熟期的特征是：

①销售量虽然有所增加，但增长的速度逐渐变缓，市场趋于稳定；

②销售增长率降低，使得产品生产能力过剩，市场供过于求，竞争日益加剧，产品价格下跌，导致利润下降。

产品的成熟期可能维持相当长的一段时间，一般可将成熟期分成三个阶段。

①第一个阶段是成长中的成熟期。此时由于分销的影响，尽管一些顾客还会购买产品，但销售增长率开始下降。

②第二个阶段是稳定中的成熟期。由于市场已趋于饱和，未来的销售依赖人口增长和更新需求，销售增长基本停滞。

③第三个阶段是衰退中的成熟期。此时销售增长率继续下降，顾客开始转向其他产品和替代品，销售增长率呈负增长。

（四）衰退期

随着科学技术的发展，新产品或新的代用品出现，将使顾客的消费习惯发生改变,转向其他产品,从而使原来产品的销售额和利润额迅速下降。于是,产品进入了衰退期。

衰退期的特征是产品的需求量和销售量迅速下降,产品开始被新产品逐步代替,市场需求转移,更多的竞争者退出市场,企业往往需要调低售价,处理积压产品,很少赢利或出现亏损现象。

二、航运产品生命周期各阶段的策略

(一)几大类航运产品的生命周期

航运产品在市场上也有生命周期。航运产品的生命周期可按产品类型分为以下三大类别。

1. 水上运输服务方式的生命周期

航运产品要通过不同的水上运输方式予以提供。水上运输方式的更新体现了航运产品生命周期的变迁。新的运输方式的产生是与科学技术的发展和进步紧密联系在一起的。最初用于国际贸易水上运输的帆船被蒸汽机轮船所代替,而以柴油机为动力装置的轮船又淘汰了蒸汽机轮船,使后者迅速退出市场。20 世纪 50 年代,集装箱运输方式开始兴起,这种运输方式由于具有运输效率高、经济效益好、运输质量好等优点,一进入市场就呈现出旺盛的生命力,在生命周期上很快经过导入期,进入了成长期和成熟前期。由于近代信息技术的发展,集装箱运输与信息技术相结合,其服务范围不断扩大、质量不断提高,使其在市场上的生命周期得到不断延伸。

2. 航线的生命周期

具体到某一航运企业,其开设的航线也要经历导入、成长、成熟、衰退几个阶段。某条航线进入市场或退出市场,主要取决于市场需求及其变动情况。一般贸易活动比较正常稳定、物流较多且需求量有上升趋势的航线的生命周期较长。国际贸易供需热点变化,可能导致原有航线退出市场。

航线的生命周期除了与世界经济贸易形势相关外,还受到地理条件、船舶通航条件变化的影响。比如,在苏伊士运河开辟使用前,西欧—好望角—波斯湾—东南亚航线作为西欧到东南亚的唯一航线,对货运量重组发挥了很大作用,但苏伊士运河的开通却使得这条航线逐渐没落而面临衰退。但由于一些大型油轮无法通过苏伊士运河,因此这条航线的部分油轮产品得以保留,延长了生命周期。

3. 航运服务项目的生命周期

航运产品是服务产品,它是以航线为基础、由系列服务构成的组合体。与航线产品相配套的服务项目多种多样,比如装卸货物、贮存、报关、通信服务以及客轮的服务等。随着市场需求的变化、科学技术的发展,旧的服务方式会逐渐退出生命周期,让位于新的服务方式。比如原来以人工肩扛为主的装卸服务方式的生命周期已经终结,让位于机械化和电脑化的装卸服务方式。

(二)航运产品生命周期的经营策略

1. 导入期

在产品的导入期,一般可由定价、促销、地点等因素组合成各种不同的市场营销策略。如果仅考察促销和定价两个因素,则至少有以下四种策略,见表2-1。

表2-1 导入期可供选择的市场营销策略

价格水平	促销水平	
	高	低
高	快速撇脂策略	缓慢撇脂策略
低	快速渗透策略	缓慢渗透策略

第一,快速撇脂策略,即以高价格和高促销水平推出新产品。其适用条件为:市场上有较大的需求潜力;目标顾客具有求新心理,急于购买新产品,并愿意为此付出高价;企业面临潜在竞争者的威胁,需要及早建立品牌偏好。

第二,缓慢撇脂策略,即以高价格和低促销水平将新产品推入市场。高价格和低促销水平结合可以给企业带来更多利润。其适用条件为:市场规模相对较小,竞争威胁不大;顾客已经了解该产品。

第三,快速渗透策略,即以低价格和高促销水平推出新产品。目的在于先发制人,以最快的速度打入市场,该策略可以给企业带来最快的市场渗透和最高的市场占有率。其适用条件为:产品市场容量很大;潜在消费者对产品不了解,且对价格十分敏感;潜在竞争比较激烈。

第四,缓慢渗透策略,即企业以低价格和低促销水平推出新产品。其适用条件为:市场容量大;潜在顾客易于或已经了解此项新产品且对价格十分敏感;存在潜在竞争者。

在这一阶段,航运企业要投入大量的资金进行大张旗鼓的宣传,并结合市场需求提高产品质量。在策略上要突出一个“准”字,即市场定位和营销组合要准确无误,符合航运市场和货主的客观实际需求,同时还要突出一个“短”字,即以最短的时间降低航运成本,调低运价,以争取更多的客户。为此,可采取以下经营策略:迅速建立完善的揽货网络和货物集散体系;完善技术装备,保证运输服务的正常进行;建立完善的服务体系,树立良好信誉;采用服务产品的有形展示策略,向公众介绍产品的特色。

2. 成长期

该时期企业经营策略的重点应放在创立名牌、提高偏爱度上,促使顾客在竞争者出现时选择本企业的产品。具体可采取以下策略:第一,根据顾客需求和其他市场信息，不断提高产品质量，努力开发产品的新款式、新型号，增加产品的新用途；第二，选择适当的时机调整价格，以争取更多的顾客；第三，重新评价渠道，作出选择决策，巩固原有渠道，增加新的销售渠道，开拓新的市场；第四，重视促销环节，树立强有力的产品形象，促销策略的重心应从形成产品知名度转移到树立产品形象上，主要目标是建立品牌偏好，争取新的顾客。

在经营上，航运企业的策略要突出一个“快”字，即尽快占领市场。要突出企业特点，树立产品品牌；要科学定价，加大促销力度，提高市场占有率。同时还要突出一个“好”字，即保持良好的服务质量，尽最大努力提高乘客或货主的满意度。这一阶段的经营策略有：在原来基础上大力拓宽揽货渠道，增加货载，积极扩大市场渗透面，争取货主；进一步完善货物运输系统，加强产品服务，稳定货源；满载快运，尽量发挥船舶设备及人员的能力；广告及有形展示目标由介绍产品转向促进货主对航运企业及其服务产品的偏爱。

3. 成熟期

该时期有三种基本策略：第一，市场改进策略（也称市场多元化策略），即开发新市场、寻求新用户，这种策略一般不调整产品本身；第二，产品改进策略（也称产品再推出策略），即改进产品的品质或服务后再投放市场，产品任何一个层面的调整都可视为产品再推出；第三，营销组合改进策略，是指通过改变定价、销售渠道及促销方式来延长产品成熟期。

航运企业在这一时期的策略要突出一个“改”字，一方面改进产品，吸引更多的货主，另一方面不断开拓新市场。主要经营策略有：继续保持产品的服务质量，并有目的地予以提高；运用产品差别化策略，对抗市场竞争；强化揽货，开拓新的市场，增加市场份额；在竞争激烈的情况下，采用降价策略，继续吸引货主；在市场调查研究的基础上，根据市场需求积极开辟新航线、新产品。

4. 衰退期

衰退期的经营策略有五项。第一，维持策略，即保持原有的细分市场和经营组合策略，把销售维持在一个低水平上，待到适当时机，便停止该产品的经营，退出市场。第二，集中策略，即把资源集中投放在最有利的细分市场、最有效的销售渠道和最易销售的品种、款式上，以最有利的市场赢得尽可能多的利润，同时也有利于缩短产品退出市场的时间。第三，收缩策略，即大幅度降低销售费用，如将广告费用削减为零，大幅度精简推销人员等，虽然销售量有可能迅速下降，但是可以增加眼前利润。第四，放弃策略，即对于衰退比较迅速的产品，应当机立断，放弃经营。可以采取直接放弃的方式，如把产品完全转移出让或立即停止生产；也可采取逐步放弃的方式，使其所占用的资源逐步转向其他产品。第五，转移策略，即在妥善处理老产品的同时，把企业生产经营的精力转移到新产品市场上，力争在新产品市场上获取更大的成功。

在这一阶段，航运企业的策略要突出一个“转”字，即有计划、有步骤地向其他市场转移老的服务，如果不能继续为公司创造价值则淘汰该服务，同时开发有利于企业保持竞争优势的新服务。这个阶段的经营策略有：调整航次结构和密度，减少衰退航线的班次；停开已经衰退而且亏损严重的航线；压缩衰退航线的船队规模，处理高船龄船舶，盘活“不良资产”；维持最低限度的运力，满足市场上尚存在的少部分航运需要；结合企业改革和发展战略，积极开发新的航线与服务项目，满足市场新需要，为企业继续创造利润。

阅读资料

航运业不再相信周期?

曾经，经济周期理论风靡世界，业界也热衷于依据周期理论，引用大数据去预测航运业的发展趋势。但是，现在的航运业，尤其是近十年，大多数时间都在衰退、萧条期徘徊，周期规律似乎处于失灵或半失灵状态。

当前（2017 年），航运市场的复苏似乎还遥遥无期，市场环境低迷，运价长期在低位徘徊，航运企业长时间面临着艰难的运营环境。自 2007 年以来，散货运输市场面临严重运力过剩和需求疲软。截至 2017 年 5 月，波罗的海干散货运价指数反复在 1 000 点上下浮动，在 5 月 5 日重新回落到 1 000 点以下，以 995 点收场。毗邻的集运班轮市场并没有比散运市场好很多，2016 年 9 月，世界排名第七的韩进海运宣布申请破产保护，成为全球航运业有史以来最大的破产案，其影响迅速扩散，使全球航运业陷入短时混乱。

亏损、破产、重组……全球航运业的持续低迷，让市场参与者开始更多思考，当前航运业持续低迷，仅仅是因为周期发展吗？那么这个周期，为什么越来越难以预测？缘何众多专家在近几年的周期预测中屡屡出现偏差？

事实上，面对航运周期这个系统性问题，业界本来就颇有争议。2008 年，英国的马丁·斯托普福德（Martin Stopford）博士出版《海运经济学》一书，在业界引起强烈反响。马丁·斯托普福德认为，在近 300 多年的世界航运史上，航运市场的繁荣和衰退几乎一直上演着交替循环的变化，即存在着所谓的周期性。《海运经济学》把全球航运市场（1741—2007 年）266 年的发展历史整理成为 21 个完整周期，从周期的时间长度来看，大于 20 年的 0 次，16~20 年的 3 次，5~15 年的 16 次，3~4 年的 2 次。按照马丁·斯托普福德关于航运周期的思路，这一轮航运周期始于 2003 年，在 2008 年达到波峰，之后步入衰退、萧条期，由于市场仍不明朗，这可能是一个朱格拉中周期或时间更长一些的库兹涅茨长周期。

仁者见仁智者见智，业界有人认可航运有周期的观点，也有人不认可或者说不再认可航运周期的观点。

早前航运周期很顺利地被提出、论证、接受，然后大家开始按周期行事，在上升期积极扩张，大量的热钱投入航运业，导致周期顶峰提前了，随后一段时间里又因为对行情进行误判，业界群起而抄底，进一步拉长全球航运不景气周期时间，最终改变了周期的长度和振幅。人人都爱繁荣，人人又都讨厌萧条，近十年来，航运市场经历了投资的两个极端，最终却饱尝运力过剩的恶果。那么，周期理论在航运业是否还站得住脚？航运业持续低迷这一现状是怎样造成的？如果航运业所谓的周期功能进一步减弱甚至消失，业界将如何认识当前和未来的航运市场，以及将如何把握市场？

资料来源：中国船检．航运业不再相信周期？[EB/OL].（2017-05-16）[2022-05-03]. http://www.eworldship.com/html/2017/ship_inside_and_outside_0516/128063.html.（有改动）

案例分析

新冠肺炎疫情下各阶段口罩市场的供需情况

口罩作为公共卫生防疫的必需品，新冠肺炎疫情的到来催生出庞大的口罩需求，加之疫情之初正值春节假期，企业生产困难，国内各地口罩稀缺，短期内口罩供需难以平衡。与此同时，部分国家因其他缘由也相继出现防疫用品抢购潮，国内口罩进口渠道受限，疫情应对受到影响。天眼查数据显示，2020 年上半年我国口罩相关企业新增数量与 2019 年同期相比，同比增长高达 1 255.84%。在口罩供需矛盾尖锐的情况下，口罩的价格问题引发了国内经济学界的思考。

（一）疫情到来之前

图 1 中，横轴（Q）代表口罩的市场数量，纵轴（P）代表口罩的市场价格，D 代表口罩需求曲线，S 表示市场上口罩供给曲线，在新冠肺炎疫情到来之前，市场处于平稳状态，供求关系平衡，此时口罩的均衡价格为 P_0，口罩的市场均衡供给量为 Q_0。

（二）疫情初期

在新冠肺炎疫情的冲击下，原有的供求均衡状态被打破，在疫情发生初期，没有外部力量调控价格的情况下，需求曲线由原来的 D 曲线整体向右移动至 D_1 曲线，供给曲线不变，还是原来的 S 曲线，此时均衡价格由 P_0 上涨为 P_1，市场均衡数量由 Q_0 右移为 Q_1，即可以解释为在市场基于供求关系自发调节下，口罩价格上升，市场数量也会随着增加，如图 2 所示。

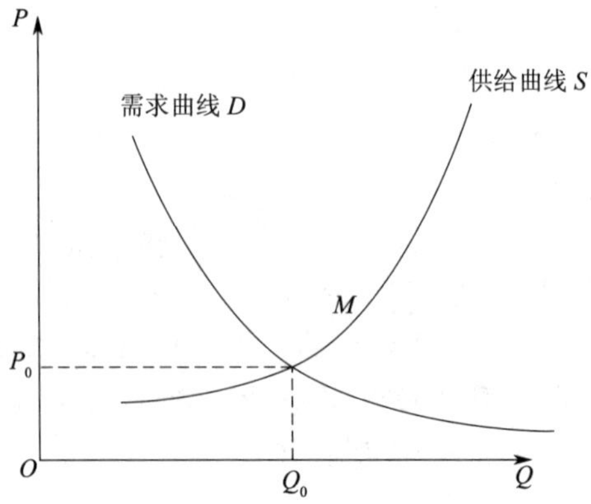

图 1　疫情前供求曲线

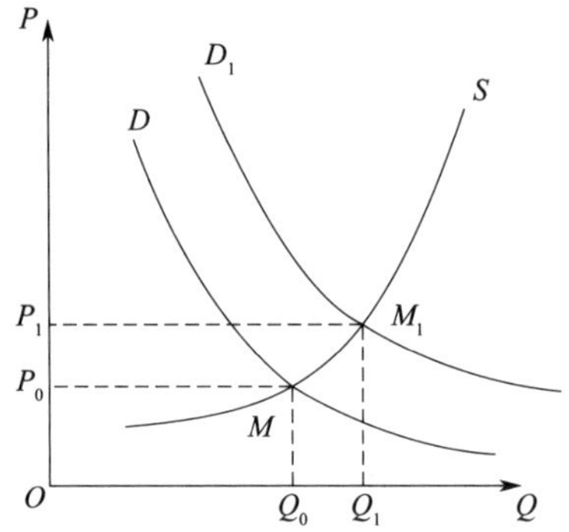

图 2　疫情初期没有价格管制的供求曲线

在疫情发生时，若存在价格管制，如图 3 所示，如强制把口罩价格局限在 P_0 位置，则会导致市场上口罩需求量与市场供给量之间产生 $Q_1'-Q_0$ 的巨大缺口，这表示在口罩价格固定为 P_0 时，市场中愿意并且能够支付此价格的消费者对口罩的需求量为 Q_1'，而口罩制造商愿意并且能够供给的数量却仅处在 Q_0 的水平，限制价格反而会导致物资严重紧缺，供需难以均衡。

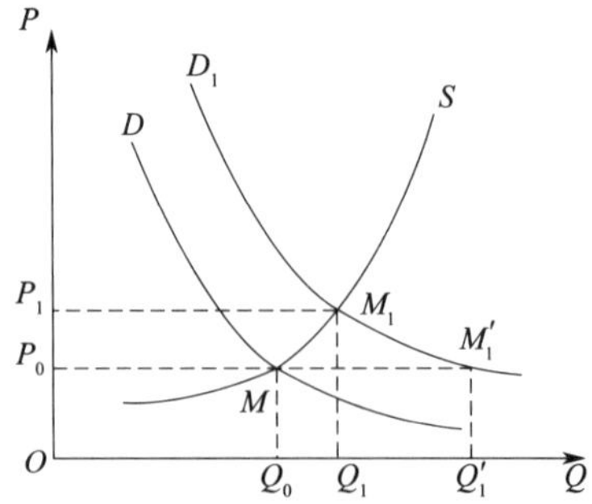

图 3　疫情初期有价格管制的供求曲线

（三）疫情中后期

由图 4 可知，当疫情发展到中后期时，居民口罩需求日益增长，口罩成为日常生活必需品，口罩市场的需求曲线由 D_1 向右移动到 D_2 的位置，此时如不对口罩价格进行管控，取消相关限价，加之市场巨额需求的进一步刺激，口罩制造商受到激励，将会继续扩大生产规模，增加市场供给量，随着国内已有企业转型至医疗物资的生产，供给曲线出现大幅右移，至 S_1 的位置，同时口罩市场需求也将从 Q_1 大幅度增加至 Q_2，而此时均衡价格却只提升到 P_2 水平，比疫情发生初期无任何干预下价格水平 P_1 还要低。这表示口罩生产商产能的提升，为市场带来更多产量，产量的进一步提升对冲市场突发巨额需求，对口罩价格产生了影响，当需求供给再次实现均衡发展，口罩价格也会随之出现回落。

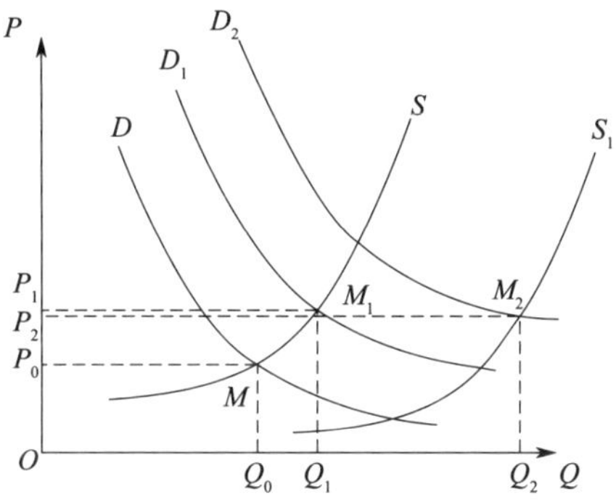

图 4　疫情中后期取消价格管制的供求曲线

资料来源：史梦娟. 新冠肺炎疫情下口罩市场的供需变动分析[J]. 经济研究导刊，2022（16）：28-30，51.（有改动）

案例讨论

1. 从案例中可以得到何种结论？

2. 从政府、口罩制造商、零售药店和居民消费者四个主体出发，关于口罩有何建议？

思考题

1. 航运需求有哪几种类型？

2. 影响航运需求的因素有哪些？

3. 航运供给的特征是什么?

4. 航运供给弹性是什么?

5. 航运市场的均衡是如何维持的?

6. 航运产品生命周期主要经历哪几个阶段?

Chapter 3

第三章
航运市场的概念与分类

第一节 航运市场的概念与功能

一、市场的概念

市场是社会生产力发展到一定阶段的产物，是随商品生产和交换的发展而发展的。从经济学角度讲，最早的市场的概念指商品交换的场所，即具备买卖双方进行商品交换活动所需条件的地点，是从有形的“物”的角度描述市场的，如集贸市场等。随着经济的不断发展，商品交换活动已经不局限于同一时间、地点，其内容和形式发生了巨大变化。由于生产力水平的提高，特别是劳动分工的细化，交换活动日益渗透，成为联系现代经济体系的纽带，因此广义的市场概念指以交换过程为纽带的现代经济体系中的经济关系的总和。这是从无形的“关系”的角度对市场的描述。

现今社会，市场在人们生活中随处可见，随着社会经济的发展不断被赋予新的内涵。市场是商品经济的产物，形成于简单商品经济时期，是伴随着商品生产和商品交换产生并发展起来的，哪里有社会分工和商品生产，哪里就有市场。商品经济萌生于原始社会末期，至今已有 7 000 多年的历史，初期的市场范围狭窄，只是单一的商品市场，由于交换有限，所以市场狭小而且相互隔绝。在当时的经济中占统治地位的是自给自足的自然经济，商品经济处于从属地位。

在商品经济不发达的时代，市场仅仅是商品交换的场所，随着社会分工和商品生产的发展，商品交换开始渗透到社会生活的各个方面。社会分工的深化促进了商品生产和交换关系的不断发展，市场在社会经济生活中的作用日益突出，市场几乎扩大到全社会，商品经济在社会经济生活中占据统治地位，几乎全部社会经济活动都与市场有所联系。当市场已经在资源配置中发挥基础性作用或导向作用时，商品经济发展成为市场经济。

商品经济不一定是市场经济，但市场经济一定是商品经济。市场经济是商品经济的高级形式，是高度发达的商品经济。现代交换关系已遍布社会生活的各个方面，金融信用、通信技术和交通运输的发展，使商品交换突破时空限制，扩展到全球，形成世界市场。交换关系也日益复杂，已经突破实物形态，使劳动力、信息、技术和服务等都成为商品，市场成为实现商品让渡的各种交换关系的总和。社会化大生产的发展和生产要素商品化是交换关系发展、市场向深度和广度发展以及市场功能加强的重要条件。

市场与市场经济是不同的，市场是商品交换的场所和商品交换关系的总和，市场经济是以市场作为资源配置的主要方式或基础性方式的经济。市场是交换的场所、渠道和纽带，是交换参与者进行交换活动的场所。市场是生产力和经济发展的必然产物，也是实现社会分工和商品生产的必要条件。市场是现代经济社会的基础，是社会的重要组成部分，一切经济活动者都离不开市场。

二、航运市场的概念

航运市场又称海运市场。与狭义和广义市场相对应，航运市场也有微观和宏观之分。微观航运市场是指为海上运输提供船舶的船舶所有人与需要船舶运输的货主或需要船舶从事营运的承租人进行船舶运输交易的市场，即船舶与货物供求交易市场。宏观航运市场不仅包括上述市场，而且包括与上述市场相互影响、相互作用、相互依存且不能单独存在的船员劳务市场、航运信息市场、航运金融市场、船舶买卖市场、造船市场、拆船市场、修船市场等。

（一）微观航运市场

微观航运市场就是在不同国家或地区之间，由航运劳务需求与航运劳务供给之间的供需关系的结合、调整和运作等产生的航运交易活动及其场所。

世界各大航运中心均设有海运交易所，这些交易所就是航运市场。成立于17世纪的波罗的海海运交易所（以下简称波交所），至今仍是国际航运中重要的、历史最悠久的航运市场。波交所具有一般贸易市场的所有基本内涵。

①交易所是船舶所有人、货主和经纪人等进行海运贸易和劳务交易等经济活动的场所，参与交易的各方按规定时间在此聚集。

②船舶所有人、货主和经纪人在此根据市场动态，磋商交易条件，并签订运输合同，借此完成消费的准备阶段。

③交易所随时公布成交情况，航运市场的全部经济信息公开是交易所的重要特征。

（二）宏观航运市场

随着科学技术和社会生产力的发展，航运技术（如船舶驾驶、航海通信、航海仪器、引航和导航等）也获得了相应发展。航运服务行业（如船舶代理、货运代理、理货业务、保险业务、船舶供应和船公司管理等）已成为国际航运不可缺少的组成部分。船员劳务市场、航运金融市场、航运信息市场和船舶买卖市场已构成一个较完整的航运市场体系。由此，对国际航运市场概念的理解，从单纯的海上运输交易扩大到包括航运工业、航运技术、航运服务、航运劳务、航运信息和航运金融等在内的一系列相关经济关系和市场活动。

三、航运市场的主要功能

市场的功能是由市场机体内在属性产生的客观职能。市场的基本功能有以下两个。

①实现商品价值和补偿生产消耗，这是社会再生产赋予市场的基本功能。

这表明：在市场经济条件下，商品都要在市场上销售，接受消费者的检验，以评定使用价值和实现商品价值，生产商品所消耗的生产资料和生活资料都要到市场上购买，并借助市场得到补偿。

②对社会再生产过程进行调节，对社会再生产过程起能动作用或反作用。

这表明：在市场经济条件下，市场不仅具有服务于社会再生产的作用，而且对社会再生产过程具有调节作用。

航运市场的主要功能有以下七个。

(1)资源配置功能

航运资源的储备和运输能力的调整与重组，都需要运用航运市场机制。国际航运市场通过供求、运价、竞争和风险等航运市场机制，按照航运市场导向，把航运资源配置到最需要和效益最好的供求结合中。

航运市场能够按比较利益原则，根据航运生产要素的分布，改善航运资源存量和增量的配置组合，提高航运资源使用效率，提高局部和整体的经济效益。航运资源配置的改善和结构的合理化，是促进航运技术进步的最重要的因素之一。国际航运市场是实现世界范围航运资源有效配置的基本手段。

(2)交换功能

海上运输服务通过货币进行交换，海上运输产品——货物的位移通过航运市场的评鉴和检验，得到社会承认，实现运输价值。运输的使用价值与价值互换位置，运输方将使用价值让渡给托运方，托运方将价值让渡给运输方，等量劳动实现等价交换。

(3)供给功能

运输能力从造船市场、二手船市场和修船市场等投向航运市场，满足航运市场对运力的需求。

(4)信息导向功能

国际航运市场是航运技术、航运经济和航运经营状况最重要、最灵敏的信息源，是供求、运价、运价指数和船期等航运信息的汇集地和生产地。这些信息反映了航运市场的供求和竞争状况，引导船公司、船舶经营者、承运人和托运人的市场活动，指导他们的生产经营活动。

(5)竞争功能

竞争是指为获得较多的盈利而进行的一系列市场活动，是航运经营者在航运市场上必然发生的经济联系。国际航运市场上的竞争是多种多样的，有船公司之间的竞争、船舶经营者之司的竞争、航线的竞争、航区的竞争、卖方的竞争和买方的竞争。国际航运市场促进竞争、推动竞争并深化竞争，推动航运经济和航运生产力的发展。

各航运企业都想实现利润最大化，所以必须在市场竞争和比较中获得优势。航运市场竞争促使企业努力采用先进科学技术，提高运输服务质量和运输效率，改善经营管理，降低运输成本，强化服务，提高信誉，以求得生存和发展。竞争的最终结果是优胜劣汰。

（6）调节功能

航运市场是航运经济的综合反映，是各种航运交换关系的总和，也是世界经济和国际贸易的一面镜子。航运市场通过市场机制的作用，促使和引导各类企业调节生产和消费，调节各方经济利益，优化航运资源的配置。

（7）沟通联系功能

国际航运是世界经济和国际贸易的纽带和桥梁，把世界各个国家和地区联结成一个有机整体，实现了国家与国家、地区与地区之间的经济贸易往来和联系，是联通国际市场的主要运输手段。国际航运在世界范围内将生产者、经营者和消费者广泛地联系起来，使生产和消费转变成为世界性的。

国际航运市场在沟通世界经济、技术和贸易中起着不可估量的作用，为经济全球化和生产、资本、交换及消费等的国际化发挥了巨大的推动作用。航运市场的功能是通过参与市场活动的企业的经济行为实现的，各项功能是相互促进的，任何一项功能失灵，都会直接影响市场机制的正常发挥。

阅读资料

集装箱运输市场产业链

集装箱运输市场的产业链主要由上游的造船厂、船舶租赁公司、集装箱企业，中游的班轮公司、货代和物流公司以及下游的贸易企业组成。上游负责造船、租船、租赁/销售集装箱等业务；中游的班轮公司和货代公司负责运输业务，其中班轮运输是整个产业链集中度最高的环节；下游则是代表终端需求的贸易企业，如沃尔玛超市、梅西百货等。

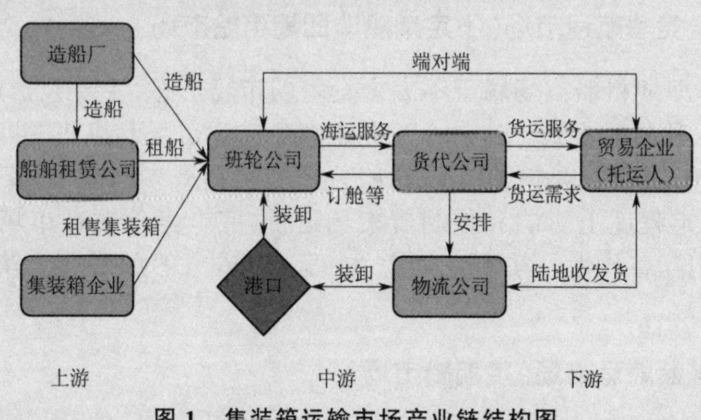

图 1　集装箱运输市场产业链结构图

资料来源：【中粮视点】航运：集装箱运输基础知识梳理[EB/OL].（2022-07-20）[2022-12-03]. http://finance.sina.com.cn/money/future/fmnews/2022-07-21/doc-imizirav4631481.shtml.（有改动）

第二节　航运市场的形态

一、航运市场的结构

市场结构是指市场上商品或劳务的竞争关系与组合模式，它反映了市场竞争的态势和程度。决定市场结构的主要因素有参与市场交易的买者和卖者的数量，以及被交易商品或劳务的差异程度等。一般来说，市场上买者和卖者的数量越多，竞争越激烈；市场交易者的数量越少，竞争越小；被交易的商品或劳务的差异越小，竞争越激烈，反之竞争越小。按照航运商品或劳务的竞争关系与组合模式，航运市场结构可以分为以下几类。

（一）完全竞争航运市场（不定期船即期租船市场）

不定期船即期租船市场可看作完全竞争的市场形态，主要包括航次租船、航次期租船和包运租船三种租船方式。这类市场上有为数众多的船公司和租船人，单个船公司或租船人的交易份额和交易规模相对于整个市场而言是微不足道的，不足以决定整个市场的运价，他们只是市场运价的接受者；船公司独立进行决策，彼此不存在共谋；市场具有信息发布机制，信息公开、透明；船、货各方进入、退出市场可自行决策，不受限制。船公司获得的利润属于“正常利润”。

（二）不完全竞争航运市场（不定期船非即期租船市场）

不定期船非即期租船市场属于不完全竞争的市场形态，主要包括期租船、长期租船和光船租船三种租船方式。这是介于完全竞争航运市场和寡头垄断航运市场之间的一种市场结构，其特征是既有众多的船公司和租船人参与交易，又有少数船舶所有人、货主在一定程度上影响和控制着市场运价，完全竞争航运市场与不完全竞争航运市场具有相互替代性。在不完全竞争航运市场上，船舶所有人获得的也只能是“正常利润”。

（三）寡头垄断航运市场（定期船市场）

定期船市场是指由少数规模较大的班轮公司控制的市场，具有很强的垄断性。经营班轮一般需要巨大的投入，因此只有少数具有相当强实力的公司才能进入这类市场并生存下来，它们向市场提供差异不大的运力和服务，控制着整个市场的绝大部分运量。市场运价被这些少数船公司所垄断，运价比较稳定，这是定期船与不定期船市场的显著区别。这类市场上船舶所有人获得的是“超额利润”。

（四）完全垄断市场

这种市场也称为独占市场，其结构特征是市场上只存在一家船公司，因而可自行决定运价，并可获得“超正常利润”。这种情况短期内在某特定航线或特定货种上是可能的，但从长期来看，必然有新的竞争者进入。这种市场结构一般只在理论上存在。

二、航运市场的分类

随着经济和航运及造船技术的发展，国际航运市场已经形成了独特的市场体系，从不同角度可细分为若干分支市场。

（一）按照服务对象和性质划分

按照服务对象和性质划分，航运市场可分为基本市场和相关市场，如图 3-1 所示。基本市场即狭义的航运市场，由以提供客货空间位移为主的运输市场（客运市场、货运市场）和以提供运力为主的租船市场构成。相关市场是指与基本市场相互关联、相互影响、相互作用和相互依存的市场，主要包括造船市场、船舶买卖（二手船）市场、修船市场、拆船市场和船员劳务市场等。

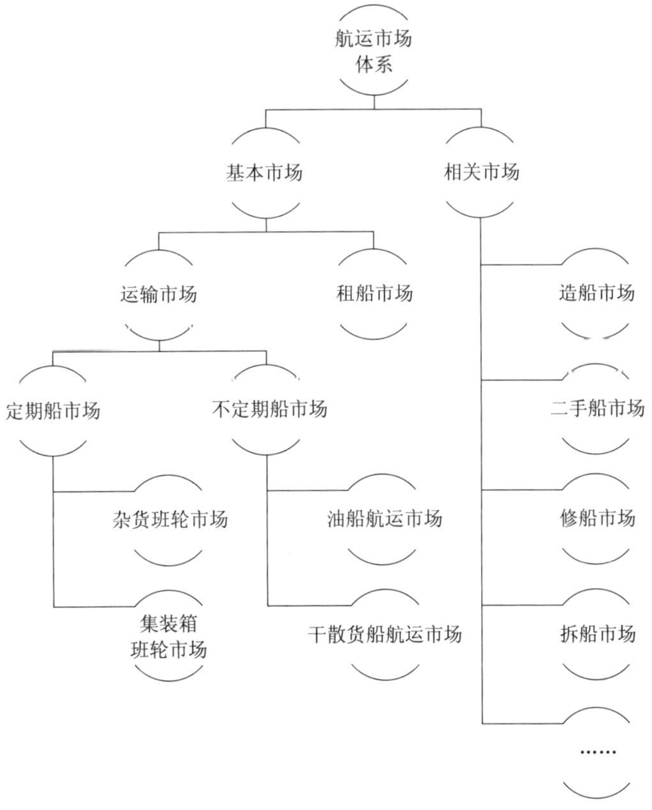

图 3-1　航运市场体系 1

(二)按运输范围和区域划分

按运输范围和区域划分,航运市场可分为远洋航运市场、近洋航运市场、沿海航运市场和内河航运市场,如图 3-2 所示。远洋航运市场又分为欧洲航运市场、亚洲航运市场和北美航运市场等。

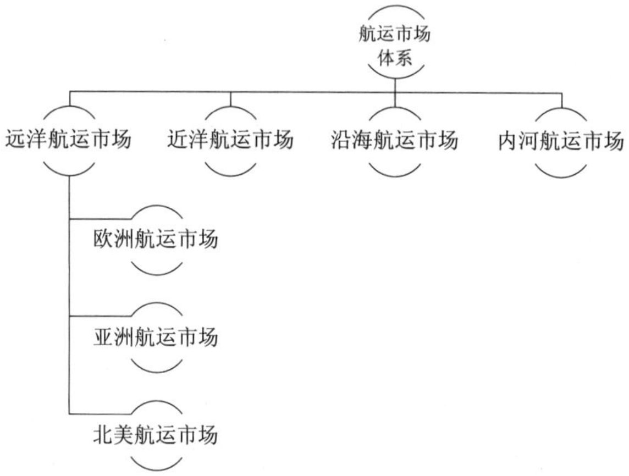

图 3-2 航运市场体系 2

(三)按航运经营方式和用途划分

按航运经营方式和用途划分,航运市场可分为不定期船市场、定期船市场(班轮市场)。定期船市场由集装箱班轮和杂货班轮市场构成,不定期船市场由油船航运市场和干散货航运市场构成。

三、航运市场体系

18 世纪末到 19 世纪初,航运活动逐渐从贸易活动中分离出来,形成了独立的国际航运业,即专业国际航运。但是到目前为止,非专业国际航运在石油、煤炭、矿石运输方面仍然存在。19 世纪中叶,定期航运出现,市场分化为不定期船市场和定期船市场。第二次世界大战后,石油资源受到重视,石油开采迅速发展,出现了运输石油的油船,不定期船市场又分化为石油和干散货航运市场。20 世纪 60 年代初,成组化运输,特别是集装箱运输的发展,使定期班轮又分化为集装箱班轮和杂货班轮。

航运市场是由世界经济和国际贸易派生出来的市场,由国际贸易需求而产生的航运需求量通过航运市场反映出来,航运需求量与运程结合起来构成了对航运的总需求。世界商船队通过经营环境转变为航运供给,在造船市场、修船市场、船员劳务市场、船舶买卖市场和拆船市场的作用下,航运运力供给将根据市场动态自行调整。

航运需求与航运供给状态的变化通过运价反映出来,当供给能力不足时,运价趋于升高;当供给能力过剩时,运价便趋于回落,一直降到较低的水平;只有供需平衡,运价才趋向合理水平。运价变动的信息将被迅速地反馈到船舶所有人的决策系统，船舶所有人将根据航运市场的动态——货运费率、银行借贷、保险和船舶价格等因素，在进入航运交易所（参与运输服务）、投资建造新船和进行船舶买卖交易之间作出选择。

航运市场是一个开放的系统，同时又是一个由若干相互关联、相互依赖和相互作用的子系统构成的复杂的市场体系。市场经济要有效地配置资源，就必须有一个完整的市场体系。航运市场在长期的发展过程中，与世界经济、国际贸易息息相关，也逐渐发展为包括航运劳务、航运工业、航运技术、航运信息和航运金融等多种要素的航运市场。

航运市场体系是相互联系的各类市场的有机统一体，从微观角度看，它是由租赁船舶的租船市场和为运输服务的运输市场组成的航运基本市场。从宏观角度看，它包括与基本市场相关联，支持租船市场、运输市场的运行与发展的相关市场，这就是由航运劳务、航运工业、航运技术、航运信息和航运金融等要素市场组成的航运市场体系。

资本市场（或金融市场）在市场体系中占有极其重要的地位，资本市场是国际市场的支柱。这是因为在现代市场经济中，货币是资源的一种代表形式，资源分配首先表现为资金分配。航运业是资本密集型产业，航运发展首先需要大量的资本投入，所以航运市场的发展离不开资本市场的支持。在世界经济发展中，航运与金融相互依存，世界上较大的航运中心同时也是金融中心。

船员劳务市场是航运业最能动的生产要素——航运劳动力资源交易和分配的场所。随着现代化船舶与航海技术的发展，对船员素质的要求越来越高；随着世界范围航运生产规模的扩大，通过劳务市场对劳动力资源进行再分配和调整的要求越来越高。

在航运市场体系中，租船市场、运输市场、资本市场和船员劳务市场是支柱；而其他市场（如船舶买卖市场、造船市场、修船市场及拆船市场等相关市场）则是为支柱市场服务的专业市场。在航运市场体系内，支柱市场与专业市场之间，各专业市场之间存在相互制约、相互依赖与相互促进的关系，整个市场体系通过各市场机制发挥作用。航运支柱市场，各相关的造船、修船、拆船等专业市场通过需求、供给、价格、竞争等要素的相互作用、相互影响，带动整个航运经济的运行。

航运市场机制就是市场主体在市场上进行相互联系和相互作用的经济活动所形成的价格、竞争、供求、风险、利率等方面的联系和制约方式。市场机制在不同的市场形态中表现出不同的特点，然而它们也具有共同的特性。

（1）相互关联性

市场机制的作用直接与各经济主体的利益相关联，基本市场机制的作用与各相关市场相关联，与一定的市场环境相关联，市场机制任一方面的作用，都会引起其他方面的连锁反应。

（2）相互制约性

市场体系内各类市场之间存在相互制约关系。如果某一分类市场发育不全、发展滞后，就会影响其他市场的发育和功能的发挥，从而影响市场体系的效率。这种制约性的另一面就是相互依赖和相互促进的关系。

（3）迂回性或滞后性

运输需求是由国际贸易派生的需求，因此其所反映的供求状况是滞后的，而且市场机制的作用过程和效果不是直接的，往往是迂回滞后的。所以，重视航运市场体系这一特性，就能准确把握市场机会。

（4）开放性

这是市场体系的本质要求，是市场体系的重要特性。开放性使航运资源按市场经济规律自由流动，从而大大提高市场的效率，充分发挥各个专业市场的功能。

阅读资料

中国经济实力背后的航运业有多强大？

1. 航运对中国经济有多重要？

作为世界上最大的工业品出口国和生产国，中国的出口在2020年贡献了国内生产总值（GDP）的39.18%。同时，中国也是世界第二大进口国。

对外贸易不可避免地要依靠运输，在各种运输方式中，海运对中国来说是最重要的。根据克拉克森的数据，航运也与全球经济密切相关，因为在国际贸易中，逾85%的货物通过海运运输。

中国官方数据和世界贸易组织数据显示，2020年中国通过海运进出口的商品价值为2.5万亿美元，占当年中国贸易总额的53%，高于航空、铁路和公路运输的总和。

2. 中国在全球航运网络中的地位如何？

根据联合国贸易和发展会议的数据，就海运贸易的货运能力而言，中国在全球排名第三。2020年中国海运货物吞吐量为6 896艘，总载重量为1.29亿吨，仅次于希腊和日本。

中国主要的航运公司包括国有的中远海运和招商集团（即招商局集团有限公司）。全球最大的航运公司中远海运表示，截至2021年8月份，该公司拥有一支多达1 371艘船的船队，总运力为1.137亿载重吨。该公司也是世界上最大的码头运营商，其集装箱码头的年吞吐量达1.294亿20英尺当量单位（20英尺长的集装箱标准计量单位）。

中国有400多个港口分布在内陆河流和海岸线上，全球前五大集装箱港口中有四个是中国的，前十大集装箱港口中有七个是中国的。其中上海港是世界上集装箱吞吐量最大的港口，宁波舟山港是世界上货物吨位最大的港口。

3. 世界为何离不开中国制造的船只和集装箱？

中国是世界领先的造船国。根据中国船舶工业协会的数据，今年（2021年）前三季度，中国交付了价值3 034万载重吨的新船舶，占世界总交付量的45.6%。

与此同时，中国还垄断了全球集装箱生产。由于政府对该行业的支持和巨大的本地需求，全球几乎所有海运集装箱都是在中国建造的。英国海事咨询公司德鲁里的数据显示，全球96%以上的干货运集装箱和100%的温控集装箱都是中国生产的。

资料来源：中国航运：从对集装箱的垄断，到在全球供应链中的关键作用[EB/OL].（2021-11-12）[2022-05-03]. https：//zhuanlan.zhihu.com/p/332530199.（有改动）

第三节　干散货航运市场

一、干散货物及其分类

干散货是指为达到降低单位成本的目的而采用海运方式进行运输的、在单位航程中运量巨大的干散货物。这一定义突出了两点：一是干散货运输的目的在于降低单位运输成本；二是干散货的单位运量巨大。其中后者是前者实现的前提条件，这是因为单位运量太小无法安排干散货运输，比如从美国运往中国的小麦，50 000吨可以安排干散货运输，而500吨却只能以捆包的方式安排杂货运输。在这里，“单位运量巨大”的说法过于笼统，实际上最小的干散货单位运量是由单一船舱容量决定的。随着船舶大型化趋势的不断发展，不同船型的船舱大小不尽相同，航运界倾向于把分水岭定在1 000吨。

干散货是指不经包装，就可以直接装船运输的块状、颗粒状、粉末状货物，如矿石、矿粉、煤炭、粮食、盐、糖、化肥、水泥等。根据其种类的不同，通常把干散货分为五大类，即铁矿石、煤炭、粮谷、铝矾土和磷矿石，这五类大宗干散货是国际干散货航运中的主要货物类别。而我国目前海运干散货主要为铁矿石、煤炭和粮谷。

干散货运输的货物多为基础原材料或初级产品。其中铁矿石和煤炭是钢铁制造业的原材料。众所周知，钢铁是工业、建筑业、汽车业、商船业、机械制造业以及大多数工业产品的主要原料，而煤炭除了用于生产钢铁外，还是能源发电工业的主要原料。

二、干散货航运市场的构成与基本形态

(一)干散货航运市场及其构成

干散货航运市场是指干散货托运人和干散货承运人就干散货运输这一服务所形成的双方交易关系的总和。

由于多方面的原因,干散货航运几乎都是通过租船形式完成的;历史上从事干散货运输的船公司多次组建像班轮公会那样的垄断组织,但都以失败而告终。因此干散货租船体系是由拥有空船待租的承运人、拥有干散货待运的托运人以及撮合租船业务的经纪人或代理人三方构成的。

(二)干散货航运市场的基本形态

由于租船形式的不同,干散货航运市场可以划分为四个基本形态:航次租船、期租船、包运合同和光租船。它们的主要区别体现在船舶所有人参与营运的程度、成本费用的分担以及租约中货物载明的程度等方面。

分段航次租船又称程租船(Voyage Charter),是一种以航次为基础的基本租船形式。船舶所有人用指定的船舶在指定的港口之间用一个或数个航次为承租人运载指定的货物,并负担除货物装卸费以外的一切费用,承租人按货物的实际装运数量以及双方商定的租船费率支付运费。

期租船(Time Charter)是一种以船舶和租期为基础的租船形式。船舶所有人在约定的期限内,将指定的一艘船舶出租给承租人使用,前者负责船舶的配员、保险、维修、物料供应、船员给养,并负担相应的费用,即船舶经营费用(Ship Operating Cost);后者自行调度、安排所租的船舶,负担租期内船舶在各航次运输中所发生的费用,即航次费用(Voyage Cost),包括燃料费、港口及运河费、货物装卸费等,并按船舶的吨位、租期及双方约定条件向船舶所有人支付租金。期租船的租期有长有短,短则几个月,长则一两年,甚至十几年。在租期内,承运人可以用所租船舶安排不定期船运输或班轮运输,还可以将船舶转租给第三方使用。

分段包运合同(Contract of Affreightment, COA)是船舶所有人在约定的期限内,在指定的港口之间用数个航次为托运人运输一批总量已定的指定货物的航运形态。船舶所有人有权自由安排任何适当的船舶,至于航次数(或航次周期)一般不作约定。与分段航次租船相同,船舶所有人负担除装卸以外的一切费用。托运人按实际装运货物的数量及双方商定的费率支付运费,装卸费的负担方由合同中的装卸条款规定。

光租船(Bareboat Charter)也是一种以船舶和租期为基础的租船形式,但与期租船有区别。在光租船业务中,船舶所有人在约定的期限内将指定的一艘空船出租给承租人使用;承租人自行调度安排船舶,负担相应的航次费用,负责船舶的配员、保险、维修、物料供应、船员给养,负担相应的船舶经营费用,并按船舶的吨位、租期及双方商定的费率向船舶所有人支付租金。在许多情况下,光租船的船舶所有人是

银行等金融机构。光租船的租期一般比期租船长。同期租船相似，光租船的承租人可以用租得的船舶安排不定期船运输或班轮运输，也可以将船舶转租。

三、干散货航运市场的结构

航运市场是一个开放的系统，同时又是一个由若干个相互关联、相互依赖、相互作用的子系统构成的复杂市场体系。干散货航运市场则隶属于航运市场基本市场中的不定期船市场。干散货航运市场近似于完全竞争市场。

不定期船市场是指以不定期船运输服务为对象的需求者与供给者的交易关系的总和。其中，不定期船运输是船舶营运方式的一种。采用这种营运方式的船舶没有固定的船期，没有固定的航线，没有固定的挂靠港；船舶的每一次营运都根据该次营运货主的需求而定，由货主与船舶所有人商定出具体营运安排；船舶每一次营运的运费率（租金率）也由货主与船舶所有人视市场行情共同商定。干散货一般由不定期船承运，所以其在营运时，完全具备不定期船运输的属性，是一种不规则运输。所以，干散货航运市场从本质上属于不定期船市场。

判断干散货航运市场的类型，主要看这一市场中企业的彼此关系和影响程度，当然也可以参照这一市场是否符合某一特定市场类型的基本条件。

干散货航运市场的特点包括：

①船舶所有人数量多，规模小，有些船舶所有人甚至只拥有一艘船舶，即所谓的单船公司；

②不定期船运输的货物都是原材料、初级产品，它们对运输服务的要求除了运费低廉外，在运输的规则性、速度、船舱设备等方面没有很高的要求，所以不同的船舶所有人所提供的运输服务对货主来说差异性一般不大；

③市场交易是公开和自由的，较少受到政府方面的干预，无论船舶所有人还是货主，都能方便地获得市场信息，随着通信技术的发展，他们获得信息更方便、更迅速，也更全面；

④船舶所有人进入和退出市场很容易，因为只要拥有一艘船舶，无论是新船还是二手船，也无论是自有的还是租入的，再配备一定的船员和必要的装备，就可从事不定期船运输，而退出的途径也很多，既可出租，也可卖船，还可拆船。

在现实经济生活中，严格地符合完全竞争市场的情况是没有的。完全竞争只是一种帮助人们了解经济活动和资源配置原理的理想经济模型。从上述干散货航运市场的特点可以看出这一市场是自由竞争的市场，但不等于说它是完全竞争的市场，比如运输服务质量引起的产品差异性、人为外部因素（如政策因素）的存在和强化都会使市场的自发性质受到一定程度的影响。从这个意义上说，干散货航运市场仅近似于完全竞争市场，为了便于分析，可以将其简化为完全竞争市场处理。

四、干散货航运市场的需求分析

国际贸易量和市场运价(航次租船运费率)决定干散货航运市场的需求量。市场运价及其期望值会对船舶所有人的投资决策(即决定每年的新船订造量)产生影响。船舶所有人的新船订造量不但受市场运价影响,还与新船价格有关。而新船价格主要受钢铁价格影响。

每年实际的船舶交付量取决于前几年的新船订造量。船舶的订造与交付相隔几年,这是因为制造新船需要一段时间,这个间隔时间的长短受造船期间市场运价的高低的影响,景气的市场会加快船舶制造的进程。

每年的拆船量与船舶的平均船龄有关,平均船龄越高,拆船量就越大,但它又取决于市场运价,在高运价期间,拆船会被推迟进行。每年的船舶保有量,等于前一年的船舶保有量加上当年的新船交付量,再减去当年的拆船量。船舶保有量是决定最大运输能力供给量的主要因素。干散货航运市场的供需结构如图 3-3 所示。

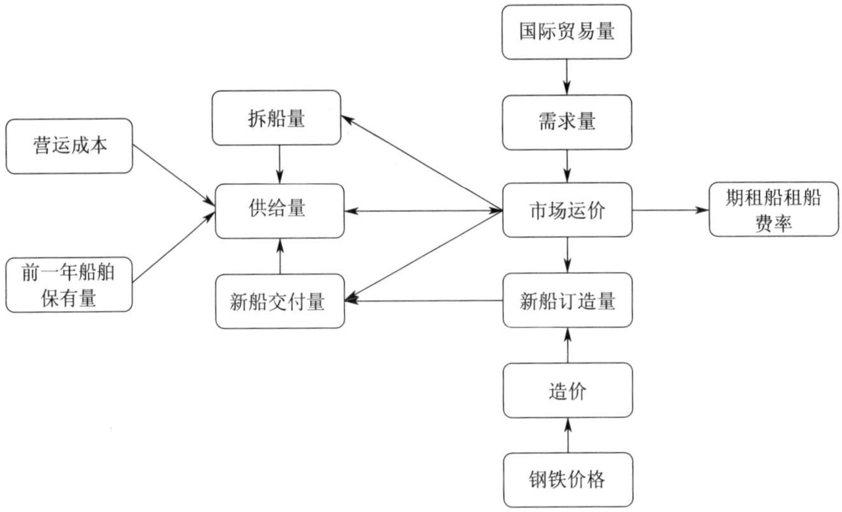

图 3-3 干散货航运市场的供需结构

(一)干散货航运市场需求的含义和特征

干散货航运市场需求(简称干散货航运需求)是指在一定的时期内和一定运价水平下,世界干散货货主或托运人对海上运输服务的需求总量。

干散货航运需求具有以下特征。

(1)派生性

国际航运市场的需求是由国际贸易派生出来的,它的源泉在于世界经济的发展变化。因此,世界经济的发展所引起的干散货国际贸易在数据、运距、价值和商品结构上的变化都对干散货航运需求产生深刻影响。

(2)潜在性和滞后性

一方面世界经济的兴衰反映在国际贸易上有一定的潜在性,而另一方面国际贸易有相当部分是未来时间的贸易，它对航运的需求存在着滞后性。

（3）不平衡性

国与国之间的资源禀赋、经济发展水平、经济结构以及国际贸易发展水平的不同，使干散货航运需求产生了不平衡性。这种不平衡性一方面推动了航运市场的发展，另一方面对航运发展的规模、船队构成以及航运参数等提出了不同的比例要求。

（4）同一性

同一性体现在干散货航运需求没有改变干散货的实物形态，却同一地实现了干散货这一运输对象的位移上。

（二）影响干散货航运需求的因素

国际航运是国际贸易的派生需求，它起源于国际贸易的海运需要。而国际贸易的发展完全取决于世界经济的发展，所以世界经济发展状况、国际贸易的范围与规模的变化，对航运需求都将产生重大影响。而世界经济与国际贸易受社会、经济、政治、技术以及自然因素等的影响。这些复杂多变的因素往往也以同样的方式影响国际航运市场。而干散货航运市场作为国际航运市场的一部分，这些影响因素也必然与其紧密相关。这些因素主要包括以下六个。

（1）世界经济的发展状况

世界经济是影响干散货航运需求的重要因素。当世界经济高速增长时，国际贸易相应呈现增长的趋势，随之对航运产生巨大需求；反之，当世界经济转入衰退期时，国际贸易萎缩，货源不足，使干散货航运量下降，航运市场低迷不振。应看到，世界范围内的商业周期、后工业时代世界贸易商品结构的变化，以及一些经济领域的突发事件都会对干散货航运需求产生不同程度的影响。必须指出的是，从长期看，经济全球化的发展和旨在实现全球贸易自由化的多边贸易体制的构建必然会推动干散货航运市场不断向前发展。

（2）成本

运价是运输产品价值的货币表现形式，价值构成决定了运价的构成。运输产品的价值可以分成三个组成部分：

第一，已经消耗的运输工具、价值设备、燃料、材料等生产资料的价值，即转移价值；

第二，劳动者为自己创造的价值；

第三，劳动者为社会创造的价值。

与运输产品价值的三个组成部分相对应，运价也分为三个部分：

第一，消耗支出，转移价值的货币表现；

第二，劳动报酬支出，劳动者为自己创造的价值的货币表现；

第三，盈利，社会劳动创造的价值的货币表现。

从运价组成来看，盈利只占运价收入的一部分，尤其在具有完全竞争市场特征的国际干散货航运市场上，航运企业只能获取“正常利润”，成本（包括物质消耗支出、劳动报酬支出）在运价中占有很大的比重。航运成本是航运企业制定运价的主要依据。因此运输成本对运价的变动具有不容忽视的影响，而运价的变动必然会对干散货航运需求产生影响。

（3）平均运距

干散货航运需求在很大程度上取决于货物的海运运距，这是因为同样吨位的干散货的运距越长，产生的航运需求就越大。平均运距的变化会完全改变干散货航运市场的供需平衡，从而使运费率出现上下波动。

（4）国际政治和军事事件

国际政治和军事事件一般指国与国之间的关系恶化、地区性战争、一国国内革命或政变以及外国资本的国有化等。政治事件对干散货航运市场的影响是显而易见的，往往给干散货航运需求带来突发性的、难以预料的巨变，影响世界经济的增长，或改变贸易关系及货物的流向，或改变平均运距，或改变个别商品的贸易量等，从而影响航运需求，造成干散货航运市场的波动。

俄罗斯和乌克兰被誉为欧洲粮仓，两国小麦出口量合计占全球供应量近1/3。俄乌冲突之下，粮食成为各国关注的焦点，有的国家甚至开始“抢粮”。此时又遇上印度50 ℃以上历史高温，发电用煤告急，需大量进口。一系列突发事件，令全球粮食、煤炭等价格飙升。俄乌冲突等政治事件对世界航运市场（包括干散货航运和油船航运市场）产生重大影响。这些因素一般通过影响货物贸易而间接影响到货运需求。但是因为政治和军事事件具备突发性，所以即使是高明的市场分析师也难以对其影响作出预测。尽管如此，还是不能忽视政治和军事事件对市场需求的重要影响。

（5）科技的发展

科技是影响干散货航运市场的长远性的环境因素。科技革命促使世界经济和国际贸易进入前所未有的大发展时期，迅速改变世界经济结构，使商品交换的范围推进到全球，为海上贸易创造了条件。尤其是第三次科技革命的成果，大大加快了船舶的改造更新和大型化、装卸设备的高效自动化以及大宗货物的散装化，使规模经济成为现实，为世界经济和国际贸易的海运需求提供了前所未有的运输能力。

（6）随机因素

与国际航运业有关的其他非经济因素也是引起干散货航运市场波动的重要原因。自然界四季气候的变化对地表环境的影响反映到海洋上，比之在任何其他地域都更强烈。在不同的季节，船舶在海面航行，面临的自然条件迥异，导致航运成本呈现出不同季节的差别和不同季节船舶适航性的差别，航运成本和运力的季节性由此产生。

总的来说，寒冷多风的季节运价上升，夏季则正好相反。运输劳务商品的消费方的经营活动也是季节性的，各种实物商品的生产、储存、贸易和消费存在着明显的季节性，这使得航运商品的需求不可避免地具有季节性的特点。航运市场供需双方经营活动的季节性，不可避免地导致市场波动的季节性。而粮食、煤炭、铁矿石这些主要由干散货海运船舶承担的商品的消费与生产则更具有强烈的季节性，从而导致国际干散货航运需求的季节性波动。

（三）干散货航运需求与租船费率的关系

在上述世界干散货航运需求影响因素的分析中，并没有把租船费率的影响考虑在内，这是因为至少在短期内干散货航运需求对租船费率水平的变化几乎没有或者仅有很小的反应，即干散货航运需求的价格弹性相当不足，因此可以引出干散货航运需求曲线是一条相当陡峭的曲线，如图 3-4 所示，较大幅度的费率变化（从 FR_1 到 FR_2）并没有引起大的需求量变化（从 Q_1 到 Q_2）。干散货航运需求缺乏弹性至少有以下三个原因：

①干散货航运需求替代效应小；

②规模经济在干散货航运中的实现，使得单位重量的货物承担的运费比重越来越小，运费在货物价值中的比重也越来越小；

③干散货航运需求是世界贸易尤其是干散货贸易的派生需求，与干散货贸易发展对干散货航运形成的需求相比，租船费率的影响是微不足道的。

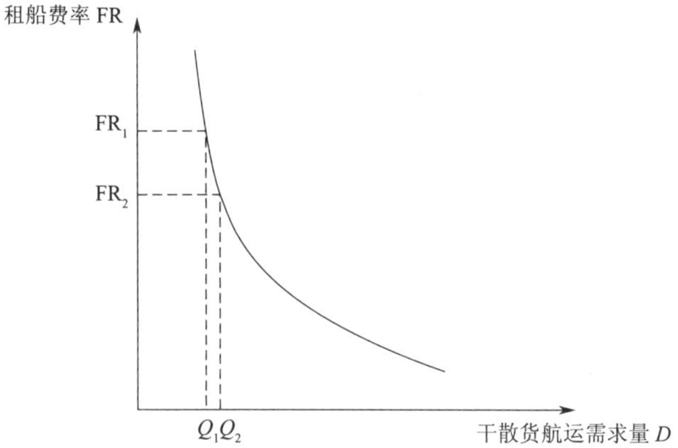

图 3-4　租船费率与干散货航运需求量的关系

（四）干散货的需求分析

从不同品类的干散货海运占比来看，2021 年铁矿石海运量超过 15 亿吨，占比约为 28%；其次是煤炭海运量，超过 12 亿吨，占比约为 23%；谷物海运量占比在 10% 左右；而其他铝土矿、镍矿等小宗干散货海运总量占比约为 39%。2021 年全球干散货海运市场分货物类型运量占比如图 3-5 所示。

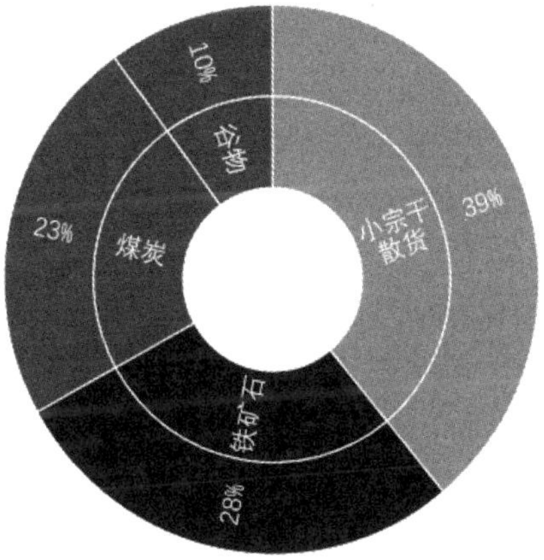

图 3-5　2021 年全球干散货海运市场分货物类型运量占比

(1)铁矿石

2022上半年中国粗钢产量大幅减少,下半年才逐步恢复。除了俄罗斯、乌克兰外,其他主要钢铁生产国保持增产态势,铁矿石贸易格局出现新变化。

2022年1—5月,全球主要国家粗钢产量累计为7.924亿吨,同比下降3.5%。新冠肺炎疫情导致中国上半年钢材消费量同比大幅下降,主动减产的钢厂增多。1—5月,中国粗钢产量为4.35亿吨,同比下降8.7%。受俄乌冲突影响,乌克兰1—5月共生产424万吨粗钢,同比下降52.8%。欧盟、日本和印度等的粗钢产量仍保持增长态势。2022年1—5月全球铁矿石贸易量约为6.23亿吨,同比减少4.2%。其中,中国铁矿石进口4.47亿吨,同比减少5.1%,自澳大利亚和巴西两国的进口占比进一步提高到85%,非主流矿进口量下降明显。

总体来看,中国持续限制粗钢产量,国外主要经济体粗钢产量将保持稳定增长态势,全球铁矿石贸易趋向乐观。

(2)煤炭

受地缘政治冲突影响,全球煤炭价格飞涨,供给紧缺。2022年1—5月,全球煤炭贸易量为5.03亿吨左右,同比下降0.3%。其中,中国累计进口煤炭9 595.5万吨,同比下降13.6%。内外煤价倒挂是导致进口量大减的主要原因,国际煤价大幅上涨,下游电厂偏向于采购内贸煤炭。印度用电需求旺盛,煤炭紧缺;日本遇近年来最严重"电荒",发电用煤需求有所增长;韩国持续高温干旱,电力供应紧张;欧洲方面,俄乌冲突导致能源供应紧张,煤炭进口量增多,转向从美国、澳大利亚和印度尼西亚等进口,运距拉长,使用船型从中小船转向大船。

总体来看,2022年全球煤炭海运贸易格局大幅调整,印度、东南亚及欧洲需求活跃,中国进口偏弱,全球煤炭贸易在欧洲及东南亚等地区带动下有望恢复正增长。

阅读资料

煤炭——新能源转型期的稳定锚

随着碳中和、绿色经济等理念的日益深入人心,我国的新能源转型也在如火如荼进行中。新能源车、光伏、储能等新兴产业不断发展。但所谓着眼长远,也要兼顾当前,2022年夏天的四川限电事件就是一个很好的提醒。具体来看,就是四川省电力结构以低碳、绿色的水电为主,占比高达81.6%,2022年的酷热天气使得用电量激增的同时,大量河流流量锐减,电力减产严重。

所以,考虑到出力的不稳定性,一方面要加快发展与新能源、清洁能源配套的储能产业;另一方面在储能特别是长时储能调配较为普及之前,也要保障当前的能源稳定供应,继续重视传统能源在转型期的稳定锚作用。我国传统能源中最重要的就是煤炭,从数据上来看,2021年度我国煤炭产量为40.7亿吨,其中动力煤产量为34亿吨,占比为83.5%,焦煤产量为4.9亿吨,占比12.0%;同时,我国又进口3.2亿吨煤炭。历年煤炭生产情况大致如图1所示。

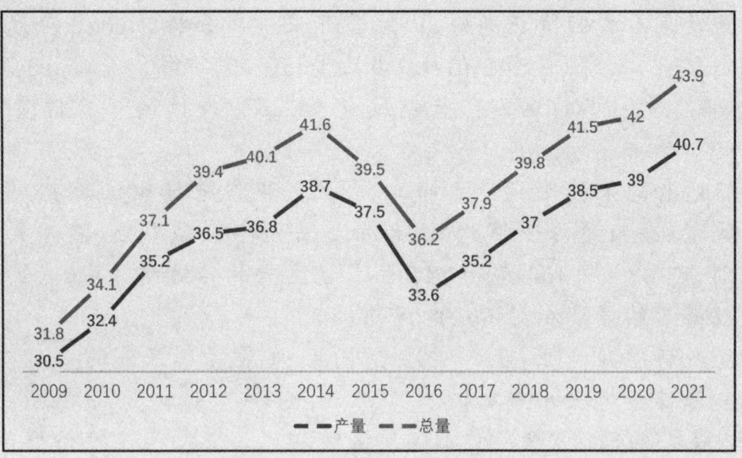

图 1　历年我国煤炭产量及总量(含进口)一览

(单位:亿吨;基础数据:煤炭工业协会)

同时,随着多年的整改,目前我国煤炭生产的集中度已经相对较高, 2021年度,年产量 5 000 万吨以上的煤炭企业已有 15 家,合计产量已占总产量的 60.5%。故而在地域上,也进一步向煤炭资源大省山西、陕西和内蒙古(河套地区)集中。其中,山西 11.9 亿吨,陕西 7.0 亿吨,内蒙古 10.4 亿吨,上述三地产量即占全国的 72.0%,如图 2 所示(注:图中各数据因四舍五入存在细微误差)。

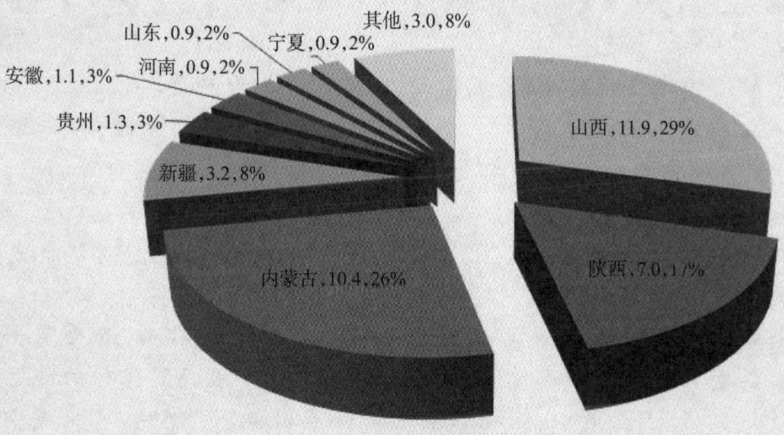

图 2　2021 年度全国各省(自治区)煤炭产量一览

(单位:亿吨;基础数据:煤炭工业协会)

但我国的煤炭产业也存在着开采量过大的问题。据煤炭工业协会数据,在资源层面,截至 2020 年底,全球已探明的煤炭储量为 1.07 万亿吨。从具体国家来看,美国煤炭储量占全球的 23.2%,俄罗斯占比为 15.1%,澳大利亚占比为 14%,中国占比为 13.3%,印度占比为 10.3%。

仅从储量来看我国情况尚好，但结合开采量来分析，2020年度我国煤炭产量39.02亿吨，全球（77.42亿吨）占比为50.40%，即以全球13.3%的储量生产了全球超过一半的煤炭！长期过量开采下，我国的煤炭储量下滑较为明显。

按国际通行的采储比指标来计算，我国的煤炭采储比仅为38年（即按照现有年开采量，现有资源仅够开采38年）。而美国、俄罗斯、澳大利亚的煤炭采储比分别为363年、364年和245年。在主要的传统能源中，我国的煤炭和石油均存在着后续储量相对不足的问题。

因此发展新能源产业，既是实现碳中和、发展绿色经济的必然要求，也是改变我国能源储量现状的重要抉择。

在国内高产的同时，以往由于煤炭海运相比西北陆运更有价格优势，我国东南沿海地区煤炭进口量也相对较高；但2022年以来，受俄乌冲突的影响，国际煤价走高（进口煤价为国产的一倍左右），我国煤炭进口量有所减少，国内产能增加。

在当前复杂的国际地缘政治形势下，我国也正在未雨绸缪，推进煤炭储备能力建设。目标是在全国形成相当于年煤炭消费量15%（约6亿吨）的煤炭储备能力，其中政府可调度煤炭储备不少于2亿吨，企业库存4亿吨。

在进口方面，我国煤炭进口量相对国内需求比例不大，动力煤进口主要来源于俄罗斯、印度尼西亚，焦煤进口主要来源于蒙古、美国、澳大利亚等地。值得注意的是，美国坐拥世界最丰富的煤炭资源，但无论是产量还是出口量均不成比例。

对于后续的煤炭价格走势，需要考虑如下几方面因素。

①俄乌冲突地缘政治因素。冲突可能很难在短期内结束，欧洲能源去俄罗斯化、重启煤电至少在几年内是不可逆的，市场供求关系重新调整，会导致资源错配。

②国内外煤炭价格差。目前国内外煤炭价格差极为明显，这也是当前国内增产的主要经济动力。

③全球经济是否陷入衰退。我国是制造业出口大国，制造业隐含的部分能源消耗其实也是为出口而消耗，有分析显示2021年我国隐含的能源净出口规模可能达到5.75至6.90亿吨标煤。如我国出口下降5%，可能减少煤炭消耗3 000多万吨。

④国内经济状况。国内经济复苏、走出底部的速度，也将在很大程度上影响煤炭的供需关系。

资料来源：煤炭——新能源转型期的稳定锚[EB/OL].（2022-10-27）[2023-05-03]. https://baijiahao.baidu.com/s?id=1747801625309462106&wfr=spider&for=pc.（有改动）

（3）粮食

2022 年，受天气因素影响，巴西大豆产量下降，叠加欧洲粮仓出货不畅，加剧了全球粮食供应紧张。2022 年 1—5 月我国粮食进口量为 6 652 万吨，较 2021 年同期略减 0.2%。其中大豆进口 3 804 万吨，同比下降 0.4%。2022 年，中国相继开放缅甸玉米和巴西玉米进口，允许俄罗斯全境小麦进口，解除加拿大油菜籽进口，寻找多元化的替代粮源，进一步保障粮食进口安全。

据巴西农业部数据，2022 年 1—5 月巴西大豆出货量为 4 620 万吨，同比减少 8.5%。主要原因是 2021 年底到 2022 年初的拉尼娜现象导致的干旱引起了关键产区的作物减产，这也是导致 2022 年上半年粮食贸易增量较小的重要原因。

乌克兰出口玉米中断导致国际玉米供应受限，巴西玉米出口需求量增加，巴西玉米出口量达历史最高纪录。乌克兰素有“欧洲粮仓”之称，是世界第三大粮食出口国。在俄乌冲突爆发前，乌克兰每年向全球市场供应 4 500 多万吨谷物，其中约 90%的谷物通过海运出口。乌克兰农业政策和粮食部表示，俄乌冲突爆发后，由于黑海等港口被封锁，粮食海运停滞，出口量锐减。之前乌克兰上半年的谷物出口量通常为每月 400 万吨左右，而 2022 年 3 月份以来基本没有任何粮食出口。俄罗斯 2022 年 1—5 月粮食出口 850 万吨左右，同比减少 14.1%。

总体来看，粮食贸易市场偏向乐观，美国大豆出口量将有明显增长，加上巴西玉米丰产、黑海粮食出口受阻导致全球买家集中向美洲购买粮食，使得船舶运距拉长，中小型船舶市场预期仍然乐观。

（4）主要小宗干散货

小宗干散货贸易是 2022 年上半年干散货航运市场的亮点，2022 年 1—5 月全球小宗干散货航运量达到 9.21 亿吨，同比增长 6.4%。

①铝土矿。2022 年 1—5 月，全球铝土矿贸易量为 7 720 万吨，同比增长 16.6%。其中，中国共进口铝土矿 5 575 万吨，同比增加 23.7%，几内亚仍是主要进口来源国。国产矿方面，2022 年 1—5 月国内铝土矿产量共计 2 683 万吨，同比减少 35.8%。随着经济恢复以及国内刺激政策落地，汽车及新能源电力方面用铝量或有较大提升，预计我国仍将大量进口外矿来补充国产矿的不足。

②钢材。2022 年 1—5 月，全球钢材贸易量达到 6 130 万吨，同比增长 6.2%。其中，中国出口钢材 2 592 万吨。2022 年以来，国外钢材价格偏高，中国钢铁企业出口积极性增强。3 月以来我国钢材出口量保持高位，主要原因是乌克兰危机引发海外市场短期紧缺，钢材价格大幅上涨，导致我国钢材出口优势显现，且短期出口仍有望保持旺盛态势。

总体来看，铝土矿贸易将保持活跃，镍矿海运量保持稳定增长，钢材贸易仍有潜力，石油焦、水泥熟料、铜矿和锰矿等杂货海运量均有小幅增长。

五、干散货航运市场的供给分析

（一）干散货航运市场供给的含义和特征

干散货航运市场供给是指在一定时期内，拥有干散货船舶吨位的全体船舶所有者（承运人），在各种运价条件下能够而且愿意提供的船舶吨位量。因此，出租愿望和实有运力是构成干散货航运市场供给（简称干散货航运供给）的两个条件。

干散货航运供给具备如下主要特征。

（1）非储存性

干散货航运供给的生产与消费是同时进行的，航运产品不能脱离生产过程而独立存在。这一特性决定航运储备无法采取产品的形式，而只能通过运力的增长或减少来适应干散货航运需求的变化。但是运力的调节需要较长周期，这又决定了运力调节既可能有助于抓住干散货航运需求增长的机遇，又可能导致航运市场供求不平衡，尤其是供大于求而产生风险。

（2）不平衡性

干散货航运供给的不平衡性表现在以下三个方面。

第一，供给与需求的不平衡。这可以表现为运力供给不足，也可以表现为运力供给过多，而后者最为常见，这已被 20 世纪 70 年代以来干散货航运市场比较低迷的事实所证明。

第二，干散货航运供给的不平衡性表现为营运期有旺季与淡季之分，这种不平衡使供给出现高峰与低谷，并存在运力的不足与浪费的交替现象。

第三，干散货航运供给在不同地区、不同航线甚至同一航线的往返航程之间的分布也是不平衡的。这些不平衡都可能使干散货航运企业面临空载或者运力浪费的风险。

干散货航运供给的不平衡性是相对于平衡性而言的，因此它是绝对的、长期的。这一规律说明保持船队的适当规模与合理结构是合理利用运力、减少浪费的基础。

（3）时空上的差异性

它是指干散货航运供给相对于其需求而言，存在时间与空间上的差异性，而供给的提供和需求的满足是在干散货船舶的位移过程中同时实现的。这一要求便与上述的供给时空差异性产生矛盾，并最终造成干散货航运供给必须承担运力损失甚至空载航行的经济风险。

（二）影响干散货航运供给的因素

（1）干散货营运船队规模（运力）

干散货营运船队规模是一个存量的概念，拆船量和新造船数量决定了它的扩大或缩小。

干散货营运船队规模扩大的过程有两个特点。

①由于规模经济的要求，大量的铁矿石和煤炭海上贸易促使大型干散货船舶不断进入营运并成为整个船队运力增长的主要推动力量。

②干散货航运规模经济的实现，使一大部分原先由杂货船或班轮运载的散装货物（如粮谷、糖、木材等）改由干散货船舶运载。其他船队（如杂货船队）由于市场份额的下降，其增长不尽如人意。

值得一提的是，并非所有的干散货都是由干散货船舶来完成运载的，兼用船也可以运载干散货。如苏伊士运河的两度关闭导致大多数兼用船运力参与石油海运；加上兼用船大多承载 8 万~20 万载重吨，与运载铁矿石、粮谷、煤炭的大型船舶相比，它的规模经济营运活动受到一定程度的限制。

（2）船舶封存

干散货航运供给并不是由干散货总运力提供的，而由干散货营运船队运力规模提供的，因此当总运力一定时，船舶封存量的变化必将引起营运船队规模向反方向变化。运价水平所代表的市场景气状况的好坏、营运成本和封存成本的高低是船舶所有人决定是否封存船舶的重要考量，其中最关键的是运价。当运价市场低迷、运价下跌，或经营不当使航次利润为零但尚能保本时，船舶所有人一般仍会继续营运。假如航运市场持续低迷，费率不抵营运成本，船舶营运出现亏损，当亏损额超过船舶封存成本时，船舶所有人便选择封存。

（3）营运生产率

营运生产率是指单位载重吨的运力所载重的吨海里数。它是确定干散货航运供给的重要变量，其又是由以下三个主要因素决定的。

第一，平均航运速度。理性的船主一般会按利润最大化原则，根据不同的费率水平、燃油价格、营运成本等参数确定最佳航速。

第二，载重吨位利用程度。

第三，船舶全年生产天数。

（三）干散货航运供给和租船费率的关系

与干散货航运需求弹性的情形不同，干散货航运供给对租船费率的变化会作出强烈反应，如图 3-6 所示。

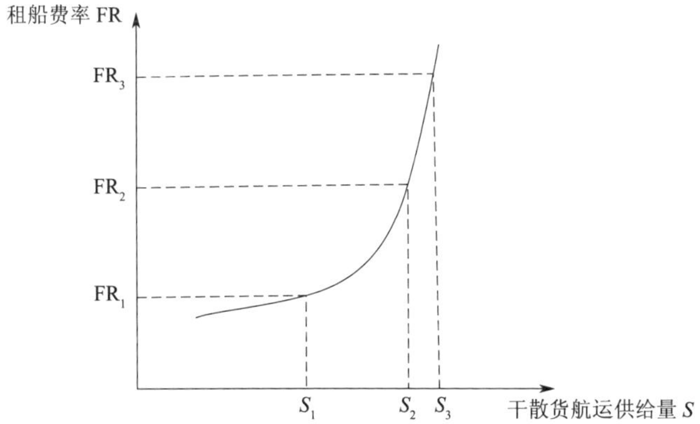

图 3-6　干散货航运供给量与租船费率的关系

从图中可以看出，租船费率的上升或下降会引起干散货航运供给量的增加或减少，但供给曲线上各点的供给弹性随着租船费率的上升而减小。干散货航运供给曲线是一条左下方平缓、右上方陡峭的曲线，在平缓的一段中，微小的费率变化将引起航运供给量的显著变化，这是因为航运供给能够通过封存运力使船舶进入或退出营运来适应租船费率的变化；而在陡峭的一段中，同样的费率变化对航运供给的影响很小，这是因为航运供给逐渐接近最大供给能力，运力调节余地变小，租船费率变化再大，短期内只能导致航运供给量的小幅变化。

（四）干散货航运市场供给分析

干散货船舶包括干散货专用船及兼用船。干散货主要由干散货专用船承运。干散货船舶主要有 3 种船型：灵便型（1 万~6 万吨），其中载重量大于 4 万吨的灵便型散货船又称为大灵便型散货船；巴拿马型（6 万~8 万吨）；海岬型，又称好望角型（8 万吨以上），其中 20 万吨以上的为超大型干散货船舶。

（1）灵便型散货船（Handysize Bulk Carrier）

这是一种载重量大于 1 万吨且小于 4 万吨，配有起重机和装卸设备的散货船。由于配有装卸设备，同时载重小，吃水比较浅，所以能适应水深较浅、条件比较差的港口。灵便型散货船营运方便灵活，适应性强，因此而得名。跟踪灵便型散货船的运价指数是 BHSI，也叫波罗的海小灵便型散货船运价指数。

大灵便型散货船（Handymax Bulk Carrier），也叫超灵便型散货船。这种船型的载重量在 4 万~5.9 万吨，吃水一般在 11 米左右，符合大部分较大港口船舶满载进出的需要，一般 5 个舱 5 个舱口。承运货物以谷物、煤炭、焦炭为主。小灵便型和大灵便型这两种船型只是大小不同，一般都备有吊杆，能自装、自卸，可在条件较差的港口间从事小批量货载的运输。跟踪大灵便型散货船的运价指数是 BSI，也叫波罗的海大灵便型散货船运价指数。

截至 2021 年底，全球 38 000 载重吨的大型散货船船队规模已达到 1 000 艘。多年来，灵便型船舶从 28 000 载重吨发展到 33 000~34 000 载重吨，然后进一步扩大到 38 000 载重吨。从 1985 年到 2010 年，全球大型灵便船舶的船队规模保持不变，在 450 到 500 艘之间；但从 2010 年之后开始，船舶数量迅速增加，增加了一倍多，达到 1 004 艘，载重量达到 3 770 万载重吨。

（2）巴拿马型散货船（Panamax Bulk Carrier）

顾名思义，该船型是指在满载情况下可以通过巴拿马运河的最大型散货船，即它满足船舶总长不超过 274.32 米、型宽不超过 32.30 米的运河通航的有关规定。根据需要，可调整船舶的尺度、结构来改变载重量，该船型载重量一般为 6 万~7.5 万吨。跟踪巴拿马型散货船的运价指数是 BPI，也叫波罗的海巴拿马型散货船运价指数。

（3）好望角型散货船（Capesize Bulk Carrier）

好望角型散货船指载重量在 15 万吨左右的散货船，该船型以运输铁矿石为主，由于尺度限制不能通过巴拿马运河和苏伊士运河，需绕行好望角和合恩角，我国台湾地区称之为海岬型散货船。由于近年苏伊士运河当局已放宽通过运河船舶的吃水限制，该船型大多可满载通过该运河。跟踪好望角型散货船的运价指数是 BCI，也叫波罗的海好望角型散货船运价指数。

超大型散货船（Very Large Ore Carrier，VLOC）的载重量在 20 万吨以上，仅用于煤炭和铁矿石的远距离运输。由于油轮双壳化的趋势，很多超大型原油船（Very Large Crude Oil Carrier，VLCC）被改造成 VLOC，用来运输铁矿石。

波罗的海干散货运价指数（BDI）在 2021 年 10 月达到近 10 年的高点，后续持续下滑，2022 年上半年也经历了阶段性的上涨和下滑，上涨是因为俄乌冲突背景下部分大宗商品供应偏紧和货运路线改道，下滑是因为好望角型散货船市场季节性疲弱的影响，巴拿马型散货船运费也同样因市场需求平淡而表现不佳。

干散货运输是全球贸易的重要组成部分，干散货航运经过长期的发展已经形成了一个规模庞大、参与者众多、机制健全的完全竞争市场，其发展水平影响着全球贸易。据克拉克森统计，截至 2022 年 12 月底，全球干散货航运市场运力总计 13 126 艘，9.72 亿载重吨。运价方面，2022 年 12 月 23 日，波罗的海干散货运价指数（BDI）为 1 515 点。海岬型散货船市场运价上涨，巴拿马型散货船和超灵便型散货船市场运价下跌，上海航运交易所发布的远东干散货运价指数（FDI）租金指数平均值小幅下跌。12 月 30 日，FDI 租金指数为 912.54 点。2022 年波罗的海干散货运价指数（BDI）均值为 1 933.8 点，同比下跌 34.3%，其中上半年均值为 2 279.4 点，同比上涨 1.0%，下半年均值为 1 591.0 点，同比下跌 56.0%。

第四节　集装箱航运市场

一、集装箱航运市场的特点

绝大部分集装箱运输采用定期船，即班轮运输的形式。因此，从本质上看，集装箱航运市场属于班轮市场，故又称为集装箱班轮市场。所以，集装箱航运市场的基本特征与班轮市场大体上是一致的，主要表现在以下几个方面。

（一）供给方由少数规模较大的班轮公司构成

集装箱运输的货物品种繁多，且在运输质量和运输速度方面有特殊要求，因此集装箱运输必须提供良好的设备、较高的技术更新速度和营运速度等服务，在船舶与集装箱、港口设施、管理设备上都需要巨额投资。为了开展多式联运，集装箱运输需要建设相应的内陆设施，需要兴建、扩建及更新现有的铁路、公路、桥梁等，这方面的投资也是巨大的。并且，集装箱班轮经营，为了维持规则运输，保持一定的发船密度，也要有一定规模的船队。这些条件必然要求公司的规模要大，公司的数目相对就少。因此，集装箱航运市场结构与其他运输市场不同，主要是几家大的船公司或运输集团参与市场经营。近十年来,集装箱班轮公司不断向超大型化发展,市场集中度不断提高。

(二)班轮公司可以自行决定运价

班轮运输不同于散货运输,二者在经济上最重要的区别是货物运输费率不同。散货运输费率由承运人依据市场活动制定,班轮运输费率由航运协会和不同承运人共同制定,航运协会依据不同的服务项目制定不同的费率,没有自由市场价格可以遵守。

与不定期船市场不同,班轮市场中的船公司一般自行决定运价。集装箱班轮运输投资大,供给一方主要由少数规模很大的船公司组成,因此船公司可以根据自己的成本和目标利润进行定价。班轮运价与不定期船运价相比一般较高。但是,船公司也不能随心所欲地定出高价,还要受到货主对货物运价的承受能力以及货主、托运人等方面的制约。集装箱航运市场由于是寡头垄断的市场结构,因此班轮运价中包括了部分非正常利润。集装箱航运市场运力的严重过剩和反垄断的压力,导致其市场竞争十分激烈,使得利润水平不断降低,曾经的高利润水平时代将很难再现。

(三)班轮公司组成各种形式的联营集团

在集装箱航运市场上,航运卡特尔[①]的影响程度取决于它们所控制的集装箱船舶运力,或者说在运输市场上所占有的运输份额。在集装箱航运市场上,由于参加竞争的船公司为数不多,因此船公司之间联系比较方便,有联营的可能性。航运联营体就是船公司为摆脱激烈的竞争及不利处境而采取的一种组织措施。

(四)班轮船公司或航运联营集团对外采取一致的政策

集装箱航运市场的竞争比较激烈,尤其在航运不景气时期,竞争更加激烈。经营集装箱运输的船公司一旦将大规模的资金投入一定航线后,就会谋求扩大自己的影响,排斥其他船公司进入和竞争。集装箱运输经营的领域比较固定,改变航线的随意性很小,这使集装箱航运市场内的经营活动具有强烈的排他性,各大船公司组成航运联营集团,往往采取一致对外的做法。

(五)市场供给刚性较强

集装箱班轮是按特定航线经营的,与其他航线的相关性较小。班轮公司开辟、经营一条航线首先要争取到稳定的货源,这就需要取得货主的信任,与货主之间建立和形成比较稳定的关系;同时,为了赢得货主信任,还要保证运输的可靠性、快捷性、提供“门到门”的运输服务等。所有服务均需要付出很大的财力和物力,需要很长的时间。所以,一旦船公司在一条班轮航线上奠定了经营基础,便不会轻易放弃。而且,班轮经营通常是按特定航线上的货物及港口而部署的,并考虑了运输距离的长

① 卡特尔是资本主义国家中的垄断组织形式之一,由生产同类产品的企业联合组成。卡特尔成员企业一方面为了获得垄断利润而在价格、销售市场、生产规模和其他方面签订协定,另一方面又保持其在商品经济活动中的独立性。

短等条件,改变航线会使船舶的营运经济性降低。因此,集装箱班轮公司一般不会轻易改变航线,即使在经营暂时不景气时,也很难退出该航线。退出和放弃已占有市场的伸缩性较小,因此集装箱航运市场的供给弹性较小,即市场供给的刚性较强。

二、集装箱航运市场的结构

世界上经营集装箱班轮运输的船公司有上千家,其中绝大多数是经营特定航线或区域支线运输的中小公司,只有不到50家是从事全球性洲际班轮航线的船公司。从集装箱航运市场的基本特征来看,它属于寡头垄断市场。根据经济学的市场理论,寡头垄断市场的主要特征是市场由少数几家企业垄断,企业之间相互影响、相互依存,市场内某一企业在作出变更运力或运价的决定时,必须认真考虑作出这种决定以后其他企业所作出的反应。因此,在寡头垄断的情况下,为避免各船公司之间激烈竞争而引起运价战,市场内的很多企业往往组成各种不同形式的航运卡特尔,如班轮公会、航运联营集团等,它们构成了集装箱航运市场的基本结构。

(一)班轮公会

班轮公会又称班轮航运公会、运价协会、水脚公会,是航运卡特尔在集装箱航运市场内最常见的组织形式。它是指在同一航线上经营班轮运输的两家以上船公司,为了避免相互间的激烈竞争,通过制定统一的费率或最低费率以及在经营活动方面签订协议而组成的联合经营组织。由于班轮公会是由不同国家船公司组成的,因此,班轮公会具有国际性质,班轮公会可通过消除内部与外部的竞争来控制一个既定的运输市场。但是,从班轮公会控制的地理范围来看,大多数班轮公会只控制有限的航线,一般只控制航线的一个方向(进口航线或出口航线)。从总体上说,由于班轮公会有众多的会员,以及公会与公会之间有联系,其力量是十分强大的。

(二)航运联营体

航运联营体是指班轮公司以舱位互租、互换、联营等形式组成的联盟。从航运联营体的概念可以看出,航运联营体有以下几个显著的特征。

首先,该联盟专门为一条或多条航线的货物提供国际班轮运输服务。也就是说,只有从事国际班轮运输的航运公司才能组成航运联营体。这些公司以一个或一系列协议的形式来构筑航运联营体的基本格局,这就意味着各公司之间的关系较为松散。航运联营体必须为专门的班轮航线而组建,它的存在必须以为特定班轮航线服务为前提。随着航运市场的发展,如今全球性国际联营体往往不会将其联营行为限定在某条特定航线上,而是将其联营范围扩大至特定区域内不同洲际的多条航线。

其次,建立航运联营体的目的是在海上运输服务的联合经营中实现合作,并改进未联营时各成员提供的服务质量,通过技术、业务、商业安排使其业务合理化。航运联营体依靠各成员之间协议商定的船舶联合作业及港口设施利用产生的共同利益来促使其内部各成员的经营活动合理化。航运联营体内各航运公司活动的合理化不仅可以推动班轮运输服务质量的提升,还可以鞭策各成员更加有效地安排集装箱和船舶的空间,提高船舶舱位的利用率,从而保证各成员能快速高效地提供服务,促进航运市场经济进一步发展。换句话说,以经济增长为目的,各成员公司之间合理有效、相互协作的联营才是与航运市场相适应并且稳定可靠的联营。依靠固定费率等垄断政策或者其他对市场或客户的歧视限制来实现利益最大化,并不是航运联营体出现的初衷和存在的目的。因此,成员彼此之间的合作协议不可以涉及联合定价、共有船舶或者保险、共同出具提单、共缴关税、共享收益或者共担损失、收入分摊或货物分摊等有损其法律独立性的内容。

最后,航运联营体并不是永久存在的,其存在的期限多数被规定在协议中。航运联营体经营范围的特定性决定了其经营行为的临时性。例如,2014 年马士基航运公司和地中海航公司运签订船舶共享协议(即 2M 联盟),该协议允许两家公司在亚欧航线上共享船舶资源,同时在协议中约定该协议有效期为 10 年。通常情况下,在协议中规定的有效期届满之前,各成员可以依据实际经营情况决定是否延长联营体的存在期限。

③合并是联营的高级形式,即不同航运公司间或航运公司与相关公司间组成一个新的、独立的法人实体。常见的合并有以下两种:

第一,航运公司彼此间横向合并,组成一个新的单独实体,由其全面负责营运与市场管理,欧洲船公司多对此感兴趣;

第二,航运公司与大的综合性相关集团(主要是内陆运输经营集团)进行纵向合并,最终成为该集团的附属公司。美国船公司早期多热衷于这种联营,将公司发展成为一个统一经营船舶、码头、集装箱、卡车的高度集中管理的综合性运输公司。

(三)独立船队

独立船队是指那些不参加公会或联盟组织的航运公司。它们在竞争激烈的集装箱航运市场上立足,往往具有很强的实力。由于承运人、托运人双方在北美、亚洲和欧洲三个主要贸易区域进行更加密切的合作,货主对班轮公会的需求已不那么迫切。特别是美国《1984 年航运法》放宽了对班轮运输的限制,允许各班轮航线开展联营,独立航运公司也可以采取独立行动来确定自己的费率。许多托运人与一些杰出的航运公司商谈建立“合伙”关系,有些托运人甚至与独立船舶经营人签订长期忠诚合同以满足航线需求。最为典型的是类似于长荣海运(即长荣海运股份有限公司)、马士基航运、韩进海运等杰出的独立承运人的出现夺走了班轮公会在太平洋、大西洋和欧洲市场上大量的货运份额,致使班轮公会成员承运份额由原来的 80%~90%下降到后来的 50%。

(四)托运人协会

托运人协会是特定国家或地区的一些托运人团体,为沟通托运人之间的信息,合理利用运输方式,并在与班轮公司等承运人的联合体就诸如运输条件(即航次的频率、优质的运输服务、运作结构、运价修订)等原则问题的谈判和协商中加强自己的地位而组成的团体。

与班轮公会一样，托运人协会不是一个法律实体，而是一个维护其成员共同利益的自愿性团体。虽然各个国家或地区的托运人协会的组织机构并不完全相同，但是为了处理有关政策方面的问题，协调会员间的活动，代表会员反映要求并处理日常事务，其一般都设有处理政策性问题的执行委员会或常设委员会及处理日常事务的秘书处。有的托运人协会还在不同的业务领域或不同的地区设专门的委员会或地区委员会。托运人协会的成员主要有生产团体和贸易团体或贸易协会。至于单独的制造商，则很少是托运人协会的完全成员。

托运人协会的主要职能包括：

第一，代表托运人、生产者、商品团体的利益，保证最大限度地协调它们之间与远洋货物运输相关的问题并收集、整理、研究有关资料；

第二，就有关远洋运输的安排和适用于远洋货物运输的条件、条款，与班轮公会或船东组织谈判或协商等。

谈判与协商是托运人协会的重要职能，其中谈判所涉及的是日常与实务问题，而协商所涉及的则是政策与原则问题。前者通常是由各托运人提出来的、有时与整个协会有关的问题。如托运人为降低某特定货物的运价而与班轮公会举行单独的谈判，不过这种谈判通常由特定的托运人单独与班轮公会进行谈判。协商所涉及的则是综合性的，与长期规划有关的，并且对以独立身份出现的托运人和整个协会都有影响的问题，如运价的总水平、运价结构，以及 CIF 价格中的运价因素等问题，都属于原则性的问题，这些均可成为托运人协会与班轮公会协商的问题。属于这一类需要协商的问题的，还有如何满足货物对运输的要求的所谓适合性问题，以及货载分配、船舶供应、航次频率、停靠港、装卸能力等一系列问题。这些问题都是需要托运人协会与班轮公会协商的总政策问题。

（五）航线稳定化协议

航线稳定化协议的主要内容是运力冻结，成员间相互交换运价和货载方面的信息，以及商讨包括运价在内的一些市场问题，但一般不进行运价控制，更不进行统一定价。

1988 年 10 月，由日本和美国的 5 家船公司发起，9 家公会船公司和 4 家非公会船公司共同签署“跨太平洋航线协商协定”（Trans-Pacific Discussion Agreement，TPDA）。同年 12 月，又签署了“泛太平洋航线稳定化协议”（Trans-Pacific Stabilization Agreement，TSA）作为 TPDA 的补充协议，并向美国联邦海事委员会申请核备，1989 年 1 月 22 日正式实施。随着在太平洋航线上签署 TSA 并获得了一定成功，全球其他主干航线的公会与非公会班轮公司纷纷签署本航线稳定化协议。1992 年，大西洋航线达成“跨大西洋航线协议”（Trans-Atlantic Agreement，TAA）；同年，欧洲—远东航线达成“欧亚贸易协定”（Europe-Asia Trade Agreement，EATA）。

1989 年的 TSA 加盟者为世界上主要的班轮公司，目标是稳定航线，该组织不具有卡特尔的性质，其目的是通过加盟使船公司汇聚一堂，共商稳定航线的办法，在这方面，该组织起了很大的作用。2000 年以后，虽然有船公司从该组织退出，但更多是新参加和回归该组织的。达飞轮船 2007 年 5 月回归；地中海航运 2007 年 5 月新参加；以星（即以星综合航运有限公司）2007 年 6 月新参加；中海集运（即中国海洋集装箱运输有限公司）2008 年 5 月新参加。

（七）航运战略联盟

战略联盟，是指参与企业根据各自所拥有资源的特异性，本着互利互惠的原则，结合资源的互补性，追求共同利益的行为。班轮公司战略联盟主要起源于联营体。班轮公司在组建战略联盟时缔结的协议涉及航线的分配、船期与线路的安排、运力的增加与撤出、港口与挂靠顺序以及全球性的经营。但协议并不会导致合并，每个成员都保持自己相对的独立性。

21 世纪以来，各大船公司通过战略联盟，利用其在运输服务、资金及市场营销方面取得的优势，突破海上运输领域，在陆上运输、码头管理、设备管理等方面进行联合经营，产生合作的协同效应。一些班轮公司通过参加战略联盟或持续加强战略联盟的力量，抗衡领军的、有竞争力的班轮公司，提高和保证集装箱船舶的利用效率。世界上最大的几个班轮联盟（如 CKYH 联盟、伟大联盟、新世界联盟等）都是为了对抗和打破航运巨头对航运市场的垄断并与其竞争而采取的类似的合作策略，以提高和保证集装箱船舶的利用率。

战略联盟的形成原因可以归结为以下三个。

（1）世界贸易的增长

世界贸易的增长，为集装箱班轮公司拓展全球市场提供了基本条件。与此同时，因为需要配置比以前尺度更大、成本更高的船舶，提供全球服务的成本不断增加，新的承运人进入使竞争加剧。面对这种情况，班轮公司不得不进行联盟。反过来，战略联盟也是国际航运业应对国际航运市场环境变化而采取的必然策略。

（2）航运业经营环境的变化

集装箱运输业的解控与开放政策（如欧洲委员会反对实现门到门的公会费率，美国 1998 年改革航运法案等），进一步削弱了公会制度。这种趋势导致非公会会员船公司的地位进一步加强，使集装箱运输市场从受管制的市场变成了一种受少数运输企业控制的开放市场，为航运业战略联盟的组建奠定了基础。

（3）船公司实现目标的需要

现代船公司的目标可以总结为五个，分别是金融目标、经济目标、战略目标、市场目标和经营目标。船公司加入战略联盟或退出一个战略联盟而加入另一个战略联盟都是为了实现这些目标。

①金融目标：利润最大化，增加股东财富，分散投资，降低财务风险。

②经济目标：削减成本，实现规模经济。

③战略目标：进入新的市场，扩大服务地域。

④市场目标：更好满足客户需求，如增加航班密度，提高灵活性、可靠性，增加航线和目的港。

⑤经营目标：增加航班密度，在全球范围安排、协调船舶配备。

三、集装箱航运市场竞争理论

集装箱航运市场属于寡头垄断市场。根据经济学理论，寡头垄断可分为产品（服务）相同的寡头垄断与产品（服务）有差异的寡头垄断。在集装箱航运市场上，船公司向社会提供的是运输服务，而各公司的具体运输服务因采用不同的运输安排和经营手段，而存在很大的差异。所以，从本质上说，集装箱航运市场属于运输服务有差异的寡头垄断市场。

在寡头垄断情况下，市场上一家船公司的运价与运量的变更，会引起其他船公司的连锁反应。如图 3-7 所示，当市场上运价为 P 时，公司位于需求曲线上的 X 点，此时的运量为 M。当航运市场不景气时，如果船公司提高运价，则会失去很大比例的货源。此时，YX 段的需求曲线斜率绝对值大于 1，表明需求弹性大于 1，当运价提高至 P_1，则运量减少到 M_1，所以船公司的提价只会减少运费收入。

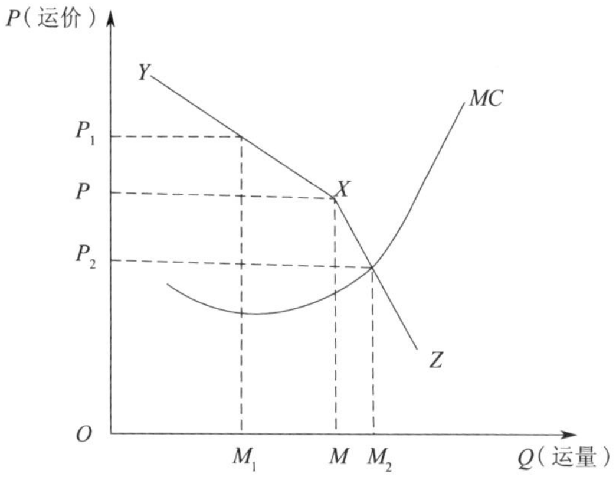

图 3-7　运输服务有差异的寡头垄断情况

如果船公司降低运价，将其降至 P_2，需求曲线则为 XZ 段，这是因为当市场不景气时，其他的船公司也会随之降低运价，在这种情况下，船公司的货运量不会有很大的增加。在图中表现为需求曲线斜率较小，即此时需求弹性较小，此时运量为 M_2。

如果船公司继续降低运价，其他公司也随即作出相同的反应，那么，最终将导致一场价格战。但是，由于各公司提供的运输劳务是有差异的，其运输成本也是不同的，甚至相差很大，因此各公司之间的价格战不会无休止地进行下去。在激烈竞争的市场上，边际成本 MC 最小的船公司，会在竞争中取胜。

因此，船公司所面临的竞争主要是运输服务竞争。因为在运价相同的情况下，高质量的运输服务可提高船公司的运输信誉，这样不仅能吸引货主，扩大货源，而且能提高企业自身的经济效益，使其竞争能力得到增强。

对于集装箱航运市场这种寡头垄断市场来说，其运输服务的差异主要表现在运输服务质量上的差异,它由实际运输质量的差异与人为心理因素的差异构成。实际运输质量的差异,主要是指船舶开航日期、到港日期、运输时间、班轮船期表的可靠程度,船公司的信誉状况与经营历史,集装箱质量及其提取方便程度,运价水平等运输质量指标方面的差异。人为心理因素的差异,主要是指船公司通过广告等各种方式的宣传促销活动,使货主在心理感觉上认为该公司的运输服务质量是优良的,因此广告等各种宣传促销活动在市场上起着至关重要的作用。而这也正是寡头垄断市场与垄断竞争市场的重要特征之一。

目前,在集装箱航运市场上,货主往往不把低廉的运价作为选择船舶的第一标准和条件,而把船公司的高水平的经营素质和较强的提供一流服务的能力作为第一位的条件。集装箱船公司所面临的竞争主要是运输服务竞争。

四、集装箱航运供求分析

集装箱航运市场受多种因素的影响,行业供需状况直接影响集装箱航运运价,进而影响航运公司的赢利能力。

(一)世界集装箱船队的结构

在船队经营过程中,随着时间的推移,必然会有一些旧船由于船舶技术或营运条件的改变而逐步被淘汰报废,也必然会有新的船舶、新的船型被补充到船队中。大型航运企业或船队面对未来若干年内的市场行情,发展自己的船队,使船队在适当的时机淘汰旧船,添置新船或新船型,以适应航运环境和市场环境变化的需求,以保持足够的运力和竞争力,这就是船队规划。船队结构分析是船队规划的一个部分。

船队结构一般包括以下三个方面内容:

①船舶的种类和结构;

②船舶的数量和比例;

③船舶装备的先进性和船龄分布。

分析一个船队的结构是否合理,须从以下三个方面着手:

①拥有的船舶种类是否适应市场的需求,船舶吨位、主尺度、结构是否适应有关航线上的港口航道等情况;

②各种船舶的比例是否协调,以避免不平衡发展;

③船舶装备是否先进,船龄是否符合要求。

由此可知,船队结构合理是指各种船舶拥有量都满足需求,而且不造成运力闲置,适应航运市场与社会的需求。

Alphaliner 的运力数据显示,截至 2022 年 7 月 10 日,全球在运营集装箱船总数为 6 406 艘,总运力增加到 2 579.329 1TEU,折合 3.089 85 亿载重吨。全球前二十大集装箱船公司运力排名如图 3-8 所示,全球班轮公司运力排名前三的依然是地中海航运(446.360 8 万 TEU)、马士基航运(425.411 4 万 TEU)以及达飞轮船

（329.521 2 万 TEU），这三大班轮公司总运力占市场份额的 46.9%。位列排行榜第四至第十的分别是中远海运集运（即中远海运集装箱运输公司，第四）、赫伯罗特（第五）、长荣海运（第六）、ONE（第七）、韩新海运（第八）、阳明海运（第九）、以星（第十）。全球排名前十的班轮公司运力达到 1 960.08 万 TEU，占全球一百大集装箱班轮公司的 84.8%。排名位列第十一至二十位的分别是万海航运、太平船务、高丽海运、Unifeeder、新加坡 X-press、海丰国际、伊朗国航、中谷物流、德翔航运、SM 森罗商船。根据统计，排名前二十的集装箱班轮公司运力占全球总运力的 91.7%。

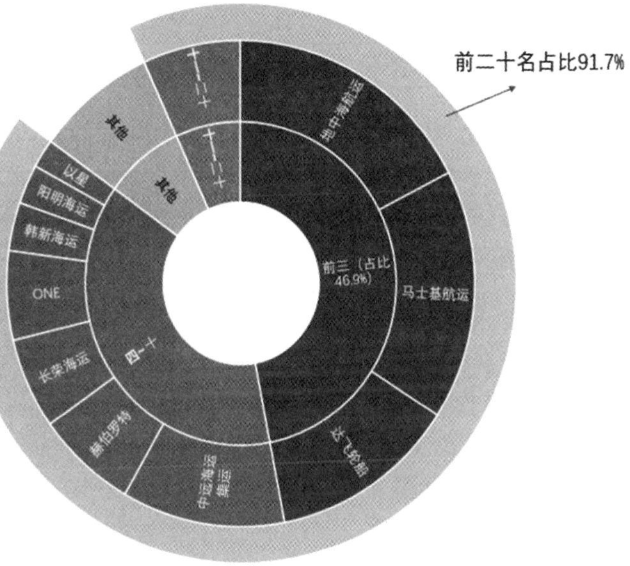

图 3-8 全球前二十大集装箱船公司运力分布

全球集装箱航运市场的强劲态势，让集装箱船船东对市场充满信心并加快了新船投资的步伐。据统计，2021 年全球共有 61 家集装箱船船东投资订造新船，主要包括塞斯潘、长荣海运、达飞轮船、万海航运、东方海外、韩新海运和地中海航运等主流集装箱船船东。其中，全球最大的独立集装箱船船东塞斯潘共订造了 65 艘 77.7 万 TEU 新船，全球占比达到 18.5%，是 2021 年全球投资最多的集装箱船船东，投资船型涵盖了中型、新巴拿马型和超巴拿马型等多种船型。长荣海运近年来也不断加快船队运力扩张步伐，2021 年，该船东订造了 46 艘 41.0 万 TEU 的新船，全球占比达到 9.8%，仅次于塞斯潘的投资规模，投资船型包括支线型、新巴拿马型和超巴拿马型等。2021 年全球集装箱船新船订单前 10 家下单船东情况如表 3-1 所示。

表 3-1　2021 年全球集装箱船新船订单前 10 家下单船东情况

序号	船东	艘数	万 TEU	全球占比
1	塞斯潘	65	77.7	18.5%
2	长荣海运	46	41.0	9.8%
3	达飞轮船	22	22.3	5.3%
4	万海航运	33	19.1	4.6%
5	东方海外	10	16.0	3.8%
6	韩新海运	12	15.6	3.7%
7	地中海航运	11	15.1	3.6%
8	中远海运集团	10	14.9	3.6%
9	正荣汽船	6	14.4	3.4%
10	赫伯罗特	6	14.1	3.4%

（二）集装箱航运供需平衡分析

集装箱航运供给主要受全球船队规模的影响。全球船队的规模扩大主要由新造船舶的交付所推动，同时会因船舶报废、将船舶用于仓储而有所缩减。船舶航速、船舶装载率以及码头周转操作能力也影响集装箱航运业的运力供给。集装箱船舶从 1980 年的 750 艘增长到 2022 年 7 月的 6 406 艘。集装箱船队一般用 TEU 衡量其装载集装箱的能力，船舶根据标准集装箱尺寸设计成大舱口，舱内有格栅结构。集装箱船装卸速度快，停港时间短，大多采用高航速，通常为每小时 20~23 海里（37~43 千米）。近年来为了节能，一般采用经济航速，即每小时 18 海里（约 33 千米）左右。在沿海短途航行的集装箱船，其航速每小时仅 10 海里（约 19 千米）左右。

世界集装箱船队规模自 2005 年以来进入新一轮扩张周期，集装箱航运市场的供求关系日趋平衡。克拉克森数据显示，2005 年世界全集装箱船队规模达 811.8 万 TEU，其中，3 000 TEU 以上超巴拿马型船的运力增长最快，2005 年达到 240.7 万 TEU，增长 22.1%，占全集装箱船队规模的比重达到 29.7%。2006 年集装箱船队的新增运力增幅高达 17%，2007 年继续保持 14%的速度扩张，到 2007 年末，世界集装箱船队总运力达 1 309.4 万 TEU。3 000 TEU 以上超巴拿马型船队规模在 2006 年和 2007 年的增幅分别超过 31%和 16%。

2007 年末集装箱运力增长率达 13%左右，但是港口拥堵、远程航线增多以及平均箱重增加等因素使运力减少 2%~3%，估计实际运力增长率在 10%左右。从 2007 年市场的实际经营情况来看，旺盛的需求消化了快速增长的运力，供求关系总体平衡。2008 年集装箱运力增长率比 2007 年略有降低，考虑制约运力增长的因素，估计实际可用运力增加不足 10%。到 2008 年上半年，市场需求持续增长，供需增长之间的差异进一步缩小，供求关系基本保持平衡。

2008 年以来，美国次贷危机、原油成本飙升和美元贬值等一系列因素导致世界经济衰退,我国外贸出口增速也随之放缓。经济下滑在一定程度上导致全球集装箱运力整体增长减速。2008 年大量新船交付,尤其是一批超大型船舶陆续投入运营,2008 年交付的新船总运力为 149.5 万 TEU,扣除旧船拆解量,净增运力为 146.55 万 TEU。2008 年末全球集装箱船队总运力达 1 462.8 万 TEU,增长 11.9%。全球运力供给的增速明显放缓,受次贷危机影响,太平洋航线运输行情并不景气,而亚欧航线则是 2008 年多数班轮公司所看好的航线,消化了新投入的运力。

国际集装箱航运市场最先感受到美国次贷危机的冲击,2007 年上半年开始逐步进入下降通道。2008 年下半年,美国次贷危机演变成国际金融危机,导致全球经济遭受重挫,贸易和航运经历了严重下滑。运价跌幅最大的依次是欧洲航线、中东航线和北美航线。2008 年 10 月份欧洲航线的运价与 8 月份相比,平均跌幅高达 30.8%。深圳港运价跌幅最大,跌幅竟达 55.6%。北美航线运价以 10.5%的跌幅使原本清冷的航运市场雪上加霜。集装箱航运市场运力供求关系严重恶化,国际集装箱航运市场步入熊市。

由于美国次贷危机不断深化蔓延,全球金融动荡不安,全球经济增长全面放缓,2008 年世界集装箱需求增幅大幅减缓。据英国著名航运咨询机构克拉克森分析,2008 年全球集装箱运量为 1.36 亿 TEU,较上年仅增长 4.6%,增速较上年减少约 6 个百分点。按贸易流向分析,三大主要东西干线的运输需求增幅都处于萎缩态势。泛太平洋航线与大西洋航线 2008 年运量都呈现负增长,跌幅均超过 3%;亚欧航线 2008 年运量与上年基本持平,但与其 2007 年两位数的增长态势相比,则大为逊色。

进入 2009 年,在国际金融危机的影响下,国际集装箱航运市场的运价继续下滑,第二季度末,中国出口集装箱运价指数(CCFI)为 827.87 点,月环比、周环比分别下跌 5.42%和 0.88%。

2010 年上半年,在各国大规模的财政政策和宽松的货币政策的刺激下,全球股市止跌企稳,信贷风险溢价回落,工业生产指数反弹,消费者信心总体上升。主要发达经济体对国际商品市场的需求显现出强劲的反弹势头,世界贸易重归上行通道,推动国际集装箱航运需求明显回升,集装箱船租金水平稳步上升。2010 年上半年远东至北欧航线货量同比上升 9.3%,泛太平洋航线货量同比上升 5.9%,大西洋航线货量同比上升 7.7%。此外,其他次干航线、南北航线及区域内航线货量也有不同程度的上升。运输需求的止跌回升和运力投入的严格控制,扭转了自 2008 年以来集装箱航运市场整体运力供过于求的局面,加上旺季因素助推,有效运力呈现供不应求之势,上半年班轮运价大幅上涨,有效缓解了班轮公司自 2008 年下半年起航线经营入不敷出的局面。上半年多数班轮公司扭亏为盈。

在经历了多年的需求增速慢于运力增速之后,2017 年全球班轮业合计实现了 70 亿美元的盈利,这是 2010 年以来该行业首个盈利的年份。2021 年全球集装箱航运市场高度繁荣,主要班轮公司的经营表现十分强劲,行业利润创历史新高。据丹麦海事数据分析公司 Sea-Intelligence 的数据,2021 年第三季度,全球班轮公司实现营业利润达 372.4 亿美元,加上上半年的营业利润 421.1 亿美元,2021 年前三季度实现营业利润近 800 亿美元,已超过 2010—2020 年 11 年间营业利润总和的两倍。

Alphaliner 表示，2021 年前三季度，全球前十家航运公司已经产生了近 800 亿美元的息税前利润。

目前，全球经济正在缓慢复苏。国际贸易方面，多重因素将影响全球贸易走向。未来几年，全球集装箱运输行业将持续处于严重的供给过剩状态，全球各大主要集装箱运输公司正在通过减班、降速、拆船等手段逐渐缩减运力。

阅读资料

看 PDCI，掌握内贸集装箱航运市场风向标

1. 什么是 PDCI

泛亚航运内贸集装箱运价指数（PDCI），是指反映上海泛亚航运有限公司内贸集装箱运输市场价格变化趋势的一种航运价格指数，它能客观地反映内贸集装箱运价的变动情况，是内贸集装箱运输业客户掌握、预估物流成本的重要指标。PDCI 包括综合运价指数及六大区域航线指数，目前已公开发布综合运价指数以及东北、华北和华南区域航线指数。PDCI 于 2016 年 5 月 6 日首次发布，以 2015 年 5 月 30 日为基期，基期指数定为 1 000 点。PDCI 能够客观反映我国内贸集装箱运价变动情况，并为内贸集装箱物流各参与方预估物流成本提供重要依据。

2. 为什么是 PDCI

PDCI 与内贸集装箱航运市场紧密衔接，服务于各类相关专业机构，能够帮助相关方了解行业形势和把握市场走向。

（1）PDCI 服务于内贸物流链各环节

作为我国内贸集装箱航运市场风向标，PDCI 被业内各大媒体引用和分析，是货主、船公司、港口、码头等把握我国内贸集装箱航运市场最新走向的第一手资料。

（2）PDCI 服务于金融机构

PDCI 于 2018 年被正式纳入 Wind 经济数据库，成为证券公司、基金公司等金融机构分析内贸集装箱航运市场发展趋势的重要参考资料。

（3）PDCI 服务于政府部门和学术机构

作为反映我国内贸集装箱航运市场走势的重要指标，PDCI 已获得业内广泛认可，并被相关政府部门和学术机构引用和分析。

资料来源：看 PDCI 指数，掌握内贸风向标[EB/OL].（2020-10-28）[2022-05-03]. https://www.163.com/dy/article/FQ28HST2051985LJ.html.（有改动）

第五节　油船航运市场

世界航运市场是国际经济和贸易发展的重要环节，并受国际经济和贸易发展的影响和制约，而影响油船航运市场（简称油船市场）的因素更加复杂。纵观世界经济的发展及油船市场的变化，可以看出，在众多影响因素中世界经济为主导因素，其次是工业建设、能源政策、科技发展水平、政治及军事事件等因素，所有这些因素对油船市场的需求和供给都将产生重大的影响。因而，油船市场是一个变化比较剧烈的市场。

一、油船运输的影响因素

（一）世界经济形势

当今世界经济和贸易日益走向全球化，地区性金融形势造成的影响远不止于该地区，它激起的涟漪甚至可以波及整个世界，而国际经济贸易的状况必然影响原油航运。例如在经历了连续 4 年的高速增长之后，世界经济在 2007 年 2 月 13 日出现了调整迹象，美国次贷危机造成的通货膨胀给世界经济前景蒙上了阴影。世界金融资本流动性泛滥推动了世界经济的增长，也助涨了全球商品、金融市场的资产价格，特别是石油的价格，从而导致全球贸易的增速放缓。世界经济形势与航运有着密切关系，全球经济贸易发生变化，航运也必然会受到相应的影响。

（二）石油贸易

国际贸易是国际航运的本源需求，对油船航运来说，石油贸易则是油船航运的本源要求。石油贸易数量、价格和结构的变化，都对油船航运需求产生决定性的影响。因此，归根结底，影响石油贸易变化的因素同样也是影响油船航运需求量的因素。

（三）相关市场——造船、拆船市场

造船市场是航运市场供给的源泉。造船市场与航运市场相互作用，造船市场的运行状况对油船航运影响较大。同时拆船是影响油船市场的另一个直接因素，它是调节航运市场运力过剩的重要手段。特别是在世界油船市场信息供需矛盾突出的状况下，更应充分发挥拆船能力来调整供给，实现市场供需平衡。决定拆船量的因素很多，主要是世界各种油船的船龄、结构和拆船价格。

（四）油船运价

油船市场是一个充满竞争的市场，其竞争的本质就是油船运价的竞争，因此运价

的变动对油船市场起着至关重要的作用。同时,油船运价不仅仅是供需状况的体现,在国际油船市场上还是供需关系的调节器。运价随着供需关系的变化而变化,又反作用于供需关系。

(五)战争和突发事件

自2002年以来,世界油船市场运价反复震荡,其中最显著的特点是罢工、恐怖活动、战争等突发性事件成为影响市场的主要因素,造成市场的大起大落。突发事件改变了原有的贸易模式,造成市场运力紧缺,从而使运价上升。石油出口国尼日利亚因劳资纠纷引发多次石油工人罢工,导致石油生产数次中断;挪威也引发了大罢工;作为世界最大产油国之一的沙特阿拉伯发生上百起恐怖袭击事件;伊拉克长期以来受到经济制裁、政治动乱和战争的影响。

(六)政治和贸易壁垒

油船运输需求是从国际石油贸易中派生出来的需求,而政治和贸易政策对石油贸易又起着决定性作用,因此国际政治和贸易壁垒也对油船市场的变化起着关键的作用。例如, 20世纪70年代,中东国家以石油为政治斗争武器,采取对美禁运和限产保价等措施,使石油价格在短期内迅猛上升,引起世界油船运输市场输出格局发生变化。

二、油船运输的需求与供给

(一)油船市场现状

油船运输经过长时间的发展、演变、自我完善,在一定的时期内会表现出较强的规律性。进入20世纪90年代以来,尤其是近几年以来,世界油船市场总体发展态势良好。受世界经济持续增长的影响,各国经济发展对能源(尤其是石油)的需求不断加大,世界石油产量和出口量正逐年上升,从而促使海运量和周转量逐年增加。与此同时,全球油船供求关系趋向好转。

20世纪90年代以来,除1991—1992年和1994—1995年外,市场在大部分时间里对油船的需求不断上升,而且供求关系基本保持了同向发展。这种形势一直持续到1997年的下半年,即金融危机爆发的时候。受金融危机的影响,亚洲国家的石油需求量锐减,韩国和日本的石油进口量急剧下降,日本1998年前三个季度有8个月原油进口连续出现下滑。

2020年全球石油储量达1.732 4万亿桶,石油资源主要分布在中东和美洲地区,石油产量与储量的区域分布大体一致,其中2020年美国石油产量为1 647.6万桶/天,位居首位,其次是沙特阿拉伯、俄罗斯和加拿大;2020年全球石油消费量为8 847.7万桶/天,近十年年均增长0.2%,其中亚太地区石油需求量占比最高(为38%),其次是北美和欧洲地区。2020年美国石油需求量为1717.8万桶/天,位居第一;亚洲地区的中国、印度和日本是全球第二、第三和第五大石油需求国。石油供给和需求在区域分布上的不平衡决定了全球范围内石油贸易的流通方向，以沙特阿拉伯为首的中东地区是主要的石油出口地区，全球主要石油进口地包括亚洲的中国、印度和日本，以及欧洲地区和美国。

（二）油船运输的供给

油船运输的供给，就组成要素而言，不如油船运输的需求那样复杂，油船由各种类型和吨位的船舶构成，这些船舶主要分为以下六种。

1. 大型／超大型油船（VLCC/ULCC）

大型/超大型油船指吨位在 20 万载重吨以上的油船，一般超过 20 万载重吨的油船被称为大型油船，超过 25 万载重吨的油船被称为超大型油船，超过 30 万载重吨的油船被称为超级大型油船。VLCC 最早出现在 1967 年，ULCC 最早出现在 1969 年。该类型油船是由于中东战争导致波斯湾向欧洲和北美运输石油距离大幅上升而产生的。目前 VLCC 更多用于中东—远东航线，而 ULCC 大多改作海上储油船使用。

2. 苏伊士型（Suezmax）油船

苏伊士型油船一般指吨位为 12 万~20 万载重吨的油船。它指满载状况下可以通过苏伊士运河的最大油船，即吃水不超过 58 英尺（约 18 米）。该船型以装载 100 万桶原油为设计载重量，载重量一般不超过 15 万吨，因此常被称为百万桶级油船。苏伊士运河管理局及其下属公司于 2021 年 7 月启动拓宽工程。依据计划，工程涉及苏伊士运河苏伊士市至大苦湖段约 30 千米航道，将在此前基础上向东拓宽 40 米，最大深度从大约 20 米加深至约 22 米。届时，苏伊士运河这段困难河段的通航效率可提升 28%。

3. 阿芙拉型（Aframax）油船

阿芙拉型油船一般指吨位在 10 万~12 万载重吨的油船。该类型船舶可以停靠大部分北美港口，并可获得最佳经济性，又被称为运费型船或美国型油船。这种类型的油船一般吃水 14 米左右，船长 230 米，船宽 42 米，承载量在 60 万~70 万桶原油。

4. 巴拿马型（Panamax）油船

巴拿马型油船一般指吨位在 6 万~8 万载重吨的油船。该类型船舶通常通过巴拿马运河，一般情况下用于载运燃油。大多数巴拿马型油船是单壳船，因此被强制淘汰的占大多数，但是近年订造的巴拿马型油船的数量已经超过即将被淘汰的巴拿马型油船的数量。

5. 灵便型（Handysize）油船

灵便型油船一般指吨位在 1 万~5 万载重吨的油船。这些吨位相对较小的船舶具有较强的对航道、运河及港口的适应性，载重吨适中，营运方便灵活，因而被称为灵便型油船。

6. 小型(Small-size)油船

小型油船一般指吨位在1万载重吨以下的油船。由于吨位较小，小型油船适合短途的油品运输，多从事海运与内河交替运输，具有很强的灵活性。

当前油轮船队在手订单与运力之比仅为4.5%(2022年10月初克拉克森数据)，处于1996年有数据以来的最低点，未来新船交付逐年减少将奠定行业向上发展的基础，但是由于过去几年的持续交船，目前运力基数较大，存在一定程度的过剩，这也是导致2021年、2022年运价极端低迷的部分原因。因此，油船市场的周期还需要结合需求的增长来判断。历年油轮船队存量运力与新船订单情况如图3-9所示。

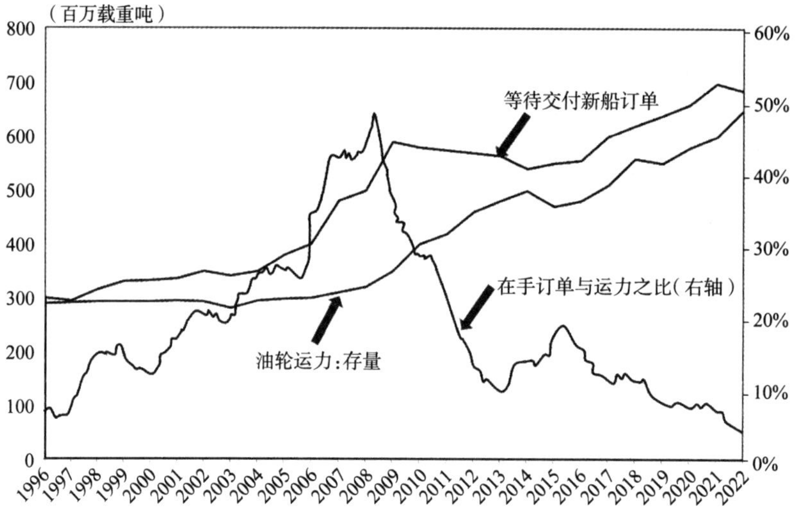

图3-9 油轮船队存量运力与新船订单变化

单从供给角度而言，历史低位的新船比例、逐渐老化的船龄结构以及面临的环保规定，会延长周期的持续性，从而提升投资者对估值的容忍度，但考虑到存量运力的基数，不能在运价预测时作出过于激进的假设。预计未来几年增速放缓确定性高且基本不受未来新船订单影响，2025年新船能否放量取决于船厂产能的高低和下单意愿的强弱。

(三)油船运输的需求

石油海上运输需求量由贸易货运量和海上运输距离体现，而需求量的变化主要受世界范围内的石油资源分布、化工生产布局、经济发展水平以及政治、军事、科技等多重因素的影响。

经济增长是决定石油需求量的主要因素。1970—2021年，全球GDP从12万亿美元增加到96.1万亿美元。随着科技不断进步，今后能源的使用效率还将不断提高。因此,全球能源需求的增长将慢于GDP的增长。同时,随着经济的发展和居民收入水平的提高,发展中国家居民的生活方式发生变化。在新兴工业化国家,汽车迅速进入普通家庭,这一方面促进了汽车工业的发展,另一方面也增加了对石油的需求。一些国际组织召开会议,要求各国政府制定政策,减少煤炭的消耗,增加天然气和石油等低污染能源的使用。所以全球对石油需求的增长要快于对煤炭等其他能源需求的增长。

近几年亚洲地区成为世界经济发展速度最快的地区,而该地区的石油储量又不多,只占世界总蕴藏量的4.5%,这就导致了石油需求的激增,并且这些新兴的需求中心不再表现为个别国家(如日本和韩国),其需求由个别国家的需求逐步发展为地区性需求。

从全球石油的需求情况来看,2020年全球石油消费量为8 847.7万桶/天,环比下降9.3%,近十年年均增长0.2%。2008—2009年受国际金融危机影响,需求量出现下滑,其他年份需求量均稳定增长。从2020年区域石油需求情况来看,亚太地区需求量占比最高,为38%,其次是北美和欧洲地区,占比分别为23.5%和14.5%。亚太地区新兴国家的经济增长动能较强,这些地区石油需求量增速较为可观,2010—2019年年均需求量增速达3.1%;其次是独立国家联合体(简称独联体)和非洲地区,增速分别为2.5%和2.0%;北美地区石油需求量增速趋缓,2010—2019年石油需求量年均增速仅为0.5%;欧洲地区石油需求量出现了年均0.5%的负增长。从国家需求排名情况来看,2020年美国石油需求量为1 717.8万桶/天,位居第一;亚洲地区的主要需求国为中国、印度和日本,分别是全球第二、第三和第五大石油需求国,其石油需求量分别为1 422.5万桶/天、466.9万桶/天和326.8万桶/天。美国和中国作为石油需求大国,在石油需求绝对量上占据主导地位,与其他国家的差距显著拉开。

从石油需求产品结构来看,石油的主要下游消费产品为柴油,占比为29%,其次是汽油(24%)、乙烷和液化石油气(15%)、燃料油(7%)、石脑油(7%)、煤油(5%)。随着炼厂向深加工和炼化一体化方向迈进,炼油产品轻质化的特征愈发显著,不同地区的石油消费结构也多以柴油和汽油等轻质组分为主。中东地区油气资源丰富,液化石油气和乙烷成为中东地区的重要石油产品,此外中东地区第二大石油消费产品为燃料油,主要用于满足当地发电需求。北美地区占比最大的石油产品为汽油,这是因为美国公路运输较为发达,带动了当地的汽油需求。

油船需求是由对石油产品的需求引起的,是石油及其制品生产过程在流通领域的延续,也是实现石油贸易的必要手段。因此,可以说,油船需求是从国际石油贸易中派生出来的需求,即派生需求。

如前所述,世界石油消费和需求受政治、经济等多种因素影响发生起伏波动。因此,派生出来的石油海运需求及油船需求必然随之发生波动,并且由于石油需求的特殊性,这种波动的程度一般较普通货物大。尽管如此,油船需求在总体上也有一定的规律性,例如货物流向的规律性。大部分油船运输,总是从发展中国家到发达工业国家的运输,最主要的是从石油输出国组织输入到经济合作与发展组织(OECD)中的几个国家，如美国、日本、西欧诸国等。近几年，中国、韩国、印度等国也成为主要的石油输入国。因此，总体上看，油船需求波动性很强，但又有一定的规律性。另外，航线、船舶、运量等的差别，也导致了油船个别需求的差别，如对大型油船（VLCC）和小型油船的需求在运价和数量上都大不一样；在不同航线上，对船型和运力的需求也不一样。

（四）全球石油市场贸易

从全球石油供需结构可以发现，石油资源供给和需求在区域分布上存在显著的不平衡现象，亚太地区和欧洲地区存在着较大的需求缺口，尤其是亚太地区，当地石油资源无法满足日益增长的消费需求，2020 年供需缺口达到了 2 619 万桶/天，欧洲地区供需缺口为 920.9 万桶/天。中东、非洲地区和独联体国家石油资源则供给过剩，2020 年过剩量分别为 1 934.4 万桶/天、330.6 万桶/天和 934.7 万桶/天。相较之下，北美和中南美地区自有资源丰富，石油供需结构相对平衡，分别小幅过剩 274.9 万桶/天和 56.7 万桶/天。

2022 年，俄罗斯受俄乌冲突及对俄制裁的影响，石油产量下降，美国增产有限，“OPEC+”产量持续增长后于年底启动大幅减产，全球液体燃料供应约为 100.0 百万桶/天，整体偏紧。OECD 国家商业及战略石油库存、美国商业及战略石油库存处于历史低位。国际能源署（IEA）统计数据显示，2022 年 1 月 OECD 国家商业石油库存为 2 655 百万桶，至 3 月跌至 2 613 百万桶，为 2014 年 4 月以来的最低水平，至 11 月已缓慢恢复至 2 779 百万桶，库存累计净增长约 125 百万桶，但仍处于 2015 年 3 月以来的低位；2022 年 1 月 OECD 国家战略石油库存为 1 158.0 百万桶，至 11 月已持续下降至 930.0 百万桶，为近 40 年以来的最低水平。根据美国能源信息署（EIA）的统计数据，截至 2022 年 12 月 30 日，美国商业石油（包括原油及石油产品）库存有所上升，为 1 205.25 百万桶，比年初增加 10 百万桶，增长主要由于美国战略石油储备持续释放以及消费疲软；美国战略原油储备 372.38 百万桶，比年初减少 221.30 百万桶，已跌至 1983 年 12 月以来的最低水平。

2022 年上半年，地缘政治事件频发，成为主导油价走势的关键因素，使得国际原油价格产生了脱离供需基本面的大幅震荡。俄乌冲突及对俄制裁不断推升国际油价，使得布伦特（Brent）原油期货价格多次上冲到 120 美元/桶的高位，在最高点一度产生了 25~30 美元/桶的风险溢价。2022 年下半年，经济前景预期以及疫情发展是主导国际油价走势的最关键因素，地缘政治事件对国际油价产生扰动。由于七国集团与俄罗斯针对俄油海运出口“限价令”的博弈，市场担心制裁导致市场供应减少，7 月 28 日至 9 月 28 日，Brent 原油日均价四次上涨，涨幅在 0.52~3.05 美元/桶，平均 1.35 美元/桶；然而，西方国家对俄罗斯海运石油的限价高于同期乌拉尔原油现货价格，对俄罗斯石油生产影响有限，随着信息一步步公开及确定，11 月 23 日至 12 月 5 日，Brent 原油日均价六次下跌，跌幅在 0.07~3.05 美元/桶，均值为 1.53 美元/桶；俄罗斯宣布对“限价令”予以反制，这是 12 月 23 日、27 日 Brent 原油日均上涨的主要原因。乌克兰危机存在扩大化风险，11 月 15 日，波兰外交部称一枚俄罗斯导弹在波兰境内爆炸，Brent 原油日均价格上涨 0.72 美元/桶。伊核协议谈判进展反复，推进顺利时，Brent 原油日均价四次下跌，跌幅在 0.34~3.50 美元/桶，平均 2.32 美元/桶；推进受挫时，Brent 原油日均价三次上涨，涨幅在 0.39~1.16 美元/桶，平均 0.85 美元/桶。美国放宽部分对委内瑞拉的制裁，准许雪佛龙公司恢复在委内瑞拉的石油开采，11 月 27 日，Brent 原油日均价下跌 1.71 美元/桶。伊拉克局势动荡，7 月 25 日，伊拉克北部油田遭导弹袭击，Brent 原油日均价上涨 1.95 美元/桶；9 月 29 日，伊拉克首都巴格达爆发武装冲突，Brent 原油日均价上涨 4.10 美元/桶；9 月 30 日，伊拉克石油营销组织表示，石油出口业务不受武装冲突影响，Brent 原油日均价下跌 5.78 美元/桶。沙特与伊朗摩擦升级，11 月 1 日，沙特阿拉伯警告伊朗可能将对其发动袭击，Brent 原油日均价上涨 1.84 美元/桶。挪威石油工人罢工，7 月 4 日，罢工计划公布，Brent 原油日均价上涨 1.87 美元/桶；7 月 6 日，罢工结束，Brent 原油日均价下跌 2.08 美元/桶。由于独联体国家内部矛盾，7 月 7 日俄罗斯法院要求里海石油管道联盟（CPC）暂停运营 30 天，Brent 原油日均价上涨 3.96 美元/桶。

阅读资料

油船市场波动对石油企业的影响

1. 成本控制难题

中国进口石油相当比例是以离岸价格的现货或者长期合同采购的，租船与贸易合同签订存在时间差，进口商要承受油船市场波动的风险。尽管石油需求对运价不敏感，当运价从 1.6 美元/桶飞涨到 6.6 美元/桶时，进口商一船 200 万桶原油需要额外支付 1 000 万美元。运价大幅上涨严重挤压了石油贸易利润，增加了炼油厂的原油采购成本，对下游业务的赢利能力产生冲击。

2. 船队经营难题

即期运价飞速上涨带动短期租金快速上涨。如果石油公司在租金高位时期租船而未作风险对冲，则此类石油公司将面临运价断崖式下跌带来的船舶经营亏损。

3. 能源安全保障难题

运价飞涨往往伴随着短期运力紧缺，个别船东甚至为了追求高运价而有意违约。这时容易出现错过装卸期找不到替代船舶的情况，影响油田和炼油厂的正常生产，随之而来的各种商业纠纷耗时耗力。个别大国实行单边主义，动辄挥舞制裁大棒，航运业亦不能幸免。在中国，超大型油轮船东以中远海能（即中远海运能源运输股份有限公司）和招商轮船两大航运企业为主，当前中国这两大航运企业的超大型油轮运力占全球超大型油轮总运力的比例为 12%，而 2017 年中国的石油海运进口量在全球总的石油海运进口量中的比例为 19%，运力不足会成为石油供应安全的瓶颈。

4. 船队规模与燃料油需求

2020 年，全球总计 9 万艘船舶（其中 28%是油船，按吨位比例），这些船舶每年消耗大约 3.7 亿吨燃料油，排放的硫化物是全球汽车硫化物排放量的 260 倍。运价涨跌直接影响船东经营业绩，船东根据运价和收益高低调整运力投放，运价的涨跌甚至影响船东投资新船计划，船队的规模变化对燃料油需求产生影响。国际海事组织关于船用燃料含硫量的新规定，对炼油厂升级改造、采购油种、高低硫原油价差产生了一系列影响。

资料来源：王鹏. 浅析油船运价波动和中国石油企业应对思路[J]. 国际石油经济，2020，28（11）：50-58.（有改动）

第六节　其他相关航运市场

一、造船市场

（一）世界造船中心的演变

船舶作为运输工具推动了人类历史的进程，而且伴随着船舶制造业的兴起，全球先后崛起了西班牙、葡萄牙、荷兰、英国、德国、俄罗斯、美国、日本等十余个世界性的强国。在人类历史的长河中，尤其是在世界经济的发展史上，无论是在资本主义生产方式逐步确立和世界市场初步形成的起始阶段，还是在世界市场日益发展、经济全球化趋势加剧的当今时代，船舶制造业都发挥了至关重要的历史作用。船舶制造业全面体验和见证了经济全球化的发展过程，同时也是最早实现全球化的产业之一。

回顾世界造船业的发展，西欧国家的造船业最为发达。18 世纪的科技革命使英国率先成了世界上造船业最兴盛的国家，1890 年英国商船进水吨数占全世界的 80%。之后美国、法国、瑞典、日本的造船业迅速发展起来，但至第二次世界大战前英国一直占有绝对优势。1956 年后，日本在战后经济快速恢复的带动下，迅速发展造船业，并且逐渐取代英国的地位，其造船吨位长期占世界总和的一半左右，成了全球“造船王国”，1974 年造船吨位达 1 821 万总吨。进入 20 世纪 80 年代，由于资本主义经济的衰退，日本造船业不景气，1980 年造船量大大下降，但仍居世界第一。进入 21 世纪后，世界进入信息化时代，经济全球化出现了质的飞跃，新兴的发展中国家经济腾飞，造船业也有了迅猛的发展。

2000—2010 年韩国的造船业逐渐赶超日本，使韩国成为世界上最大的造船国，并且在连续5年的时间内保持着龙头地位。与此同时，中国的造船业迅猛发展，资料显示2001—2010年中国的造船产量迅速增加。到2010年中国已经超越韩国成为世界上最大的造船国。

目前，世界造船业基本被中、日、韩三国垄断，从世界三大造船指标来看，中、日、韩三国合计占比超过95%。以载重吨计，2022年中、日、韩三国造船完工量之和、新接订单量之和、手持订单量之和分别占全球的97.3%、95.2%、95.2%。在修正总吨方面，中、日、韩三国总体占比分别达到了全球的89.6%、94.1%、84.8%。从中、日、韩三国竞争态势看，“三足鼎立”的格局依然存在，中国三大指标无论按载重吨还是按修正总吨计算，均保持全球领先地位。值得注意的是，从新接订单量看，日本的市场占有率下降较为明显，韩国由于获得了绝大多数液化天然气（LNG）船订单，其新接订单修正总吨占比较高。2022年全球及中、日、韩三国三大造船指标情况如表3-2所示。

表3-2　2022年全球及中、日、韩三国三大造船指标情况

造船指标		全球	中国	韩国	日本
造船完工量	完工量（万载重吨）	7 502	3 524	2 279	1 492
	全球占比（%）	100	47.0	30.4	19.9
	完工量（万修正总吨）	2 751	1 281	734	447
	全球占比（%）	100	46.6	26.7	16.3
新接订单量	订单量（万载重吨）	7 627	4 096	2 442	721
	全球占比（%）	100	53.7	32.0	9.5
	订单量（万修正总吨）	3 911	1 848	1 575	254
	全球占比（%）	100	47.3	40.3	6.5
手持订单量	订单量（万载重吨）	22 397	10 734	6 902	3 687
	全球占比（%）	100	47.9	30.8	16.5
	订单量（万修正总吨）	9 812	4 157	3 008	1 145
	全球占比（%）	100	42.4	30.7	11.7

资料来源：中国船舶工业行业协会、英国克拉克森。

（二）造船市场的影响因素

造船市场是航运市场供给的来源，造船市场与航运市场存在着密切的关系，因此，它与航运市场一样受到很多因素的影响。影响造船市场的主要因素有以下几个。

（1）经济与贸易

国际贸易在世界经济中所占的地位尤为突出，世界贸易额的增加是各国经济发展相互依存、相互渗透的反映，是经济活动全球化趋势的表现。航运业在其中扮演着主要角色，航运是国际贸易的主要流通手段，因此国际航运需求的增长，会使运输船舶需求也相应增长。世界经济的发展，确切地说世界经济的波动，一定会对造船市场产生影响。

(2)货运结构

科学技术的进步,尤其是第三世界国家工业生产的发展,使世界贸易货运结构发生了变化。在20世纪60年代以前,世界贸易的货物品种主要以初级产品为主。随着各国工业化进程的加快,工业制成品(包括高附加值产品)在国际贸易中的比例日益增大,海运周转量上升缓慢,世界经济的增长对海运周转量变化的弹性系数逐渐变小。根据历史经验,当世界经济增长率在3%以上时,海运周转量才开始增长;当低于2.5%时,海运周转量便会下降。货运结构的变化对海运周转量的影响将会进一步影响造船市场的需求量,海运周转量增加,将会带动造船市场的需求量上升,反之将会引起造船市场的需求量下降。

(3)国际公约

国际海事公约的变动和新法规的制定,对造船市场也会产生影响。如针对1989年美国阿拉斯加海域出现的油船破损事故,美国很快颁布了《1990年油污法》(OPA90),该法规定,自1995年起,禁止1976年建造的单壳油船进入美国水域。同时,根据国际海事组织制定的于1983年10月开始生效的《国际防止船舶造成污染公约》(MARPOL)规定,新造油船要有双层船壳,且25年以上船龄的营运船舶必须设置船中甲板隔舱舱壁,在保护位置设置双层壳。这些有关污染的立法对油船的订造会产生相应的影响,使双层结构油船的订单增加。

(4)扶植政策

为发展和保护民族工业,许多国家制定了航运和造船扶植保护政策,如发放船价补贴,或者为在国内订造新船的船舶所有人提供低息贷款。对于世界造船市场来讲,扶植政策尤其是船价补贴不利于船价的合理回升,也不利于形成一个平等竞争的市场环境。

(5)国际金融与汇率

汇率和银行利率的变化、金融界向造船业提供贷款的热情和信心,均会对造船市场产生影响。造船结算货币相对于某国(地区)货币升值时,将对该国(地区)造船出口产生有利的影响;结算外币贬值时,对该国(地区)出口不利。但国际上汇率的变化仅能影响造船企业和船舶所有人的利益,而不会对整个造船市场产生长期的影响。汇率的变化、银行利率的浮动最终要在船价中表现出来,从宏观角度看,汇率与金融市场的变化会使新船订单份额发生变化,还会给航运界带来风险和短期效应,但不足以长期影响整个造船市场。

(6)战争

大规模的战争和地区间的激烈冲突给造船市场带来的破坏是显而易见的,大战后期和战后恢复期,造船业会异常繁忙。

(三)船舶价格的影响因素

造船市场受航运市场状况的影响,造船市场的繁荣与萧条主要是通过船价的上升与下降来体现的。因此,从总体上说,航运市场状况成为影响造船市场的关键因素。就具体船舶来说,船价高低除了受航运市场这一大环境影响外,还受许多其他因素的影响,这些因素包括船舶自身因素、造船厂商因素、贸易谈判因素及船舶保险因素等。

(1)船舶自身因素

船舶自身因素包括船舶类型、航区与船籍、船舶的自动化程度、船舶的备件与供应品、船舶的钢材利用率与钢材预处理、船舶建造中使用的焊料与涂料等。

(2)造船厂商因素

造船厂商不同,其成本状况也不同,因而其船价也有所差异。概括起来,造船厂商因素主要有船厂条件、设备厂商的选定、工时与劳务费的状况和船厂目标利润的确定等。

(3)贸易谈判因素

船舶所有人与造船厂商就造船问题进行贸易谈判,涉及交船期限、交船地点、船舶的付款方式及付款条件等几个方面,这些因素都会对船价产生相应的影响。

(4)船舶保险因素

在船舶报价时,保险费也是其中的一个重要组成部分。保险费主要与保险范围、保险价值、保险日期等因素有关。

(四)造船市场船舶价格的估算

造船市场船舶价格的估算方法很多,比较估算法为比较简便易行的方法,即已知同类型船舶的价格的近期数据,根据同类型船舶满载排水量、立方数、载重吨、轻载吨位之间的一定比例关系,求得所要计算的新造船舶的价格。

(1)满载排水量

同类型船舶的船价与其满载排水量(吨)的 2/3 次幂成正比,即

$$P_1 = P_2\left(\frac{\varDelta_1}{\varDelta_2}\right)^{2/3}$$

式中:$\varDelta_1$、$\varDelta_2$ 为新船与已知同类型船的满载排水量(吨);P_1、P_2 为估算的新船及已知同类型船舶的造价。在使用此方法估算时,必须注意船舶建造时间,以避免成本价格的改变所导致的较大误差。

(2)立方数

同类型船舶的造价与其立方数的 2/3 次幂成正比,即

$$P_1 = \frac{(L_1B_1H_1)^{2/3}}{(L_2B_2H_2)^{2/3}}P_2 = \frac{P_2}{(L_2B_2H_2)^{2/3}}(L_1B_1H_1)^{2/3}$$

式中:$L_1B_1H_1$ 与 $L_2B_2H_2$ 为所估新船与同类型船的立方数;L 为两柱间长;B 为型宽;H 为型深。

(3)载重吨

同类型船舶的造价与其载重吨位成正比,即

$$P_1 = \frac{\mathrm{DWT}_1}{\mathrm{DWT}_2}P_2$$

式中：DWT_1、DWT_2 为所估新船与已知同类型船舶的载重吨。

（4）轻载吨位

同类型船舶的造价与其轻载吨位成正比，即

$$P_1=\frac{LWT_1}{LWT_2}P_2$$

式中：LWT_1、LWT_2 为所估新船与已知同类型船舶的轻载排水量（吨）。

在常用概算法中，也有以船舶平均每个集装箱的造价来估算同类型集装箱船的新船船价的，还有以一定单位功率的造价来估算同类型三用工作船或拖船的新船船价的。

在估算新船造价时，所选用的同类型船舶的技术参数应力求接近，若存在某台或数台主要设备差异较大，或存在时间因素引起的价格变化，则在上述诸公式中应设若干修正系数，如功率、起重能力、有关设备的品种与形式以及物价指数等，通过这些修正系数来修正所估算的新船造价。

（五）中国造船行业现状与展望

2022 全年，我国有 12 种船型新接订单位居全球首位，其中集装箱船、散货船、原油船、化学品船、海洋工程辅助船、汽车运输船和多用途船 7 种船型全球市场份额超过 50%，实现了全球首艘 LNG 双燃料动力 30 万吨级超大型原油船（VLCC）、全球首艘 20.9 万吨级纽卡斯尔型 LNG 双燃料动力散货船、我国首艘 4.99 万吨级甲醇双燃料动力化学品/成品油船等一批高端船舶交付。

下阶段，我国船舶工业将继续贯彻落实国家加快海洋强国、交通强国、造船强国建设等重大战略，加快推进船舶工业高质量发展。一方面，紧紧抓住全球高新技术船舶、绿色低碳船舶、智能化数字化船舶等的市场需求，加强产业链管理，稳步推进年度生产经营，全力以赴高质量完成全年交船目标任务。另一方面，持续加强质量建设，加大中国品牌宣传推广力度，树立中国船舶制造的良好形象，提高国际规则制定、行业标准制定等的参与度，不断提升我国的国际地位和影响力。

二、二手船市场

（一）二手船市场及其特征

二手船市场也称船舶买卖市场，是由供给方（即二手船出售者）和需求方（即二手船购买者）结合而形成的船舶交易市场。

从二手船供给方来看，船舶所有人对于一些船龄较长的船舶，可以采取四种处理方式：继续营运、暂时闲置、作为二手船出售和作为废船出售。对于第一种方式，如果营运的经济指标下降到使船舶营运毛收入小于营运支出费用的程度，船舶所有人将承担亏损风险。对于第二种方式，船舶所有人对闲置封存长期停泊的旧船，在没有任何收入的情况下，还要支付可观的船舶闲置费，包括封存保养费、保险费、系泊泊位费、守船费等。除了上述两种方式以外，船舶所有人如需要出售船舶，即采取第三种或第四种方式。究竟采取何种方式，则需要对二手船市场和拆船市场进行研究、对比，并开展经济分析。

船舶所有人是否出售旧船可由下式决定：

$$PN_0 \geqslant S_n(1+i)^{-n} + \sum_{k=1}^{n}(Y_k - C_k)(1+i)^{-k}$$

式中：PN_0 为旧船出售后所得的回收净金额现值；S_n 为旧船继续营运在 n 年后的残值；Y_k 为营运船舶第 k 年航次毛收入；C_k 为营运船舶第 k 年航次营运费用；i 为利率；n 为船舶营运使用寿命。

按上式估算，如果公式成立，船舶所有人可以果断地作出出售旧船的决策。如果旧船在二手船市场出售所得的回收净金额，即扣除各种手续费、佣金、回扣、税金和杂费后的收益，远大于该船作为废船出售所取得的回收净金额，则船舶所有人应把旧船投入二手船市场；而当两种方式得到的净金额接近，船舶所有人一般会将旧船作为废船出售拆解，以减少二手船转手后继续投入营运给自身带来的新风险。

从二手船需求来看，尽管购买二手船在许多方面不具备建造新船的优势，但与建造新船相比具有如下特征。

（1）资本成本低

二手船价格一般是新船价格的1/3~1/2，因此资本成本较低。对于规模较小、资金有限的企业来说，购买二手船是一条比较现实的途径。资本成本较低，导致资金的时间价值损失及风险也相对较小。

（2）适应市场迅速

航运市场是瞬息万变的。成功的航运经营者往往能抓住市场的最佳时机，购买船舶投入营运，从而获利。航运市场景气时，购买二手船可立马投入营运；而建造新船周期较长，往往会延误时机。

（3）了解船舶性能较容易

新船的性能往往需要通过试航才能了解。而旧船由于已经营运一段时间，其营运状况和航行性能更易被船舶购买者了解。

二手船市场的上述特征决定了二手船市场的供求关系以及市场价格。一般来说，在航运市场繁荣时期，海运价格对船舶所有人有极大吸引力，此时二手船供不应求，船价看好，船舶所有人不仅要充分利用现有船舶，还会将原来闲置的旧船进行检修或改装后投入营运；在航运市场萧条时期，船舶所有人希望出售一些效益较差的船舶，于是旧船供过于求。二手船市场的这一特点导致二手船市场船价波动较大，一般来说船价的波动基本上与航运市场的运价和租金的变化趋势是一致的。

二手船买卖只是航运市场的运力转移，不会直接影响运力的增减。但是，二手船价格与交易数量会对船舶所有人的预期及新船的订造产生影响。

（二）二手船价格的影响因素

在购买二手船的过程中，购买者首先考虑的就是船舶的船龄、设备、技术性能和状态能否保障其在剩余使用年限内取得一定的总利润。因此，二手船本身的特征成为二手船价格的直接影响因素。此外，二手船市场的相关市场和因素，如航运市场、造船市场、拆船市场、船公司的管理水平等，也将影响二手船的价格。

（1）船舶特征

1）船舶类型和尺寸

二手船的船舶类型和尺寸，大致上决定了二手船本身的适用性、可靠性和竞争性。在船舶类型上，购买者主要考虑的是船舶灵活性和专业性；在船舶尺寸方面，购买者考虑的主要是港口的吃水限制、运河与航道的限制等。

2）船龄

船龄对二手船价格也会产生影响。这主要体现在两个方面：一方面，船龄的增加会导致船舶磨损增大，机器故障增多，营运燃料消耗增大，维修保养费用增加，保险费用提高；另一方面，随着船龄的增大，船舶检验的间隔时间和所支出的费用也会受到影响。对于船龄在 12 年以上的船舶，进行检验的间隔时间最长为 2 年；而对于船龄在 12 年以下的船舶，进行检验的间隔时间可延长到 2.5 年。另外，对于每隔四五年进行一次的特别检验，当船舶老化，进行第三次特别检验时，涉及的费用会大大增加。

3）设备

在一定条件下，二手船价格还取决于船舶的设备装置。购买者根据自己的经营计划，会对船上“四机一炉”（主机、辅机、锚机、舵机、锅炉）、起货设备、货舱布置等提出具体要求，这在一定程度上将影响二手船的价格。除此之外，船上的其他设备的状况也影响着二手船的价格，如船上备件或预订备件的价值，无人机舱的空间，船舶导航和通信设备状况，船壳涂刷防腐漆的情况，船员居住舱室对一定数量船员居住需求的满足程度，上甲板和中甲板的强度，还有货舱的通风装置状态、货舱布局与驾驶台的位置情况等。

（2）相关市场和因素

二手船市场的相关市场，如航运市场、造船市场及拆船市场的变化等，都会在很大程度上影响二手船市场，从而决定二手船价格。

1）航运市场

在航运市场上，当运力大于运量时，运费下降，这时船舶所有人就要及时作出经营决策，或降低租金继续营运或闲置停泊待价而租，或将船舶投入二手船市场，这时二手船价格也随之下降；反之，当运力小于运量时，运费上升，二手船价格也随之上升。

2）拆船市场

拆船价格代表同类型同吨级船舶的最低价格，也就是二手船价格下限。航运市场繁荣时，运力供不应求，二手船市场活跃，拆船市场冷清，购买者以拆船价格购买废船，并将其作为二手船投入营运；反之，当航运市场不景气时，一些作为二手船处理的船舶，因其经营效益差，只能以拆船价格出售。

3)管理水平

航运公司的管理机构及船员对营运船舶的管理水平直接影响着船舶的技术状态,进而影响船舶的买卖价格。一些经营管理水平高的航运公司和船队往往管理有方、精心维护,使船舶处于较好的技术状态。因此,这些公司出售的二手船,虽然价格高于其他航运公司的二手船,但仍是大多数购买者争夺的热门货。

4)期租合同

在二手船市场上,若在出售一艘船舶的同时将其期租合同一起出售,则船价也会受到影响。当航运市场不景气,货源紧缺时,若能将与第三方签订的期租合同同船舶一起出售,则购买者能获得一笔额外收入,同时该船可获得较高的售价。

(三)购买二手船的投资决策与效果分析

购买二手船需要一笔较大的资金投入。资金短缺的国家或企业需要发展船队,对二手船需求量较大。因此,在购买二手船之前,必须根据航运市场的状况,进行投资决策与效果研究。在作出购买二手船的投资决策前,需要考虑以下主要问题。

(1)投资时机

购买二手船的时机,取决于对航运市场未来状况的预测及分析结果。一般来说,航运市场繁荣时,船价较高;航运市场萧条时,船价较低。决策者应该透过现状,把握未来,从而抓住购买二手船的有利时机。如在 1986 年底到 1987 年初,船价下跌已达谷底,十多年船龄的二手船只能达到拆船价格的水平,如买来经营,尚可使用 10 年左右时间,开始时由于市场不景气可能无利可图,但这时航运市场已出现回暖的迹象,半年以后船价上涨,运价看好,购买的二手船就会带来较好的经济效益,之后效益也会不断提高。这就是用战略眼光进行投资决策。相反,如果决策失误,将带来不利后果。如从 20 世纪 60 年代到 70 年代后期的十多年间,是市场繁荣时期,此时购买二手船,除油船外均能获得较高的经济效益。但到 70 年代末,船价、运价、租金大幅度下跌,市场开始萧条。如果在市场繁荣末期错误判断市场状况,以高价购置二手船,则会承受较大的损失。20 世纪 70 年代末到 80 年代中期,世界上许多船公司就是由于这种决策失误而破产倒闭,但香港船王包玉刚却及时避开这个不利时机,收缩航运事业,将资金转向其他方面,减少了损失。

(2)资金来源

企业购买二手船的资金来源主要包括企业自有资金、股东投资、发行股票、发行票据或债券集资以及银行贷款等几条渠道,而银行贷款包括信用贷款、抵押贷款和担保贷款。信用贷款是根据银行与企业签订的贷款协议和安排用款计划进行的;抵押贷款是企业将有关财产权抵押给银行以取得贷款的方法;担保贷款即贷款人向银行提供可靠的担保人以取得货款的方法,贷款人如不能偿还贷款,担保人将承担一切责任。如果企业采用银行贷款的方式,则要考虑贷款的数额、利率和偿还期,因为贷款期内需要每年或每半年还本付息,这将影响到船公司的现金流量。

(3)投资效果

购买二手船要从企业自身的实际需要出发,对投资效果进行定量分析。在对投资效果进行分析时，应注意以下方面。

①船舶估算价格最好是近期市场成交价格。

②根据船龄和残值，准确确定二手船的剩余使用年限和每年折旧额。

③以公司现有同类型船或近似船的实际平均固定成本，作为购买二手船的固定成本基数，然后根据船龄状况及国际物价指数进行修正。

④在计算收入时，涉及航线及货种运价。在航线和货种不稳定时，运价难以确定，可按“相当期租船每营运天租金收入”来测算。

在对二手船进行投资效果分析时，通常采用动态分析方法，常用的指标有净现值（NPV）、净现值指数（NPVI）、平均年费用（AAC）、必要运费率（RFR）、内部收益率（IRR）、投资回收期（PBP）等，对这些指标的选取，可根据不同情况和船舶营运的不同要求进行。

三、拆船市场

拆船市场是以拆卸旧船为对象而形成的交易关系的总和。拆船是国际航运市场缓解市场运力过剩状况的重要途径。

拆船市场是航运市场顺应人类对各类物资的充分利用与再循环的要求而自然形成的一个独特的船舶市场。其形成和存在有利于航运、钢铁、造船等产业的均衡发展，同时通过拆解船舶回收的各类物资可供钢铁、造船、修船、有色金属、土木工程等行业使用。各国的拆船需求受多种因素影响和制约，主要包括对钢材的需求、国际航运市场、航运相关市场、各国的外汇储备与管理制度、劳动力状况与工资水平、各国的政策法规等。

（一）拆船市场构成要素

拆船市场的需求者即拆船商，购买废船的目的是回收废船的各类拆解物资。船舶作为综合性产品，拆解后可为市场提供各种有用物资，以一艘油船为例，拆解后出材率为 93%~95%，最高可达 97%，其中废钢占 10%，废钢板占 70%。船上许多设备、仪器可以再利用，有些还有很高的附加值，如发电机组、空调、制冷装置、油水分离器、冷凝器、蒸发器、导航设备、艉轴、中间轴、仪器仪表和机械零配件等，均可合理使用。船上含有的有色金属，如紫铜、青铜、黄铜、铅、锌和锡等，市场需求量也较大，出售价格高，可给拆船业带来很大的经济效益。除对废船的物资进行回收外，还可以将废船改造成水上旅游设施（例如深圳“明斯克”号航母旅游中心）或作为港口工程方面某种设施直接利用。

拆船市场的供给方即出售废船的船舶所有人，船舶所有人作出出售废船的决策，主要是根据船舶状态、航运市场的情况及拆船市场的行情而定。影响船舶状态的主要因素是船龄，废船的船龄一般是 16~25 年。废船的船龄与船型也有一定关系，一般来说油船的废船船龄较短，集装箱船舶的废船船龄则较长，这是因为货物对船体的影响程度不同。船舶营运航行区域、环境条件、维修保养状况、大修次数、船体钢材的化学成分等都对船体钢材的腐蚀率有直接影响,从而影响废船船龄。

航运市场对拆船市场有很大影响。在航运市场活跃的年份,船舶营运有利可图,船舶所有人往往延长船舶的使用年限,否则将尽早将其作为废船处理。因此,拆船市场的行情直接受航运市场的影响。拆船量总是随世界航运市场行情而变化,由航运市场的供求关系来决定。此外,拆船市场受经济发展的制约,不同经济发展阶段,对钢材等回收物资的需求程度不同,也影响着拆船市场的发展。

开展拆船工作,须具备以下条件。

①自然条件。进行拆船的水域,要避开水生物养殖区。废船既有可再生资源,也是污染源,油类物质流入水中,会引起海洋和江河的污染,导致水生物死亡,破坏生态平衡。

②地理条件。要有冲滩岸线,对于大型船舶(如大型油船或好望角型散货船),船长在200米以上,更需要开阔的滩地和岸线。

③陆上解体和堆放废料场地。

④充足的劳动力。因为拆船业属劳动密集型行业,可吸收大量劳动力,相关人员通过培训即可从事拆船工作。

⑤拆船材料的销售市场。

⑥废船资源及购船资金。

(二)废船价格

在拆船市场上,废船价格是由船舶自身情况和相关的市场环境来决定的。

(1)船舶自身情况

第一,船型。船型不同,船价就不同,一般滚装船、集装箱船和工程船的船价要高于散货船和杂货船。在废船市场上,船型的变化标志着世界船队结构的变化,又与世界海运物资的变化密切相关。

第二,船舶的完整程度。一艘船舶进入废船市场大多是由于船龄已到拆解的时候,有一小部分是由于发生碰撞等造成船舶受损。一般来说,受损船舶的价格要低一些,至于降低幅度,依受损程度而定。

第三,船舶的锈蚀程度和洁净程度。如果废船的锈蚀较为严重,就影响到钢材的回收率,因此废船价格就较低。洁净程度及油污的处理不仅关系到拆解的工作环境,而且关系到拆解时的安全性。

第四,船舶装备物资情况。这关系到废船拆解后的经济价值问题,可用拆解物资回收率来表示。各类废船的拆解物资比例见表3-3。

$$\text{拆解物资回收率}=\frac{\text{拆解回收物资重量}}{\text{废船轻吨}}\times 100\%$$

表3-3　各类废船的拆解物资比例　(%)

物资种类	油船	散货船	杂货船
可轧钢材	60~70	55~65	50~60

续表

物资种类	油船	散货船	杂货船
铸锻钢	0.5~3	1~3	1~3
回炉废钢	20~30	25~35	30~40
可利用设备	0.5~3	1~3	1~3
有色金属	0.5~2	1~2	1~2

(2)废船上市的规模

运量和运力的平衡是通过海运运价来调整的,这是船公司无法改变的客观因素,船公司只能通过主观努力来改变运力,或者通过造新船和重新启用闲置船来增加运力,或把营运中的旧船加速报废出售拆解和将闲置商船作为废船出售来减少实际运力和潜在运力。这样的运力调整,会促进投入市场出售的废船减少或增加,因而影响废船价格的升降。

船舶闲置量的增加或减少,与航运市场景气与否相关。船舶供需达到平衡,意味着航运市场情况好转,闲置船舶数量日趋减少;反之,船舶闲置数量日趋增加。当船舶闲置数量增加,上市的废船数量就多,那么废船市场就会出现供过于求现象,废船价格就降低,反之,废船价格就上升。

(3)废船的最终交船地点

废船的最终交船地点一般选择与拆船地点较近的地区,所以交船地点也直接影响废船的市场价格。有时为了降低船价,把拆船厂设在交船地点。例如,我国许多企业从俄罗斯购旧船,如果在俄罗斯建立拆船厂,就有以下优越性。

第一,可节省大量的拖船费用,减少中间环节,租用拆船场地费及用电费比国内低。

第二,拆解下的机械设备及材料就地销售,可直接收回美元,为国家创汇。

第三,如将机械设备及材料由海上运进国内,价格便宜。

第四,可由拆船厂直接与俄方洽谈购船业务,现场成交,增强了购船的可靠性,同时减少了公共费用。

第五,以拆船厂作为基础,可为国内企业及俄罗斯相关企业代理买卖旧船业务,同时也可以开展其他业务。

(4)拆船钢铁材料的需求情况

废船拆解后的回收物资中最重要的材料是钢铁。例如,油船拆解后,可轧钢材占其拆解物资的60%~70%,对散货船这个比例为55%~65%,对杂货船这个比例为50%~60%。此外,还有铸锻钢、回炉废钢。因此,当钢铁价格昂贵的时候,拆船业是很有吸引力的行业。钢铁工业及建筑业对拆船钢铁材料的需求量和收购价格的变化,将直接影响到拆船市场和废船价格。当拆船钢铁材料需求量增大,收购价格升高时,船舶所有人为等待价格进一步上涨而减少废船的上市量。这时拆船厂商为了从拆解废船中获利,不得不提高价格吸引船舶所有人出售废船,因而使得废船的价格上升;反之,拆船厂商会减少拆解量或降低废船价格。

(5)废船的交船时间

国际船舶市场上废船的交易有一定季节性的规律,成交旺季一般在3—5月,成交淡季则在7—8月。因为拆船业发达地区大多受台风影响,每年的台风季节在6—10月,特别是7—8月,台风很频繁,所以拆船厂商都赶在台风到来前购进废船。

废船价格还受成交方式的影响,成交方式一般包括中间商成交、拍卖成交、现金交付、国内交付、转售、私下交易等。不同的交易方式,相关方的收益存在差别,所以会导致价格的不同。

四、修船市场

修船市场是指以修理船舶为对象而形成的交易关系的总和。世界修船业发展到今天,一共经历了三个阶段:20世纪70年代世界修船中心在欧洲;到了20世纪80—90年代世界修船中心转移到了日本、韩国、新加坡;目前已经进入第三个阶段,即世界修船中心向以中国为代表的东亚和东南亚地区转移。世界修船中心逐渐东移,20世纪90年代以后,远东地区、第三世界国家修船业进入高速发展的阶段。中国由于劳动力资源丰富,价格低廉,修船技术成熟,已经成为全球最大的修船市场。

在中国老一代修船人的记忆中,70年代中国修船业的特征主要表现在以下几个方面。

第一,船舶坞修、船台修理时,钢材表面防腐处理的方式是以喷射石英砂除锈为主、人工拷铲(榔头加铲刀)除锈为辅,加有气喷涂和滚涂油漆的作业方式,其生产效率低,作业环境污染严重,从业人员职业病发生率高,修船企业和员工没有防环境污染的意识。

第二,维修的船舶以蒸汽机或内燃机为动力装置,船体结构连接方式以铆接和焊接为主,修船企业和行业中没有专业化维修技术的概念。

第三,除了少数外籍船舶外,修船企业仅维修本国的船舶。

第四,修船企业的主要设施(如船坞和修船码头)的承载能力大都在5万吨级以下。

第五,修船企业的属性全部为国营企业,从业人员(包括防腐涂装工人)全部为国企职工。

然而,1978年底发生在中国的波澜壮阔的对内改革、对外开放的这场革命,改变了中国,也影响了整个世界。在这场历史的巨变中,中国修船业在既没有产业基础规模也没有基础产业链,技术远远落后于发达国家的背景下,由当年的中国船舶工业总公司主导了一场中国修船进入国际市场的历史性变革,将中国修船带入了机械化生产时代。在这场变革初期的1985年,中国船舶工业总公司派出了首批赴日本船厂学习修船技术和修船管理的团队。在日本船厂学习期间,他们了解并掌握了当时具有时代先进水平的修船专业技术和经营管理技术,自此中国修船开启了脱胎换骨变革发展的征程,在中国经济高速发展的快车道上高速行进了近40年。这期间,无论是修船产能提升速度,还是修船产业链的延伸广度,都令世界航运业和修船业瞩目。如今,中国已然成为世界公认的修船大国,是托起世界航运业、提供船舶维修保障的不可或缺的支柱力量。1984 年,当时中国四大修船厂之一的青岛北海船厂,在我国首次承修外籍船舶(印度籍“阿奇娜”轮)时,曾被该轮的船东代表嘲笑为“只能修理自行车”的船厂,如今已发展成为在修船能力和修船规模上颇有国际影响力的企业——中国船舶集团青岛北海造船有限公司。

在近 40 年的发展进程中,中国修船业的基础设施建设突飞猛进,从产能的区域性集聚到分区域的快速释放,提升了中国修船业在国际修船市场上的占有率,展现了中国修船企业和修船业特有的发展模式,在较短的时间,形成了沿中国海岸线的港口区域多点设立承修外籍船舶修船厂的布局,为国际海运和中国港口贸易往来的船舶,建立了“船舶医疗保健医院”,为中国海运进出口贸易的快速增长和世界航运业的发展作出了历史性的重大贡献。与此同时,在改革开放的步伐中,我国长江沿岸的修船企业如雨后春笋般成长起来,为长江经济带的建设作出了重大贡献。

中国修船市场发展现状主要体现在以下几个方面。

(1)中国修船市场产值出现下滑

根据中国修船企业“斯佩克”(SPCC)会议公布的统计数据,2017—2020 年全国主要修船企业产值规模逐年增长,特别是在 2018—2019 年,全国修船完工艘数下降的情况下,单艘船舶的修理产值大大提高。但 2021 年,全国主要修船企业完工艘数同比增长 15%,但修船产值同比下降 15%。

(2)国内修船市场产能过剩风险有所增大

目前,中国已经成长为全球最大的修船市场。根据克拉克森资料,2021 年中国修理改装项目数量占全球修船总量的比重超过 40%,与 2020 年相比有所下滑,但仍位居全球第一。另外,在全球前十大修船企业排名中,中国船厂占得九个席位,分别是舟山市鑫亚船舶修造有限公司、福建华东船厂有限公司、舟山中远海运重工有限公司、上海中远海运重工有限公司、上海华润大东船务工程有限公司、山海关船舶重工有限责任公司、友联船厂(蛇口)有限公司、舟山市龙山船厂有限公司、太平洋海洋工程(舟山)有限公司。

目前,国内修船产业的产能整体处在供大于求的状态。一方面是国内现有产能规模供大于求,同时近几年国内部分造船企业受利益驱使,开始转向修船业务;另一方面是国内修船市场需求下滑,特别是 2021 年,由于国内部分地区受疫情影响,部分修船订单流向新加坡、马来西亚等东南亚修船厂,加之全球航运市场复苏导致运价高涨,船东进行改装或大规模修理的意愿不强。上述因素造成国内修船市场产能过剩风险进一步增大。

(3)船队规模持续扩大促进修船市场进一步发展

根据克拉克森数据,2017—2021 年,全球商船队运力逐年增长,年均复合增速约为 4%。2021 年,全球商船队运力达到 22 亿载重吨左右。并且预计全球船队运力将进一步增长,由此部分船队大修和改装需求将被释放,而中国作为全球最大的修船市场,仍有进一步发展的空间。

(4)船舶环保、新能源改装修理市场发展机遇较好

2016 年 10 月,IMO 海上环境保护委员会召开第 70 届会议,出台了《国际防止船

舶造成污染公约》修正案,决定自 2020 年 1 月 1 日起,在全球范围内实施船用燃油硫质量分数不超过 0.5%的规定。而中国出台的《船舶大气污染物排放控制区实施方案》对船舶污染物排放提出了更为严苛的要求。根据中国船舶工业经济与市场研究中心的统计数据,截至 2022 年 2 月,按载重吨计算,全球已安装脱硫塔的船队占比不到 30%。随着全球 IMO“限硫令”进一步落实,脱硫塔加装业务仍然有进一步增长空间。

另外,在全球碳排放政策逐渐趋严的背景下,国际海事组织不断加强船舶碳排放控制,全球船舶动力正从传统燃油向环保新能源方向升级,由此带来的船舶新能源动力改装或将成为未来修船业新的增长点。

随着世界经济的发展和全球性的产业结构调整,全球的修船产业呈现出新的发展趋向。

①修船专业分工越来越细,随着信息网络和现代物流的迅速发展,各国的修船技术和配套能力的差距正在日益缩小。

②修船企业为减少人员,降低劳动力成本,提高生产效率,适应航运市场的变化,提高其国际竞争力,将出现新的大规模的重组与整合。

③世界修船业在总量增长的同时,还将逐步转向大型化、高技术化。

五、船员劳务市场

船员劳务市场是指在有关国家政策指导下,按照市场经济规律,以一定的劳动力价格实现船员劳动力供求关系平衡的市场调节体制、市场活动、劳动关系以及中介机构的总和。船员是航运劳动生产力中最积极、能动的因素,这一劳动力资源的开发利用和合理配置,对促进航运劳动生产力发展有十分重要的意义。由于船员劳务是航运市场生产的基本要素之一,因此船员劳务市场属于航运相关市场的范畴。

船员劳务市场包括国内船员劳务市场和国际船员劳务市场。国内船员劳务市场是指国内船员的劳动用工以及劳动竞争所形成的劳动力市场体系;国际船员劳务市场则是指国与国之间开展船员劳务的输出与输入,由一国国内船员管理机构外派船员为另一国国内船员劳务需求者提供船舶操纵、控制和管理等服务并取得报酬的活动。从供求关系来看,船员劳务市场由劳动力供给、劳动力需求和劳动力供求双方的交换这三方面内容构成。

(一)船员劳务市场的特点

(1)发育不平衡性

国际船员的供求变化取决于国际航运业的发展状况,而航运业的发展状况又取决于国际经济与贸易的发展程度。各国经济发展的不平衡性决定了船员劳务市场发育的差异性。一般来说,经济发达地区的船员劳务需求量较大,船员劳动力的流动性较强,船员劳务市场的发育程度也较高;相反,经济欠发达地区的船员劳务市场发育则显得不足。

(2)适度流动性

劳动力作为生产要素,比其他生产要素更具流动性,而航运业本身是国际性的,随着经济全球化和航运国际化的进一步发展,船员劳务市场也进一步趋向国际化。尤其是船员劳务受各国经济发展不平衡的影响,发展中国家的船员向发达国家流动成为当今船员劳务市场的重要特点。

(3)层次组织性

各国船员劳务市场大多是在政府及其职能部门、企业等各种力量的参与下形成和发展起来的,随着船员劳务市场的逐步建立和完善,政府及其职能部门、企业各司其职的劳动力管理组织体系形成,这种层次组织性促进了船员劳务市场的法制化、规范化和有序化。

(4)相对封闭性

船员尤其是高级船员需具备扎实的专业知识和丰富的航海经验,只有受过良好教育和航海训练的人才能胜任相关工作。此外,由于船员工作具有艰苦、枯燥等特点,很多人不愿意从事或者很难适应这一职业,所以船员工作一般被认为是一种特殊的工作,其他产业劳动力难以进入,这就决定了船员劳务市场具有相对的独立性和封闭性。

(二)世界船员劳务市场的供求分析

影响国际船员供求变化的主要因素是国际航运业的发展状况与发展趋势、世界商船队总规模、国际船员配备与结构上的变化、开放登记与第二船舶登记制度、各国经济发展以及主要海运国家的船员劳务政策与培训制度等。

(1)世界船员劳务市场供求状况

近年,全球船员短缺已是一个老生常谈的话题,船员劳务市场存在缺口已是一个不争的事实,业界拼命"打补丁""堵缺口"。然而,2020 年新冠肺炎疫情的突然暴发对航运业产生巨大的冲击,全球近 200 万国际船员也被冲得七零八落,越来越多的船员在疫情的冲击下退出船员劳务市场,船员劳务市场也像决堤的大坝一样,缺口越来越大。2021 年波罗的海国际航运公会(BIMCO)和国际航运公会(ICS)发布了最新的《船员劳动力报告》,该报告每 5 年发布一次,上一次报告于 2015 年发布。根据此次报告,虽然船员总数增长了 10.8%,但船员短缺问题仍十分严重。

根据 2021 年《船员劳动力报告》,当前全球有 189 万各船员在世界各地的超过 74 000 艘商船上服务,刚性缺口为 26 240 名船员。根据航运贸易增长的趋势和需求来看,到 2026 年,全球将额外需要 89 510 名船员。有业界人士表示,实际上当前船员的缺口,要在很大程度上高于 26 240 名,因为当前有超过 10 万名船员在船超期服务,实际的缺口应更大一些。报告中指出,高级船员尤其供不应求,具有技术经验的高级船员非常抢手,特别是从管理级别来看,在油轮和近海领域,甲板高级船员特别紧缺。由于疫情的冲击,2021 年全球贸易中的船员人数更是极度紧缩,BIMCO 和 ICS 在报告中强调,根据《海员培训、发证和值班标准国际公约》(简称 STCW 公约)的要求,为了避免到 2026 年船员总供应量严重短缺,该行业必须大幅提高船员的招募和培训水平，同时要留住存量船员。

该报告还关注了全球船员劳动力的多样性问题，分析了一系列人口统计数据，包括船员年龄、国籍和性别。最新报告中的统计数据显示，船员性别极度失衡的趋势有所好转，估计有 24 059 名女性船员在国际航行船舶上任职，相比 2015 年上一份报告中的数据增长了 45.8%。根据此次报告的数据，女船员占 189 万名国际船员的比例约为 1.27%，与 2015 年时相比大幅增加，其中女船员主要出现在游轮和客轮行业。

（2）船员短缺的原因

其一，船舶数量增长过快。船舶数量是决定船员需求的最直接因素。

其二，船员业务技术成熟时间延长。随着船舶建造技术的突飞猛进，船舶结构越来越复杂，操作要求越来越高，船员业务技术成熟时间也就相应越长。航海是一种传统行业，经验需要时间积累，海龄是船员的素质基础。一艘新船一两年就可建成，但是将一名普通船员培养成一名优秀的船长则需要 10 年的时间，甚至更长。

从微观层面来看，船员短缺主要是由地区、国家乃至公司间的需求和供给不均衡造成的。亚洲是国际船员劳务输出的重要地区之一。近年来，在亚洲各国政府、船舶所有人和船员的共同努力下，亚洲船员的人数和综合素质都有了很大提高。亚洲地区的船员不但满足了本地区航运业增加的船员需求，向外输出的能力也有了较大的提高。

决定世界船员劳务输出与输入的主要因素是各国经济发展的不平衡性。一方面，由于发达国家生活水平高，年轻人不愿意从事艰苦而枯燥的工作，造成船员严重缺乏，船员输入地主要集中在 OECD 国家；另一方面，发展中国家的劳动力比较低廉，为发达国家的船公司提供船员劳务可以获得比国内高得多的报酬，因此发展中国家成为世界船员的主要输出地，这又主要集中在菲律宾、中国、印度、印度尼西亚和缅甸等亚洲国家以及非洲一些海运国家。

（三）保障船员数量需采取的措施

①加大招募力度。让更多年轻人了解和接触海事行业，并在学习中喜欢上航运业，拓宽船员招募渠道。

②加强对船员适应数字化、环保化要求的新技术培训。国际航运公会秘书长盖·普拉滕（Guy Platten）指出，为了满足未来对船员的需求，需积极促进海上职业发展并加强海事教育，在全球范围内进行培训，重点是培养具有环保意识更强、掌握数字化技术的拥有行业所需的各种技能的船员。

③将船员定位为“关键工作者”，并提供配套政策福利，提升船员福利待遇与社会待遇。

阅读资料

全球航运市场能火多久

2022年6月，当时全球最大的集装箱航运公司地中海航运（MSC）再下订单，向中国新时代造船有限公司订造20艘LNG动力双燃料集装箱船。订单交付后，地中海航运运力将增长近20万标箱。

过去一年多，伴随航运运费飙升，全球航运业强劲反弹，进入黄金周期。地中海航运乘势扩大运力，18个月购买了169艘集装箱船。2022年初，其运力超越雄踞榜首20年的马士基航运（简称马士基）后，扩张运力的步伐依旧没有停止。地中海航运决心在航运市场这轮创纪录的黄金周期中大赚一笔的意图十分明显。

然而，就在地中海航运订造新船之际，其老对手马士基警告称，全球集装箱航运市场这轮空前繁荣即将终结。全球航运市场还能火多久？狂欢过后，会出现运力过剩吗？

据报道，2021年全球累计签约1 671艘新船建造订单，按载重吨计，同比增长77.1%，其中集装箱船同比增长326.9%，在所有船型中增长最为突出。除地中海航运外，达飞轮船、中远海运等大型航运公司也都在订造新船。有观点认为，航运巨头们大手笔买船就是集装箱市场持续繁荣的最好背书。也有分析称，全球航运市场的黄金周期即将触顶回落。

是否会出现运力过剩，还得看供需。

供给方面，航运公司订造的集装箱船，交船时间集中在未来1年至4年。届时，全球航运市场的运力将出现大幅增加。此外，对于航运市场这次的黄金周期，供应链失衡、港口拥堵导致的运力不足“功不可没”。一旦这些阶段性问题得到缓解，运力将进一步被释放。因此，不排除出现高位订船、低点交付的情况。

需求方面，世界经济增长下行压力增大，多国商品价格高企，消费需求将会下滑。2022年6月初，摩根大通分析认为美国货运业出现衰退，集装箱货运已经出现量价齐跌，导致欧洲和美国、日本、韩国等的股市航运板块大幅下挫，给市场发出了预警。惠誉报告也认为，2023年全球集装箱船运力将超过需求。

任何市场都有周期性，“跑一趟船就能赚出一条船的钱”，“一天赚上亿”的火爆行情总有结束的时候。繁荣过后，航运公司何去何从，需要未雨绸缪。

资料来源：全球航运市场能火多久[EB/OL].（2022-06-25）[2022-12-05]. https://baijiahao.baidu.com/s?id=1736566858391210811&wfr=spider&for=pc.（有改动）

案例分析

疫情影响海运市场供需失衡

海运运量随世界贸易的波动而波动，2010—2021 年增速标准偏差为 3.75%。船舶运力的波动受市场特别是运价的影响，市场上行则运价上涨，企业投资效益随之提升，进而推动企业增加船舶订单、减少船舶拆解，其结果是运力增速逐步提升；反之则因市场疲软、运价低迷，企业效益下降甚至亏损，在市场的刺激下船舶加速拆解，减少新造船舶，运力增速则随之下滑。

10 年来，虽然集装箱运力和运量平均增速均在 5%左右，但由于船舶生命周期约为 25 年，造船周期约为 2 年，相较运量变化，运力随市场变化的速度缓慢，表现为同期运力增速标准差为 2.29%。海运船队的服务供给不仅取决于其规模，还受到周转效率、船舶闲置等多种因素的影响。在当前运力增长高于运量增长的情况下，因受疫情影响出现的全球主要港口拥堵导致的船舶周转效率显著下降，是引发市场供需失衡、运价高涨的主因。

面对百年不遇的疫情冲击，率先实现复工复产的中国工厂向全世界输出大量的生产生活和防疫必需品，推动了全球贸易格局的变化：一方面，世界主要港口集装箱吞吐量呈现快速增长态势（见表 1），如中国上海港、宁波舟山港和深圳港均实现两位数的增速，美国长滩港、洛杉矶港和纽约新泽西港实现 30%以上的增长；另一方面，港口疫情检查检测、疫情处置、船员换班等造成海运供应链整体运转效率下降，甚至因封闭区域、停止作业直接造成集装箱集疏运周转效率的大幅下降。

表 1 主要港口 2021 年上半年集装箱吞吐量

序号	港口	经济体	集装箱吞吐量（万 TEU）	同比增速
1	上海港	中国	2 294	14.4%
2	新加坡港	新加坡	1 873	5.0%
3	宁波舟山港	中国	1 607	21.3%
4	深圳港	中国	1 376	24.3%
5	广州港	中国	1 177	9.4%
6	青岛港	中国	1 166	12.8%
7	釜山港	韩国	1 142	5.1%
8	天津港	中国	1 030	20.1%
9	香港港	中国香港	872	1.3%
10	鹿特丹港	荷兰	761	8.7%

续表

序号	港口	经济体	集装箱吞吐量（万 TEU）	同比增速
11	安特卫普港	比利时	617	5.1%
12	厦门港	中国	590	11.4%
13	洛杉矶港	美国	543	44.3%
14	高雄港	中国台北	495	2.0%
15	长滩港	美国	475	38.5%
16	纽约新泽西港	美国	440	30.6%
17	林查班港	泰国	430	12.5%
18	连云港	中国	248	4.3%
19	温哥华港	加拿大	196	25.5%
20	大连港	中国	173	-41.9%

上述两方面因素使船舶在港停时明显延长，部分主要港口出现堵塞，如表 1 所示。船舶周转效率的下降使运力损失约 14%，为应对运输能力不足，船舶维修与闲置明显减少，由 2019 年平均 3%降为 2021 年的约 1%，2021 年 8 月降至 0.7%。

图 1 为 2019 年和 2021 年供需关系演变示意图，其中 2019 年供求关系为 103∶100，长协合同和即期市场各占 50%，市场供需关系处于基本平衡略有富裕的状态。

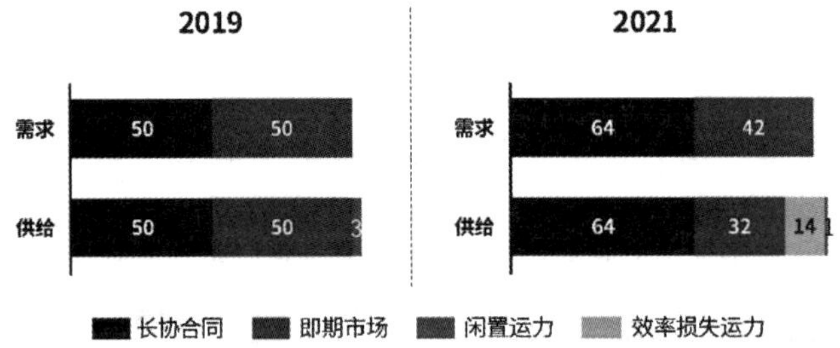

图 1　2019 与 2021 年前 7 个月集装箱海运供求关系示意

若以 2019 年为基准定为 100%，2021 年船舶运力增长则为 111%，船舶闲置率降至 1%，但由于周转效率下降损失运力 14%，所以供求关系整体演变为 96∶106，由基本平衡略有富裕转为全面紧张。由于班轮公司首先保障长协合同，这种供给紧张主要体现在即期市场上，供求关系约为 32∶42，供需失衡成为运价持续大幅上涨的最主要原因。

而运价的高涨又推动市场形成新的平衡。面对 96∶106 的供求关系，运价大幅上升刺激班轮公司采取各种措施扩大供给，进而使供需形成新的平衡。

一是减少闲置运力。2019 年运力闲置平均水平为 3%，2020 年 5 月中下旬至 6 月中旬低谷时期的闲置运力增长至 11%。运价大幅上涨后刺激班轮公司减少闲置运力，2020年7月下旬降至0.7%的历史低点。

二是提升航速。在航运低谷期，航运公司通常会降低船舶航速，如2019年平均航速约14.3节[①]，2020年6月降至14节。而随着市场的上行，航速在2021年7月提升至14.9节。

三是提升装载率、优化航线布局。在需求旺盛的背景下，船舶装载率提高至极限水平，在一定程度上增加了有效供给。同时，随着供需状况和运价的变化，航运公司调整航线布置也会带来有效供给的增加。

四是转移或遏制部分需求。面对缺舱缺箱等困局，货方选择小部分货物以散货或杂货方式出运。

五是船东增加投资，提升未来供给能力。

资料来源：贾大山. 如何看待当前航运市场的供需关系[J]. 中国远洋海运，2021（10）：24-26.（有改动）

案例讨论

1. 如何看待当前航运市场的供需关系？
2. 如何使航运市场达到新的供需平衡？

思考题

1. 市场是什么？
2. 国际航运市场结构分为哪几类？
3. 干散货航运市场可以划分为哪几种基本形态？
4. 集装箱航运市场有什么特点？
5. 影响油船运输的因素是什么？
6. 全球造船业的发展趋势有哪些？

① 1节=1.852千米/小时。

Chapter 4

第四章
航运市场运价

运价是指承运单位货物的价格，是完成某一计量单位货物运输所收取的运费，运费是运价与运量的乘积。航运运价是指通过船舶运输单位货物的价格，是航运市场状态的调节器和控制供求关系的杠杆。运价变化会直接导致航运市场的波动，是国际航运市场的核心问题。

第一节　航运成本及其影响因素

一、航运成本

航运成本是航运企业提供运输服务所耗费的成本总和，直接关系到航运运价的制定。正常情况下，航运成本要从航运运价中得到补偿。按照传统成本分类方法，航运成本可分为固定成本和变动成本。固定成本是指不随运量变化而变化的费用，变动成本则是指随运量变动而变动的费用。船舶运输需要高昂的设备和人力费用，因此航运成本中的固定成本占总成本的比例非常高，平均高达 70%以上。

中远海运班轮运输成本的实际构成如表 4-1 所示，船舶相关固定成本和货物集疏运成本是班轮运输成本的主体部分，两项之和占到了班轮运输成本的 60%~80%，因此这两项是班轮运输成本控制的重中之重。燃油费就属于船舶相关固定成本，占总成本的 15%左右。在中远海运班轮运输成本中，燃油费一般情况下占 15%，如果国际原油价格剧烈波动到每桶 100 美元左右，班轮运输公司的燃油费可能占总运输成本的 15%至 20%。这就是班轮运输公司为什么要征收燃油附加费的重要原因。亚洲的班轮运输公司对燃油控制相对科学和规范，燃油费在总运输成本中的占比相对较低。

表 4-1　中远海运班轮运输成本的实际构成

成本分类	主要包含项目	占比(%)
船舶相关固定成本	船舶租(购)费、管理费、维修费、保险费、折旧费、燃油费和船员费等	40~50
货物集疏运成本	港口费、驳运费、内陆多式联运费和货物索赔费	20~30
集装箱相关成本	集装箱租(购)费、空箱调运费、装卸费、堆存费和维修费等	20~25
管理成本	员工薪资福利、办公管理费用、营销成本等	5~10

为了使成本核算对应船舶的不同经营形态进行资本、成本、利润分析，可将航运成本分为航次成本、经营成本和资本成本三大类。

(一)航次成本

航次成本是指航次执行过程中发生的直接归属于航次承担的费用支出，包括燃料费、港口及运河费、货物费、佣金、中转费、事故损失等，其发生与否取决于航次是否执行，航次成本与航线规划、航行速度、挂港数量等有关。

1. 燃料费

燃料费指船舶在航行、停泊、装卸作业时所耗用各种燃料费用之和。燃料费与航行速度和船舶的管理水平存在正相关关系。在燃料价格上涨时，船公司首先采取的措施一般是设计合理的经济航速，使得海上航行的速度降低，甚至采用绕航的方式，如 2008 年国际原油价格突破 100 美元/桶时，马士基航运公司的船舶绕航好望角不通过苏伊士运河，使得航行速度降低，从而达到减少燃油消耗的目的。此外，定期保养船舶也能降低船舶的燃料费。

2022 年，俄乌冲突爆发后，燃油价格大幅飙升。2022 年 5 月，超低硫燃油（VLSFO）全球平均价格达到了每吨 1 030 美元，创下历史新高。因此船公司会以各种燃油附加费的形式支付这部分费用。Sea-Intelligence 根据集装箱行业每年大约 6 400 万吨的燃油消耗进行了计算，显示目前每天增加的成本接近 4 000 万美元。对于船公司来说，这意味着每标准箱（TEU）的运费需要额外支付 80 美元的燃油成本。

当船舶设计完毕，并且船壳设计达到最佳状态时，可以获得一个设计速度，例如散货船为 15 节、集装箱船为 18 节。在船舶经营中，燃料的实际消耗量取决于船壳状况以及航行速度。船舶在低速航行时由于可以减少水的冲撞，一般会消耗较少的燃料。船舶每天燃油消耗量 F 与航速的关系见下式：

$$F = 24 \times 10^{-6} \times g \times N$$

结合海军常数公式为

$$C_e = \varDelta \times \frac{2}{3} \times V^3 / N$$

得到

$$F = 24 \times 10^{-6} \times g \times \frac{\varDelta \times \frac{2}{3} \times V^3}{C_e}$$

每天消耗燃油费为

$$\mathrm{OC} = FP_c = 24 \times 10^{-6} \times g \times \frac{\varDelta \times \frac{2}{3} \times V^3}{C_e} \times P_c$$

令

$$k = 24 \times 10^{-6} \times g \times \frac{\varDelta \times \frac{2}{3}}{C_e} \times P_c$$

则　$$\mathrm{OC} = kV^3$$

式中：F 为每天燃油消耗量（吨/天）；g 为柴油机单位消耗率（克/（千瓦·小时））；N 为柴油机设计功率（千瓦）；V 为营运航速（节）；P_c 为原油价格（元/吨）；k 为机能系数；

OC 为每天消耗燃油费。

根据立方法则，燃油的消耗量对速度十分敏感。例如一艘巴拿马型散货船的运行速度由 16 节降为 11 节，每天可节约 2/3 的燃油(见表 4-2)。

表 4-2 巴拿马型散货船航行速度与燃油消耗量的关系

航行速度(节)	主发动机燃油消耗量(吨/天)
16	44
15	36
14	30
13	24
12	19
11	14

在一定航行速度下，燃油的消耗量取决于船体的设计与船体流畅程度。在两次定期大修之间，船上的货物增加会增大海水的阻力，在极端情况下可以使其速度下降 2~3 节。即使在大修之后，船体随着船龄的增长，表面被刮破重新喷漆多次，也会变得越来越粗糙。自光漆的采用减小了船在大修之间被污损的概率，这种油漆会散发一种有毒气体，可以减少船壳上生长的海洋生物，从而降低船体粗糙度。根据不列颠航运技术会的研究结果，船体的粗糙程度由 300 微米降至 50 微米可以节约 13% 的燃油成本。

燃油效率的差异可以使吨位和速度相似的船舶的燃油消耗量相差甚远。例如两艘船龄、机器和船体状况相同的巴拿马型散货船的燃油消耗量可能相差 20%~30%。燃油效率的差异还取决于燃油的价格。

船舶大型化发展一方面是货运需求的增长所致，另一方面能提高运输效率，保护环境，节约资源，降低单位集装箱运输成本。一艘 1.2 万 TEU 的集装箱船，每 TEU 的燃料成本比两艘 6 200 TEU 的集装箱船舶减少近 17%。

2. 港口费

港口费为航次成本的重要组成部分，其包括因船舶或货物使用港口提供的各项设施和服务而交纳的各种费用，主要有船舶吨税、停泊费、码头费、引航费、拖船费、解缆费、海关检验费、灯塔费等。港口费受港口地理位置、港口费率、在港停时、挂港数量、装卸效率、货物积载情况等多方面因素的影响。港口费的费目非常繁多。在不同国家，甚至一国的不同港口，或同一港口的不同码头，因为费用分别由提供不同劳务的机构征收，而收费规定又不同，所以费目名称不尽相同，计费办法也各异。例如，新冠肺炎疫情期间，受各国政策限制，出货计划推迟，港口作业效率下降，在港停时延长，致使港口费大幅增长。

3. 运河通过费

运河通过费主要是指通过苏伊士运河、巴拿马运河及海峡所发生的费用。

巴拿马运河位于中美洲国家巴拿马共和国，横穿巴拿马地峡，连接太平洋和大西洋，是沟通大西洋与太平洋的国际通航运河，与苏伊士运河同属具有战略意义的两大世界运河之一。巴拿马运河被誉为世界七大工程奇迹之一的"世界桥梁"。巴拿马运河由美国建造完成，1914 年开凿完工，1920 年通航。现由巴拿马共和国拥有和管理，属于水闸式运河。从一侧的海岸线到另一侧海岸线长度约为 64 千米（40 英里），而由加勒比海的深水处至太平洋一侧的深水处约 80 千米（50 英里），宽的地方达 304 米，最窄的地方也有 152 米。

巴拿马国土面积约为 7.5 万平方千米，人口总数只有 440 万（2022 年）万人，但是人均 GDP 却可以与俄罗斯这样的大国相提并论。2019 年巴拿马的经济总量约为 668 亿美元，人均 GDP 为 15 700 美元，而俄罗斯却只有 11 600 美元。巴拿马运河长度虽不及苏伊士运河的 1/2，但是吸金能力不亚于苏伊士运河，每年产生的过路费约为 39.2 亿美元，按重量收费，一艘船通过需要约 15 万美元，通行费用虽高，但仍然有大量的船只排队。2020 年巴拿马运河的货物量高达 4.75 亿吨，保持着世界纪录。

苏伊士运河，1869 年建成通航，是一条海平面的水道，在埃及贯通苏伊士地峡，沟通地中海与红海，它的开通使从欧洲至印度洋和西太平洋附近土地的最近航线得以通航，该航线是世界上使用最频繁的航线之一。苏伊士运河是亚洲与非洲的交界线，是亚洲与非洲、欧洲人民来往的主要通道。苏伊士运河通航，使欧亚大陆的巨型货轮缩短了 5500 千米到 12 000 千米的海上航程，既省时省力，又提高了安全性。运河北起塞得港南至苏伊士城，在塞得港北面掘道入地中海至苏伊士的南面。苏伊士运河的建成使得非洲大半岛变成非洲大陆，埃及横跨亚非，西南亚、东北非以及南欧的贸易更繁忙。

每年从苏伊士运河通行的船大约有 1.8 万艘，全球约 14%的海上贸易来自于此，产生的过路费更是一个天文数字。埃及人民视苏伊士运河为摇钱树，它每年给埃及带来约 50 亿美元的收入，在 2020 年更是带来了 56 亿美元的收入。

2021 年 3 月 23 日，一艘悬挂巴拿马国旗的重型货船当日在苏伊士运河新航道搁浅，造成航道拥堵，使苏伊士运河的交通暂时中断。当地时间 3 月 29 日，交通运输恢复正常，搁浅导致的苏伊士运河交通中断或使全球贸易每天损失 60 亿至 100 亿美元。2022 年，通过苏伊士运河的船舶费用较 2021 年上调 6%。

4. 货物处理费

货物处理费是指与装卸货物有关的一切费用之和，包括理货费、开关舱费、待时费、加班费、捆扎费、货物装卸费及任何可能发生的索赔成本的准备金。每吨货物的处理费取决于货物的种类及特定港口的收费水平。在货物处理费中，货物装卸费占了主要部分，由船舶所有人支付，因而船舶所有人十分关心此项费用。尤其在班轮运输中，因为班轮运输船舶可能在港口耗费其全程时间的一半。

（二）经营成本

经营成本指船舶为保持适航状态所发生的经常性维持费用，主要包括船员成本与船舶固定成本。

船员成本是航运成本的重要部分，且在不同类型船舶的航运成本中占比不同，主要包括船员薪酬、福利、差旅费等，不仅受到船员编制、船员专业水平、船员国籍的影响，还与船岸协作、船舶状况等息息相关。随着社会经济体制改革的不断深入，船员成本也在不断增加，且相对不可逆。

一支专业技术过硬、爱岗尽责的船员队伍既是维持船舶正常运营的关键，也是实现公司降本增效的利器。一方面，良好的船员队伍可以更好地维护船舶状况，保障航线更科学且具有规划性，节约维修、保养、物资消耗等费用支出；另一方面，船员自觉履行岗位职责、主动查漏补缺，可以很好地减少安全隐患，保障航行安全，降低因安全事故带来的不利影响和损失。同时，加强岸基与船舶的管理和交流，建立配套的考核奖惩机制，增强船员的归属感与使命感，使其积极主动地配合船岸管理工作，可以提高管理效率。

根据 2022 年全球航运咨询公司德鲁里（Drewry）发布的《人员配备年度回顾和预测报告》，船队的持续壮大将导致全球商船队高级船员的短缺达到十多年来的最高水平，这对未来雇佣和人员配备成本膨胀都有重要影响。但俄乌局势使风险加剧，可能进一步限制大量高级船员的供应。

船舶固定成本包括消费品和物料费、日常维修和保养费、大修费、保险费、管理费和其他营运费（与航次成本不同）。船舶固定成本与船龄、保养状况、岸基管理等因素有关，需要通过成本归集和分摊来进行航次效益分析。

（1）消费品和物料费

消费品占船舶经营成本的 1/10 左右。物料中占比最大的一项是润滑油，其他包括备用零部件、甲板和机舱的设备、用于登陆的各种物资。多数现代化船舶使用柴油发动机，在海上一天可能消耗几百升的润滑油。备用零部件等的消费一般随着船龄的增加而增加。

（2）日常维修和保养费

日常维修和保养费包括日常维护和修理船舶所发生的经常性修理费。船舶修理可分为大修、小修、航修及各种各样的日常维修。影响船舶每年日常维修和保养费的主要因素有船舶质量、船舶每年的磨损程度、船舶的吨位大小、船员的技术水平、修船厂的选择、船龄等等，占经营成本的 10%~15%，包括所有为保持船舶符合公司、社会和租船方所要求的标准状态而发生的各项费用。从 2002 年开始，受国际航运市场的影响，修船厂紧缺致使船舶所有人需付出更高的维修和保养成本，维修和保养成本的年均增幅为 5%。从广义来看，该项成本可分为两大类：日常保养与损坏维修。

日常保养成本包括保养主发动机和辅助设备、油漆船的上层建筑以及更新货舱的钢板等发生的成本。由于商船的保养成本都是与船舶设备相关的，因而其会随着船龄的增加而上升。

损坏维修成本指机器不能正常运作可能导致的日常保养费用以外的成本，通常是由于运输过程中的损坏而发生的，这类费用可能非常高。

（3）大修费

船舶定期大修成本是单独开列的，是船舶定期进坞修理和专门检查的成本。为保持一定的保险等级，所有的商船都必须定期检修。船舶必须每 2 年进一次干坞，每 4 年进行一次专门检修，以证明船舶适航。在专门检修时，船舶的所有机器都需要接受检查，人们还要丈量船体钢板厚度，并与公认的标准相对比。检查的范围随船龄的增加而扩大。检查出的所有问题都必须解决好，由专门机构为船舶开具适航证明。船龄较长的船舶进行这种检查往往需要相当高的费用。此外，船舶进坞还可对船体进行保养，除去附在船体上的海洋生物，否则船舶的营运效率将会下降。

定期大修成本总共包括 18 项成本。有些成本（如使用干坞的费用）不会随船龄变化，但其他成本（如钢板修复费、船壳和主发动机维修费）会随船龄的增长而迅速增加。有时，一艘 20 年船龄船舶的此项成本要比 5 年船龄船舶高出 2 倍多，当然这还取决于船舶本身。实行保护性保养政策的船舶所有人，其船舶定期大修成本可能较低，而船舶状况十分差的船舶发生的此项费用则可能高得多。

众所周知，维修船舶所产生的非生产性停泊对船公司的营运效益产生的影响非常大，为减少船舶大修所产生的非生产性停泊时间，第一要做的就是提高船舶维修质量和效率。维修资源是维修中的重要部分，维修资源的合理组织与分配不仅能降低维修所需费用且能减少船舶大修所占用的时间。因而在船舶大修过程中对维修资源（包括人力、备品备件、时间）进行优化管理是十分必要的。

（4）保险费

保险费是指船公司向保险公司投保的船舶险、运费险、船员险等保险费用。影响每年保险费支出的主要因素有保险包括的范围、船舶所有人的经验与信誉、船龄及船舶营运状况、船舶类型、吨位、船籍、船员的技术水平和船舶航行区域等。

保险费占一艘好望角型散货船经营成本的 37%，该项费用因船而异，通常比较合理的范围是占经营成本的 15%~40%。

船舶的保险费由船体和机械的基本保险费（包括海运风险和战争风险两部分），第三方费用（保护和赔偿，通常由船东协会或共同的机构安排，根据船舶的船位、船龄和使用而确定，如果需要，可以要求增加），以及电机损坏、污染与战争风险等费用组成。虽然航运企业对其船舶支付的这些费用不同，但船体和机械保险、保护和赔偿保险实质上是强制性的。防止污染事件的保险对于油轮来说是必需的。

船体和机械保险一般可通过海上保险公司或相关经纪人购买。船舶所有人的索赔记录和船舶价格声明是影响该保险费用水平的重要因素。船舶价格随货运市场、船龄和船舶状况而变动。保护和赔偿保险则需通过保赔协会购买，其为船舶所有人的船员、乘客或第三方的伤亡、货物的盗失或损毁、船舶的碰撞破损、污染及其他事故进行保险，该种保险在公开的保险市场不能购得，其保险费的水平将取决于船舶所有人的索赔记录、贸易运输的目的区域、所运送的货物、所注册的船旗、船员的国籍及其他相关因素。

(5)管理费

航运企业进行运输生产,除拥有船舶外,还要设立各种行政管理部门和代理机构,从事商务、财务、调度业务、船舶机务、安全管理、法律事务、物资供应、市场开发等管理工作。管理费就是指船公司进行上述管理工作所发生的一切费用之和。管理费的水平除了与船公司规模有关以外,很大程度上取决于船公司的经营管理水平。管理费既不能归属到特定货物,也不能归属到特定船舶,处理方式多半是按船舶进行分摊。对一个经营两三艘船的小型不定期船公司来说,管理费所占的比重可能很小,但对一个大型班轮公司来说,这是很大的一笔行政管理开支。

航运企业可以选择船舶内部与外部管理的百分比,这样它们可以通过岸上人员发挥管理作用,相应地,它们也可以与专业的船舶经理人联系所有的工作。其选择在很大程度上取决于船队的规模。例如,一个仅有一艘船的航运企业,会觉得在内部实施全部范围的管理功能是不经济的,而对于拥有一支规模很大的船队的航运企业,建立必要的船舶管理机构具有极大的经济意义。

管理费在船队的船舶中进行分摊会出现一些困难。一些管理费可以被直接分摊到各艘船舶中去,例如船员的交通费。但大多数管理费必须根据某种分摊标准进行分配,例如根据船舶的吨位来分摊。但也有直接将管理费平均等额分摊到各艘船舶的,用这种方法进行管理费分摊的理由是管理费的多少与船舶吨位大小的直接关系不明显。

(6)其他营运费

其他营运费用是指不属于上述项目的船舶日常营运费用。船舶日常营运费用可以直接归属到特定的船舶。

(三)资本成本

航运业属于资本密集型产业,购置船舶往往需要大额资金,因此,在内部资金不足的情况下,航运企业一般通过贷款融资来解决资金缺口。贷款购置船舶需按期还本付息,资本成本水平受限于融资条件和资金来源,需要一定周期的营运效益来进行补偿。资本成本是航运企业为购置或拥有船舶所发生的费用,是航运企业最基本的成本,主要包括贷款、利息、税金和船舶折旧。资本成本实际是船舶的拥有成本,它取决于船舶的融资方式,其可能是分配给权益者的股利,也可能是债务融资的利息和偿还的债务。

船舶资本成本从短期看可以视为固定成本,从长期看可以作为流动资产,航运企业可能通过租赁或光船租船获得资金,从而使这种成本变为可变成本。资本成本一般占总航运成本的39%。

资本成本被期望用船舶营运期内所产生的收入来补偿。当船舶全部是靠船东自己的现金来源来融资的,船东期待今后的净现金流量能偿付最初的支出,并得到一些额外的补偿,即利润;当船舶是贷款融资的,船东则期望今后的净收入能够偿还购船支付的定金,以及贷款的还款额和利息,同时能够剩余一部分利润。

（1）船舶折旧

船舶在运输生产过程中会不断发生损耗，把其价值转移到运输产品中去。船舶折旧就是船舶因损耗而逐渐转移到运输产品中去的价值。船舶在单位时间内的折旧费取决于船舶的原始价值（即购置成本或造价）与它在单位时间内的损耗程度（有形损耗与无形损耗）。船舶的原始价值取决于船舶的吨位、大小、类型、技术性能、造船市场的供需关系等。造船厂家的选择及外汇汇率的变动对船舶原始价值也有一定的影响。使用直线折旧法，年折旧额的计算公式为

$$K=\frac{S}{N}$$

式中：K 为船舶年折旧额；S 为船舶资本成本；N 为计划经济寿命。

（2）利息费用

利息费用就是航运企业向银行或其他金融机构支付的造船贷款的利息。利息费用取决于船舶原始价值、利息率与企业所要求的资金收益率。船舶资本成本可以归属到特定的船舶。

（3）税金

税金不构成资本成本的主要部分。航运的国际性为船舶所有人提供了许多免税的机会，船舶所有人可以通过注册船旗获得税务的豁免。

二、影响航运成本的因素

影响航运成本的因素主要包含基本因素与规模经济两大类。

（一）基本因素

基本因素主要为运距、装载率、船龄、船舶折旧年限及折旧率。

1. 运距

海运适合长距离运输，在合理的运距范围内，单位吨海里的运输成本随着运距的延长而递减。运输作业中的发到作业与中转作业与运距不发生关系，但总运输成本中的发到作业、中转作业的费用和运行费用一样，都要平均分摊到每吨海里中。因此，随着距离的延长，分摊到每吨海里上的与距离无关的成本就越来越少，单位运输成本也就越来越低。航程越远，单位成本所分摊的装卸费用、中转费用、港口使用费用及折旧费、保险费、借贷利息等都随之下降，燃料费随航程延长而增加。船舶大小和性质不同，其经济合理的运距也不同。在一定运距范围内，延长运距可降低运输成本，但超过合理的运距范围，延长运距会增大成本。每一个具体的运输生产过程，都有一个船舶规模与运距合理搭配的问题，用 50 万吨油船在国内航线上运输原油肯定是不经济的。

2. 装载率

装载率指船舶实际载货量与额定载重量之比，其对运输成本有极大影响；航运成本与装载率有密切关系。一般情况下，在额定的装载量范围内，随着装载量的增加，单位运输成本会下降。从半载到满载的总成本增加并不是很多，至少固定成本中的人工费和维修费几乎是不变的，虽然燃料费会增加，但由于船舶自重的影响，燃料费并非等比例增加。所以，平均成本是装载系数的函数，随着装载系数的提高而下降。要提高经济效益，应尽可能使船舶满载，对船舶进行科学配载，充分利用船舶舱容和载重能力避免亏舱。

3. 船龄

吨位相近的新船与旧船拥有完全不同的成本结构，成本与船龄密切相关。随着船龄的增加，船舶的资本成本逐年下降，由于旧船性能降低，维修、燃料等消耗增加，因此经营成本会有所增长。随着船龄的增长，船舶日常检验所需的修船时间越来越长，从而影响船舶的营运周期，进而影响航运成本。根据我国交通运输部的《老旧运输船舶管理规定》的要求，各种船舶都有具体明确的报废年限。实际经验证实，在船舶价格认定体系中，同类型船舶的交易价格与船龄存在定量关系。

4. 船舶折旧年限及折旧率

产品成本是用货币表现的生产产品的活劳动和物化劳动消耗，成本中的折旧额反映生产产品的物化劳动的消耗。固定资产是航运企业赖以生存发展的物质基础，是企业必不可少的生产工具，通常占整个企业资产总额的 70%。船舶作为船公司的主要固定资产，其固定费用必须通过折旧，在其有限的使用年限内，逐步转化到运输产品的成本中去，以保证在使用期结束时，固定资产的投资费用能全部得到补偿，这是维持社会生产和扩大再生产的必要前提。从物质的观点来看，由于机器设备的自然磨损、腐蚀以及技术进步所造成的“精神磨损”（新设备出现，原有设备的价值自然锐减），固定资产将随使用时间的推移而贬值。折旧额代表贬值的那一部分，作为物化劳动消耗转移到产品成本中去。

$$年折旧额=\frac{船舶造价-残值}{折旧年限}$$

上市航运公司运输设备折旧年限和折旧方法统计表如表 4-3 所示。航运业是一个周期性行业，其经济收入与经济周期有较强的关联性。从投资和企业经营决策的观点来看，折旧又是一个既能反映合理的成本，又能使投资得到尽快补偿、设备及时更新的策略问题。折旧额的高低不仅关系到投资能否及时收回，而且还关系到企业的账面成本、盈利和所得税额的大小及纳税时间的长短。折旧率过低，则账面成本低，投资不能及时收回，阻碍企业的设备更新和技术进步，从而使企业丧失竞争力。加速折旧会使企业账面成本提高，从而在同样收入条件下可降低所得税额，促进设备的更新和改造。

表 4-3　上市航运公司运输设备折旧年限和方法统计表　（年）

公司名称	散货船	油轮	集装箱船	集装箱	其他类型船舶	折旧方法
中国远洋	20		25	15	20~33（内河）	直线法
中海海盛	8~22					直线法
中外运	25		25			直线法
长航凤凰	25				15（内河）	直线法
招商轮船	25					直线法
太平洋	25				30（滚装）	直线法
中海发展		17~22				直线法
招商轮船		22				直线法
南京水运		22				直线法
中海集运			25	8~10		直线法
东方海外			25	5~12		直线法
金辉集团			25			直线法
海丰国际			18~25	5~12		直线法
宁波海运					8~18（杂）	直线法
中远航运					24（杂）	直线法

（二）规模经济

规模经济研究的是生产规模的变化对经济效益的影响。规模经济也叫大规模生产的节约，反映企业规模与产品成本之间的关系。当企业规模扩大时，产品的平均成本将下降，这种情况就叫规模经济。海运中的规模经济问题主要体现在船舶的大小上，吨位越大的船舶每吨海里平均运输成本越低。

考察经营效率的标准应是单位运输成本，即每吨、每 TEU 或每立方米货物运送成本。20 世纪以来，影响船舶单位运输成本的因素越来越多。简单地说，因为船舶的经营成本、航次成本和资本成本的增长与船舶载重吨的增长并不是成比例的，在一定范围内，前者的增长可能慢于后者，所以一般而言，船舶吨位增大可以降低单位运输成本。例如，一艘 28 万吨级的大型油船和一艘 2.9 万吨级的小型油船所需要的船员数是一样的，而其单位最大载重吨所使用的燃料仅为后者的 1/4。同样，一艘 17 万吨级的干散货船的单位最大载重吨年成本是 3 万吨级干散货船的 1/3。

船舶规模效益主要体现在以下四个方面。

①当船舶吨位增大时，建造成本并不按同一比例增加，每载重吨的建造成本随着吨位的增大而下降，要将 1 平方米的面积扩大 4 倍，其周长只需延长 2 倍。钢材成本是船舶建造成本中所占开支最大的部分，要建造容积多 95%的船舶所需的钢材只增

加 25%即可。

②当船舶吨位增大时,船员人数并不一定按同一比例增加,每年每载重吨运力的船员工资随着船舶吨位的增大而下降。大小船舶所需的船员数相差不大,船舶达一定的规模时,拥有自动化设备的船舶更加节省船员人力。

③当船舶吨位增大时,每天的燃料消耗并不会成比例增加,每天每载重吨运力的燃料成本随着船舶吨位增大而下降。除了 ULCC 外,船舶不分大小均只需一台主机。大型船舶需要较大的功率,但这种推进功率与船体大小并非成正比,如一艘 2 万吨级船舶,航速要求为 16 节,船舶设计功率需 7 354 千瓦;而一艘 10 万吨级的船舶的设计功率只需 15 445 千瓦。

④当船舶吨位增大时,每年维修费、物料费、燃料费等并不一定按同一比例增加,每年每载重吨运力的这些费用随着船舶吨位的增大而下降。船舶的管理费随着船舶数目的减少而减少,一艘 15 万吨船舶的管理费比 6 艘 2.5 万吨级船舶的管理费要少。要建造同样吨位的船舶,选择建造一艘大型的船舶比建造几艘小型的船舶节省了不少重复工作。

事实上,在实际运营中,大型船舶也有其致命的弱点:①丧失了灵活性,受到可进入港口和航线的限制,只能靠部分直挂港,其他港口只能用支线连接,无形中增加了货物中转费用;②难以满载和通过获得回程货物来减少空载率,若缺少货源,船舶越大,亏损越大;③货运速度慢,货物在港集散时间长,大大增加了船舶靠港时间和靠港费用,在一定程度上影响了其获得收入的能力。

第二节　航运运价及其影响因素

一、运价的基本概念

航运企业在进行海上货物运输过程中,要发生诸如船员工资、伙食费、燃料费、物料费、维修费、保险费、港口费,以及企业管理费用等经营性开支,为了维持和扩大再生产,还要计提折旧和获取一定的合理利润,船公司或承运人要向货方或托运人收取合理的运输劳务费用,这种劳务费用称为运费,计收这种劳务费用的单位价格叫作运价。

运价是以货币表现的、为完成单位运输生产所消耗的社会必要劳动量,或者是单位运输产品价值的货币表现。运输业作为特殊的物质生产部门,其产品虽无实物形态,但也创造价值,也需要消耗物化劳动和活劳动。运输产品的社会劳动消耗量或社会生产费用构成了运输产品的价值,其价值用货币表现出来,就是运价,表现为运输单位产品的价格。

运价也称运费率,可分为三种:基价(又称基本运费率)、运价和运价表。基价指每人海里或每吨海里的基本运价;运价指某种货物由一地运至另一地每一约定单位的价格;运价表指各地之间货运价总表。

运价=基价 × 运距

理论上运价构成=运输成本+合理利润

二、运价的特点

(一)按距离计算运价

运输产品的计量单位是重量与距离的复合单位,即吨海里或人海里,其价格构成中既包含重量因素也包含距离因素。运价以每吨海里、每人海里若干元表示,称作吨海里或人海里运价率。同种货物每吨海里运价因不同的运输距离而有所差别,甚至差别很大。在合理的运距范围内,运输成本随距离延长而逐渐降低,按运距形成的运价也是递减的。在差别运价的形成中,不同运距运输货物发生的运输成本决定了递远递减的程度和终止里程,运价随运距延长而降低,近距离降低得快,远距离降低得慢,超过一定距离不再降低。

(二)运价随所运货物种类和运输方式的不同而不同

不同货物的运输发生不同的运输成本,运输货物种类的繁多也决定了运价种类的多样性。同种货物采用的运输方式不同,运价也不同。运价随着运输货物的种类、运输方式的不同而发生变化,运价种类繁多,结构复杂。世界各国大都实行适应多种运输需求与运输方式特点、因运输距离不同而不同的多种运价制度。

(三)运价只有销售价格一种形式

工业产品一般有出厂价、批发价和销售价之分,农产品也有收购价和销售价之分,运价则没有工农业产品在价格形成上的区别,而只有销售价格一种形式,没有其他价格形式。运价的这一特点,是由运输业产品不具有实物形态,运输的生产过程同时又是消费过程的特性决定的。

运价虽然仅有销售价格一种形式,但它却是形成商品的各种价格形式的重要因素。产品的运输费用将被追加到成本中去,商品经过运输后,运费必须在商品销售时收回,运价直接参与商品价格的构成。

运价在国民经济价格体系中占有重要地位,在国际贸易中是双方交易的重要组成部分,是国际航运供求关系的调节器。要使运价制定得合理,必须经常根据各种影响因素的变化及市场发展情况进行必要的调整和修正。

三、运价的表现形式

根据国际航运惯例,国际航运运价大体分为以下几种形式。

(一)一般运价条款

一般运价条款适用于各种运价或某些特定的运价,它的作用是规定运费支付的时间和划分承托双方的责任。

(1)按照运费支付时间分类

按照运费支付时间,运费可分为预付运费和到付运费。

1)预付运费(Prepaid Freight, Freight in Advance)

预付运费是指在签发提单前即需支付的全部运费或者在货物装载完毕后支付的运费。一般运输合同中会具体规定预付运费的时间。运费是对运输劳务给予的报酬,应在运输完成后支付,但在航运实务中普遍采用的是预付运费方式。预付运费的产生是因为在国际贸易中提单可以转让、收货人容易变更、海上可能发生风险,或由于采用 CIF 或 C&F(Cost and Freight,成本加运费)运价条款,在签发提单前由卖方在装货港支付运费可使交易双方尽早结汇。

2)到付运费(Freight to Collect)

到付运费是指在货物运抵目的港交付货物前付清的运费。对于到付运费,承运人要承担一定的风险。尽管提单中有无论是预付运费还是到付运费,也不论在任何情况下,承运人都有权要求全额运费的规定,但是,如果货物灭失,再想追收运费实际上是很困难的。承运人为防止因收不到运费而遭受损失,除了可以将应收的到付运费作为可保利益向保险公司投保外,通常还可以在提单条款或合同条款中附加类似于"收货人拒付运费或其他费用时,应由托运人支付"或"托运人应向承运人提交一份保证收货人不支付运费时,则由托运人支付的保证书"的条款。

另外,在提单条款和合同条款中还有关于留置权的规定,按这一规定,在收货人付清到付运费之前,承运人可以拒绝交付货物,经法院批准可以将货物拍卖,以拍卖所得收入来抵偿应收的运费。到付运费的具体支付时间,在合同中有明确具体的规定。

(2)按照货物装载的程度分类

按照货物装载的程度,运费可分为全额运费和亏舱运费。

1)全额运费

全额运费是指按合同规定的数量收取的运费。通常托运人向承运人租船订舱,在运输合同中指明承运货物的数量,按这一数量所收取的运费叫全额运费。

2)亏舱运费

亏舱运费是指由于托运人未能按预定数量交运货物而造成亏舱时,托运人必须支付的亏舱运费。

(3)按照负担货物装卸费用分类

按照负担货物装卸费用,运费可按以下四种运输条款计算,采用不同条款在运价上有一定的差异。

①班轮条款(Liner Term);

② FI(Free In)条款;

③ FO(Free Out)条款;

④ FIO(Free In and Out)条款。

(二)不定期船运价

不定期船运价按照计费单位、租船方式进行分类。

(1)按计费单位分类

按计费单位,不定期船运价可以分为每吨运费和包舱运费。在程租船运输中,所承运的货物是大宗货物,一般都按重量吨计收运费(木板按板尺(B/M)计费)。在运送铁屑、圆木和成材等货物时,经常采用包舱运输的形式,按照船舶的全部或一部分舱位收取一笔包租运费,也称为整笔运费。

(2)按租船方式分类

按租船方式,不定期船运价可以分为货物运输合同运价和船舶租赁合同租金。货物运输合同包括航次租船合同、包运租船合同、长期运输租船合同,运费按运输合同规定的运费率(美元/吨)乘以实际货运量计收,船舶出租人负担除了装卸费以外的全部费用。船舶租赁合同包括期租船合同、光租船合同和航次期租船合同,以租金形式收取运输服务报酬,一般以船舶载重吨按月(或天)计收。

(三)班轮运价

班轮运价主要有两种分类方法。

(1)根据运价的制定者分类

①班轮公会运价,即由加入公会的班轮公司共同制定的运价。

②班轮公司运价,即由班轮公司自行制定并实施的运价。

③双边运价,指船、货双方共同协商制定并共同遵守的运价。

④货方运价,指由货方制定,船方接受和采用的运价。

(2)根据运价的形式分类

①单项费率运价,即按货物类别和航线类别制定的基本运价。

②等级运价,即根据不同航线,分别针对每一个货类等级制定的基本运价。

③航线运价,即不分运输距离的长短,只按航线、商品名称或等级制定的运价,与航线运价相对应的是递远递减的距离运价。

运输成本由变动成本和固定成本两部分构成,在海运成本构成中,变动成本中的燃料费为主要部分,它随着运输距离增加而增加。而固定成本与运输距离无关。因此,当航行距离增加时,平均每吨海里海运成本中所包含的固定成本呈现递减的规律,即运输距离越长,单位海运成本越低。这样依据海运成本制定的运价也应反映递远递减的规律。

在远洋运输中,当航线距离足够长,递远递减的规律对运输成本的影响很小或不起作用时,只有航线上的港口费、装卸效率等因素和各挂靠港口条件对运输成本起着重要作用。因此,按远洋航线和货类等级制定运价,只要起运港和目的港属于航线上规定的基本港口,不论距离远近,均按“航线费率表”上该货类等级规定的运价计算运费。这种运价是按照各航线上各挂靠港的平均运距规定的平均运价。相同的航线，不论距离远近，都按该航线分货类的平均运价计算运费。一般来说，国内运输距离较短，多采用分货类等级，按不同运输区段的距离规定的递远递减的距离运价。

班轮运价依据现实的运输形式、货物种类和性质等可分为以下几种形式。

①从价运价。从价运价是指依单一货物本身的价值而定的运价。

②附加费用。附加费用是除基本运价外再附加的费用。这些附加在基本运价上的费用有以下几种：超重、超大、超长物体等的附加费用；选港费；货币附加费；燃油附加费；捐税附加费（有些国家对外国船舶征收特别捐税，纳税船舶所属公司将此捐税负担转嫁于托运人而征收附加费）；运河附加费（因船舶通过苏伊士运河或巴拿马运河等运河时，船舶要付运河通行税，故承运人对货物征收运河附加费）。

③特别运价。特别运价指班轮公会在托运人的要求下，或为了应对非班轮公会船舶的竞争，在一定期限内或一定的条件下，对某些商品提供的运价。

④最低运价。船公司每签发一份提单（货运单）时，不论货物数量多少，运价不得低于最低运价，若低于最低运价时，以最低运价计收。

⑤包裹运价。凡体积小、件数少、价值不高的商品，如样品、礼品等，不列入舱单，而另行列入包裹清单，交由船长保管，其运价称为包裹运价。

⑥冷冻货运价。装运冷冻货物的船舶须有冷冻或冷藏设备，因而运输成本较高，而且运输途中的保管要求也高，稍有疏忽就会造成严重损失，故而风险也大，所以此类货物运价较一般商品高。

⑦危险品运价。

⑧政府物资运价。政府或军事当局所属单位采购或出口货物时，往往另订优惠运价。

⑨甲板货运价。甲板货运价指船方在货方的同意下，对习惯上允许装载在甲板上的货物拟定的运价。甲板货在发生共同海损时，虽经投弃或被损坏，承运人也免除责任。因此，甲板货运价，对承运人来说，所负责任较轻，故其运价水平也较低。

⑩自由定价（亦称议价）。在运价本中，有些货物并未订明运价，这表示该货物的运价由班轮公会会员自行决定。自由运价货物，除了部分杂货以外，以钢材、化肥、水泥、煤炭、矿石等大宗货物为主。

⑪ 联运运费。货物在甲港装船，运至乙港后转由他船运往目的港丙港，这种由甲港经船运至丙港的货物运费，称为联运运费。

⑫ 集装箱运价。集装箱班轮运价包括两种形式，一种是费率运价，另一种是协议运价。费率运价包括 FAK 运价、FCB 运价以及 FCS 运价[①]，其中以 FAK 运价使用范围最为广泛。协议运价以长期服务合同（Service Contract，S/C）以及短期运价协议（Revenue Freight Agreement，RFA）两种形式呈现。

① FAK，即 Freight for All Kinds 的缩写，代表不论箱内的货物种类，一律采用同一费率；FCB，即 Freight for Class and Basis 的缩写，代表按照不同货物等级和计算标准（重量或体积）制定不同的包箱费率；FCS，即 Freight for Class 的缩写，代表按不同种类的货物采用不同的包箱费率。

四、运价的影响因素

市场经济条件下，航运市场和运价机制决定了航运资源的分配与生产要素的组合，价值规律调节供求关系与资源分配。航运运价的影响因素众多，且影响因素之间互相牵制、互相制约。航运运价的影响因素大体上可分为五个方面：成本、需求、竞争、定价目标和政策法规。航运企业在制定运价策略时，除了考虑上述五个方面因素的影响外，还要顾及服务产品的特征对运价的影响。

(一)航运成本对运价的影响

产品成本是由产品的生产过程和流通过程所花费的物质消耗和支付的劳动报酬所形成的，是影响产品价格的最基本的因素。同样，航运成本也是决定航运运价的基本因素之一。航运成本是航运企业提供运输服务所支出的各种费用的总和，它包括所有生产、分销和推销该航运劳务的费用。正常情况下，这些费用应从运价中得到补偿。按照传统的成本分类方法，航运成本可分为固定成本和变动成本两大类。在海上运输行业中，固定成本占总成本的比重较大，平均高达70%以上。这是因为海上运输需要昂贵的船舶设备和人力资源。

船舶运输经营有不同的方式，如航次租船运输、定期租船运输、传统的杂货船班轮运输和集装箱班轮运输等等。不同的营运方式所发生的固定成本和变动成本在构成上不尽相同，而且其费用在船东和货主之间的分摊也有所差别。

对航运成本影响最大的费用是船舶资本成本、船员成本和燃料费。航运企业可通过以下途径来降低成本。

①增大船舶吨位，从船舶吨位的边际成本递减中受益。海上运输有一个显著的特点，即随着船舶吨位的增加，从边际成本递减到边际成本不变是缓慢过渡的。

②发展现代化节能船，以减少燃料消耗。

③推行船舶最大化，以减少船舶船员，从而降低船员成本。

④采用方便旗船的经营方式，以减少税收的缴纳，雇佣外国低工资船员，从而降低经营成本。

(二)需求因素对运价的影响

(1)供求规律

1)价格与需求

假定其他因素不变，则价格与需求量呈反方向变化：当产品价格下降时，需求量在价格的刺激下会有所增加；相反，当产品价格上升时，需求量就会减少。

2)价格与供给

价格与需求量关系的法则也适用于价格与供给的关系，只是价格与供给量呈正方向变化：当价格上升时，供给量在价格的刺激下会有所增加；当产品价格下降时，供给量会减少。

3)供求关系与均衡价格

由于价格的变化导致的需求与供给的变化方向是相反的,在市场竞争的条件下,供给与需求都要求对方与之相适应,即达到供需平衡。供给与需求变化的结果是价格趋向供需平衡点的价格,即均衡价格。均衡价格是在供需处于平衡状态时相对稳定的价格。

(2)需求弹性

需求弹性的判断对市场价格的形成和制定具有重要意义。航运需求量与运价之间存在反向关系,即运价越高,需求量越低。这是因为,航运需求主要以营利为目的,而货主的购买行为是理智的、规范的,而且他们大多受过良好训练。

航运企业除了应了解航运需求与运价在变化方向上的关系,还应了解航运需求量对运价变动的反应程度,即航运需求的价格弹性(简称需求弹性)。假如企业所面对的航运需求是富有弹性的(即$|E_d|>1$),提高运价会减少企业的营运收益,降低运价会增加企业的营运收益。假如企业所面对的航运需求是缺乏弹性的(即$|E_d|<1$),提高运价会增加企业的营运收益,降低运价会减少企业的营运收益。假如企业所面对的航运需求是单位弹性的(即$|E_d|=1$),无论提高还是降低运价均不会改变企业的营运收益。所以,在需求富有弹性的情况下,提高运价或制定高运价很可能是一种错误的决策。在需求缺乏弹性的情况下,降低运价或制定低运价很可能是一种错误的决策。因此,运价制定者应把握航运需求弹性与营运收益之间的关系。表4-4列出了在不同航运需求弹性下运价变动所引起的营运收益变动的规律。

表4-4 不同航运需求弹性下运价变动所引起的营运收益变动

运价变化	弹性系数				
	$\|E_d\|>1$	$\|E_d\|<1$	$\|E_d\|=1$	$\|E_d\|=0$	$\|E_d\|=\infty$
降低	营运收益增加	营运收益减少	营运收益同比例于运价的下降而增加	营运收益不变	营运收益任意变动
提高	营运收益减少	营运收益增加	营运收益同比例于运价的提高而减少	营运收益不变	营运收益任意变动

(三)竞争者对运价的影响

竞争者的运价和产品是影响航运企业定价的另一个重要因素。定价中最难掌握的因素是同行对航运企业的影响和对价格的反应。在大家对市场占有率的重要性达成了共识的竞争环境中,运价的起伏会明显反映到市场占有率上来,从而引起竞争对手的强烈反应。

如果航运企业的服务处于一般水平,那么接受现有的航运市场价格或许是最省心且最可行的办法。当然,这并不意味着企业就不会面临竞争。航运企业的竞争有两种类型:价格竞争和非价格竞争。除非航运企业拥有足够的实力,否则价格竞争的结果只能是两败俱伤。而非价格竞争,诸如提供优良的服务、投放广告等,既能让货主真正感到满意,又不至于激起竞争对手强烈的报复反应。图4-1反映了这两种竞争形式。

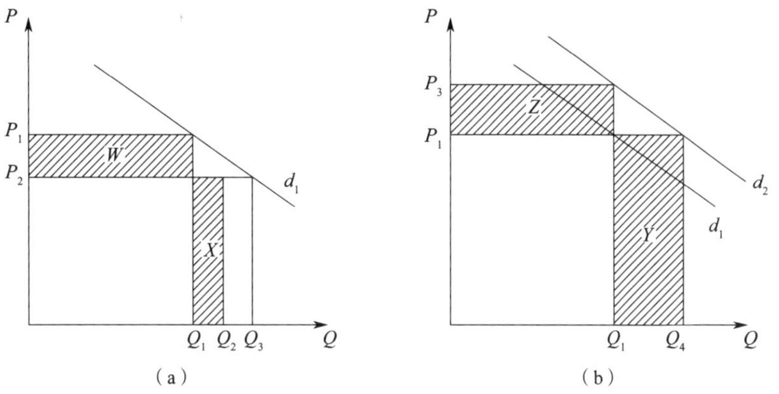

图 4-1　价格竞争和非价格竞争

(a)价格竞争　(b)非价格竞争

假定图 4-1(a)中的 d_1 是某航运企业的需求曲线，在运价为 P_1 时，需求量为 Q_1，根据需求理论，如果将运价降低到 P_2，航运需求就会增加到 Q_3，但是在一个价格敏感、竞争激烈的环境中，一个航运企业的降价必然会招致对手的反应，否则，他们的市场份额就会大大减少。于是，他们会作出包括降价在内的各种反应。这就导致该航运企业将运价降到 P_2 所期望得到的需求增加量 Q_3-Q_1 并不能实现，增加的运量可能仅为 Q_2-Q_1。降价后，运量增加引起的收益增加部分 $X=(Q_2-Q_1)P_2$ 和运价降低以后运输收益减少部分 $W=(P_1-P_2)Q_1$ 的关系，有可能是 X 小于 W，得不偿失。

图 4-1(b)中的 d_1 与图 4-1(a)中的相同，如果航运企业采取非价格竞争的手段，按照经济学的理论，那会引起需求曲线本身的变化，于是从 d_1 移到 d_2 位置。这种变化是不太引人注目的，也是不大容易被人模仿的。此种情况下，运价 P_1 不动，需求量可以从 Q_1 增加到 Q_4，直接收益增加部分为 $Y=(Q_4-Q_1)P_1$，或者可以把运价提高到 P_3，需求量不会因此减少，直接收益增加部分为 $Z=(P_3-P_1)Q_1$。

(四)企业定价目标对运价的影响

企业在定价之前必须首先确定定价目标。定价目标以企业营销目标为基础，是企业选择定价方法和制定价格策略的依据。

(1)以获取利润为定价目标

价格高于成本，获取对应的经营利润，是任何企业开展经营活动的基本目标。

在完全竞争的情况下，每一个航运企业都是运价的被动接受者，而它们所接受的市场运价，就是能使企业当期利润达到最大的运价。不过，企业还须根据成本来调整它们的运输供给，以满足边际成本等于边际收益这一均衡条件，否则，仅仅接受市场运价还不能保证当期利润达到最大。

就完全垄断和垄断竞争这两种市场结构而言，要想制定一个能使当期利润达到最大的运价，航运企业须估计自身的需求和成本，然后，按照边际成本等于边际收益这一均衡条件，选择一个使其当期利润达到最大的运价。

在寡头垄断市场中，若航运企业存在联合，则联合起来的卡特尔组织，如班轮公会，其追求当期利润最大化的定价行为与处于完全垄断市场中的航运企业类似；若不存在联合，处于支配地位的寡头航运企业可按照边际成本等于边际收益这一准则来选择使其当期利润达到最大的运价；处于被支配地位的其他寡头，只有采用处于支配地位的寡头航运企业所制定的运价，才能使其当期利润最大化。

（2）以维持生存为定价目标

当企业遇到生产力过剩、产品积压、竞争激烈或者消费者需求改变时，往往以维持企业生存作为它们定价的主要目标，这时利润与生存相比次要得多。只要制定的价格能够弥补可变成本和一些固定成本，企业就能够维持生存。

然而，有些企业把维持生存作为定价目标，实际上是把追求当期利润最大化作为定价目标的一种特殊形式。当能使企业利润达到最大的单位运价低于企业的平均成本而高于企业的平均变动成本时，企业应维持生产，继续营业。这是因为，虽然在这个运价水平上企业是亏损的，但是因单位运价大于平均变动成本，其超出部分可抵补部分固定成本，而固定成本，在短期内无论企业经营与否，都是不可避免地要发生的，所以企业选择这个运价，在短期内维持生产的同时，能寻求更好的市场机会或找出降低成本的途径，这样比停止营业更有利。

（3）以市场份额为定价目标

市场占有率是反映企业市场地位的重要指标，影响到企业的市场形象和赢利能力。与同类企业或产品比较，市场地位高，表明在竞争过程中企业拥有一定优势。因此，许多企业经常采用价格手段，力图维持或提高其市场占有率。就航运企业而言，采用这一定价目标，就要制定较低的运价，以低运价来吸引新货主和留住老货主，以达到提高市场占有率的目的。所以，这是一种以牺牲短期利润来获取长期持续高利润的战略性定价目标。

（4）以改善形象为定价目标

价格是消费者据以判断企业行为及其产品的一个重要因素。树立货运质量领先地位能使企业在货主的心目中建立良好的信誉，博得货主的信任，从而能获取较多的稳定的货源，使企业赢得长期丰厚的利润。但是，高货运质量往往以高营运成本为代价，一般要求收取较高的运价以弥补高货运质量所耗费的高营运成本。例如，美国总统轮船公司（APL）向货主提供优质上乘的集装箱班轮运输服务，其运价要高于一般航运公司的运价。

（5）以应对竞争为定价目标

一般来说，企业对竞争者的行为十分敏感，尤其是对方的价格策略。就航运市场上的货物运输而言，如何制定运价是每个营销人员都会碰到的问题。一旦作出了决定，也就对定价作出了选择。如果价格定得较高，航运企业可能是想多赚利润；如果价格定得较低，航运企业可能是为了占领市场；价格定得适中，航运企业可能是想与同行保持同步。

定价也会随着时间的变化而变化。比如：在刚刚进入一个海外市场时，企业定价的目标可能是保本；进入市场并站住脚跟后，企业可能会转向低价竞争以扩大市场份额，也可能会与竞争者和平共处，以获取适当利润为定价目标。

（五）航运政策对运价的影响

航运扶持政策是世界各国（尤其是传统的海运国家）广泛采用的各种经济补助和优惠政策，目的是促进、扶持本国航运业的发展，主要包括以下内容。

（1）直接补助项目

①投资补贴。它是指政府按新船造价的一定比率给予新船建造投资者的投资补贴。

②营运补贴。它是指为保护某一航线、某种类型船舶的经营，由国家给予的补贴。

③利息补贴。一国船舶所有人的贷款利息若超过某一标准，其超出部分由政府支付。

④灭火补助。

（2）间接补助项目

①税率优惠。其项目包括：对航运资产、所得税实行优惠汇率；对航运造船所需的进口物资实行免税或降低关税；延期纳税，先交后退，如美国政府通过“造船储备金延期纳税”计划，给予本国船舶所有人纳税优惠。

②加速折旧。许多国家允许本国船舶所有人在计算账面成本时使用极短的折旧年限或自由折旧。这样，由于账面成本提高，利润减少，船舶所有人实际上在船舶投产的前几年里减少了所交纳的所得税额。

③财政及信贷支持。政府对本国船舶所有人的投资行为可采取如下的支持措施：提供低息造船贷款；提供贷款信用保证；提供长期低息贷款或允许贷款延期偿还。

④其他间接补助。包括：提供船员所需的培训和医疗保护；允许本国船舶在国内港口优先靠泊；提供燃料及港口费用优惠等。

此外，美国政府还在本国船舶承运政府控制的某些货物时支付高于国际市场的运价，以弥补其较高的成本。

（3）航运保护措施

航运保护与航线扶持是航运政策的两个方面。航运保护通常以行政和法律手段维护本国船队的利益，保护船队的发展。目前世界各国普遍采取的航运保护措施是贷款的优先政策。

1）制定国际公约分配货载份额

《班轮公会行动守则公约》中明确规定了班轮公会内部各国航运公司分配货载的原则。按照公约第二条规定，航线两端的国家的航运公司应平均共享货载的40%，第三国航运公司有权承运航线货载的20%。公约还规定了各有关方面在不承运所规定的分配额时，其放弃部分的份额在各成员公司间再分配的办法。

2）通过双边协定分享货载

通常在双边贸易协定中，附有缔约国双方分享货载的条款。

3）通过颁布国家法令来确保本国船舶优先取得货载

世界上有1/3的国家颁布专门的法令保护本国沿海航运权，严格禁止外国船舶承运本国港口间航线上的货物。

4）通过法律形式或经济杠杆来保护本国船舶承运进出口货物

相关措施包括：对本国船舶运输的货物减税；对使用本国船舶运输的出口货物提

供出口补贴,对不使用本国船舶运输的出口货物取消出口补贴;通过颁发进出口许可证、商品检验证等来控制货载优先分配本国船舶承运;统一管理出口货物,优先分配本国船舶承运等。

(4)政府监管

航运对一国经济的发展具有举足轻重的作用,因此,长期以来,多国政府制定和实施了一大批航运市场的政策和法规。政府主要对航运市场上的班轮公会、协议组织以及大型航运公司的定价行为和竞争手段进行约束,如我国实施的班轮运价报备制度。政府对运价进行监管的目的主要是维护航运市场和运价的稳定,防止恶性竞争和非法竞争。

六、服务的特性对运价的影响

航运产品是一种服务,具有无形性、不可储存性、不可分离性等特征。这些特征在一定层面上也会影响航运企业的运价制定。

(一)服务的无形性

无形性意味着提供服务比提供实体产品有更多的变化。服务内容可按货主的不同要求作适当添减,服务水准、服务质量等也都可以依照不同顾客的需要而作适当调整,因此价格往往是通过卖者和买者之间的协商来决定的。例如,在租船运输中,不同的货主所要承运的货物的种类和数量不同,而且在装货港和卸货港、装运期限、租船方式或期限、船舶的吨位等方面有不同的要求,船公司可根据货主的需要来提供不同形式的租船运输和服务,但这意味着船公司的成本必然随之发生变化,而成本要在运价中得到补偿。因此,在租船运输实务中,运价都是通过协商议定的。

(二)服务的不可储存性

由于服务的生产和消费是同时进行的,这就使得服务不可能像有形商品那样可以先储存起来,以备未来销售。当然,提供服务的各种设备是可以提前准备的,但生产出来的服务若不及时消费掉,就会造成浪费。

若服务的需求是稳定的(假如不存在其他需求的不平衡),服务的不可储存性就不成为问题了,因为事先安排服务的供给是很容易的。

若服务的需求波动大,服务的不可储存性就会导致运价的波动。因而,对于航运企业来说,必须使用优惠价和降价等方式,以充分利用剩余的生产能力。

若服务的需求在方向上是不平衡的,服务的不可储存性也会导致运价的波动。例如,船舶在往返航程中能否揽取回程货,足以对运价水平高低产生影响。在制定班轮运价时,航线上的船舶若能获得回程货,运价就可以定得低一些,这样既不影响航运企业获利,又有利于提高企业的竞争能力;反之若无回程货,运价就必然要定得高一些,否则企业可能难以保本。当然,也可以按正常水平制定运价,而对回程货计收低价。

(三)服务的不可分离性

服务具有不可分离的特征,即服务的生产过程和消费过程是同时进行的,两者在时间上是不可分离的。一般而言,总成本随生产时间的增加而增加,所以,服务的总成本随时间的增加而增加。

就航运产品而言,由于时间是构成航行距离的要素之一,因此其总成本随距离的增加而增加。这就决定了航运产品有按距离计价的特点,即其运价构成中包括距离这个要素。

运费率实质上是单位距离航运产品的价格。它的形成基础是单位距离的航运成本。由于单位距离的航运成本是随运距的延长而逐渐递减的,即单位航运成本递减,因而运费率也具有递减的特点。运费率随运距延长而递减的特点还具有如下规律,即近距离递减得快,远距离递减得慢,超过一定距离不再减少。这是因为单位航运成本递减的变化具有先快后慢、达到一定距离后其改变量可忽略不计的规律。

阅读资料

国际海运整柜到国外会产生哪些费用

国际海运整柜的费用由三部分组成:海运费、附加费和特殊附加费。

一、海运费

海运费=单位基本运费 × 整柜数

二、附加费

(1)港口附加费=单位港口附加费 × 整柜数

港口附加费也称船舶拥挤附加费,是对运往卸货港的货物因船舶拥挤致使停泊时间延长而临时征收的附加费。这种附加费分为按一定数额计收的和按运费的一定百分比来计收的两种。船舶拥挤大多发生在发展中国家的港口,主要是由于港口设备差,进口计划性不强,政情不稳,罢工,怠工,劳动热情低等。就运费的提高而言,一般都由各航运公会公布一个一定的实施预告期,但如果船舶拥挤是偶然引起的,也可根据公会应急条款的规定,在没有预告的情况下进行征收。

(2)燃油附加费=单位燃油附加费 × 整柜数

燃油附加费一般是指在不得不以比一般水平的价格高或比普通使用的燃油价格更高的价格来补给燃油时,将油价及其差额转嫁到每一吨货物上或分摊到基本费率上的费用。这一附加费的计算方法是,先用按平常价格营运时一个航次的总燃油费与涨价后的总燃油费求出差额,除以船舶装载能力,计算出每一载重吨应负担的差额。或者,算出上涨价格相比于平常价格上升的比例,并以基本费率来除它,就可求出基本费率应加的百分数了。

（3）提单运费

提单运费是指船舶从事货物运输时所收取的运费，实际上也就是班轮收取的运费。

三、特殊附加费

（1）货币贬值附加费

因为定期航线通常涉及使用两种以上不同货币的国家，所以其运费率须以较稳定的货币计价，在多数情况下以美元为基础。虽然各国以一定的汇率与美元等主要货币结算不会有什么问题，但是如果在主要货币的稳定性比较差的情况下，班轮公会所管辖的两国以上货币的交换就会产生变化。

（2）综合费率上涨附加费

综合费率上涨附加费，一般在南美航线、美国航线使用。

（3）超长、超重、超大附加费

超长附加费是指每件商品长度超过规定长度时所增收的附加运费。超重附加费是指每件商品的毛重超过规定重量（各船公司规定不一，有 2 吨，也有 3 吨或 5 吨的）时所增收的附加运费。超重附加费是按重量计收的，重量越大，其附加费越高，如需转船，每转船一次，加收一次。超大附加费是当一件货物的毛重或长度或体积超过或达到运价本规定的数值时加收的附加费。

国际海运费用如何区分到付还是预付？

海运费的到付，一般指 FOB，FOB 也称船上交货价或者离岸价，即你只需要付国内费用，其余费用由客人承担，一般是客人指定船公司。预付，也就是 CNF 或 CIF，你需要付全部的海运费，自己指定船公司。一般情况下 FOB 是到付的，但是也有少数情况是你付了之后客人再付给你的，这是少数情况。

合同体现为 FOB，即你只需要付国内拖柜、集装箱码头装卸作业以及报关的费用（以及特殊情况下产生的费用，如海关查验等相关的费用），海运费或空运费由客人承担，一般由客人指定船公司（或指定货代，较少）。提单显示为 Freight Collected（运费到付）。

海运费的预付指 CNF 或 CIF，但是我们看到更多的是 CIF。这些报价已经将运费算在内了，所以你得自己安排运输，自己付海运费。但是也有少数客人指定货代代你付运费的。从卖家的角度来说很少会选择海运费预付，因为海运费对于卖家来说是一笔不小的金额，因此选择海运费预付的时候面临的“货财两空”的风险很大。

合同体现为 CNF（不包含保险费）或 CIF（含保险费），你需要付全部的海运费用，自己安排船公司（但也有客人指定走某家船公司的情况）。提单显示为 Freight Prepaid（运费预付）。

资料来源：海运整柜到国外会产生哪些费用呢？[EB/OL].（2022-09-08）[2022-12-05]. https://www.sohu.com/a/583436643_121454157.（有改动）

第三节　航运运价制定方法

由于价格和需求之间的反向关系，从长期看，产品价格必须高于最低成本，低于顾客的最高支付愿望，否则将导致企业无利可图。所以，产品的实际定价以顾客的最高支付愿望和成本为上下界限，通过和竞争产品（或服务）在质量等影响顾客产品选择的因素方面进行比较，确定价格在上下界限之间的具体位置。

一、运价制定原理

运价是运输产品价值的货币形态表现，也就是单位运输产品的价格。运价不仅是运输企业计算运输费用，取得运输收入的依据，而且，由于运输业是经济的基础，运输过程是产品生产过程的继续，运输费用是产品价值的构成部分，因此运价水平对经济、生产和生活有直接的影响。运价制定是比较复杂的问题，合理地制定运价需要考虑很多影响因素。目前有影响的定价理论很多，定价时可综合加以运用。

（一）运输价值决定论

运输价值决定论认为，货物运价的形成基础是运输价值，运输价值是凝结在运输服务中的无差别的人类劳动，包括物化劳动和活劳动两部分。价值量就是劳动量。劳动量用社会必要劳动时间来表示。运价应取决于运输劳务的价值，即运输价值决定运价，这种观点的形成直接起源于马克思的劳动价值论。按照马克思的劳动价值论，运价的形成主要受两种因素的影响：

第一，在既定的运输生产条件下的平均物质消耗和劳动消耗量，即运输部门的平均生产成本；

第二，因各经济部门的利润平均化趋势而客观存在的社会平均资金利润率的水平。

以运输价值定价实际上就是以全社会的平均生产成本（包括平均利润）为定价的基础，它主要为政府制定基准运价提供理论依据。这主要是计划经济或实行运价控制条件时的定价依据。

以运输价值决定论为基础，运价一般应该由两部分构成：一是已消耗的生产资料的价值，又叫转移价值；二是生产者在运输生产过程中新创造的价值，又叫活劳动创造的价值。活劳动创造的价值又分为劳动者为自己劳动所创造的价值和为社会劳动所创造的价值。因此，运输价值由三个部分组成：

①已损耗的运输工具、技术设备、燃料、材料和油脂等生产资料的价值，即转移价值；

②劳动者为自己劳动所创造的价值；

③劳动者为社会劳动所创造的价值。

与运输价值的三个部分相对应，三部分价值的货币表现形式——运价也分为三个部分：

①物资消耗支出——转移价值的货币表现（C）；

②报酬——工资，为自己劳动所创造价值的货币表现（V）；

③盈利——为社会劳动所创造价值的货币表现（M）。

因此，运价可写成下列方程：

$$P_r = C + V + M$$

运价取决于运输业的社会必要劳动消耗。以运输产品的价值为基础制定的运价，通常以中等生产条件的企业的物质消耗水平和劳动报酬水平为基准，保证企业获得一定的盈利。可见，以价值为基础制定运价并不意味着保证每一个企业都能赢利或亏损。

国际航运运价的制定是一个相当复杂的问题，从影响运价的因素分析，它既取决于航运企业内部条件，又取决于航运市场结构、特点及其他外部环境条件。然而，从经济学的价格理论出发，任何一个航运企业（公司）或行业组织所遵循的定价原理是一致的。

（二）运输成本定价论

运输成本定价论是站在运输企业立场考虑价格制定的，其基本点是运输总收入必须足以补偿运输服务的全部成本耗费，运输产品价格必须反映运输产品价值（包括相应的利税），否则运输业的经营活动将无法维持。运输成本定价是以运输服务的必要劳动耗费所应得到的补偿加合理的利润后所确定的运价。运输成本定价原理符合价值规律，也符合运输企业的目标，所以运输成本定价原理被广泛用于制定国际航运运价。按照运输成本定价论有以下四种定价方法。

1. 平均成本定价法

平均成本定价是将运输总成本平均分摊到所承运的货物上之后，考虑单位运量的必要利润水平而确定的运价，可用下式表示：

$$P_f = \frac{S_{fc}}{Q_m} + C_{vc} + r$$

式中：S_{fc} 为固定成本；P_f 为运价（元/吨）；r 为单位运量合理利润（元/吨）；C_{vc} 为单位运量可变成本（元/吨）；Q_m 为运量（吨）。

在运输成本构成中，单位产品的变动成本 C_{vc} 通常不随运量变化，而平均固定成本（$\frac{S_{fc}}{Q_m}$）随运量的增加呈下降趋势。因此，平均成本曲线是一条自左上方向右下方倾斜的曲线，如图 4-2 所示。

平均成本定价也叫作平均成本加成定价，是以运输企业正常营运时的平均单位成本为基础，再加上一定比例的利润和税金而形成的运价。这种定价可保证运输企业在市场经济条件下获得合理利润。平均成本定价法具体又可细分为定额法、外加法和内加法三种。

定额法下运价的计算公式为

$$运价=\frac{平均成本+单位运量利润率}{1-税率}$$

外加法下运价的计算公式为

$$运价=\frac{平均成本\times(1+成本利润率)}{1-税率}$$

内加法下运价的计算公式为

$$运价=\frac{平均成本}{1-收入利润率-税率}$$

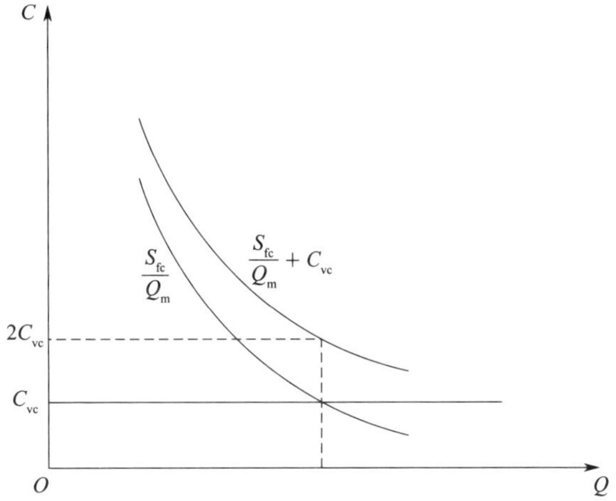

图 4-2　平均成本曲线

平均成本定价基本符合价值规律，它既考虑了运输生产过程中物化劳动的价值，又考虑了活劳动的价值，简单明了，直观易行，对船货双方都是公平合理的，所以很容易被接受并且在实践中应用。

然而，平均成本定价仅仅以企业内部条件为依据，具有一定的局限性，存在一些不可克服的缺点：一是平均成本定价不能反映航运市场供求关系与运价的相互影响，因此无法使运价不断趋于运输价值；二是平均成本定价不能反映航运市场供给与需求的变化在时间上的差异。所以，平均成本定价并不能真实地反映实际成本。

通常，运输需求的增长往往是不间断地逐渐增长；而运输供给的增长，则需要较长时间，且呈现为跳跃式增长，这就形成了航运需求与供给之间的时间差。国际航运市场中，航运供给与需求之间广泛存在这种时间差。由于这一特点，按平均成本定价就不能完全反映运输生产的实际消耗：当运输供给超前时，平均成本高于实际成本；而当运输供给滞后时，平均成本又低于实际成本。

平均成本定价的定价过程是在实际费用发生之后进行的，所采集和运用的数据一般是过去或当年的统计数据。因此，实际成本不一定反映未来状态，而且在分摊成本和决定利润率方面也缺少依据。

2. 边际成本定价法

边际成本是为增加单位产量所增加的成本。一般随产量增加而增加的成本为变动成本，如运输的油耗、装卸费、港站费、路桥费、人工费等。但如果按产量分摊固定成本时，则所分摊的固定成本就可以作为增加产量所增加的成本，计入边际成本。如将运输设备固定成本分摊到单位运量中，则每增加 1 吨千米都增加该分摊成本，因而成为边际成本。

边际成本定价法是指在运输供求发生变动时，运输企业必须增加或减少运输量，并以因增加或减少运输量而引起的总成本的变动为基础确定运价的方法。

计算公式为

$$P=\mathrm{MC},\ P=D(Q),\ \mathrm{MC}=\frac{\Delta \mathrm{TC}}{\Delta Q}$$

式中：P 为运价；MC 为边际成本；ΔTC 为总成本的增量；Q 、ΔQ 为运输量及其增量。

边际成本定价比较符合运输业的特点。比如，一些线路如果货源不足，就可能造成运力的过剩，此时其平均运输成本较高，而边际成本却可能很低，如果按平均成本定价，较高的价格水平一方面抑制了运输需求，另一方面会使运输企业运输设施闲置，造成运输资源浪费。而按边际成本定价，由于边际成本的水平相对较低，不仅可以促进运输需求，还可以提高运输设备的利用率，从而提高运输收益。边际成本定价法不仅考虑了成本消耗，而且考虑了市场上运输的供求状况，还可以满足运输的分线运价、分区运价的需要。

值得注意的是，边际成本定价只考虑了成本的边际变化，没有考虑到总成本的变化情况，所以当边际成本长期低于平均成本时，企业就会发生亏损。因此，采用边际成本定价法需要具备两个前提条件：一是运网已经形成，而且有相当多的剩余运输能力；二是运输市场机制健全，各种运输方式之间、各运输企业之间为争夺运输市场而开展竞争。

每个企业都试图使自身利益达到最大化，但只要按边际成本定价，就可以达到社会福利最大化的目标。而在完全竞争的市场中，以边际成本定价还可使企业利润最大化。反之，只要企业能行使某种程度的垄断权力，就会把价格定得高于边际成本，从而以降低产量和增加消费者支出为代价来获得额外利润。

追求利润最大化的垄断者所定的价格将迫使一些潜在的消费者放弃消费，尽管他们愿意为他们的消费付费。运输业往往负有发展经济、服务人民的责任，无论哪一种社会制度，都不会放任经营者随意定价。

我国国内货物运输已存在按边际成本定价的例子。例如，在新开辟的铁路和水运线路上采用“新线新价”。由于新的运输线路资本投入较原运输线路多得多，其边际成本大大超过原运输线路的单位总成本，而且一般都在运输需求量大于运输能力供给的情况下开辟新的运输线路，所以目前采用的“新线新价”均高于其他运输线路的价格。这也符合运输市场价格对运输需求进行反向调节的客观规律。

但也应注意到，运输需求从总体上看受到国民经济发展规模等因素的制约，因为它毕竟是一种派生需求。由于运输需求在一定空间和时间内受运价的影响极其有限，所以不能过分估计这种定价理论的作用。另外，在运输需求严重不足的地区或航线，由于其边际成本长期低于单位总成本，以边际成本定价会导致运输业长期大面积亏损。我国内河航运较发达的某些地区就出现过这种局面，运输企业一再压低运价也未能使运输需求量有较大的回升，从而使自己陷入困境。另外，如果长期以小于平均成本的边际成本定价，会造成运输企业的亏损；如果长期以大于平均成本的边际成本定价，也会背离价值规律的客观要求，影响地方经济和国民经济的发展。

3. 完全成本定价法

按照平均成本或边际成本定价存在两个缺点：

第一，平均成本或边际成本定价只反映航运企业财务账户上的成本状况，而航道、船闸、航标和港口等航运配套设施、航运科技研究与试验等的费用则大部分由国家财政负担，这部分支出是国民经济为保证航运服务而付出的代价，并未在运价中反映出来；

第二，平均成本或边际成本是根据现存设施和设备等成本统计资料制定的，是一种历史成本，而运价的制定还应反映将来的成本支出情况。

因此，有的经济学家提出了完全成本定价法。按这种方法制定运价时，既要考虑变动成本，又要考虑固定成本；既要考虑目前支付的成本，又要考虑将来可能支付的成本；既要考虑直接成本，又要考虑间接成本，力求做到运价能够准确地反映社会经济系统为完成一定量的运输活动而必须付出的全部代价。如能使运输业按完全成本确定运价，那么运价将能准确反映经济意义上的运输成本，但在实践中做到这一点是十分困难的。一些国家为使全部运输成本得到补偿，常通过权力机关征收各种税费。

4. 社会成本价格理论

社会成本价格理论认为：如果平均运价水平高于社会产品平均成本水平，虽然运输企业的利润增加较多，但由于社会产品总成本随之增加，导致社会产品总体利润下降，而且运输利润的增加额度不足以补偿社会产品总体利润下降的幅度；反之，如果平均运价水平低于或与社会产品平均成本水平相适应，运输利润将下降或使运输企业产生局部亏损，但因社会产品总成本水平降低，社会产品总利润增加。社会产品总利润增加的幅度不仅可用以补偿运输利润下降或运输企业局部亏损等造成的损失，而且可能还有剩余，从而达到合理运用与分配社会资源的良好社会效果，满足运输服务的准公费服务特性。通常在社会成本价格理论与运输成本价格理论两者之间的平衡中需以前者为主。

（三）资源配置论

资源配置论认为，运输定价是一种资源配置的方法。从企业角度看，其往往追求利润最大化的价格,有时会追求以最大市场份额为目标的价格,有时会追求能保证最大销售收入的价格。但从全社会角度看,人们更多会要求使用能使社会福利(或消费者剩余)最大化的定价方法,要求定价方法有利于宏观经济发展,有利于大多数人的使用,有利于社会安定和使用者安全,等等。例如,在港口定价上,传统的欧洲定价理论以有利于港口内陆腹地的经济发展为出发点,而英国的定价理论则以回收港口建设与运营成本并尽可能赢利为目标,并不去考虑广大腹地的经济影响。虽然方法与目标不同,但是许多企业认为,运用定价机制去达到它们的目标也将自动地符合顾客的利益。

这种观点的理论依据是边际成本定价理论,即在充分竞争的市场中,以边际成本定价可以实现资源的有效配置,这时,不仅企业利润最大化,而且社会福利也达到最大化。因此,边际成本定价理论是1967年以来英国公共企业定价的基础。

(四)负担能力定价论

运输活动的效用是将一定量的货物从 *A* 地运到 *B* 地,因而在定价时要考虑这种效用。也就是说,运输企业为了制定运价,要以运输价值来衡量运输活动的效用,这里的运输价值是指商品在 *A*、*B* 两地的价差。例如,某种商品在 *A* 地的生产成本较低,市场价仅7元,在 *B* 地的生产成本较高,市场价为10元,那么,运输每一个这样的商品的效用或运输价值为3元。当运价高于3元时,任何商人都不会将该商品由 *A* 地运到 *B* 地销售。

按货物对运费的负担能力定价,是指以所运货物本身的价值为基础来确定运输的价格。这样的定价理论称为从价理论。这样定价的理由是,同样的运价,对价值高的货物来说其所占的比重较低,对价值低的货物来说其所占的比重较高,这样,高价货物负担能力大,按高运价收费,低价货物负担能力低,按低运价收费。国际海上货物运输中,从价理论占有非常重要的地位。

从价理论的实质是按需求弹性确定货物运价。一般情况下,本身价值较高的货物,其运输需求对运价的弹性较小,即弹性系数小于1,此时提高货物运价,企业可以增加收入;反之,本身价值较低的货物,其需求对运价的弹性较大,即弹性系数大于1,此时降低货物运价可以增加收入,即使有时因对低价值货物的运价定得过低而造成损失,也可从高价值货物的运输收入中得到补偿(有运力而不被使用,可能使运输企业蒙受更大的损失)。因此,从价理论在国际海运中至今仍有较高的应用价值。

就定价原理而论,从价理论是属于资源配置论范畴的,它以有利于运输企业经营为目标定价,无论是以运输的效用还是以客户的负担能力为依据定价,其实质还是按需求价格弹性分别收费的价格歧视,只是提法不同而已。该理论在国际海上货物运输中具有悠久的历史,从运输市场竞争规律以及市场营销的角度分析均有其可取之处,但不可否认,该理论在实际应用中也存在一定的困难。具体表现在以下两个方面。

①在高价值货物的运价与低价值货物的运价之间如何确定一种客观的合理比例关系,目前尚无规律可循。在国际货物运输中,有些航线高、低价值货物运价之比在

5 左右，而有些航线两者之比可达 10 以上，这在很大程度上是由历史原因造成的。这种情况对新辟航线的定价无法起到借鉴和参考作用。

②持有高价值货物的货主对按从价理论定价常有抵触情绪，运输企业在具体实施中会遇到阻力。例如，他们会向运输企业提出这样的质疑：同样的货物、同船运出，在运输途中并没有附加特殊的照料，为什么要多付运费呢？他们会认为这是对运输高价值货物的一种价格歧视。但应该看到，在同一航线上，若高、低价值货物实行同一运价，所谓的价格歧视并未被最终消除，只不过被转嫁到低价值货物上去罢了。因为持有低价值货物的货主会明显感到货物运价太高而不堪承受。如果货物运价超过其销售地与生产地价格之差，他们会毫不迟疑地放弃该货物的运输。其直接后果是，运输企业无法招揽低价货源，从而陷入困境。

（五）供求关系定价论

供求关系定价论认为运价取决于运输市场的供求关系，运价将随着运输供给的增加而下降，随着运输供给的减少而提高。

按平均成本定价所确定的运价是供给价格，理论上是运价的下限；以负担能力定价所确定的运价是需求价格，理论上是运价的上限。如果运价低于理论上的运价下限，船公司将难以生存和发展；如果运价高于理论上的运价上限，货主将无力承担。因此，实际运价应根据市场的供求情况在上下限之间波动。这就是供求关系定价原理产生的基础，也是市场经济的主要特征。

二、航运定价方法

在国际航运运价的制定方面，需广泛使用有关学科的知识，运用定价理论，使定价建立在科学可靠的基础上，保证定价的科学性。同时，实际定价又须根据航运市场的实际情况、供需状态、主客观条件因地制宜、灵活决策，这是定价的艺术性。只有坚持科学性与艺术性相统一的原则，才能使理论与实际紧密结合起来，作出正确的定价决策。

（一）运价制定的基本原则

各种运输方式都有自己的运输条件和运作特性，但它们制定运价所遵循的基本原则是相同的。

（1）制定运价要以运输成本为主要依据

各种货物运价，应能补偿其运输成本，并能保证运输企业的合理盈利。一般情况下，运输成本高的货物，其运价也高；运输成本低的货物，其运价也低。

运价以运输成本为主要依据，货物运价水平与运输成本并不完全相符，有些货物运价偏高一些，而另一些货物运价偏低一些，这都是正常现象。

（2）制定运价必须反映国家政策的要求

不同种类的货物有不同的经济意义，不同种类的货物在社会生产和人们生活中有不同的经济作用。在制定运价时,必须贯彻反映经济规律的价格政策和其他经济政策,要把货物划分为重点货物和一般货物,有主有次区别对待,制定不同的运价。

(3)制定运价应有利于提高运输工具的利用效率、加强各种运输方式间的相互协作

对于水陆联运、水水联运或增加回程方向车船载重率,以及为铁路分流短途运输的货物,应制定鼓励性运价。这有利于组织合理运输,加快车船周转,减少货主在途流动资金占用量,降低货物运输费用。

(4)制定运价应合理确定差别运价

运价必须正确反映运输产品的价值。由于各地区运输条件、运输距离、货物的种类的差异,运输消耗差异较大,这种差异在运价水平上表现为一定的差价。这种按不同货物制定高低不同运价的做法形成了运输企业的差别运价结构。

另外,要根据对车辆、船舶的利用程度确定货物差别运价。对于能够提高车辆、船舶利用水平的运输,应给予价格优惠。按货物对车船载重量利用程度的不同,规定不同的运价,以鼓励发货者充分利用运输工具的载重能力,改进货物包装技术和发挥车船运力。

(二)运价制定的基本方法

运价一般由运输成本、营业税金和利润构成。但是运输企业生产的特点决定了运输成本和运价的计量单位均为复合单位,运输距离是决定运价的重要因素。因此,运价的形式有以下四种。

(1)递远递减运价

递远递减运价即在一定运距内,运距越远,每吨千米(吨海里)或人千米的运价越低。所谓递远递减,是针对每吨千米运价随运输距离增加而相应减少而言的,如图4-3所示。

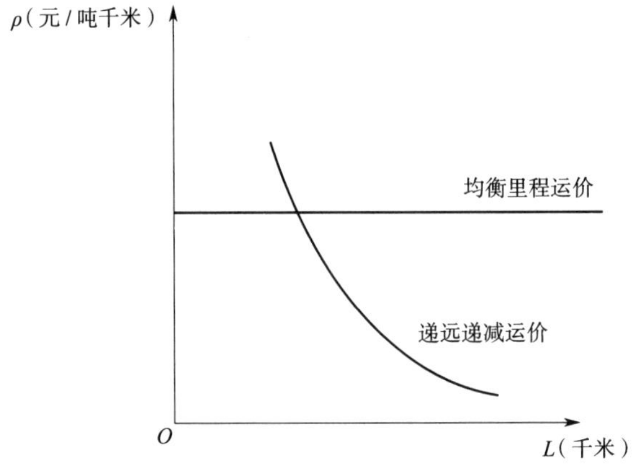

图 4-3 运价的形式

递远递减运价是运价中的重要形式。运输成本中发到作业费不随运输距离的延长而增加,因而单位运输成本会因运输距离远而呈递减趋势。货物运输成本与运距

的关系，可用下列公式表示：

$$C=\frac{A}{S}+B$$

式中：C 为每吨千米（吨海里）运输成本；A 为每吨货物发到作业费；B 为每吨千米（吨海里）的运行作业费和中转作业费之和；S 为运输距离。

递远递减运价被广泛使用于我国水路和铁路运输中。在公路运输中，因货物在始发地、终到地的作业成本占全部运输成本的比重很小，故每吨千米运输成本基本上不随运输距离的变化而变化。而在水路和铁路运输中，由于运输工具的载重量比汽车大很多，故而在始发地、终到地发生的作业成本较大。这样，在分析单位运输成本因运输距离的变化而发生变化时，这部分费用则不能忽略，在短途运输中尤其如此。无论是在长距离运输还是短距离运输中，若港（站）的作业条件一样，作为同一运输工具在始发地、终到地的作业成本没有改变。因此随着运输距离的增加，每吨千米的停泊成本（发生在水路运输）或停驶成本（发生在铁路运输）会随之下降，最终使每吨千米运输成本也随之下降。

（2）均衡里程运价

均衡里程运价是指对于所运输的单位吨千米均采用单一的运输价格，将场站成本均分到运输里程之中，完全以平均成本决定价格。

运输总价=运量 × 里程 × 里程运价

铁路货物运输在 1 000 千米以内，每吨千米运价表现为递远递减；而超过 1 000 千米，则转变为均衡里程运价，而不再降低，这对限制过远运输有积极意义。

（3）单一运价

单一运价是对于一次运输采取的统一的价格。这种定价并未考虑具体运输时的成本，而是按平均的成本确定价格。一般适用于城市内运输的定价。在单一运价下，运距特别短的消费者一般支付超出其实际成本的价格；而运距较长的消费者获得了更多的消费剩余，或者说超额剩余。

（4）递远递增运价

递远递增运价是随着运输距离的延长而增加的单位吨千米运输价格。这种定价只在特殊情况下运用，目的是限制迂回、相向等不合理运输。另外，我国汽车短途运价（25 千米以下）一般是在基本运价外另加吨次费或按不同里程分段规定附加费率，所以汽车短途运价表现为递远递增运价。

（三）实用定价方法

（1）成本导向定价法

成本导向定价法依据成本定价原理进行定价，该方法也叫成本加成定价法。成本导向定价法在考虑影响定价的诸因素中侧重考虑成本，定价的出发点是保证船公司不亏本。这种方法的基本模型是

运价=单位成本+加成额

单位成本的计算公式为

单位成本=(变动成本+固定成本)/载货量

这里的单位成本,既包括平均变动成本,也包括分摊的固定成本;加成额主要是利润、税金等。加成部分既可以用绝对数直接加到价格上,也可以按一定相对数(百分率)计入运价。这种方法首先要计算出运输总成本及总运量,求出单位运输成本后,再加上一定比例的利润和税金得出运价,计算公式为

$$P_{\mathrm{f}}=\frac{\mathrm{AC}(1+i)}{1-r}$$

式中:P_{f} 为运价;AC 为单位运输成本;i 为成本利润率;r 为税率。

在老航线上,载货量可以根据过去运量变动的情况确定;而在新航线上,则需加以预测。在这里,载货量即航运需求量,由公式可知,当需求发生变化时,单位成本也会发生变化。

成本加成定价法有以下局限性。

①按成本加利润定价,忽略了需求的因素。

②用过去的统计数据来计算成本,不一定能反映将来的成本状况。

③单位成本是载货量的函数,而载货量是运价的函数,运价最终又要通过单位成本确定。由这种循环的因果关系所确定的单位成本可能不反映船公司的实际情况。

尽管有不足之处,成本加成定价法仍然是航运公司最常用的定价方法。这是因为:

①船公司对自己的成本比对市场需求的了解要准确得多,让价格与成本直接挂钩,简化了定价手续;

②同行业各船公司如果都采用这种定价方法,它们的运价相差不会很大,从而可缓和价格竞争;

③采用成本加成定价法,船货双方都认为比较公平,在货方的需求急迫时,船方不乘人之急谋求额外利润,但仍能按既定的加成率获得利润;

④从长期来看,采用这种定价方法制定的运价,能接近实现最大利润。

(2)需求导向定价法

需求导向定价法是依据货主对航运劳务价值的理解和对运输的需求程度来定价的方法,这类定价方法主要包括认知价值定价法和货物对运价负担能力定价法。

用认知价值定价法定价的关键,不是船公司方面的成本,而是货方对运输服务价值的认知。船方利用营销组合中的非价格变量(如产品、质量、服务和广告等)在货主心目中建立起对运输产品的认知价值,并将它捕捉住,然后再据以制定运价。

认知价值是货方在观念上所认识的价值,它不一定与产品的实际价值相一致。例如,由于 APL 在货主中建立了良好的信誉,所以它可以开出高于一般船公司的运价,而仍能为货主接受。但就某些特定航次而言,其运输质量也许与普通船公司没有什么差别。认知价值定价法要求船公司通过市场调研,了解货主对运价水平的反应等,先估计出在何种运价下能揽取到理想的载货量,然后用此运价扣除货运代理商的佣金,再算出基本运价。其定价的模式为

运价=货主的认知价值-佣金

此外，船公司还要按此基本运价和航运成本计算能否获得满意的利润，若答案是肯定的，船公司就可采用此运价；否则，须采取其他措施。

货物对运价负担能力定价法，实际上是依据货主对运输需求的价格弹性理论来定价的方法。对于自身价值很高的货物，运价只占其销售价格很小的比例。适当提高这类货物的运价，货主不会很在乎，因此对货物的最终需求不会有多大影响；对于自身价值很低的货物，情况则相反。一般而言，自身价值较高的货物，运价可定得高一些；反之，则定得低一些。这种定价方法的模式为

运价=货物价值 × 承受能力系数

这里货物的价值是指货物的市场价格，承受能力系数指运价占货物价格的比率，通常根据市场调研或以往的经验来确定。

（3）竞争导向定价法

竞争导向定价法主要依据竞争者的价格来定价。在航运界，竞争导向定价法主要有避免竞争的随行就市定价法和开展竞争的建立优势定价法。

1）随行就市定价法

随行就市定价法又称通行价格定价法，它包括以下两种具体的定价模型，船公司可依据所处的市场结构的性质来选用。

①在完全竞争或接近完全竞争的航运市场上，船公司在定价时没有选择余地，每个船公司都是运价的接受者，只能按照市场的现行运价定价。这一定价方法在不定期船即期市场上最为流行。这种定价方法的模式是

运价=现行市场运价

②在寡头垄断的航运市场上，较弱小的船公司根据行业内处于支配地位的船公司（价格领袖）所制定的运价来确定自己的运价，所以较弱小的船公司是价格尾随者。不过，因各船公司所提供的航运产品存在差别，价格尾随者所定的运价不一定要与价格领袖完全一致，而可以略高于或略低于价格领袖所定的运价，以不会受到后者的报复为限。这种定价方法的模式是

运价=价格领袖运价 ± 浮动幅度

2）建立优势定价法

建立优势定价法是与市场份额领先或产品质量领先发展战略相适应的定价方法。采用这种方法定价的船公司，在制定运价时，为了实现自己的发展战略，必须参照竞争对手的运价来制定自己的运价。以市场份额领先为发展战略的船公司所制定的运价，是在竞争对手运价基础上降低一个幅度的运价，其降低的幅度必须大到足以揽取预期规模的货载。其定价模式是

运价=竞争对手的运价 - 下调幅度

以产品质量领先为发展战略的船公司所制定的运价，则是在竞争对手制定的运价基础上提高一个幅度的运价，其提高的幅度必须大到足以反映其航运产品是具有超群质量的。其定价模式是

运价=竞争对手的运价+上调幅度

（4）利润导向定价法

利润导向定价法主要依据船公司的利润目标来定价，它包括两种具体的定价方法，即最大利润定价法和目标利润定价法。

最大利润定价法的定价模式是

$$MC(Q)=MR(Q)$$

$$P=f(Q)$$

式中：$MC(Q)$为边际成本函数；Q为运量；$MR(Q)$为边际收益函数；P为运价；$f(Q)$为需求函数的反函数。

在寡头垄断的航运市场中，领先确定运价的是行业中最大的、处于支配地位的船公司，即价格领袖，它根据利润最大化的原则按照上述模式确定自己的货运运价。此外，航运市场上的卡特尔垄断组织（班轮公会）也采用这种方法来制定统一的运价，不过，为了维持这一运价还必须在会员公司之间实行货载分配。

目标利润定价法的定价模式是

$$运价=单位成本\times(1+目标利润率)$$

这种定价方法类似于成本加成定价法，只不过成本加成定价法侧重考虑的是成本，而目标利润定价法侧重考虑的是一定目标的利润率。与最大利润定价法相比，目标利润定价法具有简单易行的优点，它不需要像最大利润定价法那样须掌握较详尽的有关需求的数据。具有低成本优势的船公司，若其营销策略是通过提供价廉质高的航运产品来赢得较多货源，则宜采用这种定价方法。

在实际定价中，船公司并不只制定一种运价，而是在基本运价基础上制定出一套能适应需求和成本变化、有利于捕捉赢利机会的运价策略，所以，在制定了基本运价之后，船公司还应根据市场需求和经营的具体情况，对基本运价进行修订和调整。

第四节 航运运价调整策略

航运企业运价确定后，由于宏观环境以及影响运价的各种因素都处在动态变化之中，因此运价也会处在浮动状态。航运企业及其竞争者都会经常调整运价，并由此引发一系列的价格竞争。这时航运企业需要考虑以下几点：

①什么时候调整运价；

②提价还是降价；

③货主和竞争者会作出什么反应；

④竞争者进行价格变动时，企业应该采取什么措施。

一、运价变更的原因

（一）提价的原因

在有些情况下，航运企业必须考虑提价。提价一般会引起货主和顾客的不满，但成功的提价决策会增加企业的利润。

①通货膨胀引起成本上升。在整个社会发生通货膨胀或航运燃油成本大幅度上升的情况下，抬高运价就是保持利润水平的重要手段。

②航运服务需求增大。在供给一定的情况下，航运服务需求的增加会给航运企业带来压力。此时，航运企业可以通过提高运价或停止折扣来相对遏制需求。

③需要创造名牌效应。为了使航运企业的服务与市场上同类服务拉开差距，作为一种价格策略，可以利用提价营造名牌形象。这样可以充分利用顾客“一分价钱一分货”的心理，使其产生价高质优的心理定式。

④限制消费或淘汰产品的税率提高。出于保护环境和合理使用稀缺资源的需要，政府对某些产品采取提高税率的经济手段进行调控，致使产品价格上升。

（二）降价的原因

①应付价格竞争。在绝大多数情况下，反击直接竞争者的价格竞争见效最快的手段就是“反价格战”，即制定比竞争者的价格更有竞争力的价格。

②提高市场占有率。在企业营销组合的其他各个方面保持较高质量的前提下，运价比竞争者低，能给航运企业带来更大的市场份额。

③航运市场需求不振。在宏观经济不景气或行业性需求不旺时，运价下调是许多航运企业借以渡过难关的重要手段。

④产品寿命周期阶段的价格调整。在从航运服务进入市场到被市场所淘汰的整个寿命周期过程中的不同阶段，服务的成本不同，货主对产品的接受程度不同，市场竞争状况也有很大不同。

⑤生产经营成本下降。在航运企业全面提高经营管理水平的情况下，服务的成本和费用有所下降，航运企业就具备了降价的条件。

⑥企业的生产能力过剩。航运企业运力过剩时，企业运用加强促销、改进产品等手段都不能达到扩大销售的目的时，企业应当考虑降价，扩大销售。

航运企业无论降价还是提价，都应注意调整的幅度和频率，而且要把握时机，以取得预期的效果。同时运价的调整要符合政府的有关政策和法规，以避免违反航运市场的法律法规而受到制裁。

二、货主对价格变更的反应

价格是货主最为敏感的要素，也是航运企业最为敏感的要素，企业调整价格必然会带来很大的影响，这既包括货主方面的也包括竞争者方面的。

货主对企业调价的反应,将直接影响航运企业的盈利水平,因此航运企业应该高度关注并进行分析预测,制定相应的策略。

①货主对航运企业降价的反应。有利的反应是认为企业的服务成本降低了,或企业让利于顾客。不利的反应有:认为这种产品将会被新服务所代替;认为这种服务运力过剩,出现供过于求的现象;认为企业资金周转出现困难,可能难以持续经营;认为服务的价格将继续下跌。

②货主对航运企业提价的反应。有利的反应会认为,服务的质量提高,价格自然提高;或认为这种服务需求增大,供不应求,因而提高了价格,而且价格还会继续上涨。不利的反应是认为企业想通过提高运价获取更多的利润。

③货主还可能对企业提高运价作出无害的反应,如认为提价是通货膨胀的自然结果或是受到国家政策改变的影响。

④由于不同服务的需求弹性存在差异,因此不同服务的价格调整对货主的影响也是不同的。货主一般都是产业用户,它们构成产业市场。产业市场派生需求的特征,决定了货主对运价变更的反应从总体上来说是不敏感的。但是,每一种被运输的货物,对运价都有一定的承受能力,如果超过了它的承受能力,货物就不能被投入运输。

三、竞争者对价格变更的反应

在异质的产品市场上,航运企业及其竞争者都可以通过对服务的差异垄断来控制产品的价格,因此企业调价的自由度和竞争者作出反应的自由度都很大。货主作出购买决策时不只是考虑价格因素,还要更多地考虑各种非价格因素,如服务的质量等。这些因素降低了货主对价格差异的敏感性。但航运产品在很大程度上是同质的,在那些航运企业数量少、货主信息灵通的航线上,竞争者对调价的反应很重要。

(1)竞争者对航运企业降价的反应

企业降价时,竞争者不降价,航运企业的服务销售量就会上升,市场占有率也会提高。当然,竞争者也可能采取非价格的手段来应付企业降价。更多的情况是,竞争者追随企业降价,企业间进入新一轮价格竞争。当企业是因为成本低于竞争者而降价时,企业拥有一定的竞争优势,拥有更多的降价空间,竞争者追随降价对损失的承受能力低于企业,这时企业有能力发动进一步的降价,在这种情况下,竞争者反应的影响作用相对减弱。但并非以低成本为依托的降价,在竞争者追随降价后,企业间就能又恢复原来的竞争格局,谁也不能从降价中获得好处,这是当前市场上价格竞争最常见的格局。

(2)竞争者对航运企业提价的反应

当航运服务供不应求时,竞争者一般都会追随企业的提价,因为这对大家都有好处,服务能够在较高的价位上全部销售出去,即使有企业不提价也不会影响到其他企业航运服务的销售。当通货膨胀导致航运企业成本上升时,只要有一个竞争者因为能在内部全部或部分地消化增加的成本,或认为提高运价不会使自己得到好处,因而不提价或提价幅度较小,那么企业和追随者提价的产品销售都会受到影响,可能不得不降价。

因此，要准确分析、预测竞争者对企业调价的可能反应，制定相应的策略，而不是随意地进行价格的调整。当航运企业面对的是几个竞争者的时候，就必须对每个竞争者的可能反应作出估计。如果他们的反应类似，那么只需要对其中一个典型的代表进行分析即可。而如果各个竞争者在规模、市场份额和经营战略等方面存在差异，作出的反应也各不相同，航运企业就应该对他们分别进行分析。

四、航运企业对竞争者价格变更的反应

（一）分析不同市场环境下的竞争者价格变动

竞争者采取调低价格的策略之后，航运企业应迅速作出反应，并采取对策。企业需要分析竞争者降价的目的，以及降价是否对本企业产生持久的影响。但竞争者调价是经过长期研究制定出的方案，而企业必须在尽可能短的时间内作出应变决策，否则企业就会遭受损失，因此难度比较大。企业最好事先制定出反应程序，以便按程序作出反应，如图 4-4 所示。相反，对竞争者的提价，企业也应作出相应的反应，其反应程序与降价大致相同。

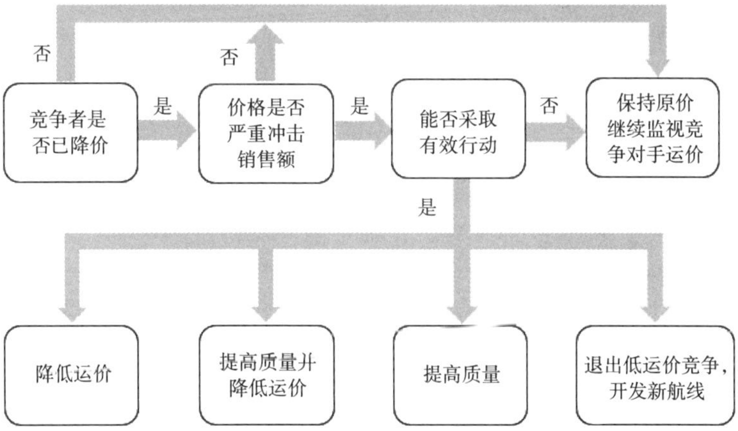

图 4-4　对付竞争者降价的价格反应程序

（二）选择有效的价格竞争策略

当航运企业遇到竞争者降价时，可以选择的对策如下。

①维持原来的价格。

②维持原价并采用非价格手段（如增加服务）进行反攻。

③如果企业不降价就会导致市场份额大幅度下降，而要恢复原有的市场份额将付出更大的代价。这时，企业应追随降价并保持所提供航运服务的价值。

④提价并推出新航运服务品牌来围攻竞争者的降价品牌。这将贬低竞争者降价

品牌的市场定位，提升企业原有品牌的定位。

⑤推出更廉价的航运服务进行竞争。航运企业可以在市场占有率处于下降态势时，在对价格很敏感的细分市场上采取这种策略。

（三）建立应付竞争者价格变动的对策系统

企业面对竞争者运价变化时，首先要分析航运业发展趋势和近期状况，作出运价变动的预备方案，同时要有完备的对策系统。

航运企业在面对竞争者的价格变动时，有提价、降价、主动、被动四种应对方式。无论何种价格变动，都需要有充足的变动理由，使货主或者顾客对每一次的价格调整有一个正面的理解。比如：企业降价时要让货主或顾客认为航运企业服务效益提高了，让利货主或顾客调低价格，认为降低是企业释放的经营管理方面的积极信息，而不要让消费者误认为企业经营出现困难，要退出市场，从而带来负面影响。

阅读资料

海运费天价不再？ 热门航线运价下跌三四成

2021年，全球范围内缺箱、爆舱、运费大幅上涨。这一年可谓是海运50年来最“牛气冲天”的一年，中美热门航线上，集装箱运价一度攀升至每标箱2万美元，运费甚至比肩单柜货值。

2022年，随着全球物流供应链的恢复，天价海运费开始逐渐回落，热门航线运价普遍同比下跌了三四成。美西运价从春节前的13 000美元左右下探至7 000美元。上海出口集装箱运价指数也已高位回落，年内已跌超17%。据多个航运咨询机构发布的数据，近期亚洲至欧美市场的部分航线即期运价出现下滑，海上集装箱运输需求也有所下降。

波罗的海航运交易所发布的波罗的海运价指数（FBX）显示，6月29日，FBX集装箱海运价格平均为6 583美元，较去年9月份的历史高点，已经下跌40.9%。美线方面，中国/远东—北美西海岸航线运价较去年最高运价水平下跌63.1%，中国/远东—北美东海岸航线运价下跌54.6%。欧线方面，上海港出口至欧洲基本港市场运价（海运及海运附加费）为5 766美元/TEU，较上期下跌0.5%；上海港出口至地中海基本港市场运价（海运及海运附加费）为6 425美元/TEU，较上期下跌1.0%。

现在市场处于一个很微妙的时候，双方都在等，船公司在等货量起来，货主在等运价继续下降，现在货主手上签的合约价是很高的，他会考虑是不是要毁约，但又担心一旦毁约，之后旺季从船公司拿不到舱位了。所以当前面对接连下滑的运费，船公司选择继续“停航跳港”的策略来稳定市场运费。

资料来源：海运费天价不再？热门航线已跌三四成[EB/OL].（2022-07-06）[2022-08-10]. https://www.cnss.com.cn/html/hygc/20220706/346690.html.（有改动）

第五节　班轮运价

一、班轮运输市场的发展

国际集装箱海运自 1956 年出现以来，凭借效率高、成本低、安全性好等优点发展迅速，已成为最主要的国际货运方式之一。全球集装箱船舶数量到 2020 年 9 月为止达 6 135 艘，运力总数达 2 396.6 万 TEU（约为 2.89 亿载重吨）。集装箱班轮航线遍布全球，成为世界各国间经济、文化等沟通交流最重要的通道，已形成跨太平洋、跨大西洋、远东—欧洲航线/地中海三大主干集装箱航线。全球港口的集装箱吞吐量亦不断攀升，由表 4-5 可知，2010—2019 年，亚洲港口基本包揽全球集装箱吞吐量排名的前十，中国港口至少占据六席。由此可知，全球集装箱航运重心已转移至亚洲地区，中国在国际集装箱班轮运输中的作用愈发重要。

21 世纪以来，除运力运量的快速增长外，集装箱船舶大型化、集装箱码头深水化、港口装卸设备专业化及自动化、集装箱运输组织干支结合化的趋势十分明显。此外，国际多式联运模式日趋完善，集装箱运输管理手段信息化程度不断提高，集装箱运输手续办理更加便捷，货运过程更加透明，大幅降低了货运成本，提高了运输效率。但船公司不断追求规模经济效益的行为，也造成目前市场上运力过剩，集装箱航运竞争十分激烈。

表 4-5　2010—2019 年世界集装箱吞吐量排名前十的港口

排名	2019 年	2018 年	2017 年	2016 年	2015 年	2014 年	2013 年	2012 年	2011 年	2010 年
1	上海港									
2	新加坡港									
3	宁波舟山港	宁波舟山港	深圳港	深圳港	深圳港	深圳港	深圳港	香港港	香港港	香港港
4	深圳港	深圳港	宁波舟山港	宁波舟山港	宁波舟山港	香港港	香港港	深圳港	深圳港	深圳港
5	广州港	广州港	香港港	香港港	香港港	宁波舟山港	釜山港	釜山港	釜山港	釜山港
6	釜山港	釜山港	釜山港	釜山港	釜山港	釜山港	宁波舟山港	宁波舟山港	宁波舟山港	宁波舟山港
7	青岛港	香港港	广州港	广州港	青岛港	青岛港	青岛港	广州港	广州港	广州港
8	香港港	青岛港	青岛港	青岛港	广州港	广州港	广州港	青岛港	青岛港	青岛港
9	天津港	洛杉矶长滩	迪拜港	迪拜港	迪拜港	迪拜港	迪拜港	迪拜港	迪拜港	迪拜港
10	鹿特丹港	天津港	天津港	天津港	天津港	天津港	天津港	天津港	鹿特丹港	鹿特丹港

二、班轮运价

集装箱班轮运价，是指在市场各种影响因素的共同作用下，承运人在某段时期内承运某一计量单位国际集装箱货物所收取的运费。

集装箱班轮运输的出现，推动了“门到门”运输的快速发展，使得海上运输服务延伸至运输的全过程。集装箱多式联运的全过程大致分为五个区段：收、发货地的内陆运输阶段，装、卸货港的装卸搬运阶段，海上运输阶段。由于集装箱班轮运输的货物托运形式（整箱和拼箱）、交接条款、是否包含内陆运输等均不同，因此集装箱运输的费用结构和分担较为复杂。但一般情况下，集装箱班轮运价的基本构成包括海上运输费用、内陆运输费用、各类装卸费用、装拆箱费用、堆场作业费用等，具体如图4-5所示。

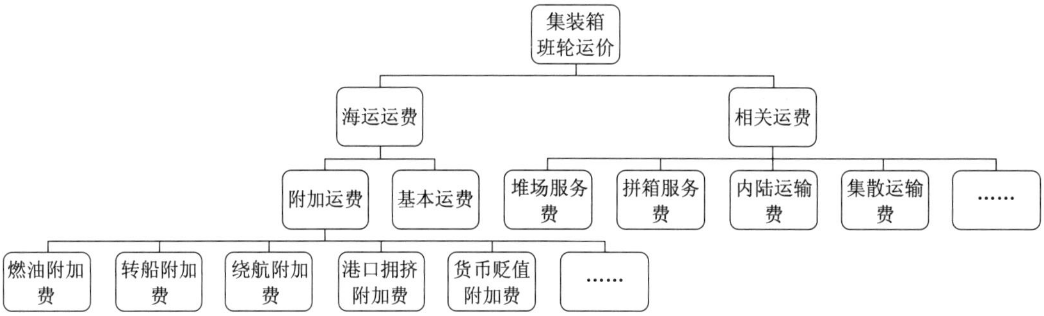

图 4-5　集装箱班轮运价的基本构成

三、班轮运价的影响因素

（一）供需因素

集装箱班轮运输市场供需的不平衡是运价波动长期趋势的决定因素。集装箱班轮运输市场的供给是指一定时期内国际集装箱班轮运输市场上可供使用的船舶运力（可供使用的标箱数量），主要受市场结构、运价水平、运输成本等直接或间接因素的影响。集装箱班轮运输市场的需求是指一定时期内国际集装箱班轮运输市场上托运人所需求的运输服务数量，一般用集装箱货物贸易量来衡量，主要受世界经济发展、运价水平、国际政治经济事件、自然灾害事件等多种因素的影响。

由价格均衡理论可知，当市场上供小于求时，运价上涨，运价上涨促进供给增加；反之，当市场上供大于求时，运价下跌，运价下跌导致供给减少。21世纪以来，经济及国际贸易全球化发展，带动国际集装箱货物贸易量增加和集装箱班轮运价上涨；大型化船舶不断投入市场，造成市场船舶运力大于市场货运需求。由于金融危机等原因需求下降，供大于求带来运价下跌，且由于市场结构特点，国际集装箱航运市场的进入及退出壁垒都较高，较短时间内难以迅速大幅度缩减运力，运价要想再次大幅上涨，将有赖于国际集装箱货物贸易需求的旺盛。因此，从长远宏观角度来看，国际集装箱航运市场运价波动走势由市场供需决定，即由市场上的全球集装箱船舶运力和世界集装箱货物贸易量决定。

（二）运输成本因素

运输成本是影响国际集装箱班轮运价的最直接、最基本因素，是运价最重要的组成部分。班轮运输成本主要包括船舶及集装箱等固定投资、航次营运成本、管理成本、财务成本等。因此，航运企业十分注重运输成本的控制，若运价远高于运输成本，则吸引更多的竞争者和运力投入市场，进而引起运价下降至广义成本（包含了平均利润和税金的成本）；若运价低于运输成本，则班轮公司可能亏损，市场通过兼并重组等减少运力，促使运价上升至广义成本。因此，运价在正常情况下会围绕广义成本上下波动。

需要特别注意的是，集装箱海运成本中航次营运成本占总成本的比重很大，而燃油成本在航次营运成本中的占比又高达 16%左右，因此燃油成本对国际集装箱班轮运价有较大的影响。由于国际油价波动较为剧烈，已有研究显示运价波动与油价波动相关性明显，因此集装箱班轮运价波动受国际油价波动影响也较大。

（三）集运市场结构因素

集装箱运输市场（简称集运市场）反映了不同班轮公司间的竞争、资源占用及交易关系，可分为完全竞争市场、垄断竞争市场、寡头垄断市场及完全垄断市场，一般采用市场集中度进行量度。

绝对市场集中度，是指市场上规模排名前 n 的独立企业的市场份额之和，用 CR_n 表示，其计算公式如下：

$$CR_n = \sum_{i=1}^{n} S_i$$

式中，S_i 表示市场规模排序为 i 的企业的市场份额，$CR_n \in [0,1]$。基于绝对市场集中度的产业集中度划分标准如表 4-6 所示。

表 4-6　贝恩产业集中度划分标准

类型	CR_4	CR_8	产业内的企业数
极高寡占 A 型	>75%		20 以内
极高寡占 B 型	>75%		20~40
高集中寡占型	65%~75%	>85%	20~100
中（上）集中寡占型	50%~65%	75%~85%	较多
中（下）集中寡占型	35%~50%	45%~75%	较多
低集中寡占型	30%~35%	40%~45%	较多
原子型			不存在集中现象

绝对市场集中度是一种简便的市场集中度计算方法，但不能区别几大企业对市场垄断的单独影响。而HHI（芬达尔-赫希曼指数）则可综合反映企业的数目及其规模对市场集中度的影响，能衡量行业内的企业规模和它们之间竞争关系，计算公式如下：

$$\mathrm{HHI}=\sum_{i=1}^{n}(S_i\times 100)^2$$

日本公正交易委员会根据HHI将市场结构划分为竞争型及垄断型两大类，如表4-7所示。

表4-7　HHI市场结构分类标准

分类	竞争型		垄断型			
HHI	竞争Ⅰ型	竞争Ⅱ型	垄断Ⅰ型	垄断Ⅱ型	垄断Ⅲ型	垄断Ⅳ型
	500	500~1 000	1 000~1 500	1 500~1 800	1 800~3 000	3 000

近年来，国际集装箱航运企业间兼并重组事件不断发生，市场上的运力越来越集中，航运联盟的发展更是进一步扩大了企业实际控制的运力。国际集装箱航运市场的绝对集中度较高、HHI值相对较低，市场结构接近垄断竞争市场。目前国际集装箱航运市场上企业的数量依然非常多，竞争激烈，且由于反托拉斯的存在，领头班轮公司并不能对运价进行操控，市场集中度的提高有利于规模效益的提升，一定程度上带来了市场的高效率。但当市场集中度使市场达到贝恩所划分出的极高寡占型、HHI值达到垄断型时，市场上的主导企业具备运价操控能力，有可能通过结盟等方式减少有效运力供给来提升运价，以获取超额利润，此时将需要政府对市场运价进行监管。

（四）世界经济因素

世界经济主要通过影响货运需求来影响国际集装箱班轮运价。全球经济的变化会引起国际货物贸易量的变化，进而影响国际集装箱班轮运价，故国际集装箱运价波动与世界经济的发展紧密相连。当世界经济繁荣时，国际贸易增加，国际集装箱货运量相应增加，集装箱航运市场运输需求加大，带来运价上涨；相反，当世界经济低迷时，国际贸易减少，则国际集装箱货运量相应减少，导致运价下跌。

（五）集装箱期货因素

上海出口集装箱运价指数（SCFI）期货由上海航运运价交易有限公司（SSEFC）于2011年6月28日推出，包括两条航线（上海—欧洲、上海—美西）的期货合同，合同期限为1~6个月，采用场内集中交易方式，借助电子交易平台开展交易业务。

在SCFI期货推出的首月交易量多达40万手，2011年底总成交量已达895.32万手，实现交易额705.35亿元，一定程度上体现了SCFI期货的优越性。目前SCFI期货每日有一定的交易量，但没有刚推出时的势头，与其他期货产品的交易量相比仍然较少。

SCFI 期货合约从最初推出到现在，共有三个版本，三个版本的区别是 2014 年 4 月 30 日之前的 SCFI 期货合约以现金交割，2014 年 4 月 30 日至 2017 年 11 月 9 日的 SCFI 期货合约以运力交割，2017 年 11 月 9 日开始 SCFI（欧洲）运价交易合同采用混合交收（指数现金交收或实际运力交收）方式，2018 年 4 月 19 日起 SCFI（美西）运价交易合同采用混合交收方式。

期货是市场参与者规避风险的有力工具，具有一定的价格发现及套期保值功能。目前 SCFI 期货采取现金交割、运力交割的混合交割方式，具备商品期货及金融期货的双重性质。SCFI 期货价格可以反映市场参与者对未来某个时期市场供需及集装箱运价走势的预期，可通过在 SCFI 期现货市场进行数量相同、方向相反的操作，达到套期保值的目的。

集装箱航运现货市场信息较为零散、片面，对未来市场供需关系信息反映不足；而期货市场相对而言公开程度高、信息量大，能较准确地反映市场对未来运价的预期，进而影响现货市场运价。若期货价格上升，则其现货价格会同向变化。因此，SCFI 期货价格能较准确地反映集装箱航运市场未来供求关系，对集装箱班轮企业的经营决策起到指导作用。

（六）其他因素

除了供给需求、运输成本、市场结构、世界经济等主要因素外，国际集装箱班轮运价还受到世界科技发展、各国航运政策、重大公共卫生突发事件、国际政治局势、军事冲突、自然灾害等不确定因素的影响。这些因素一般通过影响货物贸易量、世界经济等形式，影响国际集装箱航运市场的供需关系，从而引起国际集装箱班轮运价的波动。

近年来，随着科技的高速发展和造船技术的突飞猛进，集装箱船舶大型化趋势十分明显，新型船舶动力设备使航速提高成为现实，信息技术的发展提高了港航管理效率，新技术应用从不同方面降低了国际集装箱班轮的运输成本，进而影响运价。

国际集装箱班轮运输是各国经贸往来的重要桥梁，同时受到世界各国各地区政府的管辖，因此集装箱班轮运价也会受到各国政治制度、经济结构、航运政策等的影响。政府主要通过宏观调控约束市场上航运企业或组织的竞争方式、定价行为等，从而影响国际集装箱班轮运价。国际上现有的航运运价监管措施主要包括反垄断法豁免、航运组织协议备案及运价报备等。各国通过不同的航运政策来监管航运市场的竞争行为，进而稳定市场运价。因此，不同航线的运价波动应结合航线上国家或区域的相关航运政策进行分析。

国际政治局势、军事冲突、自然灾害、重大公共卫生突发事件等重大突发事件，会影响世界经济发展，影响国际贸易量，进而影响国际集装箱航运市场及运价。因此，不同时期国际集装箱班轮运价的波动应结合该时期不同突发事件情况具体分析。

四、班轮运价的特点

①班轮运价包括货物从起运港到目的港的运输费用以及货物在起运港和目的港的装卸费用。

②班轮运价一般以运价表的形式公布，是比较固定的。

③班轮运价是垄断价格。

④班轮运价由基本费率和各种附加费构成。

五、班轮运价表

依据不同的划分标准，班轮运价表可分为不同类别。

(1)按运价制定主体划分

1)班轮公会运价表(Conference Tariff)

班轮公会运价表是由加入班轮公会的公司共同制定和使用的运价表，加入公会的船公司必须按公会运价表费率收取运费，否则，将会受到公会的罚款处罚。运价的调整、修改和补充均由班轮公会决定，班轮公司无权单独变更运价表。班轮运价具有垄断性质，运价水平比较高，承运的条件也有利于船方。这样做的目的是保护公会内部会员公司的利益平等，一致对外竞争。

2)班轮公司运价表(Non-conference Tariff)

班轮公司运价表是指没有加入班轮公会的各班轮公司自己制定并实行的运价表。各班轮公司制定的运价表在费率和规定上不统一，但一般低于公会运价表的运价水平。其运价的调整、修改或补充均由公司自行决定。货方可对制定的运价提出意见，不过对运价的解释权归班轮公司。

3)双边运价表(Bilateral Tariff)

双边运价表是由船货双方协商制定的运价表。承运人承运货物按双方商定的费率和规定收取运费。运价表的调整和条款的变更，都须经过船货双方协商确定，单方无权修改。

4)货方运价表

货方运价表是由货方制定，船方接受采用的运价表。这种运价表的制定是因货方掌握有相当数量的货源，能常年提供稳定的货源。

5)协议运价表(Freight Agreement)

协议运价表是类似于班轮公运价表的一种运价表。20 世纪 70 年代以来，行驶于美国航线的一些班轮公司，签订了运价协议，并向美国联邦海事委员会申请登记，根据协议制定了统一运价。但签订协议的每家船公司对统一运价都保留单独行动的权利，可以修改已同意的费率、商品等级以及有关的运价表条款等，但修改需在生效前若干天内通知其他成员。

（2）按运价的形式划分

1）等级费率运价表

等级费率运价表是指按航线将货物分为若干等级（一般分为20个等级），每个等级代表一个费率并说明计算标准，然后参照航线费率表，即可查出基本费率。等级费率运价表由货物等级表和航线费率表两部分构成。

2）单项费率运价表

单项费率运价表对各种不同的货物在不同的航线上分别制定一个基本运价，按每种货物逐个列出计算标准和费率，计费较为合理，也便于查找。只需根据货物的名称及所运输的航线即可直接查出该货物的运价。

六、班轮运价表的基本内容

班轮运价表在形式上不尽相同，因各地区、各航线具有各自的特殊情况而有一定的区别，但内容上大同小异，一般分为以下六个部分。

（一）说明及有关规定

说明及有关规定主要包括运价表的适用范围，运费的计算及支付方法，计价货币，计价单位，船货双方权利、义务和责任，各种货类运输的特殊规定及各种运输形式（如直航、转船、回运），选择或变更卸货港等办法和规则。随着托盘和集装箱运输的发展，运价表增订了托盘和集装箱运输承运条款以及有关基本运费与附加费的计算办法。除提单条款外，对运输过程中发生的异议、分歧、争执或纠纷，运价表的说明及有关规定可作为处理这些问题的依据。

（二）港口规定及条款

港口规定及条款引述国外有关港口的规定和习惯做法。港口的规定和习惯做法并不是船公司规定的，而是由有关港口当局或政府规定的。船舶不论行驶到哪个港口装卸货物，船货双方都必须遵守那里的规定和习惯做法。为避免争议和引起麻烦，班轮公司将经常挂靠港口的有关规定和习惯做法印在运价表内，用来约束有关当事人。

（三）货物分级表

货物分级表列明各种货物的名称和运价计算标准、各种货物的基本运费率（单项货物费率运价表）或运价等级（等级费率运价表），每种货物都按英文首字母顺序排列。

由于货物种类极其繁杂，加之新产品不断出现，每个运价表都不可能将所有货物开列无遗，因此运价表内有一项“未列明货物”（Cargo Not Otherwise Enumerated, Cargo N.O.E.），这类货物运价略高于同类列明货物。此外，还有商品附录，这是商品列明的补充。

（四）航线费率表

航线费率表列明不同航线及不同等级货物的基本运费率。

（五）附加费率表

附加费率表列明各种附加费及计收的标准。

（六）冷藏货物费率表及活牲畜费率表

冷藏货物费率表及活牲畜费率表列明各种冷藏货物和活牲畜的计费标准及费率。

七、班轮基本运费的计算标准

班轮基本运费大致有七种计算方法，即重量法、体积法、从价法、选择法、综合法、按件法和议价法。用得最多的是重量法、体积法和从价法。

（一）重量法

重量法将货物的毛重作为计算运费的标准，在运价表中以 W（Weight）表示。一般以 1 吨作为计算单位，吨以下取两位小数；也有按长吨或短吨计算的，适用于货物积载因数小于船舶载货容积系数的“重货”。按照国际惯例，凡 1 吨货物的积载因数小于 1.133 立方米（或 40 立方英尺）的均为重货。

重量运费吨的计量单位有以下三种。

（1）吨

吨，又称公吨（Metric Ton，MT），属于公制，欧洲大陆国家的船公司一般采用吨，我国也采用吨。原来采用长吨的国家有不少已改用吨作为重量运费吨的计量单位。

（2）长吨（Long Ton，LT）

长吨也称为英吨，是实行英制的国家采用的计量单位。

（3）短吨（Short Ton，ST）

短吨也称美吨，美国和受美国影响较大的国家的船公司采用短吨作为重量运费吨的计量单位。

三种计量单位与千克之间的换算关系为：

1 吨=2 204.62 磅=1 000 千克；

1 长吨=2 240 磅=1 016.05 千克；

1 短吨=2 000 磅=907.18 千克。

以上三种“吨”的实际重量是长吨最大、短吨最小。

（二）体积法

体积法将货物的体积作为计算运费的标准，在运价表中以 M（Measurement）表示。一般以 1 立方米为计算单位，也有按 40 立方英尺为 1 尺码吨计算的，适用于体积为 40 立方英尺（1.133 立方米）而总重小于 1 吨的轻货（称为轻泡货）。

体积运费吨的计量单位有公制尺码吨和英制尺码吨，其中公制尺码吨以 1 立方米为 1 尺码吨，英制尺码吨以 40 立方英尺为 1 尺码吨。

（三）按货物的毛重或体积计收运费

这种计费方法取毛重或体积中高者计收，在运价表中以 W/M 表示。凡 1 重量吨货物的体积超过 1 立方米或 40 立方英尺者，按体积收费；1 重量吨货物的体积不足 1 立方米或 40 立方英尺者，按毛重计收。

（四）从价法

从价法按货物的价值计收运费。用这种方法计收的运费也称从价运费。在运价表中以 Ad Val（拉丁文 Ad Valorem 的缩写）表示，一般按商品 FOB 货值的百分之几计算运费。用从价法计算运费的货物，一般都属于高价值贵重货物。计算公式为

基本运费=货物离岸价格（FOB）× 从价费率（%）

从价费率以百分比表示，一般为 1%~5%。

（五）按货物重量、体积、价值三者中高者计收

在运价表中以 W/M or Ad Val 表示，也有按货物重量或体积计收，然后再加收一定百分比的从价运费的，在运价表中以 W/M plus Ad Val 表示。

按重量计费并加上从价运费，用 W&Ad Val 表示；按体积计费并加上从价运费，用 M&Ad Val 表示。

（六）按件法

按件法按货物的件数计收运费。如汽车、火车头按辆（Per Unit）计费；活牲畜（如牛、羊等）按头（Per Head）计费。

（七）议价法

议价法按议价计收运费，适用于大宗低值货物，如粮食、豆类、煤炭和矿砂等，这些大宗货物一般在班轮运价表内未规定具体费率。在订舱时，由托运人和船公司临时洽商议定，按议价计收的运费比按等级运价计算的运费低。

（八）起码运费率

起码运费率是指当按提单上所列的货物重量或体积所算出的运费未达到运价表中规定的最低运费额时，按最低运费计收的运费。

如果不同商品混装在同一包装内，则全部运费按其中较高者计收。同一票商品如果包装不同，其计费标准及等级也不同。托运人按不同包装分列毛重及体积分别计收运费，否则全部按较高者计收。

八、班轮运价的构成

班轮运价由基本费率和各种附加费构成,基本费率是指班轮航线内基本港之间对每种货物规定的必须收取的费率,包括各航线等级费率、从价费率、冷藏费率、活牲畜费率及议价费率等。基本费率是班轮运价的主要部分,是计算运费的基础,也是计算各种附加费的基础。基本费率必须加上各种有关附加费才是货物的运价,运价表按商品品名标明了基本费率。在我国的等级费率运价表中商品被分为20个等级,其中1级费率最低,20级费率最高。

等级费率运价表的基本费率就是各航线的等级费率,不按等级费率计算的商品,都开列单独的基本费率。如有些航线上单独规定了议价货、冷冻货和活牲畜的费率,个别航线还订有特别费率,凡被列入议价、特价的商品,原等级费率中规定的等级和费率均不得再用,应以议价、特价基本费率为准。

附加费是由于船舶货物、港口及其他方面的种种原因,船方在运输中增加费用开支或蒙受经济损失,班轮公司为补偿这些开支或损失,除基本费率外,另外收取的各种费用。这是针对一些需要特殊处理的货物或客观情况的变化等导致运输费用大幅度增加的情形所采取的一种补偿措施。附加费的种类很多,而且随着客观情况的变化而变动,附加费都是与基本费率相关联的。附加费的计算办法归纳起来有两种:一种用百分比表示,在基本费率基础上计算得出;另一种用绝对数表示。

在班轮运输中常见的附加费有以下几类。

(一)超重附加费

一件货物的重量(毛重)达到或超过一定重量时,该货物即为超重货物。各船公司对货物重量的限量规定不一,超重货物在装卸、配载等方面会增加额外劳动和费用,因此船公司要加收超重附加费。

(二)超长附加费

货物的长度达到或超过规定的长度时,即为超长货物。对超长货物的长度限制各船公司也不一样,超长货物同超重货物一样,在装卸、配载时会增加额外的劳动和费用,因此船公司要加收超长附加费。

(三)燃油附加费

国际市场原油价格经常上涨,往往会超出船公司核定成本中燃油费的比例,为弥补这部分额外开支,船公司向托运人或收货人加收占运价若干百分比的燃油附加费。

(四)港口附加费

有些港口费用高、设备差或港口装卸效率低而使船舶留港时间长,增加了船舶的成本。班轮公司以加收港口附加费的办法来弥补这些损失。我国远洋船舶收取这种附加费的港口有伦敦、利物浦及西非、波斯湾、孟加拉湾和拉丁美洲的一些港口。

（五）港口拥挤附加费

因某些港口泊位少，船舶到港后不能马上靠泊作业，需长时间等泊，造成船期损失，增加成本。为弥补船期损失，船公司要加收港口拥挤附加费。这是一种临时性的附加费，变动性较强，视港口拥挤程度的变化而调整。如果港口恢复正常，该项附加费即可取消。此项费用随预付运费在装货港收取，一经收取后，不论卸货港拥挤情况如何，概不退还。

（六）货币贬值附加费

国际金融市场汇率经常发生变动，为弥补因用于收取运费的货币的贬值而造成的经济损失，船公司要向货主加收货币贬值附加费，一般随着货币贬值的幅度按基本费率的百分比收取。

（七）绕航附加费

由于战争等原因使正常航线不能通行，而必须绕道航行，增加航运开支，班轮公司因此而加收的附加费即绕航附加费。这也是一种临时性的附加费，如果正常航道恢复通行，该项附加费即被取消。如 1967 年苏伊士运河关闭后去欧洲的船舶需绕道好望角，班轮公司加收了 10%的绕航附加费；1975 年苏伊士运河恢复通航，这一附加费随即取消。

（八）转船附加费

对运往非基本港的货物，班轮公司可以通过转船运至目的港。为此，班轮公司向货方加收转船附加费。这种附加费有的规定为绝对金额，也有按运费的百分比加收的。

（九）直航附加费

对运往非基本港的货物，一次货量达到一定数量时，船公司可以安排船舶直接挂靠该港，并加收直航附加费。在这种情况下，即使班轮不直航而安排转船，也只收直航附加费，而不再收转船附加费。直航附加费一般比转船附加费低。

（十）选卸港附加费

货方在办理货物托运时不能确定具体交货港，或仅确定在一定的区域内，需要在预先选定的两个或两个以上的卸货港中进行选择，为此而加收的费用即选卸港附加费。在这种情况下，货方必须在该航次中船舶抵达第一卸货港 48 小时以前告知船方。选择的卸货港只限于航线上规定的挂靠港口，并按所列可供选择卸货港口中计费高的费率计算。如果实际选择了费率低的港口卸货，多收运费部分不退回。

（十一）苏伊士运河附加费

1975 年苏伊士运河恢复通航后，因埃及对过河船舶征收的费用调高，加之船舶要加保战争险，班轮公司一般都规定加收苏伊士运河附加费。以后，随着运河费用的调整、战争险的取消，这项附加费或并入基本费率或予以取消。

除上述各项附加费外，还有变更卸货港附加费、洗舱费、熏舱费和冰冻附加费等。

各种附加费的表示及计算方法主要有两种：一种是以百分比表示，即在基本费率的基础上增加一个百分比；另一种是用绝对数表示，每运费吨增加若干金额，可以与基本费率直接相加计算得出。

九、班轮运费的计算方法

（一）班轮运费的计算公式

班轮运费的计算公式为

$$F = F_{\mathrm{b}} + \sum S_i$$

式中：F 为运费；F_{b} 为基本运费；S_i 为某项附加费。

基本运费是所运货物的数量（重量或体积）与规定的基本费率的乘积，即

$$F_{\mathrm{b}} = fQ$$

式中：f 为运价（基本费率）；Q 为货运量（运费吨）。

附加费是指各项附加费的总和。多数情况下，附加费按基本运费的一定百分比计算，其公式为

$$\sum S_i = (K_1 + K_2 + \cdots + K_n)\ F_{\mathrm{b}} = (K_1 + K_2 + \cdots + K_n)\ fQ$$

式中 K_1，K_2，…，S_n 为各项附加费率，代入运费计算公式，可得

$$F = F_{\mathrm{b}} + \sum S_i = fQ + (K_1 + K_2 + \cdots + K_n)\ fQ = (1 + K_1 + K_2 + \cdots + K_n)\ fQ$$

如果附加费以绝对数表示，则附加费总额为

$$\sum S_i = (K_1 + K_2 + \cdots + K_n)\ Q$$

代入运费计算公式，可得

$$F = F_{\mathrm{b}} + \sum S_i = fQ + (K_1 + K_2 + \cdots + K_n)\ Q = (f + K_1 + K_2 + \cdots + K_n)\ Q$$

（二）班轮运费的计算步骤

①审查托运人提供的货物的名称、重量、尺码（是否超重、超长）、装卸港口、是否需要转船以及卸货港的选择等。

②根据货物名称，从有关运价表中查出该货物的计费标准以及运价等级。

③查找所属航线的等级费率表，找出该等级货物的基本费率。

④查出各附加费的费率及计算方法。

⑤根据上述各种内容，将各项数据代入班轮运费计算公式进行计算。

（三）我国海上运输常用班轮运价表

①中国远洋运输（集团）总公司第 1 号运价表。《中国远洋运输（集团）第 1 号运

价表》于 1993 年 8 月 15 日开始执行,适用于中国远洋运输(集团)总公司承运的货物,是适用于国内付费人的运价表,以美元标价,属于非班轮公会运价表。

②中国对外贸易运输总公司第 3 号运价表——中国外运 3 号运价表。本运价表也称双边运价表,是中国对外贸易运输总公司代表货方同船方制定的,适用于除瑞克麦斯、东方轮船公司以外的来华外国(侨资)班轮船舶承运我国进出口货物;适用于除美国以外的世界所有航线,以及经香港中转货物和由新加坡中转货物的运价有关规定。

以上两个运价表也称等级运价表。

③华夏 8 号运价表。华夏 8 号运价表于 1993 年 6 月 11 日取代华夏 3、4 号运价表,是由中国香港华夏运输有限公司制定并向美国联邦海事委员会(FMC)登记备案的运价表,适用于国外班轮公司承运我国出口到美国的货物,以美元标价。

④中国远洋运输公司美国航线第 17 号运价表。它是由中国远洋运输(集团)总公司制定并向美国 FMC 登记的运价表,适用于中远船舶承运我国去美国东、西岸和一些内陆的杂货和集装箱,以美元标价。

⑤中波轮船股份公司第 19 号运价表。

阅读资料

中国远洋运输(集团)总公司第 1 号运价表

本运价表是中国和波兰合营班轮进出波兰港口货物的运价表,属于等级费率运价表范畴,以美元标价,如图 1 所示。

中远集团第一号运价表

中国—欧洲航线集装箱费率表

上海、新港、大连、青岛-鹿特丹、汉堡、费利克斯托、安特卫普、勒哈佛

等级	直达			经香港或上海、新港转船		
	LCL W/M	CY/CY 20'	CY/CY 40'	LCL W/M	CY/CY 20'	CY/CY 40'
1—8	120.00	1850.00	3500.00	130.00	2050.00	3900.00
9	125.00	1950.00	3700.00	135.00	2150.00	4100.00
10—11	130.00	2050.00	3900.00	140.00	2250.00	4300.00
12—20	135.00	2150.00	4100.00	145.00	2350.00	4500.00
CHEMICALS, N. H.	130.00	2050.00	3900.00	140.00	2250.00	4300.00
SEMI-HAZARDOUS	148.00	2650.00	5050.00	158.00	2850.00	5450.00
HAZARDOUS		3300.00	6300.00		3500.00	6700.00
REEFER		3850.00	6100.00		4050.00	6500.00

注:1. 秦皇岛、连云港、烟台出口欧洲的货物须经香港转船,其费率在直达欧洲费率基础上加USD300/20',USD570/40',USD17.00/F.T.
2. 张家港出口欧洲的货物须经上海转船,其费率在上海直达欧洲的费率基础上加USD100/20',USD200/40',LCL USD5.00/F.T.
3、镇江出口欧洲的货物须经上海转船,其费率在上海直达欧洲的费率基础上加USD150/20',USD300/40',LCL USD8.00/F.T.

黄埔、湛江、厦门、福州、温州、海门、宁波-鹿特丹、汉堡、费利克斯托、安特卫普、勒哈佛

等级	黄埔(直达)			厦门、湛江经香港转船			温州、海门、宁波经香港转船		
	LCL W/M	CY/CY 20'	CY/CY 40'	LCL W/M	CY/CY 20'	CY/CY 40'	LCL W/M	CY/CY 20'	CY/CY 40'
1—20	105.00	1550.00	3000.00	125.00	1950.00	3700.00	140.00	2200.00	4200.00
CHEMICALS, N. H.	105.00	1550.00	3000.00	125.00	1950.00	3700.00	140.00	2200.00	4200.00
SEMI-HAZARDOUS	150.00	2350.00	4450.00	170.00	2750.00	5250.00	173.00	2800.00	5350.00
HAZARDOUS		3050.00	5800.00		3450.00	6550.00			
REEFER		3250.00	5400.00		3850.00	6100.00		3950.00	6300.00

注:1. 黄埔经香港转船出口欧洲货物其费率在直达费率基础上加USD150/20',USD300/40',LCL USD8.00/F.T.
黄埔始发的欧洲货物班轮不靠LE HAVRE港,黄埔出口LE HAVRE货物须经香港转船,其运费按香港转船费率计收。
2、福州经香港转船出口欧洲其费率在厦门、湛江费率基础上加USD50/20',USD100/40',LCL USD3.00/F.T.

图 1 中国远洋运输(集团)总公司第 1 号运价表

资料来源:中远集团第一号运价表 COSCO GROUP TARIFF NO.1[J]. 中国远洋航务公告,1995(2):31.(有改动)

第六节 航运运价指数

一、运价指数概述

指数是研究社会经济现象变化程度的重要统计工具或指标。指数有广义和狭义两种。广义的指数泛指所有研究社会经济现象变动的相对数,即用来表明现象在不同时间、不同空间、不同总体等相对变动情况下的统计指标,如动态相对数、比较相对数、计划完成程度相对数等;狭义的指数指某一社会经济现象在数量上综合变动情况的相对数,如消费物价指数、批发物价指数、股票价格指数等。经济分析中大多采用指数的狭义概念。

运价指数是反映航运市场运价水平变动程度的重要指标,属于狭义指数,同时也是总指数。总指数研究社会经济现象总体综合变动情况,由于运价指数刻画不同船型、不同航线的运价综合变化趋势,所以它是典型的总指数,与仅研究社会经济现象某一方面变动情况的个体指数不同。

总指数的计算方法主要有两种:拉氏指数法与帕氏指数法。

(一)拉氏指数法

拉氏指数因创立者为德国学者拉斯佩雷斯(Laspeyres)而得名。计算公式为

$$\text{拉氏价格指数}P_L=\frac{\sum p_1q_0}{\sum p_0q_0}\times 100\%$$

$$\text{拉氏数量指数}Q_L=\frac{\sum p_0q_1}{\sum p_0q_0}\times 100\%$$

其中:p_0 为基期商品或服务价格;p_1 为报告期商品或服务价格;q_0 为基期商品或服务流转量;q_1 为报告期商品或服务流转量。

(二)帕氏指数法

帕氏指数因由德国学者帕舍(Paasche)提出而得名。计算公式为

$$\text{帕氏价格指数}P_P=\frac{\sum p_1q_1}{\sum p_0q_1}\times 100\%$$

$$\text{帕氏数量指数}Q_P=\frac{\sum p_1q_1}{\sum p_1q_0}\times 100\%$$

实践中,拉氏价格指数应用较少,拉氏数量指数应用较多;与之相反,帕氏价格指数应用较多,而帕氏数量指数应用较少。运价指数计算方法由上述公式演变而来,其基本思路是选择有代表性的航线,确定好船型标准,按照不同航线运量大小确定权

数，将报告期运价加权平均数同基期运价加权平均数相比，得到某类型运输方式的综合运价指数。目前世界上比较有名的运价指数有波罗的海干散货运价指数（BDI）、英国克拉克森运价指数、中国上海出口集装箱运价指数（SCFI）等。

运价指数作为价格指数的一种，在现代航运市场中应用得非常广泛。航运市场需要准确的价格信号，需要规避风险的运作工具。由于海运费率极易受到政治、经济、自然气候和市场方面因素的影响，为了避免或减少因市场波动而带来的损失，许多租船人和船东都对航运市场的发展和变化进行分析和研究。租船人力图使自己在未来的商品贸易和运输中处于有利地位，以降低成本，促进买卖的成交，获取更多的利润；船东则根据对市场的分析预测来制定今后一段时间内的经营战略、船舶的订造和购置计划，以求在不断变化的市场中处于主动地位，获取较好的经济效益。作为航运市场“晴雨表”的运价指数可以反映航运市场价格的变动趋势，进而揭示整个航运市场乃至相关市场的供需态势，从而为各类市场主体的经营管理者及政府部门的宏观调控提供必要的决策依据。此外，出于规避市场风险的考虑，许多航运经营者往往将航运运价指数的期货交易作为套期保值的一种手段。

二、波罗的海运价指数

世界上最著名的运价指数莫过于由英国波罗的海航运交易所（简称波罗的海航交所）编制发布的波罗的海运价指数（BFI，1999 年改为 BDI，即波罗的海干散货运价指数）。成立于 1744 年的波罗的海航交所，最早为一间咖啡屋，是众多商人和船东讨论运输合同、解决商业纠纷的场所，随着英国航运业的发展，逐渐演变为一个航运交易市场，为规范业务活动、监督商业规则的实施，后建立了世界第一家航运交易所。波罗的海航交所的主要业务是租船经纪、船舶交易、商品及期货贸易等。

波罗的海航交所于 1985 年开始发布运价指数（Baltic Freight Index，BFI），主要为了配合波罗的海国际运价期货交易而设立，尽管后来的运价指数期货交易发展不尽如人意。BFI 是由若干条传统的干散货船航线的运价，按照各自在航运市场上的重要程度或所占比重加权平均得到的综合指数。该指数设定的基期为 1985 年 1 月 4 日，基期指数为 1 000 点，涵盖了 13 条程租航线的运价。随着市场多元化及航运市场格局的变化，波罗的海航交所对指数涉及的航线、船型等进行了多次调整，直至其演变为现在的波罗的海干散货运价指数（Baltic Dry Index，BDI）。波罗的海运价指数的变化有三大特点：一是由最初全部为程租航线变为程租与期租航线并举；二是根据国际航运中心向亚太地区转移的新形势，增加了太平洋航线及亚欧航线数量；三是增加了灵便型船的比重。上述变化基本上反映了国际航运的新动态，提高了运价指数的可靠性与权威性。

关于波罗的海运价指数的历次主要修订情况如下。

1985 年 1 月 4 日，波罗的海航交所开始每日正式公布波罗的海运价指数（BFI）。

1998 年 12 月 21 日，波罗的海航交所开始每日正式公布波罗的海巴拿马型散货船运价指数（BPI）。

1999 年 4 月 26 日，波罗的海航交所开始每日正式公布波罗的海灵便型散货船运价指数（BHI）与好望角型散货船运价指数（BCI）。

1999 年 11 月 1 日，波罗的海航交所开始每日正式公布波罗的海干散货运价指数（BDI）以取代 BFI。BDI 由权重相同的 BPI、BCI 和 BHI 构成。

2000 年 10 月 2 日，波罗的海航交所开始每日正式公布波罗的海大灵便型船运价指数（BHMI）。

2000 年 12 月 31 日，波罗的海航交所正式停止公布 BHI。

2001 年 1 月 2 日，BHMI 取代 BHI 成为 BDI 的构成成分。

2005 年 12 月 31 日，波罗的海航交所正式停止公布 BHMI。

2006 年 1 月 3 日，波罗的海航交所开始每日正式公布波罗的海大灵便型散货船运价指数（BSI），其取代 BHMI 成为 BDI 的构成成分。

波罗的海运价指数是目前世界上衡量国际海运情况的权威指数，是反映国际贸易情况的领先指数。如果该指数出现显著的上扬，说明各国经济情况良好，国际贸易火热。

前几年，中国经济快速发展，助力全球经济复苏，全球对原材料的需求大大增加，促成了海运的快速繁荣发展。2003 年，BDI 还不到 3 000 点，而到了 2004 年，该指数就翻了一番，达到了 6 000 点以上，因此中国和其他国家的贸易以及全球对初级原材料的需求是导致国际海运价格上涨的主要原因。

BDI 上涨往往对应着实际的海运价格上涨及大宗原材料的价格上涨。比如，当大宗商品价格仍处于高位的时候，BDI 却已经暴跌，说明了全球市场对原材料需求的减弱，经济增长即将回落。

BDI 一向是散装原物料的运费指数，散装船运输以钢材、纸浆、谷物、煤、矿砂、磷矿石、铝矾土等民生物资及工业原料为主。因此，散装航运业的营运状况好坏与全球经济景气与否、原物料行情高低息息相关。故波罗的海运价指数可视为经济领先指标。

波罗的海航交所对运价指数的计算有非常严格的规定，为其在国际上的公正性和权威性奠定了基础。BDI 计算、发布的有关规定如下。

①航线选择要求地理分布均衡，航线既要反映大西洋、太平洋贸易，又要反映各大洋间的贸易（保持往返航线的平衡），每条航线权重不超过 20%。

②指数构成航线要有一定的成交额，或者是重要的相关航线，季节性航线不予考虑。

③有合理数量的精确成交报告，可能或确实受一个或少数租家控制的航线不予考虑。

④由国际知名、信誉良好、有代表性的 20 家经纪人公司组成的 3 个小组负责计算当天各船型的运价指数。根据这 20 家会员公司与波罗的海航交所签订的合同，各公司相互之间都对提交给小组的运价或日租金水平严格保密。

⑤操作方法是这 20 家公司根据在全球范围内收集到的最新市场成交情况，分析得出当天各船型指数所包括的各条航线的运价或日租金水平，单独提出交给小组，如果某一航线缺少最新的运价或日租金水平，则参照其他航线的情况来确定该航线

在当天可行的运价或日租金水平。为公平和准确起见，小组要从这些公司提交的各航线的运价和日租金水平中，去掉最高和最低价，再分别计算出各航线的平均运价和平均日租金水平，用它们乘以换算常数（由权重与基数的积求得），得出各航线的换算指数，将各航线的换算指数相加即得出各船型当天的运价指数，在每个工作日伦敦时间 13:00 时波罗的海航交所正式对外公布该指数。

以 BCI 的编制为例，说明运价指数的计算依据与方法。BCI 具体计算公式为

$$K_{\mathrm{BCI}}=\frac{\sum p_1q_0}{\sum p_0q_0}\times 100\%=\left(\frac{p_{11}q_{01}}{\sum p_0q_0}+\frac{p_{12}q_{02}}{\sum p_0q_0}+\cdots\right)\times 100\%=c_1p_{11}+c_2p_{12}+\cdots+c_{11}p_{111}$$

$$c_i=\frac{1\,000q_{0i}}{\sum p_0q_0}=\frac{1\,000q_{0i}p_{0i}}{(\sum p_0q_0)\ p_{0i}}=\frac{1\,000w_i}{p_{0i}}$$

$$w_i=\frac{q_{0i}p_{0i}}{\sum p_0q_0}$$

$$k_i=c_ip_{1i}$$

$$K_{\mathrm{BCI}}=\sum k_i \quad (i=1,2,3,\cdots,11)$$

BDI 由三个部分构成：波罗的海灵便型散货船运价指数（BHI）、波罗的海巴拿马型散货船运价指数（BPI）和好望角型散货船运价指数（BCI）。这三个指数对应的船型情况如下。

（1）灵便极限型（Handymax）

吨位：5 万吨以下；指数类别：BHI；主要运输货物：磷肥、碳酸钾、木屑、水泥。

（2）巴拿马极限型（Panamax）

吨位：5~8 万吨；指数类别：BPI；主要运输货物：民生物资及谷物等大宗物资。

（3）好望角型（Capesize）

吨位：8 万吨以上；指数类别：BCI；主要运输货物：焦煤、燃煤、铁矿砂、磷矿石、铝矾土等工业原料。

1999 年 11 月 1 日，以 BCI、BPI、BHI 各 1/3 权重产生的 BDI 取代 BFI，由 5 国（美国、英国、挪威、意大利、日本）的 20 家大型中介商针对数条重要航线，依其每日运价编制，为目前市场上最具代表性的干散货航运运价的晴雨表。2008 年 1 月—2023 年 1 月波罗的海干散货运价指数（BDI）如图 4-6 所示。

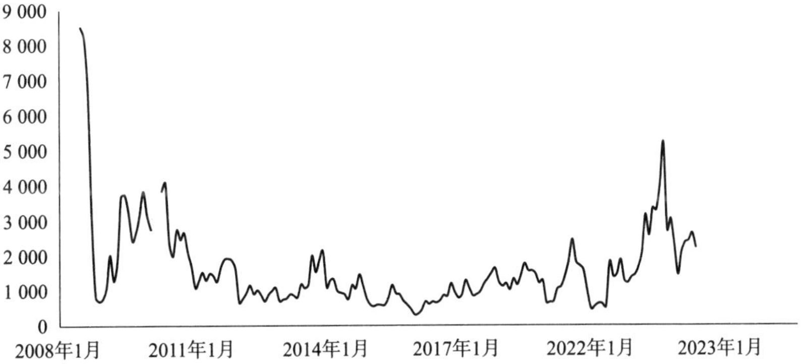

图 4-6　2008 年 1 月—2023 年 1 月波罗的海干散货运价指数（BDI）

三、中国出口集装箱运价指数(CCFI)

长期以来,国际航运运价指数的编制主要集中于干散货运价指数以及油船运价指数,集装箱运价指数的编制还是个空白。其主要原因是在过去很长时间内,班轮运价处于班轮公会的控制之下,并不受市场供需双方变化态势的直接影响,所以班轮运价较为稳定,没有用运价指数表现其波动的必要。随着件杂货运输的集装箱化程度不断提高,运输服务质量差距逐渐缩小,班轮市场竞争日益加剧,班轮公会控制运价的能力减弱甚至丧失,班轮市场运价也随供需变化而波动。集装箱运输市场经过快速发展,呈现出运力相对过剩的局面,导致集装箱运输市场运价大幅度波动。

随着世界经济中心的东移、环太平洋区域经济圈的形成以及集装箱运输的迅猛发展,运价指数的编制出现两大趋势:其一是在运价指数编制中人们对样本航线的选择逐步转向太平洋区域,并试图设立独立的远东(或环太平洋)运价指数;其二是在运价指数体系中,除进一步完善传统的干散货、油船运价指数外,人们已开始着手考虑集装箱运价指数的编制。基于这些变化,建立反映集装箱运价波动的运价指数是必要的。该指数可揭示集装箱运输市场的供需态势,为航运经营者提供市场分析、经营决策的依据,为货主了解集装箱市场运价水平提供比较可靠的依据。随着中国航运市场的发展以及上海航运交易市场的建立,中国运价指数的运价数据采集、指数编制方案研究和日常运转发布工作等有了实体依托。

CCFI 于 1998 年 4 月 23 日由上海航运交易所(简称上海航交所)首次编制发布。该指数选取了日本航线、欧洲航线、美西航线、美东航线、韩国航线、东南亚航线、地中海航线、澳新航线、南非南美航线、香港航线以及东西非航线一共 11 条从中国去往世界各地的集装箱运输航线的运价,中国出口集装箱运输市场价格的综合性指标(即 CCFI)就是这 11 条航线的运价经过标准的统计指标计算公式计算后得到的结果。由此可以看出,编制该指数的数据主要来源于这 11 条航线的真实运输价格,能够反映我国港口出口集装箱货物运输价格的变动趋势和程度。

CCFI 选用拉氏指数公式作为计算公式,采用加权算术平均指数法,以运输额(即 11 条航线各自的运费收入)为计算权数。人们以当年的第一天为基期,将指数定为 1 000 点,CCFI 是受各种因素影响的综合运价指数。

$$K_{\mathrm{CCFI}} = \sum p_{i1} \frac{w_i}{p_{i0}} L_0$$

式中:L_0 为指数基期,常取 100 或 1 000;$p_{i1} \frac{w_i}{p_{i0}}$ 为换算指数;$\frac{w_i}{p_{i0}}$ 为航线指数。

构成中国集装箱运输市场的航线比较多,但个别航线运输量不大,因此必须对航线进行筛选,选出代表性航线,以这些航线的运价、运费和箱量为依据编制运价指数。为了保证运价指数能够代表不断变化的航运市场行情,必须适时对其进行调整。样本航线的变动包括航线权重的变化、航线的增减等。为了保证在变动的情况下能够维持基期的一致性,上海航交所编制了有关航线更换、权重变换、航线增加和删除等的规则。

（一）基期

中国出口集装箱运价指数以 1998 年 1 月 1 日为基期，基期指数为 1 000 点。

（二）样本航线的选择

根据典型性、地区分布性、相关性三大基本原则，2017 年 6 月，样本航线中删除了中国香港、中国台湾航线，选出 12 条航线作为样本航线，分别为韩国、日本、东南亚、澳新、地中海、欧洲、东西非、美西、美东、南非、南美、波红航线，其国内出发港口包括大连港、天津港、青岛港、上海港、南京港、宁波港、厦门港、福州港、深圳港、广州港十大港口。

（三）运价信息的采集

目前，有 22 家商誉卓著、航线市场份额大的中外船公司，按照自愿原则，提供编制 CCFI 所需运价信息。它们是（以英文名称首字母排序）：法国达飞轮船（中国）有限公司、中远海运集装箱运输有限公司、长荣海运股份有限公司、上海海华轮船有限公司、兴亚船务（中国）有限公司、赫伯罗特船务（中国）有限公司、现代商船（中国）有限公司、汉堡南美（中国）船务有限公司、上海市锦江航运有限公司、高丽海运（上海）有限公司、马士基（中国）航运有限公司、利胜地中海航运（上海）有限公司、海洋网联船务（中国）有限公司、东方海外货柜航运（中国）有限公司、太平船务（中国）有限公司、宏海箱运船务有限公司、中外运集装箱运输有限公司、新海丰集装箱运输有限公司、德翔海运有限公司、万海航运股份有限公司、阳明海运股份有限公司、以星综合航运（中国）有限公司。

（四）发布方式

上海航交所每周五编制、发布中国出口集装箱综合运价指数及分航线指数。

阅读资料

集运的三个价格

集运市场上一般有三种航运价格：

①长协价，就是船东与大客户签的中长期合约价格，这是集运的直销价，一签就是 1~3 年；

②即期价，就是船东报价，一般指船东给货代的批发价，也就是集运的批发价；

③货代价，就是集运的零售价。

资料来源：集运的三个价格[EB/OL].（2021-11-07）[2022-12-30]. https://xueqiu.com/2504698885/202373525.（有改动）

案例分析

中国航运景气指数

中国航运景气指数是中国航运业的景气监测预警系统，主要包含中国航运景气指数（CSPI）、中国航运信心指数（CSFI）、中国航运景气预警指数（CSAI）和中国航运景气动向指数（CSCI）四大指数。中国航运景气指数和中国航运信心指数通过与数百家航运企业建立定期景气调查制度，实行季度调查，按季度发布。中国航运景气预警指数和中国航运景气动向指数通过相关数据挖掘中国航运业的发展变动规律，按月度发布。

中国航运景气报告是根据中国航运景气指数撰写的中国航运业的景气发展报告，主要是从微观企业经营指标到全球及我国的宏观经济、贸易形势，深入分析中国航运业发展现状和预测未来波动趋势，为企业决策和政府政策制定提供依据。按季度和年度发布。

一、CSPI

CSPI 选择具有代表性的航运企业作为样本企业，建立定期调查联系制度。从每季度中后期开始调查，对航运企业经营状况的定性问题通过定量方法进行计算，得出航运市场景气状况与发展趋势的判断值。从微观（即企业）的层面反映中国航运业的发展状况，适于短期预测，按季度发布。

二、CSFI

CSFI 选择具有代表性的航运企业作为样本企业，建立定期调查联系制度。从每季度中后期开始调查，通过定量计算的方法对航运企业经营状况的定性问题进行分析，得出航运市场景气状况与发展趋势的判断值。从微观（即企业）的层面反映中国航运业的发展状况，适于短期预测，按季度发布。

三、CSAI

CSAI 与 CSCI 能像“晴雨表”或“报警器”那样发挥监测和预警的作用，这是因为：第一，航运本身客观上存在着周期波动；第二，在航运波动过程中，中国航运业运行中的一些问题可以通过一些指标率先暴露或反映出来。利用 CSAI 与 CSCI 进行分析，就是用中国航运各变量之间的时差关系指示景气动向。其发布频率为按月度发布。

四、CSCI

CSCI 的原理是根据领先于中国航运业目前所处状态的先行指标来预测中国航运业未来的发展变动趋势，其主要方法是在分析中国航运各相关指标历史数据的基础上，从统计学的角度深层次挖掘中国航运的变动趋势，从客观数据方面预测中国航运业的未来变动趋势。

资料来源：中国航运景气指数[EB/OL]. [2022-05-05]. https://baike.baidu.com/item/%E4%B8%AD%E5%9B%BD%E8%88%AA%E8%BF%90%E6%99%AF%E6%B0%94%E6%8C%87%E6%95%B0/8861602?fr=aladdin.（有改动）

案例讨论

1. 中国航运景气指数主要有哪些？
2. 中国航运景气动向指数包含哪些分指标指数？

思考题

1. 航次成本是指什么？
2. 运价的特点有哪些？
3. 运价制定的基本原则是什么？
4. 运价变更的原因有哪些？
5. 集装箱班轮运价制定的特点是什么？
6. 运价指数的计算方法有哪几种？

Chapter 5

第五章 航运市场营销策略

第一节　航运市场营销环境

国际航运市场是一个规模巨大、竞争激烈、充满风险的市场。随着国际贸易的发展，在经济全球化的推动下，航运业已经成为国际贸易全球化的基础性产业，是国际市场发展的承载平台，而国际航运市场的营销是航运市场运作的重要环节，分析国际航运市场的营销环境，有利于企业制定适应航运营销环境变化的营销战略，明确航运业发展的方向，使我国航运业在国际竞争中处于不败之地。

企业是在特定的环境条件下经营和发展的，市场营销环境之于企业如同土壤、阳光、空气和养分之于树木，它既可以给企业的发展带来新的市场机会，也可以给企业带来某种威胁。现代营销学认为，决定企业营销活动成败的关键，就在于企业能否适应不断变化着的市场营销环境。企业随时关注、分析市场营销环境的目的是抓住机会并规避风险。企业只有与营销环境保持协调才能生存，进而得到发展。善于辨别环境变化、适应环境变化就易于成功，而对环境变化没有认真预测分析并及时调整营销战略，结果就会形成被动局面，甚至破产倒闭。

航运市场营销环境是指航运企业在制定营销策略的过程中所涉及的各种不可控制因素，即与航运企业营销活动存在潜在关系的外部力量与机构体系。任何航运企业从事营销活动，都会受到来自企业内部和企业外部诸多因素的影响，这些影响因素的集合就构成了航运市场营销环境。

根据航运企业市场营销活动所涉及的内容，航运市场营销环境可能分为微观营销环境和宏观营销环境。

微观营销环境是由与航运企业紧密相连的、影响其顾客服务能力的各种参与者（包括其他航运企业、供应商、营销中介、竞争者、客户和社会公众）构成的。

宏观营销环境指能影响整个微观环境的广泛的社会性因素，一般以微观营销环境为媒介影响和制约企业的营销活动，在特定的场合也可以直接影响企业的营销活动。宏观营销环境包括政治法律环境、经济环境、竞争环境、影响运力的外部环境、科学技术环境和自然环境，会给航运企业带来不可控变数。

一、航运市场营销环境的特征

航运市场营销环境是一个受多因素影响的多层次且不断变化的综合体。因此，航运企业要在市场竞争中获得相对竞争优势，就必须了解航运市场营销环境的特征，采取有效的营销手段，适应并利用有利的营销环境，规避不利的营销环境。

（一）客观性

环境是航运企业开展营销活动的依据，不以营销者的意志为转移，对营销活动的影响具有强制性和不可控性。一般来说,航运企业无法摆脱和控制营销环境,尤其是宏观环境,如地理环境、政治法律环境、技术环境等,这些环境几乎不会因航运企业自身的要求和意愿而随意改变。但航运企业可以主动适应环境的变化和要求,制定并且不断调整市场营销策略。因此,航运市场营销者在作出营销决策时,要考虑到环境对于决策的影响,作出的决策不应该无视环境的限制,例如,制定营销策略时不能违法。

(二)多变性

多变性主要是指航运企业市场营销的各种外界环境因素,由于种种原因,总是处于一个动态变化的过程中,且呈现出一定的周期性。能源危机、技术革命、经济波动等带来的环境因素的变化都会对航运企业构成威胁,从而客观上要求航运企业快速适应环境变化,及时、迅速调整营销策略。航运企业要了解、适应营销环境并利用有利的营销环境,就必须抓住营销环境的多变性特征,有针对性地制定并不断调整市场营销策略,以取得竞争优势。

(三)相关性

相关性主要是指影响航运企业的营销环境不是任何单一因素作用的结果,而是由一系列相关因素所组成的综合体共同作用的结果。各因素之间相互影响、相互制约,任何一个因素的变化,都会引起其他因素的变化,这就形成了新的营销环境。各种因素之间相互影响的程度有大小之分,其中宏观环境因素的影响是非常显著的。

(四)不可控性

对航运企业来说,营销环境是客观存在的不可控制因素。航运企业不可能控制国家的法令政策,不可能控制经济的增长及变化趋势,同样,航运企业也不可能控制竞争对手的生产和经营。航运企业虽然无法控制这些外部环境的变化,但可以减小其给自身带来的影响,如公众对企业的评价、竞争对手给企业带来的威胁等。

(五)差异性

航运企业营销环境有宏观、微观之分,宏观环境在不同的国家或地区之间存在着广泛的差异,微观环境在不同的航运企业之间也是千差万别。由于营销环境的差异,企业为适应不同的环境及其变化,必须采取有特色和有针对性的营销策略。同时环境的差异性也表现为同一环境对不同航运企业的影响有所不同。

(六)目的性

目的性主要是指航运企业研究影响营销活动的各种环境因素的目的在于适应外部环境因素的变化,并采取有针对性的营销策略,以求得企业的生存和发展。

二、航运市场宏观营销环境

宏观环境一般包括人口、经济、自然、技术、政治法律和文化等环境。这些都是不可控的环境变量，企业及其所处的内部环境，都在这些宏观力量的控制和作用之下。航运企业可以通过调整企业内部人力、财力、物力及服务、定价、渠道、促销方式以及有形展示等可控制的营销手段来适应外部环境的发展变化。就航运市场而言，宏观环境一般可以归纳为政治法律环境、经济环境、自然环境和技术环境等。

（一）政治法律环境

政治法律环境由影响和制约企业营销活动的政府机构、法律法规及公众团体等构成。国家政治变动会引起经济态势发生巨大变化，政府通过法律手段和经济政策可以干预社会的经济生活，因此政治法律环境是市场营销必须考虑的因素。就航运市场营销而言，政治法律环境是指与航运业有关的各种法律法规以及有关政府管理机构通过一定的方式对航运市场进行调控或者干预的手段，主要包括政局及其稳定性、政治事件、经济立法、航运政策等等。这些因素都会对国际国内航运市场产生重大的影响或制约作用，进而影响航运企业的市场营销活动，因此航运企业的营销人员必须密切注意政治法律环境的动态。

（1）政局和政治事件

1）国家之间的关系

一般情况下，当两国之间的政治关系朝着友好方向发展时，两国之间的进出口贸易都会增长，作为国际贸易主要运输方式的航运会因此而兴盛发达；反之，当两国关系恶化甚至发展到禁运的程度时，进出口贸易会急剧减少甚至中断，这就会阻碍航运业的进一步发展。

2）国家内部的政治情况

在世界上一些实行多党制的国家，由于各政党之间政见不同，在执政党发生更迭时，政策可能会有根本的改变。也有一些国家政局稳定性较差，国内各类政治冲突（如政局动荡、更换政府等）频繁，骚乱、内战和暴力事件等时有发生，这对经济贸易活动的发展会造成破坏性的后果，进而对与经济贸易关系密切的航运业造成一定程度的破坏。

3）国际政治事件

国际政治事件是指出于政治目的而形成的具有世界性的一些事件，这也会对航运企业产生冲击。如在海湾战争时期，某些航运公司船舶被迫滞留波斯湾，给航运公司造成了巨大的经济损失。

（2）航运政策

航运政策是一个国家为了发展海上贸易运输、改善国际收支情况、确保海上运输等而对本国商船队采取的态度、方针、措施的总称。它是经济政策的重要组成部分，体现了一国政府对航运业的基本立场和态度。

(3)国家的经济立法

国家为适应经济发展的需要,制定、颁布了一系列的法律法规,用以规范企业的市场行为,调整各种经济关系,为国民经济的良性循环创造条件,为企业的发展提供法律保障。

(二)经济环境

经济环境是指影响企业市场营销方式与规模的经济因素。这里的经济环境是指与航运企业市场营销有关的经济发展趋向及其性质。政治法律环境的许多因素实际上是通过经济环境作用于航运企业的,因此经济环境对航运企业市场营销的影响最直接也最重要。总体来看,当今国际、国内的经济发展状况对航运业及航运企业的发展起到巨大的推动作用,主要体现在以下几方面。

(1)世界经济和国际贸易

国际航运是国际贸易的派生需求,而国际贸易又是世界经济的派生需求,所以世界经济和国际贸易的发展变化会对航运业的发展产生决定性影响。通常当世界经济高速增长时,国际贸易相应地大幅度增长,航运市场随之而繁荣、景气;反之,世界经济衰退时,国际贸易萎缩,于是导致航运市场货源不足,航运业萧条和不景气。

(2)经济事件

世界经济的长期发展趋势对航运市场起着决定性的作用,而经济事件亦会对相关的航运企业产生冲击。例如 2008 年暴发的全球性金融危机,使世界各国经济遭到重创,各国的商品进口量紧缩,我国对外贸易量急剧减少,国内航运企业经营也受到很大影响。在这种情况下,航运企业要进行一系列的策略转变来应对金融危机。

(三)自然环境

自然环境包括国家或地区的自然地理位置、气候、资源分布、海岸带及其资源的开发利用等因素。这些因素都会对航运业及航运企业的发展产生重要影响,进而影响航运企业的市场营销活动。另外,判断自然环境因素对航运企业发展的影响,除了看其原有的自然条件外,还要考虑人对自然环境的改造对航运发展产生的作用。

(四)技术环境

科技是影响航运企业发展的一个重要的环境因素,它除了直接给航运企业的市场营销活动带来一定的威胁和机会外,还通过顾客、竞争对手等对企业的营销活动产生作用。

以蒸汽机的发明为主要标志的第一次科技革命使交通运输业发生了革命性的转变,推动社会生产力空前发展,促使世界经济、国际贸易进入了前所未有的发展时期,商品交换的范围扩展到全球,造船技术和航海技术的迅速提高为海上贸易的大规模发展,为专业航运从国际贸易中独立出来创造了条件,加速了世界市场的最终形成。

以电力的发明和使用为代表的第二次科技革命大大提高了生产的社会化程度,

促进国际分工向纵深推进，进一步加强和扩大了各国之间的经济联系，同时生产力的高速增长又推动资本主义从自由竞争向垄断竞争过渡，使得资本输出与资源掠夺在全球范围内展开。在这期间，航运成为最重要的运输方式。

第二次世界大战后的第三次科技革命更是大大加快了交通运输工具的改造与革新速度。船舶的大型化，装卸机械的高速化、自动化，运输方式的集装箱化，大宗货物散装化，为世界经济、国际贸易的发展提供了前所未有的运输能力，并使国际航运市场在国际市场中确立了自己的地位。

第四次科技革命如火如荼，以人工智能、清洁能源为核心内容，明确了未来个性化工业生产的发展方向。未来的国际航运也将呈现出个性化的特点。现代科学技术进步在带动国际航运市场发展的同时，亦给航运企业的发展带来了新的动力。造船技术的发展使船舶大型化成为可能，巨型油轮、第五代集装箱船的问世给国际航运企业带来可观的规模经济效益，并使航运更加安全、发展更加迅速。信息技术的应用使多式联运、综合物流得到迅速发展，从而更好地满足货主的要求。

以电子数据交换（Electronic Data Interchange，EDI）为例，航运企业可以利用EDI技术用电子报文替代书面单证，减少了数据重复录入，降低了差错率，实现了运输信息流转过程的自动化和高效化，使国际集装箱运输单证的流转更加方便快捷，提高了航运服务的质量。所以，航运企业应充分认识技术进步带来的机会与威胁，利用先进技术提高自身的竞争力。

三、航运市场微观营销环境

航运企业的内部环境因素主要包括企业自身所具备或拥有的经营条件、能力、资源。内部环境因素是决定企业营销策略选择和营销水平的基础条件，主要包括企业的决策能力与管理水平、企业文化与团队力量、企业核心竞争力以及企业的财务状况。

（一）企业内部环境分析

（1）企业的决策能力与管理水平

航运企业的决策能力主要表现在管理层，一般情况下，企业管理层的决策能力越高，对外部环境的把握越准确，越利于航运企业的发展。这就对管理层提出了很高的要求。同时，航运企业的决策能力也可以表现为一线员工解决紧急事件的能力。

（2）企业文化和团队力量

好的航运企业必定拥有好的企业文化。企业文化是指一个组织由其价值观、信念、仪式、符号、处事方式等组成的特有的文化形象。好的企业文化能够使企业整体的凝聚力增强，从而有很好的发展前景。

（3）企业核心竞争力

航运企业的核心竞争力是区别于竞争对手的主要方面，也是企业获得持续发展的潜在动力。因此，如果能够准确定位企业的核心竞争力，就会给企业营销活动带来事半功倍的效果。

（4）企业的财务状况

财务状况反映企业发展状况，同时财务能力又是营销活动取得成功必不可少的支持因素。财务状况的好坏，直接关系到航运企业航运能力的大小和航运营销活动的成败。

（二）供应商分析

航运企业的供应商是指向航运企业提供所需船舶的生产企业。一般来说，供应商的稳定性会直接影响到航运企业发展的稳定性。这里主要从以下几个方面对供应商进行分析：

①供应商指定的价格策略；

②供应商的供货能力；

③供应商造船技术的发展程度；

④供应商的信誉；

⑤供应商运营的稳定性。

航运企业通过对供应商进行如上的分析，甄选出适合自身的供应商，与之建立合作关系。如果企业发现没有适合自己的供应商，并且具有足够强的实力，那么航运企业可以采取前向一体化战略，自行生产。

（三）竞争者分析

航运企业面对的竞争者将直接影响到企业的营销活动。竞争对手的产品价格、广告宣传、销售服务等都可能会对企业构成直接的威胁。因此，航运企业制定营销策略时要先明确竞争对手的经营状况，只有做到知己知彼，才能有效开展营销活动。

（1）竞争者的构成

1）现实竞争者

现实竞争者是指已经存在于航运市场上的其他航运企业，一般情况下能够直接影响到企业的营销活动。

2）潜在竞争者

潜在竞争者是指那些有能力并且有意愿进入航运市场的其他企业。

针对不同的市场竞争者，航运企业应采取不同的策略来遏制竞争者的营销活动对本企业的威胁。要随时紧盯主要的竞争者，警惕潜在竞争者的出现。

（2）竞争者分析的内容

①竞争者数量分析。

②竞争企业的规模和能力分析，即分析主要竞争者的销售量、管理能力以及财务状况。

③主要竞争者的营销策略分析，即分析竞争者在宣传和促销方面的投入以及效果，分析竞争者提供服务的组合，还有竞争者制定价格的策略等。

④分析处于竞争关系的供应商。

⑤分析竞争者的主要客户以及竞争者以怎样的营销组合来满足客户的需求。

（四）客户分析

在航运市场上，客户也称货主，是航运企业开展营销活动的主要对象。客户是航运企业得以生存的价值来源。对客户进行分析包括分析客户的需求、主营业务、财务状况、发展前景以及其对价格的敏感度。

（五）营销中介分析

（1）金融机构

金融机构包括银行、信用公司、保险公司、投资公司、证券公司等提供融资或保险的各类公司。企业必须与金融机构建立密切的关系，以保证企业需要资金时融资渠道的畅通。

（2）营销服务机构

营销服务机构主要有营销调研公司、广告公司、传媒公司以及营销咨询公司。它们能帮助航运企业开展营销的前期活动，有利于航运企业准确地掌握与营销相关的信息。同时专业化的营销建议更是有利于航运企业营销活动取得成功。

阅读资料

俄乌冲突对国际航运市场影响

一、俄乌冲突直接影响

（1）冲突地区港口运营中断

冲突对于航运业最直接的影响来自两地港口的商业运营暂停，海运进出口停止。乌克兰约有30个港口，敖德萨港是黑海地区最大的集装箱港口，与伊利乔夫斯克港共同承担着乌克兰98%的集装箱运输。敖德萨港位于此次冲突的核心地带，乌克兰政府于2022年2月24日关停该港口。俄罗斯位于黑海海域的港口的营运状况也在一定程度上受到地区冲突的冲击，直接影响了当地的货物出口情况。并且，敖德萨及其他港口的关闭加重了东地中海及黑海的南部港口和码头的拥堵问题。

（2）冲突地区航行不安全性增加

冲突使黑海地区航运活动受到干扰，也表现在商船遭到袭击、地区航运不安全性加剧等方面。

（3）相关海域运输活动受到干扰

黑海是东欧地区大宗货物出口的重要通道，俄罗斯和乌克兰是黑海地区重要的出口国，连接黑海与亚速海的刻赤海峡是该区域最关键的海上通道。自当地时间2022年2月23日起，亚速海航行已经暂停，刻赤海峡的南部入口出现较为严重的拥堵情况。

马士基航运、中远海运、长荣海运以及达飞集团等较大的航运公司都设有通往黑海的固定航线，而黑海地区当地的小航运公司也承担了一些区域性运营活动。受到冲突爆发的影响，航运公司已将前往乌克兰的航线暂停。对于已经开船的船舶承运的货物，航运公司不得不选择将其卸至黑海南部或地中海的其他码头。冲突已造成黑海相关航线上的船舶运输量减少，数据显示，冲突爆发一周之内黑海的运输量下降18%，伊斯坦布尔海峡北行通行量下降75%。

二、俄乌冲突间接加剧航运市场不确定性

从航运经济的视角看，国际航运市场由提供航运服务的运输市场和维持运输市场基本运转的要素市场组成，而航运基本市场正是通过价格和供求等形成的市场机制来运行的。因此航运成本、航运需求与航运供给之间的变化相互作用、相互影响，改变航运资源在全球的配置，推动整个航运市场的变化发展。

（1）全球油价出现波动

石油价格波动会影响国际运输的供需关系，即石油价格的上升会增加国际货物运输的费用。俄罗斯是全球石油供应的主力地区，曾是世界第一大产油国，此次冲突爆发导致俄罗斯原油出口量减少，全球石油供给短期紧缺，势必对国际原油价格造成不小的影响。2022年2月24日当天，布伦特原油和纽约原油期货价格突破每桶100美元，最高达到每桶105.79美元，为7年来的最高水平。航运企业的运营成本主要包括燃油费、船舶折旧、船员工资和港口使费等，其中燃油成本是运营成本的主要组成部分，占20%~50%。而油价的波动直接影响船舶燃油价格，进而影响燃油成本，对航运企业的运营产生着极为重大的影响。

（2）贸易受阻影响运力需求

因为国际航运市场是国际贸易市场的派生市场，国际航运市场的变化规律大致与国际贸易市场的变化规律相同，国际贸易的增长会带动国际航运的增长。世界贸易是不断发展的，有时也有低谷和高潮，从而派生出国际航运市场的低谷与高潮，因此冲突升级对贸易产生的影响必然引发航运市场的连锁反应。俄乌地区出口的大宗货物中，玉米、小麦是最为主要的货种，其中两国出口的小麦数量约占欧洲市场的30%。俄罗斯地区小麦运输受到影响，黑海地区小麦货运需求下降，可能造成黑海地区运力供需不平衡引起的运费降低。此外，还需考虑到地缘政治冲突升级，俄乌主要粮食产区农业基础设施遭到破坏，农业生产活动受到阻碍，粮食产量减少，影响该地小麦出运，会在较长的一个时期内减少黑海区域的运力需求。而对于俄乌以外的其他主要小麦生产地，市场对于农产品供应的担忧引起小麦期货价格出现短期暴涨，也许会在短时期内推动小麦的贸易，增加货运需求，以干散货为主的船型的运费可能出现增长。

国际航运市场是国际贸易市场的派生市场，由国际贸易决定货运量，然后产生了运价。俄罗斯与乌克兰地区铝、镍、天然气等大宗货物的出运减少，引起世界范围内相关货物的供需失调，也会对航运市场运力需求分布造成大范围的影响。国际航运市场的基本运行机制就是航运市场均衡的形成与变动，市场需求变化使运价与供求产生冲突，会打破航运市场现有的均衡状态，推动航运市场进行调整。因此俄乌冲突带来的运力供需改变会带来运价的改变，进而推动新的均衡状态形成。

（3）运力改变对供应链产生持续影响

航运业不断发展，将世界经济联系起来，形成了世界市场。社会再生产过程逐渐突破地区界限，将不同的国家卷入全球的工业生产过程，进而出现国际分工，形成经济全球化。供应链作为经济全球化的显著代表，全球供应链的平衡是保证全球经济稳步增长的重要因素。地区冲突对航运业造成冲击，进而影响经济全球化进程。因冲突爆发，多家班轮公司更改航线，取消前往冲突地区以及俄罗斯相关港口的航线，造成太平洋西海岸运力大幅减少，不仅引起海运运价的暴涨，空运价格也受其影响出现明显增幅，对全球供应链造成打击，国际贸易遭遇瓶颈，经济全球化进程受到冲击。

三、西方各国对俄制裁产生影响

随着经济全球化趋势不断发展，世界各国的经济相互影响、相互交融，彼此之间的依赖加深。以美国为首的西方国家擅于运用经济制裁等手段遏制其他国家的发展，在经济全球化趋势下，这种对外的经济制裁利用了各国经济相互渗透、相互依赖的特点，产生的影响也不断扩大。国际航运业作为经济全球化发展的命脉，在全面经济制裁下同样受到巨大冲击。

（1）西方国家对俄采取制裁措施

美国善于利用其强大的金融地位、世界领先的技术优势、严密的动态监管体系等，从支付、保险、货物运输等各个环节，阻滞货物的销售、转运、出口、再出口，建立起更加符合“美国优先”的国际经贸秩序。自俄乌冲突爆发以来，美国、加拿大及欧洲各国陆续在经济、科技、文化等领域对俄罗斯实施制裁。直至当地时间 2022 年 3 月 8 日，西方国家对俄罗斯的制裁进一步升级，涵盖能源、航空、科技、金融等多个领域，俄罗斯一时间成为全球受制裁数量最多的国家。不断升级的制裁对俄罗斯乃至全球的能源、经济与交通运输造成严重的影响。

在能源方面，美国禁止进口俄罗斯的石油、天然气和煤炭，加剧全球能源供需不平衡问题，美国、欧洲等地受影响最大，石油价格连续上涨。而航运企业则不可避免地会遭遇运输成本上涨的困境。欧洲许多国家的港口宣布拒绝载有俄罗斯货物的船舶入境和靠港作业，导致全球贸易量与运力需求分布发生改变。运力供给方面，克拉克森研究的数据显示俄罗斯共拥有 49 家航运公司，最大的航运公司以油轮运输与 LNG 运输为主。如果西方国家直接对俄罗斯航运企业实施制裁，将会导致航运市场产生较大的运力供给缺口。

（2）航运公司响应制裁措施

英美等国对俄实施的制裁措施引起了多个领域头部公司的响应。大型能源公司壳牌、美孚宣布退出在俄罗斯的合资企业，波音公司等航空企业宣布暂停对俄罗斯航空公司的支持服务。在航运领域，头部企业马士基航运等也取消往返俄罗斯港口的航线，那些远离冲突地区的港口航线也同样被取消，预计多余运力分散会引起其他地区短期运力供给增加。英国下令拒绝俄罗斯船舶进入英国港口，部分已经在前往英国港口途中的俄籍船舶受到波及。制裁措施继续加码，船舶承租方担忧被制裁风险而减少对其船舶的租用，预计会使得现有大量俄罗斯船舶退出国际租船市场，对即期市场运费上行起到刺激作用。

（3）市场主体观念影响

除了西方各国官方实施的制裁措施产生的直接后果之外，认为俄罗斯发起入侵战争的消费者们的大面积抵制行为也使全球贸易形势更为复杂。从俄罗斯传统酒精饮料在西方国家遭到抵制来看，越来越多的西方人认为俄罗斯的商品无法被接受。即使是未受制裁的产品的销售也受到影响，极大地限制了俄罗斯货物的出口。

资料来源：彭宇，张紫茜．俄乌冲突对国际航运市场影响及中国因应[J]．航海，2022，259（3）：7-12．（有改动）

第二节　航运市场客户购买行为

消费者购买行为是指人们为满足需要和欲望而寻找、选择、购买、使用、评价及处置产品、服务时介入的过程活动，包括消费者的主观心理活动和客观物质活动两个方面。

一、购买行为特征

（一）营利性

航运企业客户是营利性组织，其购买运输服务的目的是通过运输的方式将产品转移到最终产品使用者手中，从而获得利润。这就决定了客户对其所购买的服务产品的价值判断有一个客观的赢利标准，他们不是根据自身的支付能力而是根据购买所能带来的利益来确定是否购买和购买什么。企业客户的购买动机更加合乎理性。

（二）过程的复杂性和集体性

企业客户的购买行为较为复杂，涉及的决策人员较多，决策过程更为规范。航运市场的客户购买过程从需求的产生、谈判、签约、运输、储存到验收付款，这一过程远比消费者市场的一般购买过程复杂得多，整个购买过程持续的时间也很长。一般来说，企业客户的购买活动通常由财务部门、技术部门、法律部门和管理层等共同参与，各部门在其中发挥着不同作用。

（三）选择的专业性

企业客户购买行为的复杂性和营利性，要求其雇用经过训练的、内行的专业人员负责购买工作，从服务的质量、性能来评价产品服务对企业的适用性，而不会过分地依赖外部宣传来作出决定。

（四）关系的密切性

大宗客户对航运企业来说具有权威性和重要性。由于购买过程复杂，容易受到各种主观因素的干扰，任何时间、质量、数量上的偏差都可能导致双方生产经营活动的受损，因而买卖双方都有加强彼此之间的关系、了解双方的愿望，交易双方经过一段时间的磨合后，通常会建立起一种长期的、相对稳定的、互信互惠的伙伴关系。

（五）租赁使用的便利性

组织市场往往以产品租赁代替完全购买。租赁对于承租方来说可以减少公司资本流出，取得出租方的最新产品，获得更好的服务；对于出租方来说则可以抓住向没有能力完全购买产品的客户出租产品的市场机会，获得更多的收益。如在航运市场中，租船人向船东租赁船舶用于大宗货物运输。对于航线、港口、运输货物的种类以及航行的时间等，都按照承租人的要求，由船舶所有人确认。租船人与船东之间的权利和义务以双方签订的租船合同确定。

二、购买行为一般模式

航运市场作为组织市场，其客户的购买行为与一般消费者市场上的不同。为了针对组织市场制定正确有效的市场营销策略，企业必须深入了解客户的行为特点，其中首先需要了解人的购买行为的一般模式——S-O-R（Stimuli-Organism-Response）模式，即客观因素刺激-主观心理活动过程-行为反应模式，如图 5-1 所示。

当人类购买行为的一般模式反映在市场经济的购买行为中时，所有市场客户的购买行为都是由客观因素刺激引起的，这种刺激既来自市场营销者的产品、价格、地点及促销所构成的质量、服务、广告、社会效应等情况，又来自外部的刺激，包括市场购买者所处环境的经济、技术、政治、文化方面的因素和事件。

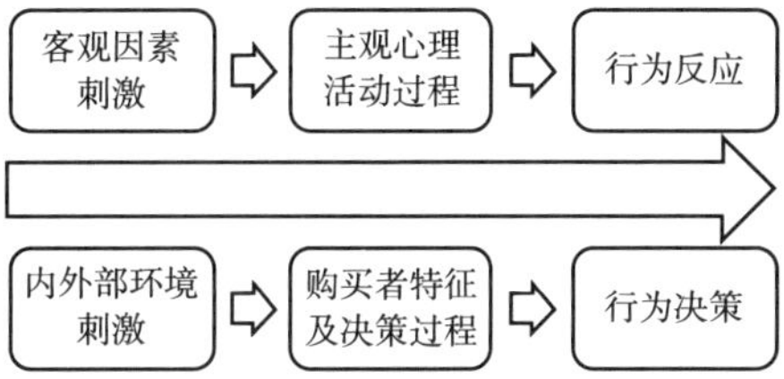

图 5-1　购买行为的一般模式

三、购买行为动机

（一）动机与需求

动机是指引起和维持个体行为并使之朝一定目标和方向前进的内在驱动力。人在任何时候都有一些需求，这些需求可以是生理上的，比如喝水、吃饭、穿衣等，也可以是心理上的，由心理状况的紧张兴奋引起，比如社交、寻求归宿等。需求能引发动机，但是要具备以下条件。

①当需求到达一定强度时，这种需求就会变为动力。当人们的需求还处于萌芽状态时，它只是以模糊的形式反映在人们的意识之中，使人产生不安的心理感觉，形成意向。随着需求的增强，人们开始考虑如何去获得满足，这时意向就转化为愿望。所以，只有那些占主导地位的需求才能引发购买动机。

②具有满足需求的目标和诱因。当需求强化到一定的程度，在客观上又有满足需要的目标或诱因条件出现时，需求才能转化为动机，成为客户作出购买行为的原因。

一般来说，客户的主观需求是动机形成的内因，而外在的对象和各种诱惑刺激是动机形成的外因。

（二）动机与行为

在影响客户行为的因素中，需求和动机占有特殊的、重要的地位，与行为有着直接而紧密的联系。这是因为人们的任何购买行为都是有目的的，这些目的的实质是满足人类的某种需求和欲望。需求、动机和行为的关系如图 5-2 所示。

图 5-2　需要、动机和行为的关系

从图 5-2 中可以看出，需求是客户行为的最初驱动力，动机则是行为的直接驱动力。动机引发行为的情况又是多种多样的：

①同样的动机可以产生不同的行为，而同样的行为可以由不同的动机所引起；

②引起某一行为的动机往往并不是单一的，而是混合的，甚至可能是相互矛盾的。

四、航运市场动机类型

(一)生存动机

生存动机是一种原始动机,它直接产生于本能需要。不同于消费者,企业的本能动机是一种在激烈的市场竞争中获得一席之位,求得生存的需要。而航运企业为了在激烈的市场竞争中存活下来,更应该了解客户的多方面信息。

(二)理智动机

理智动机是经过客观分析、冷静思考形成的心理动机,具有以下几个特点。

第一,求实,即注重质量,讲究实用。

第二,求廉,即注重商品的性价比。

第三,求安全,即注重商品使用过程的安全可靠。

第四,求简,即要求产品使用程序简单,产品购买过程简单。

在货物运输中,液态易流货物的运输安全性是许多客户所关注的,而一般货物运输中,相对低廉的运输价格则更有吸引力。企业要对不同客户的动机进行分析和把握,采取有针对性的措施。

(三)惠顾动机

惠顾动机是指基于经验、情感对特定的商品品牌产生的特殊的信任和偏爱。这就需要企业进行品牌管理,用合适的价格、质量、形象来吸引客户,提高客户对品牌的忠诚度。

五、购买行为的影响因素

航运市场的客户购买行为属于理性活动,其目标是以最小成本获得最大的经济利益。客户作出购买决定受到很多因素的影响,企业需要了解这些因素,并采取措施引导客户的购买行为。

(一)环境因素

商务条件、技术发展、法律条文这些方面的巨大变化都会大大改变客户的购买计划,这些环境因素决定了市场可以在何种范围内发展买方-卖方关系,企业应该特别注意影响客户决策的经济和技术因素。

(1)经济因素

由于需求是由终端客户决定的,因此企业必须关注终端客户的需求,许多工业产品的需求波动比一般产品更大,全球运营公司必须关注所有地区的经济情况。经济环境会影响一个客户的购买能力和购买愿望,如航运企业必须时刻关注全球经济、贸易的发展,关注市场的需求变化。

(2)技术因素

快速发展的技术会极大地改变客户的购买计划,影响购买客户的决策制定部门的组成,如互联网的快速发展逐渐改变了企业和客户之间的互动方式。企业必须积极监控技术变化,根据随时更新的技术环境采取相应的营销战略。

(二)组织因素

组织市场中的每个客户都有自己的组织结构和战略发展目标。不同的组织因素会使客户的决策系统和决策倾向有明显的不同。如果企业营销者能够了解企业客户的战略重点,关注其关键决策者,就能更好地为企业客户提供量身定制的服务。

(三)人际因素

客户购买活动包括一系列复杂的、细致的决策制定过程,同时会受到若干人的影响。由于所处的地位、部门等的不同,决策参与者会有不同的意见。营销过程中的人际关系是一种动态的群体因素,并不是一目了然的,需要营销者耐心、细致地去发现和把握。

(四)个人因素

任何购买活动的参与者都会有自己的偏好和动机,这些偏好和动机是由参与者的年龄、收入、受教育状况、个性、对相关信息的理解与记忆以及对过去购买活动的满意度等因素决定的。商人也是人,因此营销者的目标应该是各个决策者,而不是整个企业。了解和分析这些个人因素,有助于营销者制定出较好的、有针对性的方案。另外,客户有不同的购买风格。有些是技术型的,在选定产品和服务之前要对所有的竞争产品都进行深入分析;有些是直觉型的,善于在多个卖方之间进行周旋以得到最优惠的交易条件。

购买行为的上述诸多影响因素是通过多种方式和渠道形成的,它们或直接或间接地表现出来,最终形成一股合力,共同作用于客户的购买行为。

(五)购买对象

货运服务价格影响商品市场中商品的成本,进而影响商品的需求,商品需求的变动直接影响货运市场的需求。因此,客户都比较注重对货运价格的选择。然而随着货运市场价格信息透明度的提高及高货值产品对货运价格变动承受力的增强,价格因素已不再是决定性因素。

六、客户购买的决策参与者

客户购买受到许多因素的影响,而影响最大的则是处于决策中心的决策人员。根据他们在其中所起作用的不同,国外有学者把他们区分为产品(服务)使用者、决策影响者、决策制定者、购买的实际操作者以及控制购买信息的人。

产品使用者是将要使用产品的人。在有些情况下，正是使用者提出的对某个产品的需求才引发了购买行为。使用者往往首先提出购买某种所需产品的建议，并提出购买产品的品种、规格和数量。

决策影响者是企业内外部通过提供供应商的信息或设定购买要求来影响购买决策的人。

决策制定者是真正作出购买决策的人，不管他们是否有正式的决策权。在标准品的例行购买中购买者常常是决策者；而在较复杂的购买中，企业领导人常常是决策者。

购买的实际操作者即购买者，是有正式权力选择供应商并完成与购买产品相关的所有步骤的人。这种权力常常被组织中更有权威的人把控。

控制购买信息的人是监控与购买有关的信息，有权阻止方案顺利进行的人。

在一个购买过程中，可能一个人起到所有作用，也可能是不同的人起到不同的作用。作为一个合格的营销者，成功地找出谁是决策制定者，并且正确地评估决策中心各个不同成员之间的作用和影响是非常重要的。

七、客户购买的决策过程

航运市场的客户往往是企业，作为一个“经济人”，企业的决策不同于一般消费者，其决策的目的是使企业的经济效益和利润最大化。与市场消费者相比，企业的购买决策过程涉及更多的专业人士，涉及复杂的决策过程和更专业的购买活动。因此，其购买决策往往需要花费更多的时间进行反复论证。

（一）认识需求

行为源于动机，动机源于需求。所谓需求，就是客户发现现实状况与理想状况之间存在一定差距，从而产生的解决问题的要求。认识需求，就是认识这种要求。客户购买过程中对需求的认识有的源于内部刺激，如：企业决定研制某种新产品，因而需要采购有关设备、原材料；发现原材料质量不好，需要更换供应商；有些设备、设施发生故障或损坏，需要重新购置等。有的源于外部刺激，如有关人员看到广告促销或参观展会后，发现了新的购买需求等。所以，确认需求是购买过程的起点。企业应该积极挖掘与企业、产品及品牌有关的驱动力，有效地策划刺激，强化客户的需求，尤其是充分利用数量、形式众多又便于利用的各种提示物，根据目标市场的规律，引导和深化客户对消费的认识。

（二）确定和说明需求

需求一旦确认，客户就将确定所需服务产品的总体特征和需求的数量，营销者可以通过说明其产品服务如何能满足这些需求来协助客户作出购买行为。通常，客户采取产品价值分析方法（即通过价值分析）对各部件加以研究，以确定能否对它进行重新设计或者标准化，或者采用更便宜的生产方法。营销者也可以将产品价值分析作为一种工具,用来对自身进行定位以赢得客户。

(三)寻找供应商

客户将设法找出最合适的供应商,他们可能借助计算机搜索,联系其他公司请求推荐,浏览贸易广告,参加贸易展览会等。营销者的任务是确保当客户在市场上搜寻供应商时自己能被列入考虑的范围。发现好的线索并将其转化为销售,要求营销者和销售人员相互协调、多渠道配合,让潜在客户将自己视为可信赖的顾问。营销者应设法掌握主要潜在客户的具体情况,加强沟通和促销,为其企业及品牌在市场上建立良好声望。航运企业客户可以通过航运信息论坛、航运信息网、相关杂志了解关于目标承运人的最新信息。

(四)征求方案

在这一过程中,客户会选择合格的供应商提交的方案材料,并邀请少数几家供应商作最后的演示。营销者必须精于方案的调研、撰写和演示,在书面文案中应该着重描述产品服务价值和客户能获得的利益,在口头演示中应该充满信心,让客户了解到其所在企业的能力和资源处于强有力的地位,从而在竞争中胜出。

(五)选择供应商

客户通过讨论、比较各供应商提交的方案材料,决定最终的供应商。他们一般会依据供应商的价格、质量、信誉、技术服务、及时交货能力等作出评价,依据分析结果认定各供应商的吸引力。在作出最后决定之前,客户还可能与那些潜力较大的供应商面谈,争取更便宜的价格和更优的条件,最后从中确定一个或几个供应商。在航运市场中,价格、安全性、抵达时间等因素对于客户购买航运服务产品有很大的影响。在方案材料中,企业必须突出强调自己的竞争优势,争取获得有效合约。

(六)签订合约

决定供应商后,客户会根据所需产品的技术说明书、需求量、预期交货时间、退货条件、担保书等,与供应商签订最后协议。一般来说,多数客户会选择签订长期有效的合同。对于供应商来说,这能使其与客户之间的关系更加紧密,使客户更加依赖一条而不是多条供应商渠道。

(七)绩效评估

客户可以联系最终用户请求他们作出评价,或直接根据几个标准来进行评分。这种对供应商的绩效评估,可能促使客户继续和供应商保持合作关系,也可能导致他们放弃合约重购或停购。

八、客户购买类型

(一)直接重购

直接重购是指客户采购部门为了满足生产活动的需要,按惯例进行订货的购买行为。客户根据过去和供应商打交道的经验,从供应商名单中选择供货企业,并连续订购采购过的同类产品,这是最简单的采购,这种购买行为是惯例化的。营销者要保证稳定的产品质量,努力维护与客户的良好关系,以保持现有客户。

(二)修正重购

修正重购是指客户的购买者为了更好地完成购买任务,适当改变购买产品的规格、价格和供应商的购买行为。

这类购买情况较复杂,参与购买决策过程的人较多。企业营销者必须做好市场调查和预测工作,努力开发新的品种、规格,并努力提高生产效率,降低成本,满足修正重购的需要,设法保护自己的既得市场。

(三)全新采购

全新采购是指客户为了增加新的生产项目或更新设备而第一次购买某一产品或服务的购买行为。新购买产品的成本越高、风险越大,决策参与者的数目就越多,需收集的信息越多,完成决策所需时间也就越长。

这种购买类型对企业营销来说是最大的挑战,同时也是最好的机会。全新采购的生产者对供应商尚无明确选择,是企业营销者应该大力争取的对象。

第三节　航运市场竞争战略分析

一、航运市场竞争对手分析

在现代市场经济中,任何企业都处在一定的竞争环境中,承受着来自多方竞争的压力。作为营销者,不仅要了解本企业的资源和优势、本企业的客户,还要在激烈的竞争中了解竞争者的实力,并与自身进行比较,从中发现有利因素和不利因素,预测市场竞争的发展变化趋势,使本企业保持稳定发展。

企业在市场营销中,至少需要了解竞争中的四个方面,即谁是竞争者,它们的目标和战略是什么,它们的优势和劣势是什么,它们的反应模式是什么。竞争对手分析的步骤如图 5-3 所示。

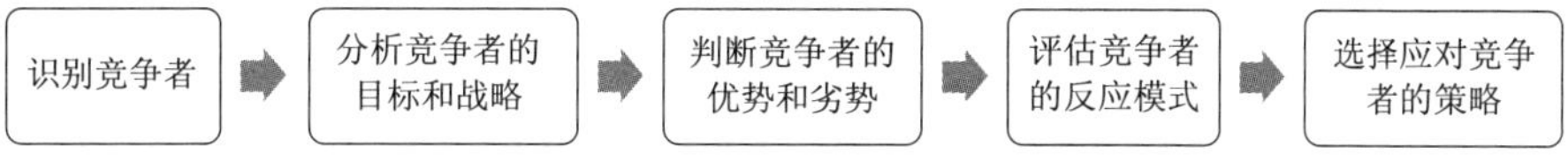

图 5-3 竞争对手分析步骤

二、识别航运市场竞争者

(一)防范“竞争者近视症”

竞争者一般是指那些为同样的客户在相似的价格下提供类似的产品或服务的企业。企业要避免患上“竞争者近视症”。相比现有的竞争者而言,潜在的竞争者的威胁可能更为致命。企业通常从以下四个层面来识别竞争者。

第一,品牌竞争者。企业可以把以大体相同的价格向同类客户出售相同产品的企业看作自己的品牌竞争者,这是最为直接的竞争对手,各自主要靠品牌的竞争能力进行市场竞争。

第二,行业竞争者。企业可以把凡是生产相似或同类产品的企业都看作自己的行业竞争者,其用不同的价格或不同的产品形象来满足客户的某种需求。行业竞争者之间的竞争一般是可替代产品之间的竞争。

第三,形式竞争者。企业可以把所有提供类似功能和服务的产品的企业都看作自己的形式竞争者。

第四,一般竞争者。企业可以把为相同客户口袋里的钱而竞争的所有企业看作一般竞争者,这是最为广泛的竞争。

(二)波特五力分析模型

五力分析模型是迈克尔·波特(Michael Porter)于20世纪80年代初提出的,如图5-4所示,对企业战略的制定产生了全球性的深远影响。五力分析模型用于竞争战略的分析,可以有效地分析客户的竞争环境。五力分别是供应商的议价能力、购买者的议价能力、潜在竞争者的进入能力、替代品的替代能力、行业内竞争者现在的竞争能力。五种力量的不同组合变化最终影响行业利润潜力的变化。

(1)供应商的议价能力

供应商主要通过其提高投入要素价格与降低单位价值质量的能力来影响行业中现有企业的赢利能力与产品竞争力。供应商的力量主要取决于他们提供给购买者的是什么投入要素,当供应商所提供的投入要素的价值占购买者产品总成本的较大比例、对购买者产品生产过程非常重要或者严重影响购买者产品的质量时,供应商对购买者的潜在讨价还价力量就大大增强。

(2)购买者的议价能力

购买者主要通过压价与要求提供较高质量的产品或服务的能力来影响行业中现有企业的赢利能力。

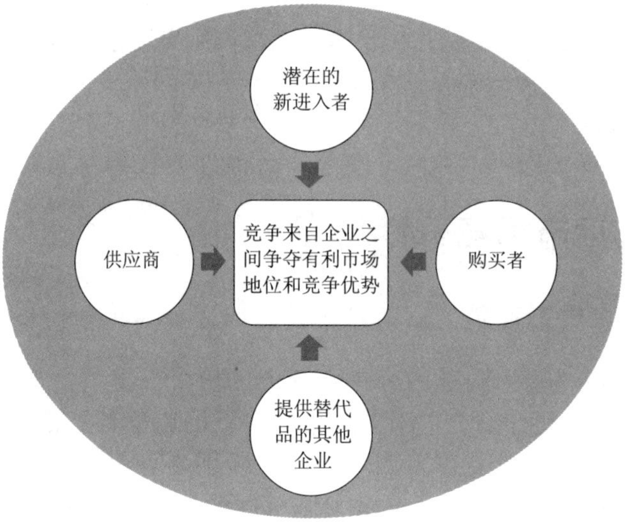

图 5-4　五力分析模型

(3)新进入者的威胁

新进入者在给行业带来新生产能力、新资源的同时,也希望在已被现有企业瓜分完毕的市场中赢得一席之地,这就有可能与现有企业发生原材料与市场份额的竞争,最终导致行业中现有企业盈利水平降低,严重的话还可能危及这些企业的生存。竞争性进入威胁的严重程度取决于两方面的因素,即进入新领域的障碍水平与现有企业对于进入者的反应情况。

(4)替代品的威胁

两个处于相同行业或不同行业中的企业,可能会由于所生产的产品互为替代品而产生竞争。这种源自替代品的竞争会以各种形式影响行业中现有企业的竞争战略。

第一,现有企业产品售价以及获利潜力的提高,将因为存在能被用户方便接受的替代品而受到限制。

第二,由于替代品生产者的侵入,现有企业必须提高产品质量或者通过降低成本来降低售价,抑或使其产品具有特色,否则,其销量与利润增长的目标就有可能受挫。

第三,源自替代品生产者的竞争强度,受产品用户转换成本的影响。替代品价格越低、质量越好,用户转换成本越低,其所能产生的竞争压力就越大。而这种来自替代品生产者的竞争压力的强度,可以具体通过考察替代品的销售增长率、替代品厂家的生产能力与赢利扩张情况来加以描述。

(5)同业竞争者的威胁

大部分行业中企业相互之间的利益都是紧密联系在一起的。作为企业整体战略一部分的各企业竞争战略,其目标都在于使企业获得相对于竞争对手的优势。所以,在实施中必然会产生冲突与对抗现象,这些冲突与对抗就构成了现有企业之间的竞争。现有企业之间的竞争常常表现在价格、广告、产品介绍、售后服务等方面,其竞争强度与许多因素有关。

根据上面对五种竞争力量的讨论,企业可以采取尽可能地将自身的经营与竞争力量隔绝开来、努力从自身利益需要出发影响行业竞争规则、先占领有利的市场地位再发起进攻性竞争行动等手段来对付这五种竞争力量，以巩固自己的市场地位与增强自己的竞争实力。

三、分析竞争者的目标和战略

在市场中，所有企业都是利润最大化的追求者。搞清楚每个竞争者的目标、战略是什么，并据此采取行动，能够使企业做到“知己知彼，百战不殆”，从而取得较强的竞争优势。

企业只有了解了竞争者的重点目标是什么，才能正确估计其对不同的竞争行为将如何反应。竞争者目标的差异化会影响到其经营模式。每一个竞争者都有目标组合，其中每个目标有不同的重要性。企业应当先了解竞争对手对获利能力、市场占有率、现金流量、技术、服务以及其他目标的相对重视程度，然后从竞争者在本行业的经营历史、管理背景、现行战略几方面进行分析。

第一，对竞争者经营历史的分析。考虑以下几点：当前竞争者的财务状况和市场占有率如何；竞争者在市场上的历史情况如何；竞争者在过去有过哪些优良成绩和出众表现；竞争者是如何对某些战略行动和行业事件作出反应的。

第二，对竞争者管理背景的分析。可以从高层领导者的职业背景、高层领导者过去曾采用和不曾采用的各类战略、高层领导者的文化背景和价值观念、行业内的竞赛规则和战略方案几个方面进行分析。

第三，对竞争者现行战略的分析。着重分析竞争者采取的是何种战略，是成本领先型战略还是差异化战略，是市场领先者战略还是市场挑战者战略。

四、判断竞争者的优势与劣势

要判断竞争者的优势与劣势，有三个变量是每个企业都应当监测的，这三个变量是：

①市场份额，即竞争者的销售量（或销售额）在市场同类产品中所占的比重；

②心理占有率，即“首先想到竞争者”的客户在全部客户中所占的百分比；

③情感占有率，即“喜欢购买竞争者产品”的客户在全部客户中所占的百分比。

在心理占有率和情感占有率方面稳步进取的企业最终将获得较大的市场份额和利润。

五、评估竞争者的反应模式

竞争者的目标、战略、优势和劣势决定了其对降价、促销、推出新产品等市场竞争战略的反应，企业由此可得出竞争者反应模式。竞争者反应模式是指某一竞争者对一竞争行为的反应类型。分析竞争者反应模式能使企业集中优势进攻,加强防守,主动退让,拟定较适合企业的市场竞争战略,争取处于较为有利的竞争地位。大多数竞争者的反应模式有以下几种。

(一)从容型

从容型反应模式是指一个竞争者对某一特定竞争行为没有迅速反应或反应不强烈。竞争者反应不强烈的主要原因有:认为客户是忠诚的;对主动竞争行为反应迟钝;没有作出反应所需的资金等。企业一定要弄清楚竞争者从容不迫的原因。

(二)选择型

竞争者可能只对某些类型的攻击作出反应,而对其他类型的攻击则无动于衷。竞争者可能经常对降价作出反应,为的是证明对手的降价行为是枉费心机的,奈何它不得。但它对广告费用的增加可能不作任何反应,认为这些并不构成威胁。了解主要竞争对手会在哪方面作出反应可为企业确定最为可行的攻击类型提供依据。

(三)凶狠型

凶狠型反应模式是指竞争者会对向其所在领域发动的任何进攻都作出迅速而强烈的反应。竞争者意在通过这种反应模式向其竞争对手表明,最好不要发起任何攻击。

(四)随机型

有些竞争者并不会表露出可以预知的反应模式。随机型反应模式是指竞争者在任何特定情况下可能会也可能不会作出反击。而且即便企业掌握了竞争者的经济、历史或其他方面的情况,也无法预见竞争者的反应。许多小企业对竞争行为的反应都属于这种类型,当其发现能承受这种竞争时就站在前沿阵地展开竞争;而当竞争成本太高时,就避其锋芒,韬光养晦。

六、进攻与回避竞争者的选择

了解竞争者以后,企业要确定与谁展开最有力的竞争。企业要攻击的竞争者包含下列三类。

(一)强竞争者与弱竞争者

攻击弱竞争者在提高市场占有率的每个百分点方面所耗费的资金和时间较少,但能力提高和利润增加也较少。攻击强竞争者可以提高自己的生产、管理和促销能力,更大幅度地扩大市场占有率和提高利润水平。

(二)近竞争者与远竞争者

多数企业重视同近竞争者对抗并力图摧毁对方,但是竞争胜利可能招来更难对付的竞争者。近竞争者指市场上已存在的行业竞争者,而远竞争者指市场上潜在的竞争者。

(三)"好"竞争者与"坏"竞争者

"好"竞争者的特点是:遵守行业规则;对行业增长潜力提出切合实际的设想;按照成本合理定价;喜爱健全的行业;把自己限制在行业的某一部分或某一细分市场中;推动他人降低成本,提高差异化水平;能够接受市场份额占比情况和获取利润的大致界限。

"坏"竞争者的特点是:违反行业规则,企业靠花钱而不是靠努力去扩大市场份额;敢于冒大风险;生产能力过剩仍然继续投资。

总之,"坏"竞争者打破了行业平衡。企业应支持"好"竞争者,攻击"坏"竞争者。

七、市场竞争战略的选择

(一)成本领先战略

(1)成本领先战略的概念

成本领先战略是指通过有效途径,使企业的全部成本低于竞争者的成本,以获得同行业平均水平以上的利润的战略。实施成本领先战略需要有一整套具体策略,即要有高效率的设备,积极降低经验成本,紧缩成本和控制间接费用,以及降低研究开发、服务、销售、广告等方面的成本。

(2)成本领先战略的优点

只要成本低,尽管面临着强大的竞争力量,企业仍然可以在本行业中获得竞争优势。这是因为:

第一,在与竞争对手的对抗中,企业的低成本优势使其具有进行价格战的良好条件;

第二,企业的低成本使其相对于竞争对手具有对原材料、零部件价格上涨的较大的承受能力,能够在较大边际利润范围内承受各种不稳定经济因素所带来的影响,同时低成本企业对原材料、零部件的需求量大,这为其获得廉价的原材料、零部件提供了可能,也便于其与供应商建立稳定的协作关系;

第三,面对强有力的购买者要求降低产品价格的压力时,具备低成本优势的企业仍可以有较好的收益;

第四,在与潜在进入者的对抗中,低成本形成的规模经济,提高了进入壁垒,削弱了新进入者的进入威胁;

第五,面对替代品的威胁,成本领先型企业更具优势,使之不被替代。当然,如果企业要较长时间巩固现有竞争地位,还必须有所创新。

(3)成本领先战略的缺点

第一,投资较大。企业必须具备先进的生产设备,才能高效率地进行生产,以保持较高的劳动生产率。同时,为提高市场占有率制定的进攻型定价会产生投产亏损,需要进行大量的预先投资。

第二,技术变革会导致生产过程工艺和技术的突破,使企业过去的大量投资和由此产生的高效率一下子丧失优势,并给竞争对手提供以更低成本进入的机会。

第三,将过多的注意力集中在生产成本上,可能导致企业忽视客户需求特性和需求趋势的变化,忽视客户对产品差异的兴趣。

第四,由于企业集中大量投资于现有技术及现有设备,加大了退出障碍,因而对新技术的采用及技术创新反应迟钝甚至采取排斥态度。

(二)差异化战略

所谓差异化战略,是指为使企业产品与竞争对手产品有明显的区别,形成与众不同的特点而采取的战略。这种战略的重点是在全行业和客户心目中打造独特的产品和服务以及企业形象。实施差异化战略的途径多种多样,企业可以从产品设计、品牌形象、技术特性、销售网络、用户服务等方面入手。

(1)差异化战略的优点

只要条件允许,差异化战略是一种可行的战略。企业实施这种战略,可以很好地防御多种竞争力量,获得竞争优势。

第一,实行差异化战略是利用了客户对其特色产品的偏好和忠诚,由此可以减弱其对产品价格的敏感性,使企业避开价格竞争,在特定领域形成独家经营的市场,保持领先。

第二,客户对企业或产品的忠诚形成了强有力的进入壁垒,可以有力抵抗新进入者。

第三,产品差异化可以产生较高的边际效益,增强企业对供应商和购买者讨价还价的能力。

(2)差异化战略的缺点

第一,保持差异化往往以高成本为代价,因为企业需要进行广泛的研究开发、产品设计和争取顾客支持等工作。

第二,并非所有客户都愿意支付差异化所形成的较高价格。同时,客户对差异化所支付的额外费用是有一定极限的。若超过这一极限,低成本、低价格的企业与高价格、差异化的企业相比就显示出竞争力。

第三,企业实施差异化战略,有时要放弃获得较高市场占有率的目标,因为排他性与高市场占有率是矛盾的。

(三)重点集中战略

重点集中战略即聚焦战略,是指把经营战略的重点放在一个特定的目标市场上,为特定的地区或特定的购买者集团提供特殊的产品或服务的战略。实施这种战略的企业会集中使用资源,以快于过去的增长速度来提高某种产品的销售额和市场占有率。

(1)重点集中战略的主要形式

第一,产品线重点集中战略。针对的是产品开发和工艺装备成本偏高的行业,例如汽车工业和飞机制造业,通常以产品线的某一部分作为经营重点。

第二,用户重点集中战略。将经营重心放在不同需求的客户群上,是用户重点集中战略的主要特点。有的厂家以市场中高收入客户为重点,将产品集中供应给那些注重最佳质量而不计较价格的客户。

第三,地区重点集中战略。可以按地区细分市场,如果一种产品能够按照特定地区的需要实行重点集中战略,也能获得竞争优势。此外,在经营地区有限的情况下,采取地区重点集中战略,也易于取得成本优势。

第四,低占有率的集中战略。市场占有率低的事业部,通常被视为"瘦狗"类业务部门。对这些部门,往往采用放弃战略或彻底整顿的战略,以便提高其市场占有率。然而,市场占有率低的事业部,如善于运用重点集中战略,将企业的经营重点集中在较窄的领域,充分发挥自己的优势,注重利润而不是成长,也能形成竞争优势。

(2)重点集中战略的优缺点

1)优点

重点集中战略追求的目标不是在较大的市场上占有较小的市场份额,而是在一个或几个市场上有较大的甚至是领先的市场份额。其优点是适应了本企业资源有限这一特点,可以集中力量为某一特定子市场提供最好的服务,而且经营目标集中,管理简单方便,从而使企业经营成本得以降低,有利于集中使用企业资源,实现生产的专业化,实现规模经济效益。

2)缺点

重点集中战略对环境的适应能力较差,有较大风险,放弃了其他市场机会。如果目标市场突然发生变化,如价格猛跌、购买者兴趣转移等,企业就有可能陷入困境。这种战略聚焦于单一产品或服务的增长,风险较大,因为一旦企业的产品或服务市场萎缩,企业就会面临困境。因此,企业在使用单一产品或服务的重点集中战略时要谨慎。

企业通常采取上述竞争战略中的某一个类型。实力雄厚的企业可能既采用成本领先战略,又采用差异化战略。不过,企业最关心的是那些处在同一行业采用同一战略的竞争者,因为它们是最直接的竞争者。这里我们要引出一个"战略群体"的概念。

战略群体是指在某特定行业内推行相同战略的一组企业。战略的差别表现在目标市场及产品档次、性能、技术水平、销售范围等方面。区分战略群体有助于认识以下三点。

第一,进入不同战略群体的难度不同。比如,某企业在产品质量、声誉和纵向一体化方面缺乏优势,则进入低价格、中等成本的战略群体较为容易,而进入高价格、低成本的战略群体则较为困难。

第二,同一战略群体内的竞争最为激烈。处于同一战略群体的企业在目标市场、产品类型、质量、功能、价格、分销渠道和促销战略等方面差别不大。任一企业的竞争行为都会受到其他企业的高度关注，它们会在必要时作出强烈反应。

第三，不同战略群体之间存在现实或潜在的竞争。不同战略群体的客户会交叉，每个战略群体都试图扩大自己的市场，涉足其他战略群体的领地。在企业实力相当和流动障碍小的情况下尤其如此。

八、一般市场竞争者战略

处在行业里的每一个企业都具有一定的地位，根据企业在行业里的竞争力和影响力的不同，可以按企业所处的竞争地位将企业分为市场领导者、市场挑战者、市场追随者和市场利基者四类。处在不同市场竞争地位的企业，应采取不同的市场竞争者战略。

（一）市场领导者战略

市场领导者为了维护自己的优势，保住自己的领先地位，通常采取以下几种战略：扩大为货主、船公司服务的网络，即采用扩大市场需求总量的方法；保护市场份额，采取阵地防御、侧翼防御、机动防御、收缩防御、反击防御、以攻为守等一系列防御措施来保护市场占有率；扩大市场份额。

（1）扩大总需求

当一种产品的市场需求总量扩大时，受益最大的是处于领先地位的企业。扩大总需求的途径是开发产品的新用户、寻找产品的新用途和增加客户使用量。

1）开发新用户

每种产品都有吸引新用户、增加用户数量的潜力。企业可从以下三个方面找到新的用户。

第一，转变未使用者。即说服那些尚未使用本行业产品的人开始使用，把潜在顾客转变为现实顾客。

第二，进入新的细分市场。新的细分市场指该细分市场的客户使用本行业的产品，但是不使用其他细分市场的同类产品和品牌而形成的细分市场。

第三，地理扩展。地理扩展指寻找尚未使用本产品的地区，开发新的地理市场。在航运市场中，航运企业开辟一条新的航线，不仅意味着新产品的开发，而且意味着市场份额的扩大和地理扩展。

2）开辟新用途

为产品开辟新的用途，可扩大需求量并使产品销路久畅不衰。

（2）保护市场份额

处于市场领先地位的企业，必须时刻防备竞争者的挑战，保卫市场阵地。挑战者大多都很有实力，市场领导者稍不注意就可能被取而代之。

最好的防御方法是发动最有效的进攻。市场领导者任何时候都不能满足现状，必须在产品的创新、服务水平的提高、分销渠道的畅通和成本的降低等方面，真正处于该行业的领先地位。市场领导者应该在不断提高服务质量的同时，抓住对手的弱点主动出击。

防御战略的目标是，降低受攻击的可能性，将攻击转移到危害较小的地方，并削弱其攻势。虽然任何攻击都可能造成利润上的损失，但防御者的措施不同，反应速度不同，其后果也就大不一样。以下六种防御战略可供市场领导者选择。

1）阵地防御

阵地防御指围绕企业目前的主要产品和业务建立牢固的防线，根据竞争者在产品、渠道和促销方面可能采取的进攻战略，制定自己的预防性营销战略，并在竞争者发起进攻时坚守原有的产品和业务阵地。这是一种静态的防御。对企业来说，单纯采用消极的静态防御，只保卫自己目前的市场和产品，是一种“市场营销近视症”。

2）侧翼防御

侧翼防御指企业在自己主阵地的侧翼建立辅助阵地以保卫自己的周边和前沿阵地，并在必要时将其作为反攻基地。比如广西北海海运总公司采取侧翼进攻战略，利用自己地理区位上的优势，开拓了许多有高价货可运却被其他航运公司忽略掉的小港口市场，取得了很好的经济效益，从而跳出了市场竞争困境。

3）机动防御

机动防御指市场领导者不仅要坚守现有的产品和业务阵地，还要拓展一些有潜力的新领域，以作为将来防御的中心。市场拓展通过以下两种方式实现。

第一，市场扩大化，就是企业将其注意力从目前的产品转移到有关该产品的基本需求上，并全面研究与开发有关该项需求的科学技术。

第二，市场多元化，即向无关的其他市场拓展，实行多元化经营。

4）收缩防御

收缩防御指企业主动从实力较弱的领域撤出，将力量集中于实力较强的领域。当企业无法坚守所有的市场领域，并且由于力量过于分散而资源效益降低时，可采取这种战略。

5）反击防御

反击防御指当市场领导者遭到竞争者攻击时，不能只是被动应战，应主动反攻入侵者的主要市场阵地。反击防御战略主要有以下五种。

第一，正面反攻，即与竞争对手采取相同的竞争措施，迎击对方的正面进攻。如当竞争对手开展大规模降价和促销等活动时，市场领导者可凭借雄厚的资金实力和卓著的品牌声誉以牙还牙地采取降价和促销活动以有效地击退对手。

第二，侧翼反攻，即选择竞争对手的薄弱环节加以攻击。

第三，围魏救赵，即在对方攻击我方主要市场区域时攻击对方的主要市场区域，迫使对方放弃进攻以保卫自己的大本营。

第四，钳形攻势，即同时发动正面攻击和侧翼攻击。

第五，退却反击，即在竞争者发动进攻时我方先从市场退却，避免正面交锋的损失，待竞争者放松进攻或麻痹大意时再发动进攻，收复市场，以较小的代价取得较大的战果。

6)以攻为守

以攻为守即在竞争对手尚未对企业构成严重威胁时,或向企业采取进攻行动前抢先发起攻击以削弱或挫败竞争对手。这是一种先发制人的防御,企业应正确判断何时发起进攻效果最佳以免贻误战机。

(3)扩大市场份额

市场领导者设法提高市场占有率,也是增加收益、保持领先地位的一个重要途径。市场占有率是与投资收益率有关的最重要的变量之一。市场占有率越高,投资收益率越高。市场占有率高于40%的企业,其平均投资收益率相当于市场占有率低于10%的企业的3倍。

但是,也有些研究者对上述观点提出不同意见。对某些行业的研究发现,除了市场领导者以外,有些市场占有率低的企业,依靠物美价廉和专业化经营,也能获得很高的收益。只有那些规模不大不小的企业收益最低,因为它们既不能获得规模经济效益,也不能获得专业化竞争的优势。所以,企业提高市场占有率时应考虑以下三个因素。

1)反垄断法

为了保护自由竞争,防止出现市场垄断,许多国家的法律规定,当某一公司的市场份额超出某一限度时,就要被强行分解为若干个相互竞争的公司。西方国家的许多著名公司都曾经因为触犯这条法律而被分解,微软公司也曾发生过反垄断诉讼。如果占据市场领导者地位的公司不想被分解,就要在自己的市场份额接近临界点时主动加以控制。

2)经营成本

许多产品往往有这种现象:当市场份额持续增加而未超出某一限度的时候,企业利润会随着市场份额的增加而提高;当市场份额超过某一限度仍然继续增加时,经营成本的增加速度就大于利润的增加速度,企业利润会随着市场份额的增加而减少,主要原因是用于扩大市场份额的费用有所增加。如果出现后一种情况,则市场份额应保持在该限度以内。

3)营销组合

如果企业实行了错误的营销组合战略,比如过分地降低商品价格,过高地支出公关费、广告费、渠道拓展费、销售员和营业员奖励费等促销费用,承诺过多的服务项目导致服务费大量增加等,则市场份额的增加反而会造成利润减少。

(二)市场挑战者战略

市场挑战者指在行业中占据第二位及之后位次,有能力对市场领导者和其他竞争者展开攻击行动,希望夺取市场领导者地位的企业。

(1)确定战略目标和进攻对象

战略目标和进攻对象密切相关,对不同的对象有不同的目标和战略。一般来说,市场挑战者可从下列三种情况中进行选择。

1）攻击市场领导者

这种进攻是风险很大的，然而也是吸引力很大的。市场挑战者需仔细调查研究领先企业的弱点，例如其有哪些未满足的需要，有哪些地方让客户不满意。找到市场领导者的弱点，就可将其作为自己进攻的目标。此外，还可开发出超过领先企业的新产品，以更好的产品来夺取市场的领先地位。

2）攻击与自己实力相当者

市场挑战者对一些与自己势均力敌的企业，可选择其中经营不善而发生亏损者作为进攻对象，设法夺取它们的市场阵地。

3）攻击地方性小企业

对一些地方性小企业中经营不善、财务困难者，可夺取它们的客户，甚至这些小企业本身。这种情况在我国比较普遍，许多实力雄厚、管理有方的外国独资和合资企业一进入我国市场，就击败了当地资金不足、管理混乱的弱小企业。

总之，战略目标决定于进攻对象，如果以市场领导者为进攻对象，其目标可能是夺取某些市场份额；如果以小企业为对象，其目标可能是将它们逐出市场。但无论在何种情况下，如果要发动攻势，进行挑战，就必须遵守一条军事上的原则：每一项军事行动都必须指向一个明确的、肯定的和可能达到的目标。

（2）选择挑战战略

在确定了战略目标和进攻对象之后，市场挑战者还需要考虑采取怎样的挑战战略。选择挑战战略应遵循“密集原则”，即把优势“兵力”集中在关键的时刻和地点以达到决定性的目的。有以下五种挑战战略可供选择。

1）正面攻击

正面进攻就是集中全力向对手的主要市场阵地发动进攻，即进攻对手的强项而不是弱点。在这种情况下，市场挑战者必须在产品、广告、价格等主要方面大大超过对手，才有可能成功，否则不可采取这种挑战战略。正面进攻的胜负取决于双方力量的对比。正面进攻的另一种方式是投入大量研究与开发经费，使产品成本降低，从而以降低价格的手段向对手发动进攻，这是持续实施正面进攻最可靠的措施之一。

2）侧翼进攻

侧翼进攻即寻找和攻击对手的弱点。寻找对手弱点的主要方法是分析对手在各类产品和各个细分市场上的实力和绩效，把对手实力薄弱或绩效不佳或者尚未覆盖而又有潜力的产品和市场作为攻击点和突破口。

第一，分析地理市场，选择对手忽略或绩效较差的产品和区域加以攻击。

第二，分析其余各类细分市场，对细分市场进行认真研究，选择对手尚未重视或尚未覆盖的细分市场作为进攻的目标。

3）包围进攻

这是一种全方位、大规模的进攻战略。比如，向市场提供竞争对手所能提供的一切产品和服务，并且更加质优价廉，同时配合大规模促销。

其适用条件是：

第一，通过市场细分未能发现对手忽视或尚未覆盖的细分市场，补缺空档不存

在,无法采用侧翼进攻;

第二,与对手相比拥有绝对的资源优势,制定了周密可行的作战方案,相信全方位进攻能够摧毁对手的防线和抵抗意志。

4)迂回进攻

迂回进攻即避开对手的现有业务领域和现有市场,进攻对手尚未涉足的业务领域和市场,以壮大自己的实力。

这是最间接的进攻战略,主要有下列三种方法:

第一,多元化地经营与竞争对手现有业务无关联的产品;

第二,凭借现有产品进入新的地区市场;

第三,用竞争对手尚未具备的高新技术制造的产品取代现有产品。

5)游击进攻

游击进攻即向对手的有关领域发动小规模的、断断续续的进攻,逐渐削弱对手,使自己最终夺取永久性的市场领域。游击进攻适用于规模较小、力量较弱的企业。主要方法是在某一局部市场上有选择地降价,开展短促的密集促销,针对对手采取相应的法律行动等。游击进攻能够有效地骚扰对手、消耗对手、牵制对手、误导对手,瓦解对手的士气,打乱对手的战略部署而不用冒太大的风险。适用条件是对方的损耗将不成比例地大于己方。游击进攻必须在几次主要进攻或一连串小型进攻之间进行。通常认为,一连串的小型进攻能够形成累积性的冲击,效果更好。

(三)市场追随者战略

市场追随者指那些在产品、技术、价格、渠道和促销等方面的大多数营销战略上模仿或跟随市场领导者的公司。

(1)市场追随者的优势

在很多情况下,做市场追随者比做市场挑战者更加有利,原因如下。

①市场追随者可让市场领导者和市场挑战者承担新产品开发、信息收集和市场开发所需的大量经费,自己坐享其成,减少支出和风险。

②避免向市场领导者挑战可能带来的重大损失。许多位于第二位及之后位次的公司往往选择追随而不是挑战。它们追随在市场领导者之后自觉地维持共处局面。这种共处状态在资本密集且产品同质的行业(如钢铁、化工等行业)中是很普遍的。在这些行业中产品差异性很小,但价格敏感度很高,随时都有可能发生价格竞争而导致两败俱伤。

(2)市场追随者的跟随战略

市场追随者虽然要维持与市场领导者的共处局面,但并不等于说市场追随者可以忽视战略。市场追随者也应当制定有利于自身发展而不会引起竞争者报复的战略。以下是三种可供选择的跟随战略。

1)紧密跟随

紧密跟随指企业在各个细分市场和产品、价格、广告等营销组合战略方面模仿市场领导者,完全不进行任何创新。由于它们利用市场领导者的投资和营销组合策略去开拓市场，跟在市场领导者后面分一杯羹，因而被看作依赖市场领导者而生存的寄生者。有些紧密跟随者甚至发展成为“伪造者”，专门制造赝品。国内外许多著名公司都受到过赝品的困扰，应寻找行之有效的打击办法。

2）距离跟随

选择距离跟随战略的市场追随者是在主要方面（如目标市场、产品创新、价格水平和分销渠道等方面）追随市场领导者，但是在包装、广告等方面与市场领导者保持一定差异的企业。如果市场追随者不对市场领导者发起挑战，市场领导者不会介意其存在。

3）选择跟随

选择追随指在某些方面紧跟市场领导者，在某些方面又有一定创新的企业。它们先接受市场领导者的产品、服务和营销战略，然后有选择地对其进行改进，避免与市场领导者正面交锋，并选择其他市场销售产品。这种市场追随者通过改进并在别的市场壮大实力后有可能成长为市场挑战者。

市场跟随战略不冒风险，但也存在明显缺陷。研究表明，市场份额排第二、第三和之后位次的企业与第一位的企业在投资收益率方面有较大的差距。

（四）市场利基者战略

市场利基者（Marker Nicher）也被称为市场补缺者，是指选择某一特定较小的区隔市场为目标提供专业化的服务，并以此为经营战略的企业。行业中的小企业专心致力于市场中被大企业忽略的某些细分市场，通过专业化经营来获得最大化的收益，这种有利的市场位置被称为“利基”，而占据这种位置的企业就是市场利基者。虽然在整体市场上其仅占很少的份额，但比其他企业更充分地了解和满足某一细分市场的需求，能够通过提供高附加值产品而得到高利润，实现快速发展。

（1）市场利基者的特征

利基市场不仅对于小企业有意义，而且对某些大企业中较小的业务部门也有意义，后者也常会寻找一个或多个既安全又有利的利基市场。理想的利基市场具备以下特征：

①具有一定的规模和购买力，企业能够赢利；

②具备发展潜力；

③强大的企业对这一市场一般不感兴趣；

④企业具备向这一市场提供优质产品和服务的资源和能力；

⑤企业在客户中建立了良好的声誉，能够抵御竞争者入侵。

（2）利基市场的类型

1）自然利基市场

为了追求规模经济效应，很多大企业采用少品种、大批量的生产方式，这自然为中小企业留下了“夹缝地带”，这些“夹缝地带”即为自然利基市场。

2）协作利基市场

对于生产复杂产品的大企业来说，其不可能使每一道工序都达到规模经济性的要求。为了谋求利润最大化或节约成本，避免“大而全”生产体制的弊端，大企业常与外部企业进行协作，这种协作关系为中小企业提供了空间。

3）专利利基市场

拥有专利发明的中小企业，可以运用知识产权来防止大企业使用自己的专利技术、向自己的产品市场渗透，从而在法律制度的保护下形成有利于自身成长的专利利基市场。

4）潜在利基市场

现实中，常有一些只得到局部满足或根本未得到充分满足或正在孕育、即将形成的社会需求，这就构成了潜在的市场需求空间。

5）替代利基市场

替代利基市场指那些竞争对手尚未准备充分、尚未适应、竞争力较弱的市场。消费者的需求没有很好地得到满足，这正是取而代之的市场机会。

（3）市场利基者竞争战略的选择

市场利基者发展的关键是实现专业化，主要途径如下。

①最终用户专业化。企业可以专门为某一类型的最终用户提供服务。例如航空食品公司专门为民航公司生产提供给飞机乘客的航空食品。

②垂直专业化。企业可以专门为处于生产与分销循环周期中的某些垂直层次提供服务。

③客户规模专业化。企业可以专门为某一规模（大、中、小）的客户群服务。市场利基者可专门为大企业不重视的小规模客户群服务。

④特殊客户专业化。企业可以专门向一个或几个大客户销售产品。许多企业只向一家大企业提供其全部产品。

⑤地理市场专业化。企业只在某一地点、地区或范围内经营业务。

⑥产品或产品线专业化。企业只经营某一种产品或某一类产品线。

⑦产品特色专业化。企业专门经营某一种类型的产品或者特色产品。

⑧客户订单专业化。企业专门按客户订单生产特制产品。

⑨质量-价格专业化。企业只在市场的底层或上层经营。

⑩服务专业化。企业向大众提供一种或数种其他企业所没有的服务。

⑪ 销售渠道专业化。企业只为某类销售渠道提供服务。

（4）市场利基者竞争战略的实施步骤

1）创造利基机会

第一，要敏锐地捕捉客户的需求信息。营销的关键在于正确确定目标客户的需要和欲望，并且比竞争对手更有效地传送目标客户所期望的产品或服务，这些产品或服务是满足消费者的需要或解决他们所面临问题的工具。

第二，要善于寻找和利用竞争对手的弱点。如果企业有能力比竞争对手提供更好的令消费者满意的产品或服务，即能够有力地打击竞争者，那么，该市场就可以作为其目标市场，这正是“避实击虚”思想在市场竞争中的应用。

2)扩大利基份额

企业一旦成功地切入某个利基市场,就要开始致力于扩大市场份额。扩大利基市场份额有两种思路:一是扩大销售区域,让更多的客户知道这个产品的好处;二是让客户成为企业的忠诚客户,不断地消费企业的产品,或以老客户带来新客户。

(5)保护利基市场

当利基市场开始赚钱时,一般会引起强大的竞争对手的注意,对手会来抢夺利基市场上的胜利果实,越来越多的大企业也会相应地划小业务经营单位去服务于这些利基市场。

1)树立差别优势

所谓差别优势有两个基本含义。

第一,"差别",即与竞争者不同的有差异的地方。这突出强调了企业的个性,要求企业在产品质量、价格或者服务、促销等一切竞争手段上选择较少的几项,开发具有特色的长期利基,这是企业寻求竞争优势、构造竞争堡垒的基础。

第二,"优势",即不仅要与竞争者形成差别,而且要使这种差别成为竞争优势。这要求企业所选择的差别是有竞争价值且有资源能力可以实现的。差别是体现集中的方法,而优势是集中的目的。

2)以技术创新构筑竞争壁垒

以市场潜在需求为导向,针对目标市场的利益关注点的变化,将技术创新紧贴市场需求,在客户最重视的方面寻找质量改进的突破口。

3)勇于向自己挑战

利基市场总是客观存在的,有些是竞争对手曾经涉足但因时机不成熟或培育市场的方法不对,故而无功而返;有些是因市场出现了新变化引发了新的关注点。企业应用积极的进攻代替消极的防守,主动发现新的利基机会,并竭力去抓住它。

阅读资料

标杆管理的方法:五步定点赶超法

标杆管理作为一个管理工具看似容易,似乎一点就透,看起来就像是一种竞争比较而已,但如果想让其在组织的发展中起到关键作用,就必须依靠系统、周密、可行的流程,按照标杆管理的方法严格执行,才能确保目标的达成和效果的持续。

标杆管理的五步定点赶超法如图1所示。

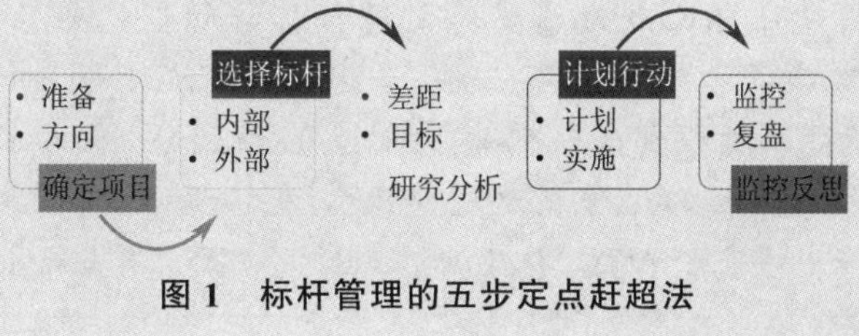

图1　标杆管理的五步定点赶超法

第一步，确定项目。确定项目就是要明确自己要开展哪方面的项目，要确定项目开展的方向。项目既可以是战略性的，也可以是运营性的，在综合考虑的基础上进行选择和取舍，以确定标杆管理的项目。需要注意的是，没有任何人或组织是全能的，一定有其长处，同时存在短处，甚至长处和短处就是一枚硬币的两面，是对立统一的。究竟是让长板更长，还是要弥补短板，要由组织自身进行全面思考后决定，这是无法让他人替代的环节。

第二步，选择标杆。

选择标杆是在明确要对标的项目后，选择对标的对象。标杆的选择分为内部和外部两种情况。

第一种就是和自己的内部对标。例如各分公司、各部门都可以成为其他分公司、其他部门的对标标杆，就客户中心来说，客户服务的不同分中心之间和同一中心内部的不同班组之间都属于内部对标范围。

第二种就是和非本组织的对象对标，既可以是同行业的标杆，也可以是跨行业的标杆。通常，外部标杆应具备两大特征：首先应具有卓越的绩效，应是行业中具有最佳实践的领先企业；其次应与本组织有相似的特点，或者在自己要改进的项目上极具优势，要具有可比性且在自己的管理实践中是可以模仿的。

外部标杆选择得科学与否将直接关系到第三步的标杆研究分析顺利与否，并最终决定标杆管理能否成功，必须慎重从事。

可以从以下三个方面考虑：一是对标对象的实力，可以参考对标对象的行业排名和业内认可程度；二是标杆小组对对标对象的认同程度，项目的执行者认为切实可行甚至比其行业地位、实力更重要；三是和所确定项目的关联程度，关联程度是最终的决定性因素。

第三步，研究分析。

研究分析的前提是要收集并整理关于自身和标杆对象的信息。自身的信息收集要以客户为中心。只有关注客户，关注客户的需求，并考虑如何满足这些需求，组织才有存在的意义。标杆小组要获取组织中所有涉及客户的流程，详尽地记录流程中的各个环节和实际发生的事例，必要时要以客户的身份与组织进行接触，只有对自身有了充分的了解，才能在标杆管理的过程中提出恰当的问题。

标杆小组必须让自己成为想要对之进行标杆管理的业务流程的专家，了解本公司业务实践的方法主要有三种：分解法（将该流程分解成若干的子流程，以确保了解整体流程和流程的每一细节）、访谈法（向该业务流程的最直接的参与者了解该流程的运作及改进建议）、发榜法（公布流程并鼓励全体内部员工坦言流程中存在的问题，收集可以改进的建议，并给予恰当的奖励）。

在标杆管理中临时性的信息收集是常态，但持续性的标杆管理需要建立竞争情报系统，以帮助组织随时关注客户和竞争对手的动态。

信息的获取通常有三种来源：人（与标杆对象有关系的人，如上下游相关者、客户、内部员工等）、资料（公开的或者私下能够获得的信息、案例、做法等）和活动（会议或者现场的考察等）。

需要注意的是，对标杆对象进行分析和比较的最佳场所不是在其办公室，而是在生产服务的第一线。通过观察一线员工如何解决日常工作中的问题，以及如何满足客户需求，来获得标杆对象的工作流程、态度和行为的第一手资料。例如美孚在对标温馨服务的标杆利兹卡尔顿酒店时，重点关注的就是酒店的大堂。

有了自身和对标对象的信息，就可以将双方的数据和做法放在一起进行比较，通过对比发现双方的差距，深入分析存在差距的原因，在这个环节要透过现象看本质，不断地追问“为什么”，直至找到存在差距的根本原因（具体做法可以参考丰田的“5Why 分析法”），很多时候，一旦明确了原因，问题也就得到了解决。

确定了差距和找到存在差距的原因之后，就要确定标杆管理中的具体目标，也就是通过标杆管理，组织要达到的具体水平。标杆小组所最终确定的目标要符合目标管理的 SMART（Specific，明确具体的；Measurable，可衡量的；Attainable，可实现的；Relevant，相关联的；Time-bound，有时限的）原则。

第四步，计划行动。

标杆小组要负责制订实现目标的具体计划并确保计划能够在组织内得到坚决的执行。计划是实现目标的方案和途径。要将方案步骤具体化，逐一制定对策，要能够明确回答出方案中的“5W2H”，即由谁负责完成（Who）、什么时间完成（When）、在何处执行（Where）、达到什么目标（What）、为什么制定该措施（Why）、如何完成（How to do）以及所要消耗的资源（How Much）。

计划制订之后就进入了实施阶段，也就是通过具体的行动来达成目标。在这一阶段除了按计划和方案实施外，还必须对过程进行监测和记录，要确认工作能够按计划进度实施。同时建立起数据采集、收集过程的记录等相关文档，为下一步的监控反思做好准备。

第五步，监控反思。

对行动过程的监控是指来自计划执行人之外的监控，通常是领导者或者专门的监控人员。目的是要从非参与者的角度看项目的实施和进展，确保不出现偏差和盲点，避免发生“不识庐山真面目，只缘身在此山中”的现象。

对标杆管理项目要进行反思，包括计划方案是否有效，目标是否达成，标杆管理是否达到预想的效果等，需要进行效果检查后才能得出结论。将采取的对策进行确认后，对采集到的证据进行总结分析，把完成情况同目标值进行比较，看是否达到了预定的目标。如果没有出现预期的结果，应该确认是否严格按照计划实施对策，如果是，就意味着计划方案的失败，需要重新进行最佳方案的探索与明确。

专门用于反思的工具是“复盘”，复盘是围棋中的一种学习方法，指的是在下完一盘棋之后，要重新摆一遍，看看哪里下得好，哪里下得不好，对下得好和不好的，都进行分析和推演，以提高围棋水平，可以说“复盘”是为了“翻盘”。

资料来源：标杆管理的方法：五步定点赶超法[EB/OL].（2020-10-10）[2020-12-01]. https://m.sohu.com/a/423712380_753232.（有改动）

第四节　航运市场产品策略

一、航运产品的概念和特性

航运企业生产的是一种运输服务产品，它的核心是借助船舶实现货物和乘客在空间上的位移。尽量满足社会、消费者对水上运输的需求是航运企业营销活动的主要任务。航运产品是航运市场营销策略组合中最重要的一环，不断提供适销对路的航运产品，满足社会日益增长的需求，是航运企业完成其任务的主要手段。

航运市场中的产品，是满足货物和乘客位移需要的服务产品，它是航运市场营销中的最主要环节，也是航运市场主要的客体。

（一）航运产品的概念

按传统的观念理解，产品是劳动创造出来的一种具有某种特定性质、形状和用途的物体，如服装、自行车等。但现代营销学中的产品的概念是广义的、整体性的，即产品是指能够提供给市场，被人们使用和消费，并能满足人们某种需求的任何东西，包括有形的物品，无形的服务、组织、观念或它们的组合。

在市场经济条件下，航运产品也是商品，具有一定的价值和使用价值。航运产品通过运输过程使被运货物产生位移，改变被运货物的使用价值形态，使被运货物做好进入消费领域的准备，参与社会产品的生产和国民收入创造，在付出一定的活劳动和物化劳动中形成了它的价值；与此同时，通过被运货物的空间位置的改变，为货物安全顺利到达消费者手中创造前提条件，在流动状态的有形产品的使用价值实现中形成了自己的使用价值。

（二）航运产品的特性

航海运输方式所提供的产品是航运服务产品，它的生产是以船舶设备和与之相配套的其他设备为基础，在以船长为首的熟练船员操作群体监控下进行的。既然航运产品是典型的服务产品，那么它也具有服务产品的一般特性。从市场营销角度来看，正是由于其有这些特点，营销者需要把握这些特性，开展具有服务特色的营销工作。

（1）无形性

服务是指能够满足人们某种需要的行为或表现，人们不能像感受有形产品那样看、感觉或触摸它。很多时候，服务产品的消费是在消费者既未看到也未感觉到的情况下完成的。服务产品具有无形性的特征。当然，服务产品是无形的，并不是说服务提供过程中不存在任何有形的物体或要素。萧斯塔克认为，一个组织向市场提供的既可能是纯粹的有形物品，也可能是纯粹的无形服务，还可能是有形物品与无形服务的结合体。根据有形性的程度，萧斯塔克对产品和服务进行了排列，如图 5-5 所示。在营销过程中，图 5-5 中越靠左的组合中有形成分越多，而越靠右的组合中无形成分越多。

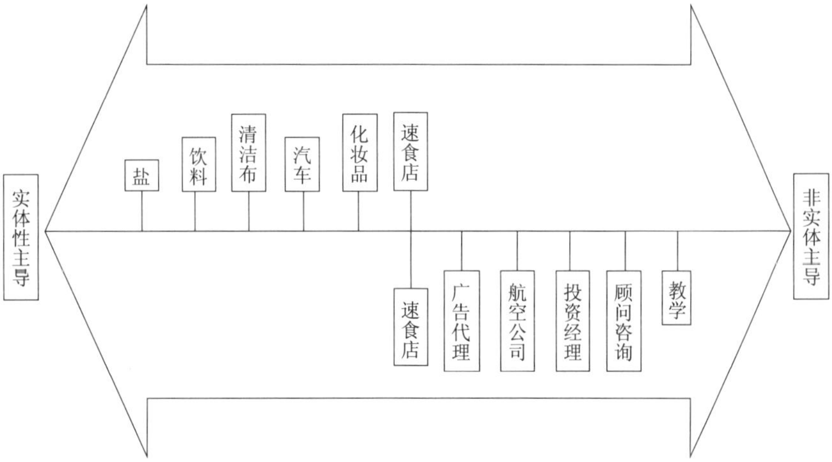

图 5-5　有形性谱系

航运服务在购买前，客户既不能看到又不能触摸到，其特质及组成要素，很多都是无形无质的。同时，客户难以察觉消费航运服务后的利益。为了减少航运服务的不可感知性所带来的不确定性，客户会寻找能体现航运服务质量的标志，他们从航运企业的人员、设备、宣传媒体、价格等有形要素中推断出航运服务的质量，进而作出购买决定。航运市场营销的任务之一就是要化无形为有形，尽量在提供服务之前充分展示航运服务的特色，采用有形产品展示策略，使货主和乘客充分感知这种服务，并对其产生合理的期望值。

(2)不可分离性

有形产品的生产、销售及消费往往在不同的时间和空间进行。而服务产品则不同,在很多情况下,服务产品的生产过程与消费过程往往是同一的,两者难以相互割裂开来。在服务产品的供应商提供服务的同时,消费者也就享受了该种服务。某些情况下,客户不仅在服务生产现场,而且在相当程度上参与服务生产过程,如理发服务、外科手术服务等就是如此。

航运服务的生产和消费是同时进行的。航运企业提供运输服务给客户的同时,客户消费航运服务,二者在时间上是不可分离的。这种不可分离性决定了提供运输服务的航运企业员工和客户亦是航运服务的组成部分。

(3)差异性

服务是一种行为或表现,其提供者是服务人员,享用者则是各种各样的客户。不同服务人员的服务经验不同,同一服务人员在为不同对象服务及在不同时间为同一对象服务时的心理状态等也可能有很大差异,而不同客户享用某种服务的经验及对服务的期望也不同。因而,服务的提供过程、客户对服务的评价等都可能会因为时间、空间等因素的变化而产生很大差异,要保持服务的标准化十分困难。

航运服务的差异性表现为航运企业提供的运输服务的构成成分及其质量水平经常变化,很难统一界定。即使是同一公司的同一艘船舶,同样的人员在不同的航次中所提供的服务也可能有不同的水准。因此,航运企业必须规范服务,保持航运服务的高质量。

(4)不可储存性

不可储存性是指服务产品具有的无法保留、转售及退还的特性。企业在形成提供服务产品的能力后,如果没有客户购买服务产品,则服务能力就是一种浪费。由于不可储存,也就无法用预先储存起来的服务满足高峰时期客户的需要。客户为消费某种服务而来,服务产品供不应求时,则可能使客户失望而归。有鉴于此,如何妥善处理供求矛盾,是服务营销过程中所面临的一个重要问题。

航运服务的不可储存性是指航运服务不能像有形产品一样被贮存起来,以备未来销售。在航运需求稳定的情况下,航运服务的不可储存性并不是一个问题,因为提供航运的船舶和各种设备容易提前准备好,但是当需求波动时,航运企业的经营就比较困难,尤其是需求小于供给时,航运企业生产出来的服务不能被消费,这就造成了空载或少载现象。

除了上述四个特点外,还有许多学者认为,在航运企业销售和客户消费的过程中不涉及所有权的转移,这也是航运服务产品的一个重要特征。在交易完成后,无形的服务也就不存在了,客户并没有"实质性"地拥有服务。客户往往是在没有获得对任何有形要素的所有权的情况下获得航运服务所提供的价值的。

二、航运市场产品策略的类型

企业在制定市场营销的产品策略时,需要确定有关的产品是集中力量单项出售,还是全面铺开投入多项产品进入市场,以及向哪些地区出售哪几种产品等。航运企业同样面临着上述问题。作为服务产品的航运产品是以提供客货位移为主要内容的一系列服务过程,进入航运市场的船公司如何推出自己的产品并实施相应的策略是一个重要问题。在竞争对手如林的航运市场中,船公司要把握住航运产品的各种组成要素,制定产品组合、产品有形展示、产品差异化等主要策略,以提高服务质量,争取客户。

(一)航运产品组合的含义

营销学把企业所经营的全部产品的整体构成,称为企业的产品组合。它包括与之相联系的产品线、产品项目概念。产品线是指一组相似的产品项目。在产品线中,每一个具体的产品品种称为产品项目。现代企业为了满足目标市场的需求和增加利润、分散风险,需要经营多种产品。企业根据市场需求和自身能力确定生产和经营哪些产品,并明确它们之间的配合关系,在营销学中称之为产品组合策略。航运产品是为满足货主和乘客需求由航运企业提供的以位移为主的一系列服务,同样也需要进行产品组合决策。

(1)航运产品组合相关概念

航运产品组合的相关概念包括航运产品组合、航运产品线、航运产品项目以及航运产品组合的宽度、长度、深度和黏性。

1)航运产品组合

产品组合也称产品品种搭配,是指企业生产或经营的全部产品线和产品项目的有机组合方式,又称产品结构。航运产品组合是指航运提供的全部运输服务类型的组合方式和有机结构。

2)航运产品线

产品线即产品组合中的某一产品大类,是指能够满足同类需要,在功能、使用和销售等方面具有类似性的一组产品。产品线内一般有很多不同的产品项目,根据不同的标准,如功能相似性、用户相似性、分销渠道相似性,可以将密切联系的产品项目归为一个产品线。航运产品线指具有相关服务功能但运输类别不同的一组产品项目。一个航运公司视其运力和需求状况,可以推出若干不同的产品线,如油轮线、干散货线等。

3)航运产品项目

产品项目是指在同一产品线下不同型号、规格、款式、质地、颜色或品牌的产品。航运产品项目指航运企业能为货主提供的运输服务的项目,如干散货运输、集装箱运输、油品运输、化工品运输、冷藏品运输等。另外,还可按其他标准确定不同的产品项目,如按时间标准可有班轮运输和不定期航班运输,按物流延伸性可分多式联运集装箱运输、单式集装箱运输,按运输对象可分货物运输、乘客运输和客货混合运输等项目。

4)航运产品组合的宽度、长度、深度和黏性

企业产品组合可以从宽度、长度、深度和黏性四个维度进行分析(一般以这四个

要素来评估产品组合）。产品组合的宽度是指产品组合中所拥有的产品线的数目。产品组合的深度是指产品线中每一产品有多少品种。产品组合的长度是指产品组合中所有产品线的产品项目总数。产品组合的黏性是指各条产品线在最终用途、生产条件、分销渠道或者其他方面相互联系的程度，因此它是一个相对概念，在表述时要加限定条件。一个航运企业提供不同类别运输项目的数量，称为航运产品组合的宽度，它表示航运企业满足运输市场需求的能力。而每一种运输类别内所能开辟的不同航线的数目，称为航运产品线的深度。各种运输项目在船舶设备、通信联络设备、揽货组织、装卸货物工艺机具等方面的相互密切程度，称为航运产品线的黏性，如图5-6所示。图5-6中产品项目数为12，产品线数为4，产品线平均深度为12/4=3。

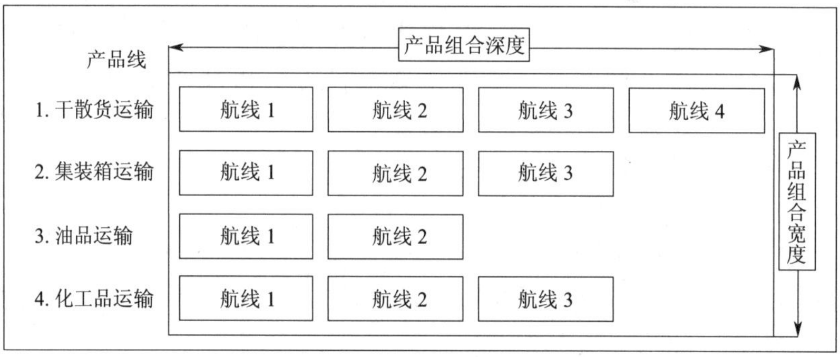

图 5-6 航运产品组合深度和宽度

航运产品组合的这四个方面为航运企业市场营销确定产品策略提供了依据，企业可以从这几个方面来拓展其经营业务。航运企业增大产品组合的宽度，扩大经营范围，可充分发挥企业各项资源的潜力，提高效益，减少风险；航运企业增大产品组合的深度，可以适应不同客户的需要，吸引更多的客户；航运企业产品组合的黏性，可以决定航运企业能在多大领域内加强竞争地位和获得声誉。

（2）航运产品组合决策

产品组合决策是指企业根据营销目标和市场情况就产品组合的宽度、长度、深度和黏性作出的决策。在航运市场营销中，航运企业应根据产品的宽度、长度、深度和黏性的不同，打造不同的产品线，使自己的产品进入和占领市场。航运企业通过拓展产品组合的宽度、长度、深度和增强其黏性可以取得促进揽货、增加效益的效果。但这要受两个方面的限制，即“需要”和“可能”的限制。“需要”指的是航运市场上货主对某种运输类别和某条航线的运货需求；“可能”是指航运企业凭借自身资源提供对口船舶和设备等的能力。企业只能发展在“需要”和“可能”两方面限制较小的运输项目和航线。除此以外，企业还受到日益激烈的竞争形势的制约。如果新增运输项目和航线会遇到强大竞争对手，货源不稳定或无货源，则不如巩固原有运输项目和航线。

（二）航运产品组合策略

要组成一个最佳产品组合，航运企业需要经常分析产品组合中各个产品项目的市场增长率、利润率和市场占有率,判断产品项目的增长潜力或发展趋势,以确定企业资金的运用方向,不断开发新航线,淘汰衰退的航线,调整其产品组合等。除此之外,航运企业还要考虑目标市场、政府管制、经济发展阶段等情况,这些因素对选择产品组合也有很大的影响。

航运产品组合策略指航运企业根据经营目标对产品组合的不同因素所采取的策略,实质上就是航运企业就是否进入和如何进入特定的航运市场以及运力在不同航线上的合理配置作出的决策。

航运产品组合策略有以下几种。

(1)扩大产品线宽度的策略

在这种策略下,航运企业需要尽可能增加新的运输类别,生产更多的产品以满足市场上不同货物的海上运输需求。这种策略又可分为以下两种。

第一,扩大相似产品线宽度策略,即在产品之间关联性较强的情况下,增加一条或若干条与原产品线相似的航线。如在集装箱运输产品线内可开辟一条滚装船航线,这样可以利用原有航线已有的较成熟的代理服务机构,同时滚装船也适于装载集装箱,并有与集装箱船相似的较高航速,能够保证较高的准点率。

第二,扩大不同类别产品的产品线宽度策略,即航运企业可不受产品关联性的约束,增加互不相同的产品线或经营类别。如航运企业在不景气的状况下,为了减少企业投资的风险,可以经营码头、仓储堆场,投资房地产业等。

(2)增加产品线深度的策略

在这种策略下,航运企业需要在每一种产品线内增加更多的航线,以满足不同货主对航运服务的不同需求。例如, 20 世纪 60 年代美国、日本、西欧对于石油需求旺盛且大多从中东进口, 70 年代中期以来,欧洲北海、墨西哥、阿拉斯加的石油得到大量开采,这时航运企业便在油品运输产品线内增加由上述新兴石油产地到世界各主要石油消费国之间的航线,满足了市场的新需求。

(3)缩小产品线宽度的策略

在这种策略下,航运企业需要去除某种运输类别。当船公司发现或预测某种运输类别的航线即将面临无货运需求而亏损的局面时,即可相应作此决策。作此决策时还须考虑该种运输船舶的利用问题,如能否用于其他运输类别,是否利用停航时机进行大修或改装等。

(4)减小产品线深度的策略

在这种策略下,航运企业需要减少某运输类别内航线数目或将两条以上航线予以合并。如某船公司将其远东—地中海航线和远东—北美西岸航线合并,新航线从远东经地中海直通北美西岸,同时增加挂靠港口,提高靠港覆盖面;增加航次密度,最大限度地满足货主的需要,取得满意的效果。

(5)专营产品线策略

在这种策略下,航运企业需要集中力量营销某种运输类别,实现高度专业化,进一步提高服务质量、降低运输成本、开展集约化经营。

(6)特殊产品线策略

航运企业可能会遇到一些对运输抱有特殊需求的机会,这时只要企业力量允许,即可作出决策建立相应的运输航线。一般来说,采取这种策略,市场竞争对手很少或没有,企业可以在满足货主需求前提下取得较大利润。

(7)产品线现代化策略

在这种策略下,航运企业需要对不同运输类别及各种航线进行综合改造以促使其现代化。其目的是使航运企业在激烈的市场竞争中保持船队及相关技术的先进性,实现规模经济效益,更好地满足货主和乘客需求。产品线现代化策略包括以下两个方面内容:

第一,硬件的现代化,包括更新改进并建造技术先进的船舶、更新改进通信导航设备和货物装卸设备,使其保持先进水平,如集装箱运输公司采用第四、五代标准箱船舶;

第二,软件的现代化,包括采用先进的经营管理方法、培训高素质船员、提供优质服务等等。

(三)航运产品差异化策略

差异化策略又称别具一格策略。其目标是使企业的产品在设计、工艺、性能、款式、品牌、顾客服务等各方面与其他企业的同类产品相比有显著差别,具有独特性。

差别化策略是企业在行业竞争中占据有利地位、保持较高利润水平的积极策略。实施这种策略并不是说企业可以忽略成本,而是成本在这里不是企业要考虑的主要因素,企业可以利用产品的差别,有效地降低客户对价格的敏感性。如果能够成功地使客户对企业产品建立起信任和偏爱,就能使企业在一定程度上避开同行的竞争,还能为竞争者的进入设置较高的门槛。

实现产品的差异化主要有两条途径:一是产品本身的差异化,二是市场营销组合的差异化。具体包括以下策略。

(1)品牌差异化策略

在这种策略下,企业需要通过塑造名牌商标、著名品牌来使企业产品与众不同。名牌商标是企业的无形资产,也是企业的无价之宝。航运企业若拥有名牌商标,其服务便与同类服务区别开来,并受货主或者乘客的欢迎。

(2)质量差异化策略

在这种策略下,企业需要提高产品质量,以高质量提高产品档次,从而实现产品差异化。例如航运企业提高货运安全性,提高送达速度(及时性)和准时性,提供精品运输线路等。

(3)分销渠道差异化策略

在这种策略下,企业需要以有利于竞争的分销渠道实现产品的差异化。例如航运企业建立高效优质的营销服务网络,为货主提供满意的货物跟踪服务和咨询服务等。

（4）促销手段差异化策略

在这种策略下，企业需要采用新颖的促销手段来提高销售量（尤其是在需求疲软的时期），加快新服务的引入，加速人们接受新服务的过程。例如航运企业通过广告宣传、良好公共关系的建立留给货主或者乘客独特的印象。

（四）航运产品有形展示策略

（1）航运产品有形展示的概念

服务是无形的。在服务消费决策中，消费者往往根据其能够感知的有形因素的状况来判断无形服务的质量，从而作出是否消费的决策。通过有形因素向消费者展示无形服务的特点、层次等，即服务营销中的有形展示。在市场交易中没有有形展示的“纯服务业”极少，因此有形展示的部分会影响消费者和客户对于一家服务营销公司的评价。有形展示包括的要素有实体环境（装潢、色彩、陈设、声音）以及服务提供时所需的装备实物，还有其他的实体性线索，如航空公司所使用的标识等。

航运产品有形展示指航运企业所有用于帮助生产服务和包装服务的实体产品和设施。它包括装备实物（船舶、集装箱等）及其他实体性线索。航运企业在与客户交易的过程中，有形展示部分提供了有关航运服务质量本身的有形线索，直接影响到客户对运输质量的感知，所以航运企业需要引入有形展示策略，使航运服务质量容易为客户所把握。

（2）航运产品有形展示的要素

在服务消费中，消费者经常会面临着同样的问题。一方面，服务的无形性使其在实际消费服务前很难对服务的质量作出评价；另一方面，对于部分服务，甚至在消费之后仍难以对服务质量作出准确的评价。在这些情况下，价格就成为无形服务质量的可见性展示。科学地进行服务的有形展示，要求企业能够根据目标市场需求的特点和本企业服务的特点，对上述各有形性因素进行合理的设计，并保证各种有形因素传达信息的统一。

航运产品有形展示的要素包括硬件展示和软件展示两大部分。

1）硬件展示

硬件展示即航运船舶及其设施的展示。船舶是航运企业提供水上运输服务的主要设备，也是航运产品有形展示的主要内容。在货运航线上展示货轮、集装箱船舶的雄伟外形、船上清洁整齐的各类设备；在客运航线上展示客轮的外形和客舱设施，给乘客一种安全、舒适、快乐的感觉。

2）软件展示

第一，公司名称和品牌的展示。航运公司的名称代表一个航运公司的总体形象，也是品牌的核心要素，须明确展示。

第二，航运公司形象标识和船舶名称的展示。

第三，轮船示范窗口优质服务标准、具体服务措施和服务承诺的公布和展示。

第四，航运公司船员统一着装，挂牌上岗，即船员直观形象的展示。

第五，航运公司内部工作部门位置和工作流程指示图表的展示。

第六，通过召开各类新闻发布会，对航运公司综合形象的展示。

（五）航运产品 7Ps 策略

航运企业提供的核心产品是服务。针对服务的 7Ps（产品、价格、分销、促销、人员、过程、有形展示）策略成为企业营销管理工作的核心内容，是在服务营销理念指导下的市场营销策略。在此基础上，企业应通过特色服务，打造自身的服务品牌。

（1）产品（Product）

产品策略指的是企业向目标市场提供各种产品来实现其营销目标的策略，其中包括与产品有关的品种、规格、式样、质量、包装、特色、商标、品牌以及各种配套服务等可控因素的组合和运用。

航运企业营销的产品面对的市场主要是组织市场，组织市场有别于普通消费者市场，具有购买决策复杂、购买量大等特点。此外，这类市场的需求属于衍生于最终市场需求的需求，具有市场传导性。其他市场的变化也能影响企业购买需求，如航运市场受宏观经济的影响较大，且具有放大作用，宏观经济一个百分点的变化就能导致航运市场的 10%的变动。航运企业目标客户在地域上较为集中，主要聚集在沿海城市、临港工业区和产业集群区，市场竞争激烈。特别是对于航运企业，目标市场的竞争范围已从港区内竞争深入到腹地货源的竞争，深入挖掘市场需求已经成为航运企业保持市场领先的首要任务。作为服务型企业，保持服务的满意度和赢利性是两大着眼点。现在企业的个性化需求水平较高，定制服务的需求较为旺盛，但服务产品容易被模仿和复制，不能形成特有的经营优势。同样，保持服务创新是航运企业保持发展、形成优势的前提。

（2）价格（Price）

价格策略指的是企业按照市场的特点和规律，制定和变动价格，以实现其营销目标的策略，包括对与定价有关的基本价格、折扣价格、付款期限、商业信用等多种定价方法和技巧的选择和运用。

由于服务的无形性和不可存储性等特征，航运企业的定价表现出与有形产品定价不同的特征，需要更加侧重考虑服务的客户感知价值。对于服务，客户的感知价值由服务结果质量和服务过程质量共同决定，同时还要考虑服务成本和获得成本的因素，这些因素共同影响着客户对服务的价值评定。此外，服务定价还需要考虑成本、需求和竞争因素的影响，服务成本是服务产品定价的基本出发点，而客户需求则是服务产品定价的重要参考，高质量的服务要求必定会导致较高的定价，市场竞争则是服务产品定价的参考标杆，同类产品的定价为企业定价提供了重要标准，企业可根据自身服务特色上下调整服务价格。由于服务的无形性，消费者对服务的价值感知较有形产品难，消费者对服务结果质量和过程质量同样看重。因此，航运企业需要注重对服务过程的监控，同时尝试将服务体验质量有形化，比如通过对企业形象和服务品牌的塑造来强化客户的主观质量感知，引导客户将服务的价值评估与服务提供者和服务品牌的价值评估结合起来。

(3)分销(Place)

分销策略指的是企业通过合理地选择分销渠道和流通方式,来实现其营销目标的策略,包括对渠道覆盖面、商品流转环节、中间商、网点设置、储存运输等多个因素的决策。

服务的不可分离性和服务对象主要针对企业的特性决定了航运企业的营销渠道通常为直销,销售活动表现为组织与组织间的直接交易和交换。对于组织客户,鉴于其购买行为的特殊性和地理位置的集中性,航运企业在渠道上应更注重组织间的关系营销或协同营销,通过协作和战略联盟组成利益共同体,实现共赢的目的。

(4)促销(Promotion)

促销策略指的是企业根据其营销目标,科学地选择和使用宣传手段激发消费者的购买欲望,影响消费者的购买行为的策略,其中包括广告、人员推广、推销、公共关系等多种手段的组合。

航运企业的促销对象是生产性企业。一般说来,在广告、公共关系、人员推广和销售促进四种促销形式中,针对组织类客户群体,运用人员推广、销售促进和公共关系这三种促销手段较为有效。

(5)人员(People)

在航运货代企业中,整个货代服务过程所涉及的人员包括企业内部各部门员工、货运委托人(客户)、业务合作伙伴、最终客户(委托人的客户)等,这些人员在货代服务过程中的行为都会不同程度地影响整体的货代服务质量,其中货代企业内部员工的行为对货代服务质量的影响最大。例如,航运货代企业内部的客户服务人员在每票货的操作过程中需要从始至终为客户提供服务。对客户而言,客服人员的言行举止就包括在货代服务内,成为整个货代服务的一部分。由于服务具有无形性,客服人员的言行举止就容易成为客户评判服务质量的依据。因此,对货代企业而言,人员营销策略的核心就是通过对航运货代企业内部员工行为的控制和调整来确保货代服务的质量,提升企业整体的货代服务品质,最终实现拓展货代服务销售的目的。

(6)过程(Process)

对航运企业而言,服务过程策略的核心就是沟通,通过加强各类人员之间的沟通完善货代服务过程,真正满足客户的需要,提高客户的满意度。航运企业的过程策略可以从以下几个方面进行考虑。

第一,建立有效的沟通规范。这主要是指加强航运企业服务人员与货主之间联系沟通的规范化建设。

第二,有效引导货主之间的沟通。这主要是指航运企业通过各种方式影响客户,使货主在和企业的其他现有货主或潜在货主进行沟通时对航运企业作出积极的评价,从而有利于企业保持现有客户或将潜在客户转化为现实客户。

第三,在货代服务过程中提高沟通过程的技术含量。服务人员与货主之间进行的沟通具有时效性高、频率高、信息量大、准确度高等特点。因此,航运企业应注重提高沟通过程的技术含量,保证沟通能有效进行。

第四,进行有效的服务补救。这主要是指航运企业应对服务过程中出现的失误,及时、主动地采取有效措施进行补救，以期将服务失误的负面影响降到最小，并及时对此进行总结，制定相应的预防控制措施以防类似失误再次发生。

（7）有形展示（Physical Evidence）

服务过程是指服务的传送过程。由于服务产品生产和消费的不可分离性，消费者购买服务的过程也就是其消费服务的过程，服务过程是决定服务类企业服务质量的重要因素。客户在与服务人员打交道及使用设备的过程中，已经开始对企业的服务进行评价。所以，服务过程的控制对于服务类企业来说是非常重要的，这个过程关系到客户对于服务产品质量的评价。对货代企业而言，有形展示策略的核心就是通过语言文字、图形、规范标准等实物和各种货代服务提供实景向客户展示货代服务的内容，将货代服务从无形变为有形，方便客户感知并认知货代企业的服务质量，为顾客的购买行为提供依据。特别是对于航运企业，服务过程显得尤为重要。一方面，系统有效的服务过程能保证企业的高效运行，是一个企业组织健康运行的重要保障；另一方面，针对服务过程的控制能有效保证客户需求的满足程度，如服务的需求差异性要求企业尽可能采用差异化的服务生产流程，致力于服务质量控制，包括对员工实施严格的差异化服务培训。

（六）航运产品内部营销策略

（1）航运产品内部营销策略的概念

航运产品内部营销策略是航运企业提高自身服务质量的有效途径。内部营销从关系营销发展而来，是一种把员工当成消费者的营销哲学。根据服务链理论，企业获利能力主要是由客户忠诚度决定的；客户忠诚度是由满意度决定的；客户满意度是由客户认为所获得的价值决定的；价值由工作富有效率、对公司忠诚的员工来创造；而员工对公司的忠诚与否取决于对公司是否满意；满意与否主要看公司内部是否提供了高质量的内部服务。

（2）航运产品内部营销的途径

由上述可知，航运产品内部营销的关键在于提高员工的满意度和忠诚度，以促使员工提高工作效率，以优质的服务来满足消费者的需求。为此，航运企业应加强以下三个方面的建设。

第一，需要塑造与之相适应的企业文化。企业文化要注重营造自我约束、客户导向和平等和谐的组织氛围，从而最大限度地调动员工的主观能动性。企业在制定目标及战略规划时，应为关键员工提供更多参与决策的机会，以便取得他们的认同和理解，化企业愿景为个人愿景。

第二，针对不同员工提供不同激励措施。企业员工在受教育程度、工作能力、心理素质等方面存在差异，需要满足的需求也因人而异，因此有必要对不同的员工采取不同的激励措施、沟通策略、管理方法，安排不同的工作岗位。针对不同类别的员工分别设计不同的激励组合，使企业投入资源的效用最大化，并且使员工的需求得到最大限度的满足。

第三，重视人力资本开发，满足员工的职业发展需求。对于航运企业来讲，人力资本是企业最重要的财产，培养高职业忠诚度的员工，除了物质条件上的满足，还要满足他们不同的职业发展需求。企业可针对不同职业种类设置不同的晋升和发展通道，如技术岗位员工除了可以通过努力晋升为管理者外，还可以继续在本专业向纵深发展，走技术升迁路径，也不失为一种很有诱惑力的前景。此外，可以通过工作轮换和工作丰富化等方式，使工作更富有挑战性，也可以减轻关键员工工作的枯燥感，提高他们的积极性和忠诚度。

阅读资料

蜜雪冰城产品营销策略

蜜雪冰城成立于2003年，是一个以销售冰激凌、茶饮为主的连锁品牌机构，以传递快乐、分享甜蜜为使命，将高质低价与健康美味融合为一体，打造出了一个高品质低价格的“冰雪王国”。在奶茶品牌日益高端化的大环境下，蜜雪冰城作为低价的“灰姑娘”在二、三线城市的热度持续上涨，深受消费者的喜爱。

蜜雪冰城作为一个被热议的茶饮品牌，将市场动向与区域本土化相结合，研发出适合广大消费者的产品，精准地把握市场定位，采取独特的营销组合策略，利用低价产品打通二、三线城市的市场，树立深入人心的品牌形象，立足于竞争对手众多且竞争激烈的茶饮市场。

为了缩减成本，使产品切合目标市场的定价，蜜雪冰城有一套完整的自给自足的供应链，从原材料的生产到销售渠道开拓，全部都是由蜜雪冰城一手承包，从源头上减少了供应链上的不必要的成本。此外，蜜雪冰城通过用互联网的营销思维，推出3元冰激凌，将其打造为引流促销的爆款，带动其他产品的销售，以及增加了各个线下门店的客流量。从产品角度出发考虑，蜜雪冰城的茶饮产品制作方法简单，制作成本低，时间短。其中，其主线产品单一，以茶类为主。单以产品与其他品牌相比，竞争力较低。在产品同质化日益严重的处境下，为了从众多茶饮品牌中脱颖而出，蜜雪冰城效仿麦当劳、肯德基、蒸功夫等品牌，用人物IP的营销方式打造了一个生动的雪王卡通形象，这个超级符号给产品打上了品牌的标签，让顾客将蜜雪冰城与其他茶饮品牌区别开来，加深了顾客对产品的印象，避免因同质化而被市场遗忘。此外，除了主线茶饮以外，蜜雪冰城还推出了各种以雪王为标识的产品周边，例如有雪王标志的帆布包、马克杯等，价格亲民，进一步加强了顾客对蜜雪冰城打造的雪王IP的品牌辨识度。

第五节 航运市场营销管理

一、航运企业的营销过程

航运企业营销管理的目的在于使其营销活动与复杂多变的市场营销环境相适应。因为企业的内外部环境是在不断变化的,只有在经营的过程中不断使企业的经营行为与企业的内外环境保持一致,才能实现企业的预期目标,这也符合航运企业战略规划动态适应性的特点。

(一)市场机会的分析

(1)市场机会的概念

西方国家的企业界有一句谚语,“哪里有未满足的需求,哪里就有做生意的机会”,同样,对于航运市场来说,凡是未被满足的对水上客货运输的需求,都应该是航运市场的机会。为了寻找市场机会,航运企业的营销人员必须进行专门的调查,努力地做好识别、分析和评估工作,特别要注意区分市场机会中的环境机会和营销机会。

1)环境机会

航运市场上一切未被满足的需求都是环境机会,但并非每一个环境机会都是营销机会。例如世界不定期船市场上对大型散粮船的需求很大,这是一个环境机会,但不可能成为一般油轮的营销机会。

2)营销机会

营销机会是指对特定的航运企业的营销活动具有吸引力,能使企业因此获得竞争优势和差别利益的环境机会。看航运市场的环境机会能否成为一个营销机会,关键要看它是否能发挥企业的优势,是否与企业的目标与资源相匹配,是否能发挥出企业最大的优势,以使企业获得比竞争者更大的差别利益。

(2)市场机会分析的内容和步骤

1)分析航运市场营销环境

航运市场营销环境分析主要是对航运市场营销的内外部环境与企业营销活动的关系进行分析。内部环境涉及航运企业、供应商、竞争者、客户、社会公众等。外部环境包括经济环境、政治环境、法律环境等。

2)分析航运市场及其客户行为

航运市场及其客户行为分析主要是对航运市场的结构、供求关系特征以及各主要类型航运市场上客户的力量及其行为的特点进行分析。

3)建立营销信息系统,开展营销调研

营销信息系统就是专门从事收集、整理、分析和评估有关市场信息的一些机构,其任务就是为营销人员提供有力的营销信息以利于营销人员制定正确的营销策略。营销信息系统可以通过情报网络、营销调查等手段获取信息。

（二）目标市场的选择

航运企业分析市场机会是为了选定适合自己目标和资源的营销机会，在此前提下，还要对这一机会市场的容量和市场结构作进一步的分析，以缩小范围，选取本企业准备为之服务的领域，这被称为目标市场的选择。航运目标市场的选择包括以下两个步骤。

（1）对航运市场需求的预测

该步骤主要是预测特定市场的发展规模和发展前景，以决定是否进入，还要进一步分析预测特定市场中需求的种类以及客户的不同偏好，以决定企业最适宜满足哪一部分客户及其需求。

（2）航运市场的细分化、目标化及定位

航运市场的细分化是指将不同的客户需求按照一定的标准分成若干类。航运的需求特征一般集中反映在对运输质量的要求上。如某些东西比较贵重，对安全性的要求比较高；急救物资，对速度要求比较高；有些东西对时间要求不高，可能选择比较经济的运输方式。不同的货物和旅客对运输往往有不同的要求。

一个航运企业不可能为所有的细分市场都提供最佳的服务，而应该根据自己的目标和资源，集中力量服务于某一个或几个细分市场。那些被选中的细分市场成为该企业的目标市场。航运企业选择一定的目标市场进行经营，就叫作市场目标化。

航运企业在选定自己的目标市场后还要进行准确的定位，采用适当的定位战略。市场定位意味着航运企业要在目标市场为自己的产品树立一个明确的、与众不同的和有吸引力的形象，传达企业为特殊客户群提供服务的信息。

（三）营销组合的确定

航运企业确定营销组合是指针对航运目标市场的需求，航运企业将自己可控制的各种营销因素（如服务、渠道、广告、运价等）加以优化组合和综合利用，使之协调发展，扬长避短，发挥优势，以便更好地实现企业的目标。

航运营销组合策略是航运企业产品策略、价格策略、渠道策略及促销策略的有机组成，也就是营销观念下的“4Ps”，它体现了现代营销观念指导下的整体营销思想。除了产品、运价、渠道等可控因素外，航运企业的营销组合还受各种微观和宏观因素的影响和制约，这些都是航运企业自身无法控制的不可控因素。

航运企业在国际市场营销中还应当具备“大市场营销观念”，在营销组合中注入政治力量，以增强自己的竞争优势。

（四）营销活动的管理

尽管航运企业在分析航运市场营销环境的基础上，可以很好地找到目标市场并确定营销组合，但这一切只有转化为企业的实际行动才有实际意义，所以航运企业营销过程的最后一个环节就是营销管理活动。

二、航运市场营销计划

市场营销计划是指在研究目前行业潜力、市场营销状况，分析企业所面临的主要机会(Opportunities)与威胁(Threats)、优势(Strengths)与劣势(Weaknesses)以及存在问题的基础上，对财务目标与市场营销目标、市场营销战略、市场营销行动方案以及预计损益表的确定和控制。营销计划是商业计划的一部分。

航运市场营销计划是航运企业开展营销活动的基础，是营销活动实施和控制的标准和参照。所以，每个营销管理人员都应明确营销计划的重要性，了解营销计划的内容，掌握制订营销计划的方法。

(一)计划与航运市场营销计划的含义

计划是一种应用广泛的思维方式，通常认为计划是分析研究并制定行动方案的理性思维活动。营销计划是指企业市场营销计划活动的主体根据企业的整体战略，在分析企业的内外部条件的基础上设定预期的目标，从而高效率地将产品和服务推向目标市场的操作程序。

航运企业为了管理营销活动，需要按照企业目标任务的要求编制营销计划。航运市场营销计划是航运企业关于某项特定业务的所有营销活动的具体安排和规划。

(二)航运市场营销计划的特征

(1)目的性

航运企业能够事先对企业的一切活动进行计划，计划具有明确的目的性。为了实现特定的目标，对未来可能发生的情况进行分析、判断、推理、预测，进而作出事前的决定，这些行为过程就是计划活动。

(2)效益性

计划的最终目标是效益最大化。计划的效益性是指一切计划都应以利益最大化为宗旨，或者说，在实现既定利益的过程中付出最小的代价。在把握效益性的同时，还要注意两点：第一，为实现效益最大化，任何计划的操作手段都必须合法、合情、合理；第二，效益最大化不仅指经济效益最大化，而且包括环境和社会效益最大化。

(3)客观性

客观性指在计划的制订过程中，一定要从企业的实际情况出发，如企业的资源、资金以及人力等。计划应结合企业自身的实际，发挥人的主观能动性，使其通过努力达到目标。计划不可脱离实际而制定一些不切合实际的目标。客观性表现在以下两方面：一是深入了解客观事实；二是进行科学分析。

(4)可操作性

航运企业处在不断开放、变化的环境中，可能今天制订的计划是可操作的，而明天由于内外部环境的变化，计划无法实行。所以，计划要随着环境的变化而变化，增强灵活性和应变性。

（三）航运市场营销计划的作用

航运市场营销计划的发展经历了组织形式从个体走向团队、内容广度从局部走向全面、主体范畴从人脑走向人机结合、战略跨度从近期发展到长远战略、态度从热情走向科学理性化的过程。

在制订营销计划的过程中，营销管理人员要对未来的目标进行反复考虑和论证，对营销策略进行仔细斟酌和思考，对行动方案进行周密设计和安排，对营销预算进行多方估计和测算。所有这一切，使得营销管理人员在营销工作进行前对营销中可能遇到的问题、困难及解决办法和要点等进行了深入的研究。这在很大程度上保证了计划的可行性，也使其在未来实施中的操作性得到增强。因此，营销计划应是营销管理人员付出极大心血的重要文件，也是营销管理工作中必不可少的一个环节。

在发展的过程中，航运市场营销计划展现出了独特的功能和作用。

（1）增强企业的竞争力

航运市场营销计划作为航运企业生存的重要手段，不仅要分析新的消费需求和市场，还要编制满足这些消费需求和市场的活动方案。当营销计划被广大航运企业普遍采用时，将会对经济产生巨大的推动作用。营销计划在多种学科整合的基础上，用创造性的思维打破传统观念的禁锢，用富有创意的营销理念指导企业进行营销制度、营销方式和产品等方面的创新，并用这种创新去适应需求、创造需求和满足需求。航运企业在正确的营销计划的指导下，以消费者需求为中心，能够高效率地配置自身的有限资源，更好地满足和创造需求，提高自身赢利能力，从而提高整体竞争力。

（2）保证企业各部门相互配合

在制订营销计划时，企业最高层领导、相关的部门（如生产、财务、人事等部门）都要参与或提供建议、资料等，营销计划最终也要得到高层管理人员的认可。这种在营销工作开展前相互之间的信息沟通，为将来营销工作的开展、各部门对营销工作的支持和配合奠定了良好的基础。从某种意义上讲，营销计划的制订过程也是营销管理人员沟通多方信息、争取多方理解和支持的过程。

（3）提高营销管理效率

通过让营销人员对营销计划加以了解，使大家明确营销目标、方向、策略等，这样就能保证营销工作有条不紊地协调进行，并且职能明确、目标明确，对提高营销管理效率非常有益。同时，随着企业的发展和市场竞争的加剧，靠经验或“拍脑袋”来进行营销决策已远不能适应形势的发展。

（四）航运市场营销计划的制订步骤

（1）搜集、整理资料

搜集整理与营销计划有关的资料。例如，制订年度营销计划要搜集、整理下列资料。

①与航运企业营销相关的宏观经济、政治、社会、文化、人口等方面的历史、现状

和未来发展资料。

②与航运企业营销相关的政府统计资料、学术研究资料。

③所在航运业的历史、现状和发展趋势资料。

④所面对的市场资料和对该市场的预测。

⑤竞争态势和竞争者相关情况的资料。

⑥本企业各年度的营销计划及执行情况。

⑦本企业的各种历史数据、资料。

⑧有关人员对营销计划提出的意见、资料。

只有收集到足够多的必要资料，才能保证航运企业制订出合适的年度营销计划，保证计划的准确性和可行性。收集和整理资料是航运企业制订营销计划的第一步也是比较关键的一步。

（2）分析相关问题

企业在编制营销计划之前必须慎重思考下列问题。

①企业决策层提出的下一年度发展方向和目标是什么？有无可能实现？

②企业的目标市场是什么？产品服务是否符合目标市场的需要？

③企业有无潜在的货主？

④企业的价格政策如何？

⑤企业的分销系统如何？有哪些需要完善或补充之处？

⑥企业的营销组织、人员情况如何？能否适应市场的发展？

⑦竞争态势和竞争对手下一年度可能采取的策略是什么？

⑧企业以前营销计划执行成功或失败的原因何在？

通过对相关问题的分析，航运企业能更好地认清自身和竞争对手的实际情况，知己知彼，才能百战不殆。

（3）进行 SWOT（Strengths，优势；Weaknesses，劣势；Opportunities，机会；Threats，威胁）分析

寻找相对优势，创造或发挥相对优势是企业在竞争中获胜的一个重要因素。制订营销计划之前，营销管理人员一定要清楚所在企业有哪些相对于竞争者的优势，这些优势对货主来讲是否很重要。

环境的变化可能为企业带来新的营销机遇，也可能给企业造成威胁。对于环境变化带来的机遇，企业首先要通过对环境的观察敏锐察觉；其次要对机遇加以分析，并不是不加取舍、一概而论。对机遇的分析要看该机遇对企业吸引力的大小和企业把握该机遇成功的概率。

环境的变化也会给企业带来威胁。对于威胁，企业要分析其严重性和出现的可能性，并提前拟订应变计划，以便出现威胁时能够迅速反应。

（4）确定目标

在进行了上述分析后，营销管理人员要结合企业战略规划确定营销目标。营销目标不应只是客货运量或客货运输收入，还应包括诸如市场占有率、企业拳头产品的知名度、市场开拓等具体目标。在确定目标时，要注意以下几点。

①目标要具体,尽量量化,以便实施中进行衡量和控制。

②应确定时间,即指出完成或达到目标的具体时间。

③要按时间、人员、区域等将目标分解,以便实行目标管理。

④目标要具有可行性和挑战性。

(5)制定行动方案

实现营销目标的策略,是营销计划中的一项关键内容。营销策略涉及目标市场、定位、营销组合。营销管理人员要根据前几步的分析、企业目标等明确目标市场、准确定位,形成由产品、价格、促销、分销组合而成的整体策略。为保证策略的实施,还要制定出行动方案。在行动方案中,将各项内容具体到由谁来做、做哪些事、什么时间做等,作详细安排。

(6)编制预算

预算是对行动方案中各项活动费用进行的估算。在预算编制之前,航运企业的董事会通常会召集市场部、销售部、生产部、财务部等相关部门的负责人召开会议,通过对市场的预测、分析,并结合上年度的实际生产销售情况,定出下一年度的销售指标。

预算为大家提供了一个共同努力的方向。预算可以将企业的经营目标分解为一系列具体的经济指标,使生产经营目标进一步具体化,并落实到企业的各个部门,这样企业的董事会和全体员工就有了共同努力的方向。

预算还能帮助企业控制成本。企业对下一年度作出预算,定下经营指标并逐层下达销售、生产指标,可以据此控制成本。

(7)形成营销计划书

根据营销计划的内容,写出营销计划书。营销计划书是企业根据市场变化和企业自身实力,对企业的产品、资源及产品所指向的市场进行整体规划的计划性书面材料。

所谓"人要衣装,佛要金装"。一份条理清晰、版面活泼的营销计划书,对提高营销计划的说服力和受众的接受度有极大的帮助。营销计划书没有固定的格式,但却有必备的项目或条件,以及构思表现等方面的技巧。

(五)航运市场营销计划的内容

航运市场营销计划一般包括八个方面的内容。

(1)内容提要

内容提要是对营销计划的要点、目标、采用的策略、预算等进行的扼要的综述。目标、预算等的描述要尽可能具体,以便执行中进行考核和控制。

(2)营销现状

营销现状是有关市场、竞争、产品、促销等各营销因素及宏观环境发展趋势的综述。分析当前营销状况,可为制订下年的营销计划提供借鉴,避免走弯路,减少资源的不必要浪费。

(3)威胁与机会

该部分分析主要的机会和威胁、优势和劣势及计划中涉及产品所面临的问题。这样有利于航运企业在制订计划时考虑到竞争者的存在,以及怎样应对竞争者。对于潜在的机会，要分析是否适合本企业。若适合，该怎么做才能有力地抓住这个机会。

(4)营销目标

营销目标是营销计划的核心部分，营销目标须在分析营销现状并预测未来的威胁和机会的基础上制定。目标就像船上的指明灯一样，企业有了目标就不会迷失前进的方向。

(5)营销策略

营销策略是指为实现营销计划、达到营销目标应采取的整体策略。营销计划、营销目标设计得再好，如果不制定达到营销目的的策略，再好的营销计划都是纸上谈兵。

(6)行动方案

行动方案列出了确保营销计划有效实施的主要方面，包括要做些什么，何时开始，由谁负责，预算费用是多少等。依上述要点把每项活动都按程序列出，以便于执行和控制。

(7)预算

该部分要编制各项收支预算，在"收入"一栏要说明预计收入，在"支出"一栏要说明预计生产成本(包括营销费用)，收支的差额为预计的利润(或亏损)。企业高层管理者负责审批预算。

(8)控制

控制是营销计划的最后一部分，是对计划执行过程的控制。一般做法是将计划确定的目标和预算按月份或按季度分解，以便于企业的高层管理部门进行有效的监督检查，督促未完成任务的部门改进工作，以确保营销计划的完成。

三、航运市场营销组织

企业的营销部门是实现企业目标、实施营销计划的面向市场和客户的业务部门，是企业内部联结其他职能部门使整个企业经营一体化的核心。营销组织的设置在于保障营销目标的高效实现。

(一)航运企业营销组织的任务

从根本上讲，营销就是了解并满足客户的需求，这也是营销组织的总任务。对营销管理人员来讲，总任务可分解为下述几项分任务。

(1)航运市场研究

航运市场研究是航运企业营销组织的基本任务之一，通常包括航运市场需求研究、目标市场研究、旅客货主行为研究、航运产品研究、广告研究、竞争研究及宏观环境研究等。

(2)航运产品管理

航运产品管理的主要任务是研究和开发满足货主需要的新产品和服务。新产品管理通常是营销部门、研究开发部门、生产部门共同的责任。在开发出航运新产品和服务以后，营销部门要根据航运市场波动情况拟定产品策略，并对有关航运产品的各个要素进行决策。

（3）广告活动管理

如何利用篇幅简短的广告来展示自己的产品显得尤为重要。航运企业广告活动管理的主要工作包括：确定广告的形式；编制广告活动的费用预算；选择广告代理商；评价广告活动效果。

（4）分销渠道管理

营销部门为建立和保持有效的分销，应作出以下决策：是否采用分销渠道；确定分销渠道的宽度、长度；选择分销商；制定对分销商的政策；制定分销商管理的规定、办法。

（5）价格管理

价格是产品营销组合中与消费者和生产商有着最直接利益关系的一个因素。它直接关系到产品在市场上的接受程度，影响市场对产品的需求及企业的利润。价格一直以来都是企业间竞争的重要手段。营销组织价格管理的主要任务包括制定定价政策、为新产品定价及确定价格是否需要改变和何时改变。

（6）形象识别

企业的形象是非常重要的，在一定的条件下甚至比产品的质量还重要。企业一旦在消费者心中树起了某种形象就很难改变。

（二）现代企业营销部门的组织形式

（1）营销部门组织形式的类型

现代企业的营销部门有若干不同的组织形式，但无论采取哪种组织形式，都要体现以客户为中心的营销指导思想。企业营销部门组织形式可归纳为以下五种基本类型。

1）职能型组织结构

最常见的营销组织是在营销副总裁领导下由各种营销职能专家构成的。营销副总裁负责协调各营销职能专家之间的关系，如图 5-7 所示。

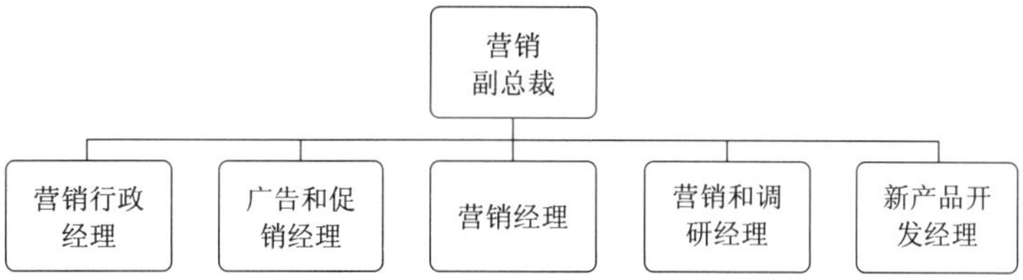

图 5-7　职能型组织结构

2）地区型组织结构

在全国范围内营销组织往往按地理区域组织其营销人员，如图 5-8 所示。

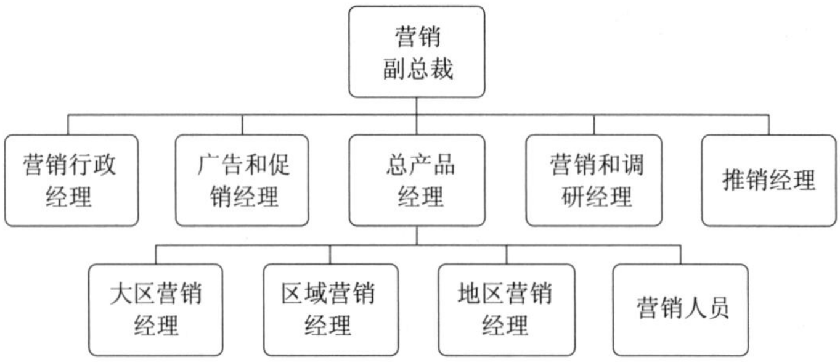

图 5-8　地区型组织结构

3)产品管理型组织结构

生产多种产品或多种品牌的企业往往按产品或品牌建立管理组织,即在总产品经理领导下,按每类产品(即产品线)分设一名经理,再按产品线上每个品种分设一名经理,分层管理,如图 5-9 所示。

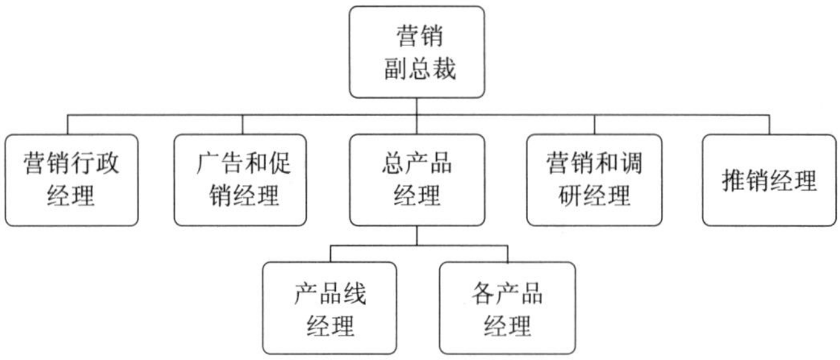

图 5-9　产品管理型组织结构

4)市场管理型组织结构

当企业按客户特有的购买习惯和产品偏好对其进行细分和区别对待时,就需要建立市场管理型组织结构,如图 5-10 所示。

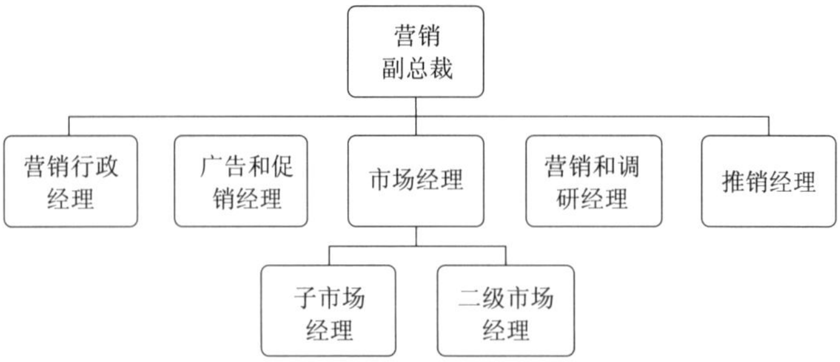

图 5-10　市场管理型组织结构

市场管理型组织结构同产品管理型组织结构类似,在一个市场经理下设若干细分市场经理,各市场经理负责自己所辖市场的年度销售利润计划和长期销售利润计划。这种组织结构的主要优点是企业可围绕着特定客户的需要开展一体化的营销活动,而不是把重点放在彼此分隔的产品或地区上。在以市场经济为主的国家中,越来越多的企业营销组织都是按照市场管理型组织结构建立的。

5)产品-市场管理型组织结构

面向不同市场、生产多种产品的企业,在确定营销组织结构时面临着两难抉择:是采用产品管理型,还是采用市场管理型。为了解决这个难题,企业可建立一种既有产品经理又有市场经理的两维矩阵组织。

(2)营销部门组织形式的选择

以上介绍了现代企业营销部门的五种基本组织形式。可以说,没有哪种营销部门组织形式是放之四海而皆准的,企业设计、建立、改进其营销管理组织形式时,应考虑以下因素。

①宏观环境和国家经济体制。

②企业的营销管理哲学,即企业经营的指导思想。

③企业自身所处的发展阶段、经营范围、业务特点等内在因素。如果企业所面临的市场不稳定性较强时,营销组织多采用柔性结构;当市场较稳定、变化的可能性不大时,多采用刚性结构;企业规模越大,其营销组织规模也相应越大,同时职能划分越细。

④营销组织应具有灵活性。营销环境是不断发展、变化的,因此营销组织必须具有一定的机动灵活性,要能很快适应环境的变化。

⑤营销组织应与其他部门搞好协调。原则上企业的各职能部门应当紧密协调配合,以实现该企业的总体目标,但实际上部门之间往往存在冲突和误解。营销部门需通过与企业其他部门的沟通来获得其他部门的有力支持,以便更好地实现目标。

应该看到,一个企业的营销职能是随着该企业的发展而逐步健全的。任何企业的营销职能都要根据需要和企业的实际来进行设置,绝不能照搬书本或别人现成的模式。

四、航运市场营销的执行

市场营销执行是将市场营销计划转化为行动方案,并保证计划的完成,以实现既定目标的过程。分析市场营销环境、制定市场营销战略和市场营销计划是要解决企业市场营销活动应该“做什么”和“为什么要这样做”的问题,而市场营销执行则是要解决“由谁去做”“在什么时候做”和“怎样做”的问题。

市场营销执行是一个艰巨而复杂的过程。美国的一项研究表明, 90%被调查的专业计划人员认为,他们制定的战略和战术之所以没有成功,是因为没有得到有效的执行。

(一)航运市场营销执行的问题

(1)计划脱离实际

企业的市场营销战略和市场营销计划通常是由上层的专业计划人员制定的,而执行则要依靠市场营销管理人员,如果这两类人员之间缺少必要的沟通和协调,就会出现下列问题：

①企业的专业计划人员只考虑总体战略而忽视执行中的细节，结果使计划过于笼统和流于形式；

②专业计划人员往往不了解计划执行过程中的具体问题，所定计划脱离实际；

③专业计划人员和市场营销管理人员之间没有进行充分的沟通，致使市场营销管理人员在执行过程中经常遇到困难，因为他们并不完全理解需要他们去执行的战略；

④脱离实际的战略导致专业计划人员和市场营销管理人员相互对立和不信任。

（2）短期目标和长期目标矛盾

市场营销战略通常着眼于企业的长期目标，涉及今后三至五年的经营活动。但对执行这些战略的市场管理营销人员的评估和奖励，通常是根据他们的短期工作绩效（如销售量、市场占有率或利润率等指标）来进行的。因此，市场营销管理人员常常短视而不顾营销的长远目标。

（3）存在因循守旧的惰性

企业当前经营活动的开展往往是为了实现既定的战略目标，新的战略如果不符合企业的传统和习惯就会遭到抵制。新旧战略的差异越大，执行新战略可能遇到的阻力也就越大。要想执行与旧战略截然不同的新战略，常常需要打破企业传统的组织结构和供销关系。企业中人们由于习惯思维的路径依赖，往往不愿作大的改变，因此，很少有人带头去打破已有的规则，去创造新局面。

（4）缺乏具体的执行方案

实践证明，许多企业面临困境，就是因为缺乏一个能够使企业内部各有关部门协调一致齐心作战的执行方案。航运企业在制定营销方案时，不能太过笼统或抽象化。要尽量做到使每个员工见到方案一目了然。如果表述太抽象，可能会导致执行人员在执行的过程中产生误解，致使企业的目标不能实现，甚至给企业带来无法弥补的损失。

（二）航运市场营销执行的过程

（1）制定行动方案

为了有效地实施市场营销战略，必须制定详细的行动方案。这个方案应该明确市场营销战略实施的关键性决策和任务，并将执行这些决策和任务的责任落实到个人或小组。另外，这个方案还应包含具体的时间表，定出行动的确切时间。

（2）建立组织结构

企业的正式组织在市场营销执行过程中起决定性的作用，组织将战略实施的任务分配给具体的部门和人员，规定明确的职权界限和信息沟通渠道，协调企业内部的各项决策和行动。拥有不同战略的企业，需要建立不同的组织结构。也就是说，组织结构必须同企业战略相一致，必须与企业自身的特点和所处环境相适应。

（3）设计决策和报酬制度

为实施市场营销战略，还必须设计相应的决策和报酬制度。这些制度直接关系到战略实施的效果。企业针对营销管理人员工作制定的评估和报酬制度，如果以短期的经营利润为标准,则营销管理人员的行为必定趋于短期化,他们就不会有为实现长期战略目标而努力的积极性。

(4)开发人力资源

市场营销计划最终是由企业内部的工作人员来执行的,所以人力资源的开发至关重要。这涉及人员的考核、选拔、安置、培训和激励等问题。在考核选拔营销管理人员时,要注意将适当的工作分配给适当的人,做到人尽其才。为了激励员工的积极性,必须建立完善的工资福利和奖惩制度。

(5)建设企业文化

企业文化是指一个企业内部全体人员共同持有和遵循的价值标准、基本信念和行为准则。企业文化对企业经营思想和领导风格,以及对职工的工作态度和作风均起着决定性的作用。企业文化包括企业环境、价值观、英雄人物、习俗与仪式、文化网络五个要素。

1)企业环境

企业环境不是指企业的内部环境,而是指企业经营所处的极为广阔的社会和业务环境,包括市场、顾客、竞争者、政府、技术等的状况。这种企业环境是形成企业文化唯一的而且又是最大的影响因素。

2)价值观

价值观不是指个别人评价是非曲直的准则,而是指企业职工共同的行为准则和基本信念,是企业文化的核心和灵魂。

3)英雄人物

英雄人物应是企业价值观的化身,是人们所公认的最佳行为和组织力量的集中体现,是企业文化的支柱和希望。英雄人物有着不可动摇的个性和作风,英雄人物所做的事情是人人想做而不敢做的,是每个遇到困难的人都想依靠的对象。

4)习俗与仪式

习俗与仪式是指在企业各种日常活动中经常出现的、人人知晓而又没有明文规定的东西,是有形地表现出来的、程式化了的并显示内聚力程度的文化因素。习俗与仪式往往是在随和、自然、轻松、幽默、戏剧化等气氛中进行的,实质上却是严肃的,是一个企业价值观的体现。

5)文化网络

文化网络是指企业内部以逸事、故事、机密、猜测等形式来传播消息的非正式渠道,是和正式组织机构相距甚远的隐蔽的分级联络体系。

(6)协调各要素间的关系

为了有效地实施市场营销战略,企业的行动方案、组织结构、决策和报酬制度、人力资源、企业文化这五大要素必须协调一致、相互配合。这些方面相互协调对保证航运企业计划执行至关重要。其中任何一个因素出现问题,都可能会导致整个计划泡汤。

（三）航运市场营销执行的技能

市场营销执行的问题常常出现于企业市场营销的三个层面：第一，市场营销职能，即基本的市场营销职能能否顺利发挥，如企业怎样才能从某广告公司处获得更有创意的广告；第二，市场营销方案，即把所有的市场营销职能协调地组合在一起，构成整体行动，这一层面的问题常常发生在将一项新产品引入另一个新市场时；第三，市场营销政策，例如企业规定雇员对待所有的客户都要态度热情和服务周到。

为了有效地执行市场营销方案，企业必须善于运用五种技能。

（1）诊断技能

当营销计划执行的结果未达到预期目标时，企业就需要分析战略和执行之间的内在关系并提出一些需要诊断的问题。如：低销售率究竟是由于战略欠佳造成的，还是执行不当的结果？问题的原因在哪？应该针对这些问题做些什么？

（2）计划技能

企业应该具备分别建立一套工作制度、一套决策制度和一套报酬制度的技能。这些制度直接关系到组织实施计划的效率。以报酬制度为例，它首先涉及对营销部门及其人员工作绩效的评估，如果以短期盈利情况为评估标准，就可能导致营销部门及其人员的行为趋于短期化，而缺少为实现长期战略目标努力的主动性。

（3）组织技能

有效的营销组织应具有灵活性，组织结构必须与营销战略、计划的目标要求相一致。组织技能包括两方面：首先是进行明确的分工，将全部工作分解成便于管理的几个部分，再将它们分配给各有关部门和人员；其次是发挥协调作用，通过组织中正式的联系和信息沟通网络，协调各部门和人员的行动。

（4）配置技能

配置技能指营销经理在不同营销活动之间分配资金、人力和时间的技能。配置技能直接影响到企业资源的利用率。配置合理的话，会使闲置的资源得到充分的利用；反之，会造成资源的浪费。所以，在分配资源方面对营销经理的能力要求较高。

（5）领导技能

管理者要有善于推动并影响他人共同把事情办好的能力，不仅是推动营销组织内部的人员，还须推动营销组织外的其他人和企业一起为达到营销目标而努力。

五、航运市场营销的控制

所谓市场营销控制，是指市场营销经理经常检查市场营销计划的执行情况，看看计划与实际绩效是否一致，如果不一致或没有完成计划，就要找出原因所在，并采取适当措施和正确行动，以保证市场营销计划的完成。市场营销控制有四种主要类型，即年度计划控制、赢利能力控制、效率控制和战略控制。

(一)年度计划控制

(1)年度计划控制的概念和目的

年度计划控制是指企业在本年度内采取控制步骤,检查实际绩效与计划之间是否有偏差,并采取改进措施,以确保市场营销计划的实现与完成。许多企业每年都制订了相当周密的计划,但执行的结果却往往与之有一定的差距。事实上,计划执行结果的好坏不仅取决于计划制订得是否正确,还要看计划执行与控制的效率高低。年度计划制订并付诸执行之后,做好控制工作也是一项极其重要的任务。年度计划控制的主要目的在于:

①促使年度计划产生连续不断的推动力;

②控制的结果可以作为年终绩效评估的依据;

③发现企业潜在问题并及时予以妥善解决;

④高层管理人员可借此有效地监督各部门的工作。

(2)年度计划控制的步骤

①制定标准,即确定本年度各个季度(或月)的目标,如销售目标、利润目标等。

②绩效测量,即将实际成果与预期成果相比较。

③因果分析,即研究发生偏差的原因。

④改正行动,即采取最佳的改正措施,努力使成果与计划相一致。

(3)年度计划执行效果

企业经理人员可运用五种绩效工具评估年度计划目标的执行效果,即销售分析、市场占有率分析、市场营销费用与销售额比率分析、财务分析、客户态度追踪。

1)销售分析

销售分析主要用于衡量和评估经理人员所制订的计划销售目标与实际销售情况之间的关系,主要有以下两种方法。

第一,销售差异分析。销售差异分析用于确定各个不同的因素对销售绩效的不同作用。

第二,微观销售分析。微观销售分析可以确定未能达到预期销售额的特定产品、地区等。

2)市场占有率分析

第一,市场占有率的度量方法。企业的销售绩效并未反映出相对于竞争者企业的经营状况如何。企业销售额增加,可能是因为企业所处的整个经济环境的发展,也可能是因为其市场营销工作较竞争者有相对改善。市场占有率剔除了一般的环境影响来考察企业本身的经营工作状况。如果企业的市场占有率升高,表明它比竞争者的情况好;反之,则说明它比竞争者的绩效差。衡量市场占有率的第一个步骤是清楚地定义使用何种度量方法。一般来说,有四种不同的度量方法:全部市场占有率、可达市场占有率、相对市场占有率(相对于三个最大竞争者)、相对市场占有率(相对于市场领导竞争者)。

第二,市场占有率变动的原因。了解企业市场占有率之后,需正确解释市场占有率变动的原因,可从产品大类、客户类型、地区以及其他方面来考察市场占有率的变动情况。

3)市场营销费用与销售额比率分析

年度计划控制需要检查与销售有关的市场营销费用,以确定企业在达到销售目标时的费用支出。计算市场营销费用占销售额的比率是一种主要的检查方法。市场营销管理人员的工作,就是密切注意这些比率,以发现是否有任何比例失去控制。当一项费用占销售额的比率失去控制时,必须认真查找其中的原因。

4)财务分析

市场营销管理人员应就不同的费用占销售额的比率和其他比率进行全面的财务分析,以决定企业如何以及在何处展开活动,才能获得盈利,尤其是利用财务分析来判别影响企业资本净值收益率的各种因素。

5)客户态度追踪

年度计划控制所采用的上述衡量标准大多是以财务分析和数量分析为特征的,即它们基本上是定量分析。定量分析虽然重要但并不充分,因为它们没有对市场营销的发展变化进行定性分析和描述。因此,企业需要建立一套系统来追踪其客户、经销商以及其他市场营销系统参与者的态度。如果发现客户对本企业及产品的态度发生了变化,企业管理者就能较早地采取行动,争取主动。

一般来说,企业主要利用以下系统和方法来追踪客户的态度:抱怨和建议系统、固定客户样本、客户调查。综上,企业在发现实际绩效与年度计划发生较大偏差时,可考虑采取如下措施:削减产量,降低价格,对销售队伍施加更大的压力,削减杂项支出,裁减员工,调整企业簿记,削减投资,出售企业财产,出售整个企业。

(二)赢利能力控制

除了年度计划控制之外,企业还需要运用赢利能力控制来测定不同产品、不同销售区域、不同客户群体、不同渠道以及不同订货规模的赢利能力。由赢利能力控制所获取的信息,有助于管理人员决定各种产品或市场营销活动是扩展、减少还是取消。

(1)市场营销成本

市场营销成本直接影响企业利润,其构成如下。

1)直接推销费用

直接推销费用包括直销人员的工资、奖金、差旅费、培训费、交际费等。

2)促销费用

促销费用包括广告媒体成本、产品说明书印刷费用、展览会费用、促销人员工资等。

3)仓储费用

仓储费用包括租金、维护费、折旧费、保险费、包装费、存货成本等。

4)运输费用

运输费用包括托运费用等。如果是自有运输工具,则要计算折旧费、维护费、燃料费、牌照税、保险费、司机工资等。

5)其他市场营销费用

其他市场营销费用包括市场营销管理人员工资、办公费用等。

上述成本连同企业的生产成本构成了企业总成本,直接影响到企业经济效益。其中,有些与销售额直接相关的费用,称为直接费用;有些与销售额并无直接关系的费用,称为间接费用。

(2)赢利能力的考察指标

取得利润是企业最重要的目标之一。在对市场营销成本进行分析之后,可以考察如下赢利能力指标。

1)销售利润率

一般来说,企业将销售利润率作为评估企业赢利能力的主要指标之一。销售利润率是指利润与销售额之间的比率,表示每获得 100 元销售额使企业获得的利润,其公式是

销售利润率=本期利润/销售额 ×100%

但是,同一行业各个企业间的负债比率往往大不相同,而对销售利润率的评价又常需与同行业平均水平来进行对比。所以,在评估企业赢利能力时最好能将利息支出加上税后利润,这样可以大体消除由于举债经营而支付的不同利息对利润水平产生的影响。因此,销售利润率的计算公式应该是

销售利润率=税后息前利润/产品销售收入净额 ×100%

这样的计算方法,在同行业间衡量经营水平时才有可比性,才能比较正确地评价市场营销效率。

2)资产收益率

资产收益率指企业所创造的总利润与企业全部资产的比率。其公式是

资产收益率=本期利润/平均资产总额 ×100%

与销售利润率一样,为了在同行业间有可比性,资产收益率可以用如下公式计算:

资产收益率=税后息前利润/平均资产总额 ×100%

其分母之所以用平均资产总额,是因为年初和年末余额相差很大,如果仅用年末余额作为总额显然不合理。

3)净资产收益率

净资产收益率指税后利润与净资产所得的比率,其中净资产是指总资产减去负债总额后的净值。这是衡量企业偿债后的剩余资产的收益率的指标。

净资产收益率=税后利润/净资产平均余额 ×100%

其分子之所以不包含利息支出,是因为净资产中已不包括负债。

4)资产管理效率

资产管理效率可通过以下比率来分析。

①资产周转率。该指标是指一个企业的产品销售收入净额与资产平均总额之比,即

资产周转率=产品销售收入净额/资产平均总额

该指标可以衡量企业全部投资的利用效率,资产周转率高说明投资的利用效率高。

②存货周转率。该指标是指产品销售成本与存货(指产品)平均余额之比,即

存货周转率=产品销售成本/存货平均余额

这项指标说明某一时期内存货周转的次数,可用于考核存货的流动性。存货平均余额一般取年初和年末余额的平均数。一般来说,存货周转率越高越好,说明存货水平较低,周转快,资金使用效率较高。

资产管理效率与赢利能力密切相关。资产管理效率高,赢利能力相应强。这可以从资产收益率与资产周转率及销售利润率的关系中反映出来。

(三)效率控制

效率控制的目的在于提高人员推销、广告、促销和分销等市场营销活动的效率。市场营销经理必须重视若干关键比率,这些比率体现营销组合的有效性,为改进营销执行情况提供借鉴。效率控制可以从销售人员效率、广告效率、促销效率和分销效率几个方面进行。

(1)销售人员效率

考核销售人员效率的指标包括:

①每个销售人员平均每天的销售访问次数;

②每次会晤的平均访问时间;

③每次销售访问的平均收益;

④每次销售访问的平均成本;

⑤每次访问的招待成本;

⑥每百次销售访问而订购的百分比;

⑦每期的新客户数;

⑧每期丧失的客户数;

⑨销售成本占总销售额的百分比。

(2)广告效率

考核广告效率的指标包括:

①每一媒体类型、每一媒体工具接触每千名购买者所花费的广告成本;

②客户对每一媒体工具注意、联想和阅读的百分比;

③客户对广告内容和效果的意见;

④广告前后客户对产品态度的衡量;

⑤客户受广告刺激而引起的询问次数。

(3)促销效率

为了改善促销的效率,企业管理层应该对促销的成本及其对销售的影响作记录,注意做好如下统计:

①由于优惠而销售的百分比;

②每一销售额的陈列成本;

③赠券收回的百分比；

④因示范而引起询问的次数。

(4)分销效率

分销效率的高低可以反映企业销售渠道的方针是否合理，所选择的分销渠道是否适当，对中间商的激励和控制是否有效等，它是体现企业分销策略是否有效的重要指标。企业基于分销效率，对企业存货水准、仓库位置及运输方式进行分析和改进，从而达到最佳配置并寻找最佳运输方式和途径。

(四)战略控制

(1)战略控制概述

企业的市场营销战略是指企业根据自己的市场营销目标，在特定的环境中，按照总体的策划过程所拟定的可能采用的一连串行动方案。但是市场营销环境变化很快，往往会使企业制定的目标、策略、方案失去作用。因此，在企业市场营销战略实施过程中必然会出现战略控制问题。

战略控制是指市场营销经理采取一系列行动，使实际市场营销工作与原规划尽可能一致，在控制中通过不断评审和信息反馈，对战略不断予以修正。市场营销战略的控制既重要又难以达到准确。因为企业战略的成功是总体性的和全局性的，战略控制关注的是控制未来还没有发生的事件。战略控制必须根据最新的情况重新估计计划和进展，因而难度比较大。

企业在进行战略控制时，可以运用市场营销审计这一重要工具。各个企业都有财务会计审核，在一定期间客观地对审核的财务资料或事项进行考察、询问、检查、分析，最后根据所获得的数据按照专业标准进行判断，得出结论，并提出报告。这种财务会计的控制制度有一套标准的理论、做法。但是市场营销审计尚未建立一套规范的控制系统，有些企业往往只是在遇到危急情况时才进行市场营销审计，其目的是解决一些临时性的问题。目前，在国外越来越多的企业运用市场营销审计进行战略控制。

(2)市场营销审计

所谓市场营销审计，是对一个企业市场营销环境、目标、战略、组织、方法、程序和业务等作综合的、系统的、独立的和定期的核查，以便确定困难所在和各项机会，并提出行动计划的建议，改进市场营销管理效果。市场营销审计实际上是在一定时期对企业全部市场营销业务进行总的效果评价，其主要特点是，不限于评价某些问题，而是对全部活动进行评价。

市场营销审计的基本内容包括市场营销环境审计、市场营销战略审计、市场营销组织审计、市场营销系统审计、市场营销赢利能力审计和市场营销职能审计。

1)市场营销环境审计

市场营销必须审时度势，必须对市场营销环境进行分析，并在分析人口、经济、生态、技术、政治、文化等环境因素的基础上，制定企业的市场营销战略。这种分析是否正确，需要经过市场营销审计的检验。由于市场营销环境的不断变化，原来制定的市场营销战略也必须相应地改变，也需要经过市场营销审计来进行修订。审计内容包括市场规模，市场增长率，客户与潜在客户对企业的评价，竞争者的目标、战略、优势、劣势、规模、市场占有率，供应商的推销方式，经销商的贸易渠道等。

2）市场营销战略审计

企业是否能按照市场导向确定自己的任务、目标并设计企业形象，是否能取得与企业任务、目标相一致的竞争地位，是否能制定与产品生命周期、竞争者战略相适应的市场营销战略，是否能进行科学的市场细分并选择最佳的目标市场，是否能合理地配置市场营销资源并确定合适的市场营销组合，企业在市场定位、企业形象、公共关系等方面的战略是否卓有成效，所有这些都需要经过市场营销战略审计的检验。

3）市场营销组织审计

市场营销组织审计，主要是评价企业的市场营销组织在执行市场营销战略方面的组织保证程度和对市场营销环境的应变能力，包括企业是否有能力水平较高的市场营销主管人员及其职责与权利是否明确，是否能按产品、用户、地区等有效地组织各项市场营销活动，是否有一支训练有素的销售队伍，对销售人员是否有健全的激励、监督机制和评价体系，市场营销部门与采购部门、生产部门、研究开发部门、财务部门以及其他部门的沟通情况如何以及是否有密切的合作关系等。

4）市场营销系统审计

对市场营销信息系统的审计，主要是审计企业是否有足够的有关市场发展变化的信息来源，是否有畅通的信息渠道，是否进行了充分的市场营销研究，是否恰当地运用市场营销信息进行科学的市场预测等。对市场营销计划系统的审计，主要是审计企业是否有周密的市场营销计划，计划的可行性、有效性以及执行情况如何，是否进行了销售潜量和市场潜量的科学预测，是否有长期的市场占有率增长计划，是否有适当的销售定额及其完成情况如何等。对市场营销控制系统的审计，主要是审计企业对年度计划目标、赢利能力、市场营销成本等是否有准确的考核和有效的控制。对新产品开发系统的审计，主要是审计企业开发新产品的系统是否健全，是否组织了新产品创意的收集与筛选，新产品开发的成功率如何，新产品开发的程序是否健全，包括开发前充分的调查研究、开发过程中的测试以及投放市场的准备及效果等。

5）市场营销赢利能力审计

市场营销赢利能力审计，是在分析企业赢利能力和成本效益的基础上，审核企业不同产品、不同分销渠道以及在不同市场、不同地区的赢利能力，审核进入或退出、扩大或缩小某一具体业务对赢利能力的影响，审核市场营销费用支出情况及其效益，进行市场营销费用-销售分析，包括销售队伍与销售额之比、广告费用与销售额之比、促销费用与销售额之比、市场营销研究费用与销售额之比、销售管理费用与销售额之比，以及进行资本净值报酬率分析和资产报酬率分析等。

6）市场营销职能审计

市场营销职能审计，是对企业的市场营销组合因素（即产品、价格、地点、促销）效率的审计，主要是审计企业的产品质量、特色、式样、品牌受客户欢迎的程度，企业定价目标和战略的有效性，市场覆盖率，企业分销商、经销商、代理商、供应商等渠道成员的效率,广告预算、媒体选择及广告效果,销售队伍的规模、素质以及能动性等。

阅读资料

华为公司国际市场营销 SWOT 分析

SWOT 分析是 20 世纪 80 年代初韦里克教授提出的分析模型,包括优势、劣势、机会和威胁,通过这四个方面对企业环境进行分析,以便华为走出国门、面向国际市场时,能更好地认清自己,制定更适宜的营销策略。

(一)优势

华为之所以能够保持优势地位,主要是靠华为的技术研发能力。到目前为止,华为的研发人数远远超过同行业,高达 8 万余人,占总人员的比重达到 50% 以上。且华为最为强大的研发部门一直为华为提供技术支持,为华为创造了很多奇迹,如遥遥领先的 5G 技术、超清晰摄像等。除了技术优势外,成本也是华为的主要优势,华为通过"一手抓",对研发、生产、销售、售后等一系列的环节进行监督控制,极大地降低了运营成本。

如今,华为已在众多技术领域实现战略领先,如高端核心路由器、大型数据中心的核心交换机、5G 通信技术等。其中,华为的石墨烯电池是闻名中外的,其技术水平远远领先美国,而华为采用最新石墨烯技术所制成的电池,寿命能够延长至传统锂电池的 2 倍,这为 5G 智能芯片的使用提供了有力保障。

(二)劣势

首先,华为为了鼓励员工努力研发新技术,提高公司效益,同时吸引国内外的人才,实行的是股权激励机制,导致其股权结构难以集中,对未来的资本市场运作造成一定的负面影响。其次,华为并不是上市公司,不可能像思科、爱立信等跨国公司一样进行资本融资,且财力状况相对来说比较薄弱。

(三)机会

"一带一路"倡议为华为的全球化创造了有利条件,使其能够利用各国的资源开发平台。通过跨文化合作,华为可以实现全球同步研发战略。一方面,凭借生产和供应能力,华为不仅为"一带一路"沿线国家和地区提供技术援助,还提高了品牌的吸引力。另一方面,借助自身品牌影响力吸引外资并用于产品开发。华为不仅在中国多个省份设立研发机构,还在其他国家和地区(例如美国硅谷、俄罗斯莫斯科等)设立研发部门。

(四)威胁

"一带一路"倡议对中国以及沿线国家的经济发展起着至关重要的作用,对华为经济的快速增长起到了正向催化剂的作用,但"一带一路"沿线国家或地区通信行业的竞争实力不能小觑,而且其对本国的消费习惯也是了如指掌,能更好地制定出符合当地情况的营销策略。语言差异、价值观与宗教冲突也是影响华为成功进入各国市场的重要因素。

“一带一路”沿线国家受地理位置、生活背景和传统习俗等因素的影响，政治稳定性和经济发展水平存在一定差异，例如，一些国家和地区的经济发展水平低，但面临着通货膨胀的威胁，导致许多企业倒闭，且存在贸易保护主义和技术壁垒等，这些也将影响华为全球化战略的实施。

资料来源：张孟. 国际市场营销跨文化障碍及营销策略[J]. 营销界，2021(28)：27-28.（有改动）

案例分析

麦当劳情感营销事件分析

麦当劳（McDonald's）是全球大型跨国连锁餐厅，1955 年创立于美国芝加哥，在世界上大约拥有 3 万间分店。主要售卖汉堡包，以及薯条、炸鸡、汽水、冰品、沙拉等快餐食品。在 2020 年 BrandZ 最具价值全球品牌 100 强排行榜中，麦当劳排名第九。

“夏日追光计划”是麦当劳自 2020 年 7 月 6 日起推出的早餐打卡活动。麦当劳 B 站官方频道每天早上进行日出直播，本次打卡连续 4 周 28 天，在国内的 28 个地方追寻日出。与此同时，参与者有机会领取到早餐优惠券等奖品。消费者在享受优惠的同时，也可以和麦当劳一起见证不同地区日出的美好，体会到“被人惦记吃早餐”的幸福。

在沙特阿拉伯投放的 24 小时营业广告海报中，麦当劳采用漫天星光、夜晚灯光等构成圣代、薯条、巨无霸汉堡等麦当劳经典产品。除了唯美的夜景，在画面中有着明显体现的还有麦当劳的经典黄色“M”灯牌，夜晚麦当劳的明亮灯光带给消费者的除了伙伴般的陪伴，也有“24 小时营业”的浪漫暗示。

一、基于品牌联想度的分析

快节奏时代，许多拼搏的年轻人——麦当劳的主要客户群之一，由于通勤时间长、交通拥堵等原因没有时间吃早餐。此次营销活动中，麦当劳从“早餐”的“早”开始延伸，用不同地方的日出展示全新的一天，加强早晨这个时间段在消费者心中的美好印象，并在直播、宣传活动中向消费者传递“新的一天开始了，答应我，你会好好吃早餐”的理念。在此次活动中，麦当劳将年轻人都熟悉的“恰同学少年”“诗与远方”“追梦赤子心”和“人间烟火”作为每周活动的主题，对应一个人不同的人生阶段，打动不同年龄段有着相似经历的消费者，引发消费者的情感共鸣——麦当劳是一个有温度、理解明白我的企业，构建了朋友般的企业陪伴形象。在此过程中，麦当劳

“温暖、包容、有创意”的品牌调性得到受众认可，并在投放优惠券的同时推动产品销售，这样就形成了美好早晨、活力满满和麦当劳早餐的关联。在消费者眼中，麦当劳早餐能带给自己的已经不只是胃口的满足，还有对每个早晨的重视，是一天活力的开启。

与“夏日追光计划”相比，麦当劳于沙特阿拉伯投放的广告更多是一种“视觉享受”，消费者在竞品广告中对于“24 小时营业”的单调宣传产生审美疲劳，而星空广告加深了消费者对麦当劳的记忆。且在广告的每个画面里，由于篇幅的安排，消费者首先看到的会是美丽的夜景而非宣传，对这篇广告的卖点会更感兴趣。麦当劳将灯牌巧妙融进了星空中，在没有一句广告词宣传的情况下，既保证了海报整体的艺术效果不被破坏，也让消费者理解了“麦当劳深夜还在营业”的海报主旨。

在营销及广告活动中，麦当劳不仅仅将自己作为快餐食品的提供者，还将自己的存在在消费者的心中赋予了意义，成为消费者生活、情感中密不可分的对象，让消费者对麦当劳产生了正向联想：即使早早出门，也不能放弃对生活的希望，去麦当劳吃一顿早餐能收获一天的元气和活力；已至深夜，繁星满天，看到这番情境的消费者可能才忙碌完一天的工作，但是这个点麦当劳和星星们一样还在陪着他。在消费者心中，选择麦当劳等同于追求美好生活、好好爱自己，麦当劳陪伴消费者度过难熬的日子，在活动、宣传中给消费者加油打气。企业品牌的“单项输出”最后变成了双方的情感依赖与沟通，未来消费者在该产品领域的选择也会更偏向于主动。

二、基于品牌忠诚度的分析

情感营销的“走心”在传播方面具有一定的优势。麦当劳的忠诚消费者喜欢自称“麦粉”，称呼麦当劳为“麦麦”。从“麦当劳”到“麦麦”，消费者与品牌的关系已经悄然发生了变化。

秉承市场营销观念的企业认为：“顾客需要什么，我们就生产供应什么。”以往“以产品为中心”的时代早被“需求至上”代替。这也契合了品牌资产五星模型中对于品牌忠诚度的论述。“老顾客的营销成本远远低于新顾客”，但是许多“破圈”的广告最初都来源于熟人社交的传播，有一定人口基数后效果引爆。一般消费者在广告中产生共鸣，最多会进行点赞转发的传播；但如果是麦当劳较为忠诚的消费者，如品牌的满意消费者、情感消费者和忠诚消费者，在积极购买相关产品的同时也会伴随着更多的宣传行为，有着更强烈的推广动机。

在此次情感营销广告和宣传中，消费者对麦当劳有了正向的联想后，就会产生在同类产品中对麦当劳更为强烈的情感依赖和认同感，也会在品牌广告触达自己的内心需求后进行更为积极的扩散和宣传。当消费者对品牌有了情感依恋甚至以此为荣时，消费者对于品牌而言是一笔巨大的财富。

资料来源：詹佩艺. 品牌资产五星模型视角下的情感营销事件分析——以麦当劳为例[J]. 现代商业，2022(22)：7-9.(有改动)

案例讨论

1. 麦当劳的“夏日追光计划”与在沙特阿拉伯投放的24小时营业广告的营销策略有何不同?

2. 麦当劳情感营销策略有何问题与不足?

思考题

1. 航运市场营销环境的特征有哪些?
2. 需要、动机和行为的关系是什么?
3. 如何判断竞争者的优势和劣势?
4. 航运产品的特性是什么?
5. 航运目标市场的选择包括哪几个步骤?
6. 如何制订航运市场营销计划?

Chapter 6

第六章 国际航运中心

第一节　国际航运中心的概念

人们对国际航运中心的认识经历了以集装箱深水港为本质特征的“港本位”、以航运要素集聚为本质特征的“航本位”和以航运资源配置为本质特征的“资源本位”的变化过程。结合国内外国际航运中心建设的实践经验，在借鉴和吸收国内外专家真知灼见的基础上，本书认为国际航运中心是以大型深水港口为基础，以航运要素集聚为特征，拥有较完善的航运市场基础设施和较发达的航运服务业并在全球航运资源配置中具有一定话语权的国际化港口城市。

一、国际航运中心的基本特征

（一）优越的港口条件

从历史上看，国际航运中心往往由港口城市演变而来，优越的港口条件是国际航运中心得以产生并发展的前提条件，尽管一些老派的国际航运中心（如伦敦），其港口优势不再，但依托港口建立起来的航运服务业是其在全球占据重要地位的标志。新兴的国际航运中心（如新加坡、上海等），其港口优势非常明显，港口吞吐量排在全球前列。完善的港口基础设施、先进的港口物流设备、高效的港口物流管理、密集的国际航线资源，是近年来国际航运中心参与国际竞争的重要资本。随着以高附加值为特点的集装箱业务的发展，集装箱枢纽港建设成为国际航运中心提升竞争力的重要途径。船舶大型化趋势使全球港口业掀起了建设深水码头的高潮，同时也使得少数大型枢纽港的货流更为集中，在一定程度上提升了国际航运中心的垄断地位。

（二）完善的集疏运体系

一般来讲，国际航运中心也是物流中心。通过陆向集疏运体系，国际航运中心可以同其经济腹地建立物流通道，借助海向集疏运体系（主要为国际航线），国际航运中心同世界其他国家或地区形成海运网络。陆向集疏运体系包括铁路、公路、沿海、内河及航空等各种运输方式，也包括由这些运输方式的不同组合形成的多式联运，比如海铁联运、水水中转、江海直达等。发达的集疏运体系无疑增强了国际航运中心的辐射能力。

（三）航运要素集聚

航运要素（如航运机构、航运信息、航运技术、航运资本、航运人才等）的集聚是国际航运中心的重要标志。譬如伦敦，聚集着国际海事组织（IMO）总部、国际海运联合会（ISF）、国际货物装卸协调协会（ICHCA）、波罗的海航运交易所（BE）、波罗的海国际航运公会(BIMCO)等多家国际航运组织。全球20%的船级管理机构常驻伦敦,50%的油轮租船业务、40%的散货船业务、18%的船舶融资业务和20%的航运保险业务都在伦敦进行。全球有1 750多家从事航运业务的公司或机构在伦敦设有办事处。此外,伦敦的船舶注册数量在全球名列前茅,同时它在航运金融、航运经纪、海事法律、航运咨询等方面还拥有大量高素质人才。

(四)发达的航运服务业

在国际航运中心,围绕港口装卸、船舶营运、货物通关等核心业务,派生出大量以满足港航企业多样化需求为目的的现代航运服务业,如港口物流、船代、货代、租船经纪等。为提升港口与航运业的竞争能力,新兴的高端航运服务业应运而生,主要包括航运金融、航运保险、航运经纪、航运交易、海事法律、航运信息咨询、航运教育培训等。现代航运服务业同信息技术的深度融合成为国际航运中心软实力的重要组成部分。

(五)贸易与金融中心

国际航运中心是在与所在城市和腹地经济的良性互动中产生与发展起来的。一般来讲,国际航运中心同样是贸易中心与金融中心,贸易中心为国际航运中心提供充足的货流,金融中心为国际航运中心提供多样化的航运金融服务,反之,国际航运中心的发展也会大大增强当地经济发展的动力,增强所在城市的集聚与辐射能力,进而推动贸易中心与金融中心的发展,可见这三个中心是相互联系、相互促进、互为因果的关系。全球知名的国际航运中心如伦敦、新加坡、香港等同时也是贸易中心和金融中心。

(六)宽松的政策与法律环境

国际航运中心是一个开放的平台,需要货流、信息流与资金流的全面开放,为参与国际航运活动的各方提供一个公平、开放、竞争有序的政策法律环境。国际航运中心一般设立有利于航运业发展的各种特别经济区域(如保税区、自由贸易区等)和按国际惯例办事的法规制度,为旅客、货物、船舶的进出和资金流动提供最大的方便。如香港与新加坡都实行自由港政策,在通关、商检、转运、存储、监督等方面为企业提供便利,并提供税费减免政策,吸引船舶注册和企业进驻。而荷兰政府在港区内实行“比自由港还自由”的政策,使鹿特丹成为全球闻名的贸易与航运中心。为了促进航运业健康发展,国际航运中心拥有律师事务所、海事法院及海事仲裁机构,帮助航运企业解决海事法律纠纷,为航运业发展创造公平、有序、宽松的法治环境。

二、国际航运中心的功能

国际航运中心主要有以下四大功能。

（一）物流集散功能

国际航运中心的物流集散功能是以港口、集疏运体系及国际航线网络为基础、依托航运公司的海上货物运输服务而实现的。物流集散功能是国际航运中心产生的前提与基础，尽管有少数国际航运中心在物流集散功能弱化之后成功转型，但从全球视角看，其物流集散功能只是转移到了其他国际航运中心，随着世界经济与国际贸易的发展，总体上全球的物流集散服务是不断加强的，因此物流集散功能仍然是大部分国际航运中心的重要功能，也是相关派生航运服务的本源。

（二）航运交易功能

国际航运中心是船舶等航运相关产品的集散地，其航运交易功能体现在它为航运相关产品的交易提供平台、规则及相关制度环境。航运相关产品包括实体航运产品与虚拟航运产品，实体航运产品主要指船舶、燃料等航运生产要素，虚拟航运产品主要指运价指数期货等航运衍生品。

（三）航运服务功能

航运服务功能最能体现国际航运中心的软实力和核心竞争力。国际航运中心在一定程度上可看作包括高、中、低端航运服务业在内的航运服务产业集聚之地。服务于港口、造船、海事、海运等产业的各类航运服务业同其他服务业一样，可以提升整个航运业的运行效率，增强国际航运中心对区域乃至全球航运资源的配置能力。以劳动密集为特征的低端航运服务包括装卸、仓储、货代、船代、报关、理货、内陆运输、船舶供应、船员劳务等；以资本密集为特征的中端航运服务包括货物运输、邮轮经济、拖船作业、船舶租赁等；以知识密集为特征的高端航运服务包括航运金融、海事仲裁、船舶经纪、海损理算、融资租赁、航运咨询、公估公证、船舶管理、航运教育与培训等。

（四）产业带动功能

国际航运中心的产业带动功能主要体现在两个方面。一方面，国际航运中心是各类航运要素（如船舶、船东和船员等）的集聚之地，容易形成服务航运业的专业市场及完整的航运产业链。在规模经济及范围经济的作用下，各类航运服务业很容易集聚生长。另一方面，国际航运中心拥有发达的国际国内物流体系，便于跨国公司在全球范围内组织生产，实现资源的优化配置，因此国际航运中心往往是跨国公司组织全球化生产的首选之地。此外，一些临港临海产业依托国际航运中心发达的贸易与物流体系更能发挥比较优势，如钢铁、石化、造船、海洋装备等产业在许多国际航运中心城市经济结构中占据重要地位。

阅读资料

上海港海铁联运有限公司“海铁联运协同管理系统”

上海港海铁联运综合服务平台作为上海港海铁联运业务的信息基础设施，整合了长三角乃至长江流域的航路运输、轨道运输以及公路运输信息资源，立足上海，辐射全国。

这个综合服务平台首次将上海口岸的港口航运信息与内陆的铁路运输信息打通，集并成一份海铁多式联运的整合信息，用于联运业务运输，获得了“1+1>2”的信息效用。

海铁联运综合服务平台，为进一步优化上海市运输结构、促进铁路运输发展和运输结构转型、减少道路集卡流量，提供数据整合及服务；以实际行动支持打赢蓝天保卫战、交通强国等战略的实施。

通过该服务平台，2019 年和 2020 年，上海市海铁联运业务超额完成市政府下达的任务指标，有力地促进了国内国际双循环经济发展目标任务，助力长三角区域一体化发展，开拓疫情防控期间防疫物资的快速流通保障通道。

服务平台自主设计研发的“海铁联运协同管理系统”，是上海港海铁联运有限公司的业务管理系统，主要包括基础信息管理、业务委托管理、拖运计划管理、铁路运输计划管理、费收管理等功能模块。

系统主要用于海铁联运业务的委托，对海铁联运业务进行全程管理和监控。用户可在系统上进行船、港、箱、列信息的查询。该系统与铁路、港口、短驳运输车队等多方外部系统进行数据交换，实现了多方协同作业。

“海铁联运协同管理系统”具有以下特色。

一、智能高效，整合服务

为提供更好的海铁联运服务，达到一次委托、全程负责的目的，系统以平台汇集各方资源和信息，形成一个紧凑高效的智联拓扑网络，让每个参与者更直接、高效地将各方资源和需求汇集到平台上共享，通过信息化手段，提升联运效率和服务质量。平台作为信息的整合者、服务的提供者，积极主动对接主要参与者，成为“众人拾柴火焰高”的共赢服务平台。

二、一次委托，全程服务

平台整合上下行数据，用户可以在平台上直接进行委托业务，实现在线一次委托、全程服务的初衷。为方便客户操作，业务委托和查询信息可以通过工作表格进行导入和导出。

三、跟踪管理，实时查询

客户通常关心的重点是箱子的实时动态信息。平台已向注册用户提供各自所委托的海铁联运业务的全程跟踪管理功能查询，可提供实时动态追踪过程。

四、依托港口，保障联运

平台完成和上海港港区系统的全面对接，可以为客户提供货物卸车后预先进港的服务。同时，平台向港区系统发送的海铁联运业务特殊标记，便于港区在装卸作业时，精准识别海铁联运箱，提供优质服务。

五、铁路数据，穿透交互

铁路信息获取不易，由于其物理隔断的安全要求特性，平台通过两年的积极沟通，最终在2020年实现与上海铁路局的信息交互。通过整合港口和铁路信息，为铁路发运提供更精准的计划。同时，港区和铁路的信息进行交互，实现港站信息联动，为将来港站一体化运营以及实现港站间无纸化交接，打下基础。

六、精心组织，削峰填谷

对于短驳运输公司而言，提升效率是创造盈利的关键。通过信息对接，能准确及时地确定运输计划，计算出最晚送港时间，为安排送港提供计划决策的依据，削峰填谷，解决忙闲不均的问题。

七、移动终端，提升服务

海铁联运APP初版已于2021年上线。海铁平台的用户，可随时通过终端进行海铁联运业务办理查询，对铁路运输节点信息进行全程实时追踪，受到用户和市场的青睐。

资料来源：【铁水联运案例】上海港海铁联运有限公司“海铁联运协同管理系统”[EB/OL].（2022-11-23）[2023-01-01]. https://mp.weixin.qq.com/s?__biz=MjM5NzM3MTc3Mw==&mid=2652408580&idx=3&sn=09e344c9175446a891bd9e79c639e008&chksm=bd3721168a40a8006b09918bbbe6d4ee01ecc3818737248934a383d78a8609c34818c15cdf43&scene=27.（有改动）

第二节　全球主要国际航运中心

新华·波罗的海国际航运中心发展指数由中国经济信息社联合波罗的海航交所于2014年推出，评价体系围绕港口条件、航运服务、综合环境三个维度展开，至今已连续发布9年，成为评价全球航运中心发展状况的“风向标”。其中，港口条件主要包括吞吐量、泊位长度、吃水深度等“硬条件”，航运服务指向航运经济服务、船舶工程服务、海事法律服务、航运金融服务等“软实力”。而综合环境则与政府透明度、营商便利指数等息息相关。

2022年7月11日，《2022新华·波罗的海国际航运中心发展指数报告》（以下简称《报告》）在上海发布。《报告》显示，2022年排名前十的国际航运中心城市依次为新加坡、伦敦、上海、香港、迪拜、鹿特丹、汉堡、纽约-新泽西、雅典-比雷埃夫斯、宁波舟山。全球十大最佳国际航运中心城市当中，中国有三个，如表 6-1 所示。

表 6-1　新华·波罗的海国际航运中心发展指数全球前十大航运中心城市

排名	城市	得分	排名走势
1	新加坡	94.88	→
2	伦敦	83.04	→
3	上海	82.79	→
4	香港	79.15	→
5	迪拜	75.74	→
6	鹿特丹	73.85	→
7	汉堡	73.07	→
8	纽约-新泽西	72.58	↑
9	雅典-比雷埃夫斯	68.67	↓
10	宁波舟山	66.12	→

注："→"表示排名不变；"↑"表示排名上升；"↓"表示排名下降。

一、新加坡

新加坡港以一个强大的枢纽网络联系着世界上 250 多家航运公司和 123 个国家的 600 多个港口。每周有大约 430 个航班发往世界各地，为货主提供多种航线选择。它拥有 4 个集装箱码头、37 个泊位、112 架岸桥、365 架场桥和 700 辆拖车。平均每天处理 60 艘船、8 000 辆拖车和 5 万 TEU。2006 年共处理 2 480 万 TEU，蝉联世界第一大集装箱港桂冠，处理货物的总吨位约为 44 750 万吨，成为世界最繁忙的港口，其集装箱的年中转量（占总货运量的 80%）遥遥领先，居世界首位。新加坡港的大部分集装箱在港堆存时间为 3~5 天，其中 20%的堆存时间仅为 1 天。在全世界每 5 个中转箱中，就有 1 个是由新加坡港码头处理的。

新加坡只是弹丸之地，且资源匮乏，其港口经营何以取得如此骄人的业绩？成功做法主要有以下几个。

（1）重视人才的引进与培养

新加坡港十分重视培养港口业务所需的各个层次的专业人才，使港口各层次的管理运转协调一致，不出现脱节现象。这一点，往往被其他一些港口所忽视。

（2）不断提升科技水平，实现全自动化作业

新加坡港目前拥有丹戎巴葛（Tanjong Pagar）、吉宝（Keppel）、布兰尼（Brani）和帕西尔班让（Pasir Panjang）4 个集装箱码头，已发展成为亚太地区最大的转口港。当前，新加坡这个国家正在建设一个新项目：大士港（Tuas Port）。建成后，大士港将成为世界上最大的全自动化港口。目前，帕西尔班让是最先进、最引人注目的码头，它的泊位水深在 16 米以上，码头架桥上的起重系统可以允许每个操作员工处

理 6 台以上起重机。为了让客户享受更快捷、更可靠、更实惠的优质服务，新加坡港采用了综合码头营运系统和全国性海港网络电子商务系统，使码头的营运效率大大提高，并确保港口业务每天 24 小时顺畅有效运作。新加坡港已建成港口网络、贸易网络等公共电子平台，物流公司基本实现了整个运作过程的自动化，港口设有高技术仓储设备全自动立体仓库、无线扫描设备自动提存系统等现代信息技术设备。为给客户提供抢班 / 速遣服务，港口创下了以下几项纪录：船舶作业率为每小时 280 TEU，总装卸率为每小时 59 TEU，平均每个职员处理 3 800 TEU，每公顷用地处理 52 000 TEU，每米泊位处理 1 750 TEU。新加坡港的集装箱码头拥有一个畅通无阻的闸门系统，通过全程自动化和无纸作业，使拖车在 25 秒内通闸入港。

（3）审时度势，制定发展战略

新加坡在其 2030 年海事规划中提到，新科学技术的出现将产生颠覆性力量，并迅速改变海事行业的竞争格局。为赶上下一波创新驱动增长，向价值链上游迈进，新加坡航运业需要齐心协力进行转型，计划采用先进技术（如自主系统、机器人、数据分析和人工智能等）的商业模式，增强行业发展驱动力。主要内容包含建立以公共部门和私营部门的创新和研发工作紧密结合为核心的强大海上产业集群，利用物联网大数据和智能系统，推动航运业数字化。

（4）大力推进优惠政策

新加坡优惠的税收政策是其有能力不断赢得东西方船东青睐的驱动力。早在 2007 年，新加坡财政部就实行了一系列税务改革，把企业所得税率从 20%调低到 18%，并将企业的部分税务豁免额提高到 30 万新元（约为 155 万元人民币），而以前对航运企业的税收优惠政策还将保持 5~10 年。除此之外，为了进一步鼓励跨国企业到新加坡设立总部，新加坡政府制定了一系列配套税收优惠政策，符合条件的企业的总部只需缴纳 10%的企业所得税。新加坡实行的是内外资一致的企业税，国外投资企业与新加坡企业享受同样的税收政策。

同时，新加坡是亚洲最大、世界第五大船舶注册地。新加坡船旗备受欢迎是由多项因素促成的，其中最主要的是新加坡稳定透明的政治环境，优良的基础设施、通信网络和有利于经商的财政政策。新加坡船舶注册有良好的港口国监督记录，在亚洲东京备忘录及欧洲巴黎备忘录中保持低滞留率，享有“白名单”资格。同时，新加坡船舶注册还为船舶所有人提供免除船舶经营所得税和海外贷款利息预扣税（只限集体注册计划的船舶），不限制船员国籍，承认外国政府签发的船员适任证书，并让船舶所有人享有具有竞争力的船舶注册费等优惠政策。

（5）国家层面的大力支持

国家层面对航运的重视程度也是新加坡海事发展取得成功的重要原因。新加坡政府依托其独特的地域优势，更新港口基础设施，大力发展集装箱中转业务，推出自由港政策，具体包括实行自由通航、自由贸易，允许境外货物、资金自由进出，对大部分货物免征关税，等等，由此带来货物吞吐量猛增，新加坡港的集装箱吞吐量曾连续多年位居世界第一，成为以货物转运为主的国际中转枢纽港。为吸引更多优秀人才加入海运业和提高海事人员技能，新加坡推出一系列培训项目。新加坡海事及港务管理局斥资设立新加坡海事研究机构，着重研究海事领域的学术、政策以及研发方面的内容。此外，为了保持其在亚太地区国际金融中心的地位，以及尽快从生产型向服务型国际航运中心转变，新加坡海事及港务管理局陆续出台了包括船旗转换优惠政策（BFS）、获准国际航运企业计划（AIS）、海事金融激励计划（MFI）等一系列政策措施，并实行海运信托计划、新加坡海事业组合基金（MCF）政策，推动新加坡航运集群化发展，刺激船舶融资、航运经纪、海上保险、法律服务等航运服务业的发展。

二、伦敦

伦敦曾经是世界上第一代国际航运中心，拥有成熟的连锁航运服务，如今伦敦港口的主体已外移到距伦敦市中心约 40 千米的提尔伯里港，排名在世界集装箱港口 100 强之外，航运中心的实际物理功能已下降，但仍是重要的世界航运"神经"节点，是全球无可争议的航运定价中心和管理中心，并通过海事服务创造比传统港口业更大的收益，实现航运中心模式的完美转型。其建设经验体现在以下几方面。

（1）科学规划布局，创新功能定位

19 世纪末 20 世纪初，伦敦码头区曾经是当时全球最大最繁忙的港务综合区之一。20 世纪 40 年代，随着港口硬件设施外移到离市中心以东 40 千米的提尔伯里和沿河下游，伦敦采取了港区分离的模式，陆续关闭紧挨市区的两大港区。为适应集装箱船靠泊需要，从 1967 年起，在泰晤士河口以北离伦敦市中心近 100 千米的费利克斯托兴建集装箱枢纽港，1990 年又在泰晤士河口离市中心 56 千米外新建泰晤士港。而原市内码头区已用于非海运的商业办公、娱乐休闲和房产开发，并依靠波罗的海航运交易所在市中心城区建设航运服务软环境，大力发展产业链上游产业，如航运融资、海事保险、海事仲裁等。

（2）通过市场引导和政府政策支持，投资建设码头

第二次世界大战以后，在英国工业总体衰退的大背景下，老码头已经不能适应新的航运技术和现代交通联系的要求，伦敦码头区逐渐衰退。英国政府通过立法对伦敦道克兰码头区城市开发公司进行授权，对道克兰码头区进行重新规划开发。开发目标是将该地区打造成"伦敦的一个全新的金融、商业和商务区，成为伦敦的一个新地标和最有活力的区域"。为了推动伦敦码头区的开发，英国政府投入了大量资金，主要用于购买和平整土地、环境整治以及基础设施建设，斥巨资兴建了 35 千米的无人驾驶轻轨系统和伦敦城市机场，使得码头区土地迅速升值。同时，政府还出台了大量的优惠政策，进一步吸引私人资金。伦敦码头区的开发取得了巨大的成功，一方面，它成功地帮助伦敦市实现了城市复兴与经济转型的目标；另一方面，在政府财政困难的情况下，成功地吸引了私人资金，顺利实施了码头区的开发。

（3）相关航运服务业在地理空间上聚集，扩大和延伸服务功能

20 世纪 40 年代，伦敦通过港区分离的模式，将港口硬件设施外移到离市中心以东 40 千米的提尔伯里和沿河下游，依靠波罗的海航运交易所拓展航运相关产业（如航运融资、海事保险、海事仲裁等）。如今，许多航运服务企业都已成为航运服务方

面的世界品牌，各类航运服务企业多达上千家，伦敦凭借其规模巨大的航运服务产业仍保持着全球顶级国际航运中心的地位。

三、上海

（一）上海国际航运中心发展现状

1996 年 1 月，党中央、国务院作出建设上海国际航运中心的重大决定。2009 年 4 月，《国务院关于推进上海加快发展现代服务业和先进制造业建设国际金融中心和国际航运中心的意见》发布，明确上海“国际航运中心建设的总体目标：到 2020 年，基本建成航运资源高度集聚、航运服务功能健全、航运市场环境优良、现代物流服务高效，具有全球航运资源配置能力的国际航运中心；基本形成以上海为中心、以江浙为两翼，以长江流域为腹地，与国内其他港口合理分工、紧密协作的国际航运枢纽港；基本形成规模化、集约化、快捷高效、结构优化的现代化港口集疏运体系，以及国际航空枢纽港，实现多种运输方式一体化发展；基本形成服务优质、功能完备的现代航运服务体系，营造便捷、高效、安全、法治的口岸环境和现代国际航运服务环境，增强国际航运资源整合能力，提高综合竞争力和服务能力”。经过多年的努力奋斗，国务院确定的上海国际航运中心建设目标已经基本实现，主要有五大成就。

（1）港口建设取得历史性突破

上海建成了深水枢纽港——洋山深水港，彻底结束了上海没有深水枢纽港的历史，建成了世界领先的自动化码头；长江口航道疏浚取得成功，南京以下港口航道水深达到 12.5 米，可通航 6 万吨级以下的满载散货船舶或者第三代集装箱船舶。公路、铁路、长江、内河集疏运网络更加完善，保障能力明显增强。

（2）港口集装箱吞吐量高速增长，已居世界前列

上海港在国际上已成为集装箱航线最多、航班最密、覆盖面最广的港口，集装箱吞吐量 1996 年为 197 万 TEU，到 2021 年已突破 4700 万 TEU，截至 2022 年上海已经连续 13 年稳居世界集装箱港口第一位，其国际枢纽港的地位举世公认。国际集装箱中转业务已经占有一定比重，基本解决了长三角地区国际集装箱向境外中转的问题，同时吸引了境外集装箱在上海港和宁波舟山港中转，大大提升了国际竞争力，为建设上海国际经济中心、贸易中心、金融中心、国际航运中心，服务国家对外开放和现代化建设、长江经济带开发开放发挥了十分重要的作用。

（3）航运服务功能基本健全，服务能力极大提升

上海已成为国际区域性航运资源集聚的总部，与航运相关的众多国际知名服务机构、全球性航运企业云集，上海航交所、上海国际航运研究中心等一大批本土航运服务机构茁壮成长，已在国际上享有一定声誉。航运服务业蓬勃发展，航运指数、航运金融、航运交易、航运保险、航运咨询、航运培训、航运法律、船舶交易、船舶修造、船舶检验、燃油加注等服务及其产品在国际上的影响日益扩大。口岸环境不断改善，陆续实施长三角和全国通关一体化，打造单一窗口，口岸服务效率明显提高。

（4）国际邮轮港建设已占世界一席之地

依托上海国际大都市和周边丰富的旅游资源，以上海吴淞邮轮港为主体，北外滩国际客运中心相配套的上海组合型邮轮母港快速崛起，邮轮客流量已跃居亚洲第一、世界第四。

（5）设立中国（上海、浙江、江苏）自由贸易综合试验区

设立中国（上海、浙江、江苏）自由贸易综合试验区，为建设上海国际航运中心创造了不可缺少的体制和机制优势，为完善航运服务功能扩大了发展空间，对加快国际投资和贸易自由化及国际港航合作与服务的融合进程，提高国际竞争力意义重大。

在短短的20多年时间里，上海国际航运中心能够基本建成，得益于党中央、国务院的英明决策，得益于两省一市顾全大局、通力合作，得益于中央有关部委的大力支持，得益于我国对外开放、对内改革、经济持续高速增长和世界经济全球化的宏观环境，这是审时度势、抓住千载难逢的历史性机遇的伟大成果。

上海国际航运中心建设依然存在不足之处。

（1）航运服务业辐射能力有待提高

上海航运服务业虽然10年来发展迅速，航运服务集群与产业链初具规模，但目前服务能力大部分还局限在国内和亚太地区，全球航运服务的辐射能力有待进一步提高。上海在参与传统航运规则的制定方面起步较晚，在国际航运市场规则制定、国际航运价格话语权方面，与全球顶端的国际航运中心尚存在差距，需要积极努力，可以在区块链、绿色航运等新发展领域迎头赶上，积极参与国际海事技术规则和标准的制定与修订。在航运信息及数据服务的全面性方面，上海航交所的中国出口集装箱运价指数（CCFI）和上海出口集装箱运价指数（SCFI），在全球集装箱海运市场影响力较大，但在干散货、原油运价领域的全球影响力有限。因此，今后需要大幅提升“上海航运指数”的品牌影响力。

（2）海铁联运能力明显不足

作为港口集疏运体系中最具效率的一环，海铁联运由于运能大、运输成本低、运输安全性高和污染排放少在港口绿色发展方面优势明显。据统计，欧美主要港口集装箱海铁联运量占比达10%~30%。而上海港海铁联运建设在国内港口中虽起步较早，但由于基础设施与港口衔接不够顺畅、铁路营运能力不足等原因，海铁联运能力长期未得到有效提高。近两年虽然加大了建设力度，成立了上海港海铁联运有限公司，使海铁联运业务量得以明显提高，但与国内青岛、宁波等港口相比，差距仍然较大，上海港海铁联运箱量仅占上海港集装箱总吞吐量的0.5%。海铁联运能力的短板在一定程度上限制了上海港集疏运体系量能的提升，需要补足。

（二）新时代上海国际航运中心建设路径

当前，由于世界经济贸易形势发生了较大变化，中美经贸摩擦、新冠疫情等，已对全球国际贸易造成持续不断的冲击；特别是俄乌冲突爆发，对国际贸易产生重大影响。在这种形势下，作为国际贸易的重要载体，国际航运必然深受影响。基于国内发

展大环境与国际形势的变化，在“构建以国内大循环为主体、国内国际双循环相互促进的新发展格局”的背景下，根据“十四五”港口与航运产业发展目标及内在规律，新时期上海国际航运中心如何建设和发展值得研究。

国际航运中心是国际经济贸易发展到一定阶段的产物。从发展脉络看，其经历了由货物集散型、加工增值型向综合资源配置型的升级演进。学界认为，现代国际航运中心除具有传统的货物集散、加工增值功能外，其核心功能是对资本、信息、技术的集成与全球航运资源的配置，包括国际货物资源、全球运力与相关服务资源、国际航运人力资源和国际航运法律政策资源四个方面的配置，突出标志是国际航运中心在世界海运技术、标准和海运组织形成等方面有显著贡献。根据国际航运中心这个发展规律，以及国内外形势的发展变化，新时期上海国际航运中心建设应围绕以下三个方面进行。

（1）立足自身优势，提升创新引领能力

国际航运创新能力是国际航运中心保持领先地位和持续竞争力的重要引擎。上海国际航运中心要发挥自身优势，夯实航运创新的基础，持续提升创新引领能力。

1）扩大上海港国内外的辐射范围

在“构建以国内大循环为主体、国内国际双循环相互促进的新发展格局”的背景下，上海应发挥自身优势，扩大上海港的辐射范围。作为腹地型国际枢纽港，上海地理位置优越，水路、铁路、公路、航空运输网络密集，是连接长江运输通道与海上运输通道的龙头枢纽，其直接腹地为我国经济最发达的长三角地区，间接腹地为整个长江流域。广阔的腹地及其巨大的经济体量为上海港提供了充沛的货源，未来上海应加大对长江全流域的辐射。作为中转型国际枢纽港，上海位于全球国际航道主干线，是中国连接世界的窗口，服务国家“一带一路”倡议，基本上与所有“一带一路”沿线国家和地区都建立了较为紧密的经贸关系，贸易总额近 5 年上升两成。上海应发挥在“一带一路”建设中的显著优势，不断扩大经贸合作范围，实现贸易伙伴多元化，尤其要立足国家安全战略，加大与“一带一路”沿线国家和地区的航线密度，扩大航运国际市场份额，成为全球交通战略性资源和战略性通道的控制中心。

2）稳健布局全球港航资源

港口是一个国家和地区发展的关键性战略资源，拥有世界上的重要港口，是一个大国实现经济全球化和掌控全球战略资源的重要手段。随着经济全球化发展和我国综合国力的提升，稳健布局全球港航资源十分迫切，这也是上海国际航运中心辐射全球的重要支撑点。布局全球港航资源，应从以下三个方面进行。

一要加快国际化港航管理人才的培养和海外港航管理高端人才的引进。

二要稳健投资全球重要港口的基础设施。应根据国家战略布局、港口的区位价值和运营能力权衡选择要投资的港口，并对港口所在国的政治环境、法律法规进行充分调研，以减小投资风险。

三要加强中资港航企业的协作，在加快全球航线网络和重要港口布局时，推进航运金融、航运租赁、航运保险、航运法律等相关企业的协同联动与保障服务，形成对战略通道控制的合作优势。

3）积极参与国际海事规则的制定

一流国际航运中心的突出标志是参与全球海运技术标准和规则的制定，掌握全球航运市场的交易定价权、主动权和话语权。实现这个目标关键靠人才。因此，上海应加大对航运科研机构和航运院校的投入，鼓励海运企业和个人投资海事教育，建立多层次、多形式、多类型的产教融合、校企合作、育训并举的海事职业教育模式，加快航运金融、航运保险、航运经纪、海事仲裁、海事安全与海事技术服务等方面的全球高端航运人才的聚集与培养，并在国际海事规则制定和争议纠纷的解决上掌握国际话语权，实现航运业务和航运技术的持续引领创新，提升对全球航运资源的配置能力。

（2）巩固建设成果，提升优化各项功能

巩固提升国际航运枢纽港的地位是上海国际航运中心建设的关键，这需要在巩固建设成果的基础上进一步提升优化各项功能。

1）加强上海港集疏运体系建设，提高物流中转效率

便捷高效的物流运输是国际枢纽港的基础。近年来，上海的集疏运体系虽有所改善，但仍有较大的提升空间。在公路集疏运方面，要以管理协调为主，强化对港口物流园区的管理，重点解决港区公路拥堵现象，提高公路集疏运效率。在水路集疏运方面，通往上海的外省内河航道大多等级较低，不能满足大型船只通过的要求。上海应利用长三角一体化的发展契机，协调周边省份，加快内河高等级航道建设，共同推动内河高等级航道畅联贯通，以形成更加通达的海河联运体系；要加快大型江海直达船舶的建造与投入使用，提高集装箱运输量，降低货物多次装卸导致的成本损失；要发展邮轮船供"全球采购、集中配送"模式，吸引邮轮公司在上海建立国际邮轮物资配送中心。在铁路集疏运方面，要发挥芦潮港站的中心站功能，加快临港铁路专用线改造，加强"公转铁"运输衔接，打破海铁联运瓶颈，畅通海铁联运。在空港集疏运方面，要加快虹桥机场、浦东机场的扩建工程，持续完善世界级航空枢纽港的基础设施条件，大力推进海运、空运与快递业深度合作的国际中转集拼业务，形成国际航空港区域联动发展的新格局。

2）加快航运产业链数字化转型，提升贸易便利化

数字贸易是全球经济快速发展的新产物，代表着国际贸易发展的趋势。2018年，上海海关、中远海运、上港集团（上海国际港务（集团）股份有限公司的简称）共同建设了上海口岸跨境贸易管理大数据平台，该平台汇集生产、贸易、物流、税务、工商、外汇等多方数据，覆盖整个贸易链、供应链和物流链，形成了相互之间比对印证的完整信息链，并与429家高级认证企业开展合作，涉及上海海关全关区进出口总额的四成以上，上海港口岸通关效率借此得以大幅提高。2020年2月，中远海运集运、上港集团等8家全球知名航运集团与港口公司联合创建航运业首个区块链联盟——全球航运业务网络（GSBN），旨在使全球贸易更加便捷。依托该平台，上海港在全球率先实现"无纸化放货"，传统港口业务三大纸质单证（装箱单、设备交接单和提货单）全部实行无纸化操作，大幅缩减了外贸单证的办理时间。

放眼未来，上海应加快航运产业链数字化、智能化转型升级，强力推进航运数字

化重点技术应用、产业链数字化基础设施联通和相关行业规则与标准建设。进一步完善航运业务数字化基础平台，推动航运数据的"条块融合"，建立跨行业、跨领域、跨部门的数据集成平台，统一数据标准和交换规则，实现数据共享和功能对接，提升平台的功能性、安全性和稳定性。要以建设智能航运、智慧港口、智能船舶为切入点，进行航运科技创新，深入研究开发智能管控系统，建设5G智慧港口应用系统，打造港口综合信息智能服务平台，构建以北斗和5G为核心技术的航运物联网，推动基于区块链的国际贸易及航运相关标准的制定，实现航运区块链凭证数字化，建设国际运输征信体系，发挥"互联网+"作用，促进贸易便利化。

3)统筹长三角港口群分工协作，发挥港口集群效应

国际枢纽港地位的巩固提高离不开周边港口群的支撑。长三角港口群是中国沿海港口分布最密集、吞吐量最大的港口群。按照《长江三角洲区域一体化发展规划纲要》，其发展定位为世界级港口群。为此，需要进一步加强统筹规划，有效发挥港口的集群效应。长三角地区各省市应紧密协作，合理分工，合理定位，形成中心突出、资源共享、错位发展、优势互补、信息互通、市场融合的现代化港口群和结构优化、快捷高效的港口集疏运体系。上海港功能应定位为国际航运中心，其特色在于集装箱运输，要进一步统筹岸线资源，优化港区功能，加强与周边港口的多式联运合作；浙江港口的优势在于散货和原油运输，要避免与上海竞争集装箱运输；江苏港口基本沿长江流域分布，是海上与内陆运输的重要连接点，其定位应为江海联运的支线港、喂给港；安徽沿江港口既承接东西，又通过铁路连通南北，应充分发挥扩散与收纳效应，服务于南京等区域性航运中心。

(3)集聚航运服务要素，提升高端服务能力

提升航运高端服务能力是上海国际航运中心建设的重中之重，应从航运服务要素集聚、传统服务能力创新、服务产业链完善三个方面加快推进。

1)加快航运服务要素的高度集聚

航运服务要素的集聚是提升航运国际影响力的基础，应通过市场配置资源机制和政府配置资源机制，制定自由贸易港、航运融资、税收和科技创新激励等方面的优惠政策，吸引航运要素集聚。重点引进具有全球影响力的航运服务企业、国际航运组织和功能性航运机构，尤其要引进具有一定规模的跨国经营航运企业总部和航运服务企业总部，带动国内航运服务业，提升高端服务水平。上海目前已形成外高桥、洋山-临港、北外滩、陆家嘴、吴淞口、虹桥、浦东机场周边等七大航运服务集聚区，未来应进一步强化它们各自的功能定位，形成各自的特色，重点应支持北外滩和陆家嘴(包括后滩)建成具有国际影响力的两大高端航运服务集聚区，全方位地吸引与航运功能有关的金融、保险、法律、咨询、经纪、科研教育、人才服务等各类企业、组织或机构落户。在制度允许的范围内，试行业务管理、资本管控、金融创新、法规保障等方面的改革，逐步实现与国际法律、国际惯例、国际标准、国际市场接轨的运行机制。

2)创新传统航运服务的转型升级

提升高端航运服务能力并非放弃传统航运业，而是通过提升传统航运业的技术含量和服务效能、进行价值创新，促进传统产业向高端化转型升级。大数据、智能船

舶、物联网、数字化交易、区块链技术、人工智能、航运电商等都给传统航运业带来新的发展机遇。在航运交易方面,要完善船舶交易信息平台,放宽航运经纪企业的市场准入条件,扩大航运衍生品的参与主体,推进航运衍生品的创新。在船舶管理方面,要建立国际船员流动平台,支持国际船舶配件电商发展,放宽船舶企业船员外派资质的审批条件,探索更加便利、国际化的国际船舶登记制度及配套措施。在船/货代理方面,要通过基于区块链技术的电子提单和保险管控,通过以“运去哪”为代表的货运交易平台和集装箱智能追踪技术等来提升服务质量和效率。在港口作业方面,要通过智能远程操控、智能理货、智能闸口、无人驾驶电动集卡、5G通信网络等技术的综合应用推进智慧码头的一体化运营。

3)全面完善航运服务产业链

全球国际航运中心发展的规律表明,航运服务业的发展离不开经济、贸易、金融的联动支持。对标上海建成卓越全球城市的定位,上海国际航运中心建设要与国际经济中心、国际贸易中心、国际金融中心的建设四位一体,相互促进,共同发展,全面完善航运服务产业链。以自贸区的建设和金融服务为主要着力点,一方面,要抓住自贸试验区的发展机遇,推进规则、管理、标准等制度型开放,推动自贸区国际船舶管理服务创新试点,探索建设自由贸易港;另一方面,要加强与上海国际金融中心建设的联动,增强金融和资本对航运资源的控制力,在船舶租赁与融资、航运保险、航运信托、航运金融期货、航运基金、资金结算和航运金融衍生品等方面加快创新与业务拓展,围绕航运全产业链推进产融结合,以金融服务为保障,促进物流、资金流、数据流、信息流等多种航运要素的汇集,着重拓展航运产业融资租赁渠道,扩大航运保险免税险种范围以及再保险业务,推动航运金融、船舶经纪、船舶管理、海事法律、航运保险、船舶技术等行业形成融合发展的航运生态。此外,应依托港口群资源配置,规划建设临港产业集聚区,为国际航运中心的建设提供内生动力。

四、香港

香港拥有东西方经济文化交汇点的独特地位,拥有具国际视野、精通两文三语的法律人才。香港仲裁业拥有人才和制度上的比较优势且有巨大的发展潜力。香港是世界主要仲裁中心之一,特许仲裁员协会的统计数据显示,2006年香港拥有全球11 000名特许仲裁员中的13%,仅次于伦敦的40%,2012年已经增加到1 568名。香港作为全球最畅通的无关税自由港和亚洲与全世界重要的通商中心,船舶供应可以提供的各种物料备品,品种齐全,价格适宜。长期以来香港一直是重要的船舶物料补给基地。

1957年由曹文锦先生联络香港本地的11位船东发起组成了香港船东会。目前香港船东会已经发展成为以香港的多数船东为主体,由船舶管理业、航运经纪业、船舶金融保险业、海事律师业、船舶供应业等航运相关从业者多方参与的重要航运业组织。在使船舶和货物相结合的过程中,航运经纪起着重要作用。香港航运经纪业历史悠久,香港船务经纪专业学会总部位于伦敦,是成立于1911年的船务经纪学会的分支机构，该会经过百年的发展有着良好的市场氛围和经营规则。

作为全球最具规模的海运中心之一，香港是船东、船务公司和海运服务业汇聚之处。截至 2021 年底，香港的商船队占全球的 9.8%，航运生态圈蓬勃发展，有 900 多家与海运相关的公司在香港发展，提供各种海事服务。2001—2021 年，中国船东船队规模从 27.9 百万总吨增长到 217.7 百万总吨，船队规模增长到 7.8 倍。截至 2021 年底，香港共有 84 家获授权的海事保险公司，其中外资海事保险公司有 32 家。另外，国际保赔协会集团（IG）的 13 家成员协会中，有 12 家在香港设有办事处，再加上中国船东互保协会的香港分支，使得香港成为伦敦之外全球第二大保赔保险中心。2019 年 2 月正式公布的《粤港澳大湾区发展规划纲要》明确表示，将巩固提升香港国际航运中心地位，支持香港发展船舶管理及租赁、船舶融资、海事保险、海事法律及争议解决等高端航运服务业。

近 10 年，世界航运业处于大转型的阶段。数字化、智能化、绿色化发展新趋势和物联网、大数据、云计算、区块链等新技术应用，将深刻改变航运业的发展格局和经营管理模式，行业规则随之变革，新技术的应用推动形成新体制、新机制、新规则。

五、迪拜

迪拜（Dubai）是中东地区著名的全球性商业大都市。由于地处东西方交流的咽喉要道，经常作为欧亚经济活动的中心。迪拜是通往波斯湾沿岸地区和南非、中亚、东欧各国的重要门户。为了更好地利用得天独厚的地理优势，迪拜市政府从 20 世纪 70 年代开始，大力推进与交通运输业有关的基础设施建设，其中港口开发和机场建设是最重要的基建项目。1970 年，迪拜拉希德港（Port Rashid）正式运营。1979 年，世界最大的人工港迪拜杰贝拉里港（Port Jebel Ali）开始投入使用。经过努力，迪拜杰贝拉里人工港成为波斯湾地区第一大港，在世界港口航运业中也占有举足轻重的地位。

1991 年 5 月，迪拜成立了港口专业管理机构——迪拜港务局（DPA），对位于迪拜市区的拉希德港和郊外 35 千米的杰贝拉里港实行统一管理。从此，迪拜港务局在迪拜的经济活动中扮演了火车头的角色，迪拜港口也步入了有序而正规化的发展道路。1999 年，迪拜杰贝拉里港的集装箱吞吐量达到 300 万 TEU，创历史最高纪录。同年，约有 10 200 艘船舶停靠迪拜的两座港口，其中 4 000 艘为集装箱船，约有 125 家海运公司的航线经过迪拜。2022 年，阿联酋、沙特阿拉伯和其他国家正在建设可再生能源项目，以期在未来三四十年内实现碳中和的目标。阿联酋计划在未来 30 年投资 1 600 亿美元，以加快可再生能源的发展。阿布扎比港口计划在哈利法港耗资 11 亿美元进行扩建，旨在 2024 年前将港口的货物吞吐量提高到每年 2 500 万吨，集装箱吞吐量提高到 1 100 万 TEU。

六、鹿特丹

鹿特丹港位于莱茵河和马斯河河口，西依北海，东溯莱茵河、多瑙河，地处世界上最繁忙的大西洋海上运输线和莱茵河水系运输线的交接口，是欧洲最重要的石油、化学品、集装箱、铁矿、食物和金属的运输港口，素有“欧洲门户”之称。鹿特丹港共有 7 个港区，港区面积达 80 多平方千米，年吞吐量超过 4 亿吨。每年大约有 3.4 万艘海船和 13.3 万艘内河船舶挂靠，有 500 多条班轮航线连接世界 1 000 多个港口。据统计，2021 年鹿特丹港完成货物吞吐量 4.69 亿吨，集装箱吞吐量 1 530 万 TEU。

早在 2011 年，鹿特丹港就提出了 2030 年港口发展战略愿景，从港口集疏运体系、物流服务、投融资环境、空间资源、生态环境、港产城融合、人文环境、创新能力、政策环境、区域经济十个方面进行了关键因素分析，并结合全球港口发展态势，勾勒了未来“智慧港口”的技术路线图，其基本理念就是围绕打造全球性枢纽港和欧洲临港产业集聚区的战略目标，重点从“Flexibility”（柔性）、“Accessibility”（可达性）和“Sustainability”（可持续性）三方面全面提升港口物流链运作效率，促进国际贸易便利化，实现港口可持续发展。届时，鹿特丹港的总吞吐量将达到 7.5 亿吨，集装箱吞吐量将突破 2000 万 TEU，鹿特丹港将成为更清洁、更安静、更安全、更高效、更智能的世界一流港口。

按照既定的战略规划，鹿特丹港编制了总体的推进实施方案和翔实的年度行动计划，并建立了动态评估与考核机制。近年来，鹿特丹港逐步加强数字化技术应用和港口生态圈打造，重点从提升港口运营效率、完善港口集疏运体系、创新港口价值链服务、推进国际贸易便利化、加强港口与城市的融合、深入推进港口绿色可持续发展等方面，积极推进智慧港口建设，取得实质性进展。

七、汉堡

每年运营约 7 500 个航运班次，在全长 43 千米的海轮岸壁上拥有近 300 个泊位，每周来往 1 300 多列货运列车，拥有 4 个现代化集装箱码头、3 个邮轮码头和大约 50 台滚装和散装货物的专业装卸设施，运输各类大宗货物，在城市区域内拥有约 7 300 家物流公司，这些仅是世界上最灵活、最高效的综合性港口之一——汉堡港的冰山一角。2020 年，这一德国最大港口的货物流动量达 1.263 亿吨，约 850 万 TEU。这使得汉堡成为欧洲第三大集装箱港口，在全球大型集装箱港口名单中位列第十八。

汉堡港位于德国北部易北河下游的右岸，濒临黑尔戈兰湾内，是德国最大的港口，也是欧洲第二大集装箱港。汉堡港始建于 1189 年，迄今有 800 多年的历史，已发展成为世界上最大的自由港，在自由港的中心有世界上最大的仓储城，面积达 50 万平方米。汉堡港是欧洲最重要的中转海港。汉堡是德国重要的铁路和航空枢纽，市区跨越易北河两岸，市内河道纵横，多桥梁，在易北河底有横越隧道相通。它的工商业发达，是德国的造船工业中心。

汉堡港的地理位置和很好的性能使它成为德国领先的外贸枢纽。作为德国最大的通用港口，汉堡港对欧洲市场的供应至关重要，服务消费人口高达 4 亿 5 000 万。其货物装卸设施和数据通信系统的尖端技术，其高效的运输基础设施及其优良的馈线和腹地链路创造了与世界贸易伙伴交换货物的必要条件。汉堡港可以处理几乎所有种类的货物。除了集装箱码头外，还有多个码头，用于装载重型货物、常规货物和工程出货，而其他的码头则处理抓斗、抽吸和液体货物。通用港口每年产生的价值增加了大约 200 亿欧元。在德国有超过 260 000 个工作岗位与汉堡港有关。

汉堡港务局（HPA）已经制定了在未来几年内将汉堡港发展为智能港的目标。根据智能港总体规划，HPA 初步建立了两大基石：智能港物流计划和智能港能源计划。智能港物流计划需要从商业和生态两个角度为汉堡港的交通和货物流提供智能解决方案。

汉堡港部署了全球独一无二的信息平台，该系统于 2014 年 3 月投入使用，涵盖了有关船舶抵港和离港的所有信息：码头，船舶，船公司，拖轮，系泊服务和港务局。这些信息包括码头泊位的安排和在码头登记的详细信息，船只在易北河上从“德国海湾”直至船坞的位置状态信息，以及由联邦海事和水文局（BSH）发布的水位预测等。此外，该系统还会生成一个船舶通行概览，其中大型船只之间即将发生的问题都在视觉上被突出显示，并在屏幕上显示对出发或到达时间的更改建议。

八、纽约

由于美国强大的经济实力，纽约国际航运中心在全球具有举足轻重的核心地位。同时，纽约也是世界上最重要的国际金融中心城市。所以，纽约国际航运中心的发展过程十分具有代表性。

（一）纽约国际航运中心的发展历程

纽约国际航运中心的发展历程可以大致分为以下三个时期。

（1）酝酿期

1825 年伊利运河开通后，纽约港的腹地开始扩大成为美国第一大港，开始出现证券交易所和美国最大的商业银行。

（2）形成期

在第二次工业革命之后，纽约的港口经济潜力开始充分发挥，各大金融机构开始向纽约聚集，纽约作为航运和金融中心开始形成。纽约市所在的纽约州以及周边的新泽西、宾夕法尼亚这三个工业州，集中了美国工业 1/3 的生产能力，纽约港一举成为全球吞吐最大的港口。同时，大财团和金融机构的增多，进一步巩固了纽约国际航运中心的地位。

（3）成熟期

第二次世界大战之后，布雷顿森林体系的建立保证了纽约成为国际金融中心之一。纽约成为海外企业进行资本市场融资、兼并和收购业务的集中地之一。同时，纽约商品期货交易所、纽约原油交易所、纽约黄金交易所、纽约棉花交易所等众多商品交易中心，对国际海运市场发挥着巨大的影响力。另外，纽约还特别重视海运人才的培养，这些都保证了纽约国际航运和金融中心地位的持续。

（二）纽约国际航运中心的特征分析

纽约既是美国的贸易和金融中心，也是重要的资本市场和外国投资集中地，有3 000多家外国企业分布于金融、零售、服务、交通和制造等各行业。此外，纽约还是世界跨国公司总部最为集中之地。在财富全球500强中就有46家公司的总部设在纽约。纽约有制造业公司1.2万家，许多全球制造企业都在此设立了总部机构。在纽约，每天都有重要公司和产品的信息发布，使纽约成为名副其实的国际经济中心。

（1）纽约国际航运中心的区位优势

纽约港的直接腹地包括纽约州与新泽西州，工业产值占全国的1/10；间接腹地包括美国东北部与五大湖地区，为美国传统的制造业带集聚了全美大部分的工业产值。以纽约—芝加哥为轴线的大城市带是美国人口最稠密、经济最发达的地带。

（2）纽约国际航运中心的建港条件

纽约港是世界上的天然深水港之一，有两条主要航道：一条是哈得孙河口外南面的恩布娄斯航道，另一条是长岛海峡和东河。由于自然条件优越，纽约港从1800年起便成为美国最大的港口。纽约港区自然条件十分优越，有纵深的港湾、口袋形的入海口。布鲁克林南端东西走向的半岛部分，自然成为纽约港的天然屏障。港湾具有深、宽、隐蔽，潮差小，冬天不结冰，常年可通航等优点。从纽约湾入海的哈得孙河水流平稳，无水土流失，亦无泥沙淤积。

（3）纽约的集疏运系统

纽约拥有规模巨大、功能完善的集疏运系统。纽约的公路网、铁路网、内河航道网和航空运输网四通八达。航运与河运、铁路、公路和航空构成一个综合运输系统，这个系统是由200条水运航线、14条铁路线、3个现代化航空港以及稠密的公路网构成的。值得一提的是，美国港口的海铁联运相当发达，铁路线直接延伸至码头前沿。为了提高运输效率，美国铁路采取双层、叠载集装箱运输方式，集装箱专列使用4个机车头一次可拖载多达300个箱位，减轻了高速公路堵车压力和减少了集卡排气对空气的污染。

阅读资料

上海为何能超越香港，跻身国际航运中心前三？

2020年7月中旬发布的《2020新华·波罗的海国际航运中心发展指数报告》显示，上海首次跻身国际航运中心前三，仅次于新加坡和伦敦。该报告由中国经济信息社联合波罗的海航交所发布，从港口条件、航运服务和综合环境三个维度衡量国际航运中心城市的发展水平。

到2020年，上海要"基本建成航运资源高度集聚、航运服务功能健全、航运市场环境优良、现代物流服务高效、具有全球航运资源配置能力的国际航运中心"，这是国务院在2009年提出的目标。今年，上海打破了持续六年的新加坡、伦敦、香港三强局面，成为世界上最发达的航运中心之一。榜单名次的变化，见证了上海国际航运业的崛起。

随之而来的是更激烈的竞争。在"2020中国航海日论坛"上，上海市副市长汤志平表示，将推进新一轮国际航运中心建设，"吸引和培育更多国际性、国家级航运组织和功能性机构在沪开展业务，积极参与国际海事技术规则制定，提升上海参与国际航运事务、服务全球的能力"。他指出，上海需要积极发挥龙头带动作用，促进形成分工合理、相互协作、各扬所长的长三角世界级港口群，推动长三角地区成为国际物流网络的重要节点。

从十六铺老码头到洋山深水港，上海如何超越香港跻身国际航运中心排名前三？在未来的长三角一体化发展中，上海又将怎样发挥核心城市的龙头作用？

为何多年来前三名一直是新加坡、伦敦和香港？你打开世界地图会发现，在原有的国际航运体系中，这三个城市是最佳的运输点。形象比喻的话，国际航运就像开汽车，开了100多公里，人和车都需要休息，所以会有加油站、休息区。因此，在国际航运体系中，运输点也是按照地理位置和运输线路来优化并合理布局的。严格意义上讲，上海和香港在国际航运体系中几乎处于同一个点位。

上海现在超越香港，跻身前三，有两个原因。首先，经济在全球流量配置中的变化，也就是经济发展的水平，会影响城市作为国际航运中心的地位。在改革开放初期，包括上海在内的大部分内地城市还处于相对封闭的状态，也没有自己的大型港口，主要通过香港进行转口贸易。这是一个很大的市场，所以香港可以和东京湾竞争，稳稳成为东北亚的主要运输点。随着改革开放深入，内地也意识到，港口建设对城市参与国际分工和经济竞争至关重要。这也掀起了港口建设的热潮，上海、宁波、深圳等沿海城市都建港口。以上海为例，港口建成后，这座城市需要的大量物资，不可能通过香港再转运过来。所以在整个内地经济发展、上海开始发挥航运功能后，香港的部分经济流量就转移了。

第二个原因则是经济总量的差距。香港的港口主要支撑粤港澳大湾区的航运需求。大湾区也是近几年的重要增长极，但无论是地域的辽阔、腹地的支撑、金融贸易的发展，跟长三角地区比起来还是相对低一些。数字上来看，香港、澳门加广东的经济总量也小于江、浙、沪、皖的总和。

对于上海来说，发挥国际航运中心的龙头作用，需要更高的站位，在整个长三角区域中进行整体布局，将东长江入海口沿海一带联合打造成一个国际领先的超级港口群。

孙中山在《建国方略》中提出的"东方大港"已在洋山成形，而现在，我们的目标是长三角一体化协同发展，是建设从北到南的沿海大通道，是重构世界物流体系。

历史总会有一个越来越优化的过程，面向未来，在上海国际航运中心提质增效的高质量协同发展中，南通将是浓墨重彩的一笔。

资料来源：何建华：上海为何能跻身国际航运中心前三？[EB/OL].（2020-07-24）[2022-06-30-]. https://sghexport.shobserver.com/html/baijiahao/2020/07/24/230279.html.（有改动）

第三节　国际航运中心发展新模式

按照目前普遍接受的观点，国际航运中心共划分为三代，即以货物运输、集散、中转为基础的第一代航运中心，提供加工增值、高端航运服务的第二代航运中心，具备航运资源市场配置能力并将智能航运作为主要业务的第二代航运中心。21 世纪之后，伴随世界经济格局的变化及航运业的发展，国际航运中心出现了一些新的变化趋势，不仅包括前述国际航运中心的东移趋势，而且包括在经济全球化及科技革命推动下出现的前所未有的新趋势，具体表现在以下几个方面。

一、国际航运中心的多极化趋势

经济全球化带来各种生产要素的全球化配置，生产要素跨国、跨洲的重新配置必然带来国际贸易规模的不断扩张，而国际货物贸易的增长又带来了国际航运需求的扩张，这为国际航运中心多极化发展提供了基础条件。第二次世界大战后世界经济格局出现重大变化，新兴市场经济国家的迅速崛起打破了原有的以欧美为中心的经济格局，形成了世界经济的多极化格局。因此，由于全球经济高度不平衡所造成的单极航运中心格局已经被经济均衡化发展所需要的多极航运中心布局所替代。一方面，老牌国际航运中心，如伦敦、纽约、东京等，仍发挥其独特作用；另一方面，新兴市场经济国家出现的国际航运中心，如上海、釜山、新加坡等，在全球航运资源配置过程中担当越来越重要的角色。

二、国际航运中心的功能分化

在多个国际航运中心并存、共同掌握全球航运资源配置的情况下，竞争是难免的，同样功能分化也是难免的。为了在国际航运中心的竞争中立于不败之地，维护自身的势力范围或发展空间，走差异化道路是各个国际航运中心的必由之路。比如，伦敦依托其人才、技术、经验等优势走的是高端航运服务路线；鹿特丹则依靠区位优势和强大的集疏运体系着重发展航运物流；香港和新加坡凭借自由港政策大力发展国际中转服务；一些新兴国际航运中心（如上海、釜山等）致力于成为区域性货运中心，在着力发挥物流集散功能的同时，积极开拓航运交易、航运服务和产业带动等功能。

三、国际航运中心之间的联系更为紧密

1999年联合国贸易和发展会议提出了“第四代港口”的概念，第四代港口超越了运输中心、装卸中心和物流中心的内涵，更加强调港口之间以及港口与相关物流活动之间的联系与合作，以实现与港口相关的供应链各环节间的无缝连接。港口发展的这种趋势也在一定程度上说明了国际航运中心发展的新动向。近年来国际航运领域里出现的新现象，如全程物流、供应链管理、港口资源整合、港口联盟、航运联盟、港航一体化等，表明国际航运中心之间的联系更为紧密，相互之间既有竞争也有合作，而一些跨国、跨区域的港航联营体则充当了航运中心之间相互联系的重要纽带。港航联营体的出现不仅增强了航运物流企业自身的实力，而且改变了国际航运中心发展的格局，促进了航运中心多极化的形成。

四、现代航运服务业成为国际航运中心的核心特征

从某种意义上讲，国际航运中心其实就是航运服务中心，大量航运企业及相关服务企业在国际航运中心集聚生长，最终形成航运服务集群。集聚在航运中心的服务业可按不同标准进行分类。从航运服务的构成要素看，可对航运服务集群进行三个层面的划分：核心层、辅助层和支持层。核心层由货物运输和港口服务等主业组成；辅助层由为核心层服务的航运辅助业构成，具体包括船舶代理、货运代理、船舶经纪、船舶修理、船舶检验等；支持层为航运服务集群的外围，主要为航运金融、航运保险、海事法律、航运教育等航运衍生服务业。从航运服务产业链条角度看，可分为上、中、下游航运服务业：航运交易等以知识、技术密集型为特征的航运服务业被列为上游航运服务业，包括航运金融、航运保险、航运交易、航运咨询、公估公证、信息

技术、人才培训、航运会展、技术标准服务等;海上货物运输业被视为中游航运服务业;海运辅助业(如货物装卸、堆存、仓储、货代等)被视为航运服务产业的下游。按照附加值和影响力划分,可分为高、中、低端航运服务业:低端航运服务主要指码头仓储、内陆运输、报关代理等相关服务;中端航运服务主要指国际中转贸易运输、国际邮轮进出港、船舶租赁及船舶修理等相关服务;高端航运服务则指那些附加值相对较高的服务,比如融资保险、海事法律、船舶经纪、政策咨询、技术标准等相关服务。近年来还出现了一些新的航运服务业态,比如航运电商、运价指数交易等。

早期国际航运中心强调港口规模及货物装卸能力,现在国际航运中心比拼的主要是航运资源的配置能力和航运服务的软实力。比如老牌国际航运中心如伦敦,拥有从事某些高端航运服务的历史经验、人才、品牌、机构等优势,尽管其港口吞吐量的全球排名在50名以外,但凭借在船舶融资、航运保险、海事法律等航运服务上的领先优势,仍然在全球航运资源配置中占据十分重要的地位。之所以如此,原因在于高端航运服务业服务半径长,不受空间限制,可以在全球范围内配置航运资源。这就不难理解伦敦在传统航运服务相对萎缩的同时仍能通过其高端航运服务业影响全球航运界。

五、政府在国际航运中心形成与发展中的作用更强

同传统市场经济国家的国际航运中心主要依靠市场力量不同,新兴市场经济国家的国际航运中心往往更多地发挥政府作用。比如伦敦、香港等航运中心几乎完全依靠市场机制的作用,在国际航运市场竞争中自然形成与发展;而韩国的釜山以及中国内地沿海的港口城市则是在政府的积极推动下逐步发展起来的,各级政府在规划引导、资金扶持、政策支持等方面为国际航运中心提供帮助。

六、低碳智网型国际航运中心方兴未艾

第四代国际航运中心是在第一代货物中转型、第二代加工增值型、第三代资源配置型基础上演进而来的。其基本特征有二。一是低碳环保,满足可持续发展要求。航运业是温室气体的重要来源,实现国际航运的低碳化发展是低碳经济时代的必然要求。因此,国际航运中心城市必须在港区和城区加强节能环保,建设绿色港口和清洁燃料船队,并成为所在区域的涉航碳排放资源的交易中心。二是充分利用信息技术,构建全球航运智能网络枢纽,将国际航运中心建设成为全球海港及物流资金网络中的重要节点,以洲际供应链管理及物流集成服务为手段提升全球或区域航运资源的配置能力。

阅读资料

2025年将建成世界一流上海国际航运中心，未来更智慧、更绿色！

上海国际航运中心正在迈向发展新格局，到2025年，将基本建成便捷高效、功能完备、开放融合、绿色智慧、保障有力的世界一流国际航运中心。为了实现上述目标，上海国际航运中心多管齐下，实现航运中心换道超越。

目前的上海港在国际上已成为集装箱航线最多、航班最密、覆盖面最广的港口，上海国际航运中心建设的阶段性目标已经达成。联合国《航运年度评论》报告中，连续9年把上海港列为全球连通度排名第一的港口。同时，上海港集装箱吞吐量已经连续11年保持世界首位，2020年达4 350万标准箱，国际枢纽港地位已经确立。上海邮轮客流量也位居亚洲第一、世界第四。

在上海空港方面，上海机场旅客吞吐量连续多年全球排名第四。浦东机场航空货邮吞吐量连续十多年位居全球第三。在航运服务业发展方面，众多国际知名机构或者全球性航运企业云集上海；联合国国际海事组织亚洲海事技术合作中心、中国船东协会等一批国际性（全国性）航运功能性机构入驻上海；全球十大船舶管理机构中的6家、国际船级社协会正式成员中的10家、全球排名前百位班轮公司中的39家、全球排名前五的邮轮企业等都在上海设立了区域总部或分支机构；综合运力排名世界第一的中国远洋海运集团有限公司将其总部落户在上海；全球著名的上海振华重工所生产的集装箱起重机在国际市场上占有超过3/4的份额。在高端航运服务业发展方面，上海目前共有11家航运保险营运中心和3家再保险公司，船货险保费收入的市场份额仅次于伦敦和新加坡，位列第三。上海航运交易所在全球首创的集装箱运价指数已成为世界航运市场的三大指数之一。上海国际航运研究中心依托上海海事大学科学优势，所发布的港航业分析报告在国内外航运界产生广泛影响。上海海事仲裁案件数占全国71.4%。在完善航运市场环境方面，上海市人大于2016年通过了《上海市推进国际航运中心建设条例》，从法律层面保障了上海国际航运中心建设可持续的发展。全球最权威的航运国际性组织是联合国的世界海事组织（IMO）。国际海事组织秘书长林基泽认为，无论从硬件还是软件看，上海已经成为世界级的航运中心。

上海国际航运中心建设的总体目标是：全力支撑上海打造国内大循环的中心节点、国内国际双循环的战略链接，形成枢纽门户服务升级、引领辐射能力增强、科技创新驱动有力、资源配置能级提升的上海国际航运中心发展新格局。2025年，基本建成便捷高效、功能完备、开放融合、绿色智慧、保障有力的世界一流国际航运中心。

资料来源：钟晖. 2025年将建成世界一流上海国际航运中心，未来更智慧、更绿色！[EB/OL].（2021-11-02）[2023-06-30]. http://static.zhoudaosh.com/C55BA58776B121510E6720BECCDC08EB93A3E7B0A7BF822CF9967C-DC87B3AF15.（有改动）

思考题

1. 国际航运中心的基本特征是什么？
2. 航运资源配置能力主要包括哪几个方面？
3. 如何进行新时期上海国际航运中心的建设？
4. 全球主要国际航运中心有哪些？
5. 国际航运中心的核心特征是什么？

Chapter 7

第七章 航运政策与航运组织

航运业的发展一方面受到本国或者区域航运政策与法规的影响,另一方面也受到一些国际公约的约束。从一国角度看,一个国家能够走向国际航运强国,本国航运政策的支持是不可缺少的;从全球角度看,如果没有统一的公约或规范,航运的发展必然受到阻碍。航运业具有国际性,国际航运组织与国际航运政策法规相辅相成,规范全球航运行为,提高海上作业的安全性与高效性。

第一节　航运政策概述

一、国际航运政策的概念

政策是政府为实现一定目标而采取的原则、方式、步骤和措施的总称。航运政策是各国对本国航运业所采取的具体政策的总和。航运政策是国家经济政策的一个重要组成部分,阐明了一国对航运业所持的态度。航运政策一般具有两个方面的内容:对外航运政策,表明一国对他国商船队所持的态度;国内航行政策,体现了一国对本国船队的海运政策。

航运政策多数是作为经济政策被制定的,但有时是作为社会政策、政治政策乃至国防军事政策被制定的。所以,制定航运政策的目的具有双重性,即既有经济性的目的,也有非经济性的目的。前者旨在维护和促进一国的对外经济贸易,改善本国的国际收支平衡;后者旨在是加强国防力量,确保国家安全。但必须指出的是,发展中国家即使制定了与发达国家相类似的航运政策,其政策目的以及对他国的影响与发达国家的航运政策相比也是有本质区别的。

由于航运业的国际化、资本密集、国防性特征及其对国民经济的重要性,各国普遍制定了各种各样的政策来保护和扶持本国航运业的发展。航运政策的实践必会带来两方面的影响,一是直接作用于本国的航运业,二是影响到国外的航运业。例如对本国航运业予以补贴(补贴政策),提高其竞争力,其结果是降低了国外航运企业在本国航运市场的占有率,或削弱了他国船队的国际竞争能力,势必会引起他国的强烈反应,有时会招致对抗性政策。所以,一国的航运政策,往往间接地影响到他国的利益而会导致他国采取对抗性政策,从而部分或全部地抵消自己的政策效果,造成政策的对立。这种由国际性矛盾引起的航运政策的对立性,需要依靠国际航运政策来协调解决,从而使国际关系中的航运秩序正常化,这便是国际航运政策的任务,故国际性矛盾是制定国际航运政策的动因。世界贸易组织(WTO)及一些国际航运机构在国际航运政策的协调中发挥着积极作用。

二、国际航运政策的种类

（一）根据国家对航运业的开放程度划分为航运自由主义政策与航运保护主义政策

严格意义上的自由主义是排除一切抑制经营主体的自主性活动和自由竞争的限制，让经营主体自由进行经济活动的原则。从历史上讲，可能有过这样一段时期，即早期某些海运国家，它们拥有绝对强大的实力，坚持自由选择承运人的原则，曾实施过自由主义政策。当前严格意义上的航运自由主义政策几乎不再存在，那些提倡航运自由主义的国家（主要是传统海运国家，如英国、希腊等），其目的主要在于指责他国所采取的保护性措施，要求他国放弃自己的原则而遵循自由竞争原则，即政府不加任何干预，应让航运自由发展。一些传统海运国家，由于其船队规模巨大，且又是航运老手，具有足够实力挤垮承运本国和第三国货物的对手，因而坚持自由选择承运人原则，废除货载保留制和船旗差别限制。其实那些主张航运自由主义的国家，其本国的航运政策就不是自由主义政策，这些国家无不对其航运业进行五花八门的援助和保护。考虑到航运中日益增长的国家利益，政府势必要采取保护或干预措施，因为放任航运业自由发展，会导致诸如贸易货物转入转出困难、失业船员增加、航运业衰落等不利情况日趋恶化。因而，目前国际航运市场上可以说所有国家的船队都会得到其所在国家政府的扶植和资助。

航运保护主义政策是指国家为加强和促进本国航运业的发展而制定的各种制度文件。航运自由主义日趋衰退以及国家干预日趋强化，其原因不仅在于航运业的巨大经济意义，而且基于这样的事实，即没有国家的援助，要发展航运业是较为困难的，发展中国家尤其如此。所以，发展中国家的保护主义在一定程度上被认为是合情合理的。但发达国家的保护主义也毫不逊色，且范围更广，花样更多。

（二）根据政策性质可分为财政性航运政策、货币性航运政策及管制性航运政策

财政性航运政策主要通过税收优惠、财政补贴、财政担保等形式支持本国航运业发展；货币性航运政策主要通过信贷、汇率等政策支持本国航运业发展；管制性航运政策是除财政性、货币性航运政策之外的所有政策措施的统称，主要包括货载保留、船员国籍限制、外资股份限制等。

（三）根据政策的作用方向可分为扶持性航运政策与保护性航运政策

航运政策可从供给端与需求端影响航运业发展。扶持性航运政策是从供给端采取激励措施扶持本国航运业的发展，比如税收优惠、加速折旧、财政补贴、放松管制等；保护性航运政策是从需求端采取措施保护本国航运市场，或者限制外国航运业的竞争，比如货载保留政策等。

三、国际航运政策的主要内容

（一）产业政策

产业政策是政府为了实现一定的经济和社会目标而对产业的形成和发展进行干预的各种政策的总和。产业政策的功能主要是：弥补市场缺陷，有效配置资源；保护幼小民族产业的成长；熨平经济震荡；发挥后发优势，增强适应能力。产业政策包括产业组织、产业结构、产业布局等方面的政策。各国政府为了促进航运产业的可持续发展，编制各种航运产业发展计划或规划，从而影响航运产业的组织、结构及布局。比如日本曾实施航运产业集约化政策，根据企业的资产状况和船舶租约关系，将航运企业分为中核会社（核心会社）、系列会社和专属会社等不同层次，再经过多层次合并后，形成集团规模，并给予参与集约的对象以优惠待遇。再比如我国 2020 年出台了《交通运输部 发展改革委 工业和信息化部 财政部 商务部 海关总署 税务总局关于大力推进海运业高质量发展的指导意见》，以促进海运业健康发展，实现海运强国的战略目标。

（二）财政补贴

财政补贴是政府直接或间接利用财政资金给予航运企业（包括造船企业）的现金补贴。财政补贴主要体现在两个方面。

（1）对造船与买船实施财政补贴制度

比如以一定金额或按造船价格的一定比例作为给船厂的直接补贴，对造船原材料、设备进出口、技术更新、科研开发、经营亏损等给予财政优惠或资助等。

（2）营运补贴

营运补贴指政府在本国商船队营运成本较高的情况下，补贴其一定比例的营运成本差额。

（三）税收优惠

各国采取各种形式的税收优惠措施支持航运业的发展。税收优惠的具体形式有冲销税金、延期纳税、加速折旧、减免税、出口退税等。减免税是最主要也是最受企业欢迎的优惠形式。减免的税种包括船舶固定资产税、营业税、所得税、流转税、进口关税等，其中所得税包括企业所得税和个人所得税，比如 2020 年启动的启运港退税政策和国际航运保险业务税收优惠政策。

（四）信贷支持

信贷支持主要指在船舶融资的各环节给予相应的政策支持，具体包括出口信贷、贴息贷款、贷款担保等形式。出口信贷是支持造船出口的重要政策，旨在吸引外国船东来本国船厂造船。贴息贷款是指本国银行对船东或船厂提供长期低息优惠贷款，以帮助其购买新船或者建造新船。优惠利率与市场利率之差带来的利息损失由政府补偿给发放贷款的银行。贷款担保是政府为航运企业的贷款提供担保，以帮助航运企业顺利获得贷款或者获得更优惠的利率。

（五）市场准入和国民待遇

所谓市场准入是指一国允许他国的货物、劳务与资本参与国内市场的程度。WTO 的《服务贸易总协定》要求各成员逐步开放服务市场，即在非歧视原则基础上，通过分阶段谈判，逐步开放各自的服务市场，以促进服务及服务提供者间的竞争，减少服务贸易及投资的扭曲。航运服务作为运输服务的一种类别也是《服务贸易总协定》约束的对象。在该协定中，对于航运服务市场的开放对发展中国家有所照顾。

国民待遇指在民事权利方面，一个国家给予在其国境内的外国公民、企业和商船与其国内公民、企业、商船同等的待遇。对于 WTO 成员方而言，对外国船舶和外国航运企业实行国民待遇是一项基本义务，但也有一些例外情况，比如沿海运输权、领海捕鱼权等。

（六）货载保留

货载保留是国际航运业普遍采用的一种配额制度，主要通过双边、多边航运协定或者国内立法形式规定货载份额。一般规定进出口货物的全部或者部分必须由本国船舶或者航运企业承运，以保护本国船队的利益。只有当本国船公司主动放弃承运时，才可交由外国船公司运输。到目前为止，世界上有 50 多个国家和地区仍在实行一定的货载保留制度，比如根据美国《1954 年货载保留法》，约 40%的货物应由美国籍船运输，《1984 年航运法》规定，国防部的军需物资为保留货载的货物；1928 年 3 月，法国宣布，出于“国家安全”的原因，2/3 的法国原油应由悬挂法国国旗的船舶承运。印度、泰国、印度尼西亚和斯里兰卡将本国船队承运商业物资的比例定为 50%。巴西、阿根廷、墨西哥、智利、秘鲁、委内瑞拉和韩国等国规定，只有在本国船队放弃运输班轮货物时，外国船舶才能运输。

（七）沿海运输权

沿海运输权是指一国国内沿海港口之间的水上运输权利。由于沿海运输业务涉及国家主权和一国的航运利益，一般情况下不允许外国航运业进入。世界上大部分国家都未开放沿海运输业务，但英国是世界上少数几个放弃本国沿海运输权的国家之一。目前，英国不限制悬挂外国国旗的船舶从事其沿海运输工作，但是，英国以财政津贴方式给经营沿海运输的本国船队以航线补贴，以增强其竞争力。

（八）船舶登记制度

船舶登记制度的宽松与否会影响船东经营成本的高低，进而对航运业发展产生影响。目前世界上的船舶登记主要分为开放登记和封闭登记两种类型。开放登记对船舶、船员和船东的限制较少，而封闭登记则对其有严格要求，比如高级船员和普通船员有国籍限制，对船舶标准的要求较高，所交税费也较多等。

四、主要航运国家航运政策与法规

（一）美国

当地时间2022年6月13日，美国国会众议院通过《2022年航运改革法》（Ocean Shipping Reform Act of 2022，以下简称“OSRA2022”）。6月16日，美国总统拜登签署了这一法律。这是美国近25年来首次对国际航运市场监管法律作出修改。公开媒体报道和资料显示，OSRA2022的支持者称，“该法将有助于抑制通胀和缓解货物积压”。

美国在航运领域的立法包括但不限于《1920年琼斯法》《1936年商船法》《1996年海岸警卫队授权法》《2002年海上安全运输法》以及航运法和航运改革法等。不同法律的调整对象和适用范围也有所不同。如《1920年琼斯法》主要针对市场准入，《1936年商船法》主要针对航运政策，《1996年海岸警卫队授权法》主要针对海上执法，《2002年海上安全运输法》主要针对运输安全。在此主要讨论航运法和航运改革法。从法律性质上看，航运法和航运改革法应当属于竞争法范畴。

《美国法典》是一部具有法典性质的法律汇编。美国生效的公法、一般法及永久性法律由美国国会定期整理，汇编进《美国法典》。在广义的航运领域，“海岸警卫队”被编入《美国法典》第14卷，“航行和可航水域”被编入《美国法典》第33卷，“航运”被编入《美国法典》第46卷，“提单”等单证则以“运输”的名义被编入《美国法典》第49卷。因此，对航运法或者航运改革法的修订，实际上是对《美国法典》第46卷的修订。

（1）《1916年航运法》

美国对航运市场监管的立法始于《1916年航运法》。第一次世界大战前后，欧洲班轮公会实力大增，由于班轮运输的垄断性，美国不得不转向其他市场，其发布航运法既是为了保护自己的利益，也是为了激励本国航运的发展。1961年，美国对《1916年航运法》进行了一次修订。

《1916年航运法》的主要内容包括承认班轮公会合法地位、要求海运公共承运人进行协议报备与审查、创立运价和服务合同管理系统、设立世界航运理事会（WSC）。《1984年航运法》生效后开始专门调整国际航运，《1916年航运法》转而调整国内航运。

（2）《1984年航运法》

随着美国经济快速发展，其对外贸易份额逐年提高，触发了美国全球扩张的战略需求。同时，《1916年航运法》逐渐被发现存在若干缺陷，如协议报备流程冗长、有关规定过于原则化和模糊，一些反垄断法律适用中存在冲突等。这些问题导致美国利益受损。因而美国开始全面修订《1916年航运法》，并制定了《1984年航运法》。

《1984年航运法》的体例和《1916年航运法》基本一致，修订的主要内容有确立联邦海事委员会（FMC）的职能和地位、规定若干禁止性行为等。

(3)《1998 年航运改革法》

时间进入到 20 世纪 90 年代,冷战结束,美国单极独霸全球,成为世界上最大的货主利益国。美国在国际航运市场监管中的不足开始暴露出来。《1984 年航运法》中明确的运价报备和合同管理制度,从维护托运人利益变成了制约托运人的掣肘,从而对美国国家利益造成损害。当时的美国民主党认为政府对国际航运干预过多,需要修订法律以解放市场、提高效率。在这种背景下,《1998 年航运改革法》应运而生。

《1998 年航运改革法》的立法初衷和价值取向发生明显转变,主要体现在更强调依靠市场竞争实现生产效率提高,改革了服务合同、运价、反垄断豁免和"受控承运人"等多项制度,同时加强了对外国航运公司和航运制度的控制。

(4)OSRA2022

全球经济贸易形势复杂多变,以中国为代表的发展中海运国家崛起,航运供应链的顺畅度和稳定性在单边主义抬头、新冠肺炎疫情蔓延、俄乌冲突爆发等多重因素叠加下遭受严峻考验,美国再一次对航运法(这里指航运改革法)进行修改。

1)加强对市场的监管

这在法律中的体现就是强化了 FMC 的作用,如增加了 FMC 设立航运交易所的权限,进一步细化了 FMC 接受承运人定期报告的制度,以及追加机构预算(将其资金水平从 2022 年的 3 290 万美元提高到 2025 年的 4 920 万美元)。

2)加重承运人的责任

加强对航运市场的监管,换言之就是加强对海运公共承运人的监管。OSRA2022 要求承运人每季度向 FMC 报告每艘停靠美国港口的船舶的总进出口货量和标准箱(装载/空载),将有关滞期费合理性的举证责任转移到承运人身上并提高处理效率,禁止航运公司不合理地减少对美国的出口。

OSRA2022 还规定:增加航运业透明度,授权 FMC 自发、主动启动相关调查并提高处罚力度,研究多式联运底盘池最佳实践以处理底盘供应和定位问题等。

在国际航运市场监管领域,美国的立法初衷和价值取向再次发生变化,从《1998 年航运改革法》的相对宽松再次回到严格。

(二)中国

我国的航运政策是随着我国改革开放的深入而不断变化的,大体上可以分为三个阶段。第一阶段是高度集中的计划体制时期,航运业属于政府包办行业;第二阶段是航运管理体制改革时期,建立自主经营、自负盈亏、自我约束、自我发展的航运企业制度,仍坚持货载保留政策;第三阶段是航运业与国际接轨时期,航运政策与法规逐步接近 WTO 标准,入世后,我国步入世界航运市场比较开放的国家行列。

近年来,为进一步推动航运业发展,我国陆续出台了许多政策,推动航运企业转型升级,完善航运企业治理结构,转变发展理念,创新技术、产品和服务;加快兼并重组,促进规模化、专业化经营,提升抗风险能力和国际竞争力。如 2022 年国务院发布的《"十四五"现代综合交通运输体系发展规划》提出到 2025 年,综合交通运输基本实现一体化融合发展，智能化、绿色化取得实质性突破，综合能力、服务品质、运行效率和整体效益显著提升，交通运输发展向世界一流水平迈进。其中，我国内河高等级航道里程计划从2020年的1.61万千米增长至2025年的1.85万千米，并大力发展货物多式联运，优化国际海运航线网络布局，提高中韩陆海联运效率，推动中欧陆海快线健康发展，扩大“丝路海运”品牌影响。

全球制造业不断向中国聚集，对物流的需求越来越大，因此，航运基础设施的压力也逐渐增大，为满足国内外日益增长的航运需求，我国提出2035年基本建成便捷顺畅、经济高效、安全可靠、绿色集约、智能先进的现代化高质量国家综合立体交通网。近年来，国家也密集出台了一系列发展政策与发展规划。

我国大力发展多式联运，推动各种交通运输方式深度融合，进一步优化调整运输结构，提升综合运输效率，降低社会物流成本，促进节能减排降碳。2021年12月，国务院办公厅发布了《推进多式联运发展优化调整运输结构工作方案(2021—2025年)》，提出到2025年，多式联运发展水平明显提升，基本形成大宗货物及集装箱中长距离运输以铁路和水路为主的发展格局，全国铁路和水路货运量比2020年分别增长10%和12%左右，集装箱铁水联运量年均增长15%以上；重点区域运输结构显著优化，京津冀及周边地区、长三角地区、粤港澳大湾区等沿海主要港口利用疏港铁路、水路、封闭式皮带廊道、新能源汽车运输大宗货物的比例力争达到80%。

除了提高全国航运相关港口、航道建设水平以外，我国多项政策均提到了多式联运(即由两种及以上的交通工具相互衔接、转运而共同完成的运输过程，统称复合运输)。将其运用在航运业中，就是加强航运、陆运等多种货运方式的结合，建设多式联运基地，使航运更快速地运转。另外，随着我国信息化水平的不断提高，智慧航运的概念也在不断推广，部分企业已经将其付诸实践。可以想象，未来多式联运、智能化仍将是航运业的大趋势。

2014—2022年国家层面的海运行业相关政策文件汇总见表7-1。

表7-1　2014—2022年国家层面的海运行业相关政策文件汇总

发布时间	发布部门	文件名称
2014年	国务院	《关于促进海运业健康发展的若干意见》
2017年	国务院	《关于改革我国国际海洋运输管理工作的通知》
2018年	交通运输部	《中华人民共和国船舶最低安全配员规则》(2018年修正版)
2019年	中共中央、国务院	《交通强国建设纲要》
2020年	交通运输部等七部委	《关于大力推进海运业高质量发展的指导意见》
	国家发展改革委、交通运输部	《关于进一步降低物流成本的实施意见》
2021年	中共中央、国务院	《国家综合立体交通网规划纲要》
	国家发展改革委、自然资源部	《“十四五”海洋经济发展规划》
2022年	国务院	《“十四五”现代综合交通运输体系发展规划》
	国务院办公厅	《推进多式联运发展优化调整运输结构工作方案(2021—2025年)》

阅读资料

美国国际航运管理体制

（一）管理机构

美国涉及国际航运业的管理机关包括交通部海运管理局、海岸警卫队和FMC等。

1. 交通部海运管理局

美国海运管理局是美国交通部规划管理水路运输的机构，其规划促进水路运输的使用以及与其他运输系统的一体化，促进美国商船队的发展。海运管理局具体负责船舶、航运、港口与船舶操作、国防安全、环境与安全。在尽可能节约成本的基础上，确保政府运输需求得到满足，同时对全国航运业整体利益进行维护，针对航运行业和贸易行业提供更多就业岗位是该局的主要职责。同时该局还为国防储备船队提供维护经费，为美国籍船舶或由美国人控制的外籍船舶提供战争险。在政策和国际贸易方面，其职责是制定海运管理局的战略规划与实施计划，对海运管理局的有关项目和计划进行研究和评估，为美国的双边和多边海运谈判和签订协议提供支持，同时也为美国航运业提供统计和经济分析。

2. 海岸警卫队

美国海岸警卫队隶属于美国国土安全部，是美国唯一的海上综合执法机构，也是全球最早、最强大的海上执法机构。海岸警卫队的主要任务是保护美国的公共利益，环境、经济和安全利益在国际水域和国内港口、海岸和内陆水域不受侵犯和破坏。其职能分为三大方面：①海事安全；②海事保障；③海事管理。

3.FMC

FMC是美国最重要的航运监管机构之一，直接隶属于国会而独立于联邦政府。它是根据《1936年商船法》成立的一个负责管理国际航运市场的机构，笔者认为其兼有行政管理和准司法的双重性质。这就决定了其主要职能是实施国际航运管制，以促进建立公平、高效、可靠的国际航运体系，防止并惩罚不公平竞争、欺诈或违法行为。

上述三大航运管理机构依法各司其职、密切配合，为美国形成一套非常全面的航运管理体制打下了良好基础。

（二）运价备案制度

美国的国际航运监管制度包括一系列十分重要的制度，如运价备案制度、受控承运人制度、远洋运输中介人的市场准入制度等。其中运价备案制度被普遍认为最重要。本文中，笔者就运价备案制度进行详细介绍。

关于美国对集装箱班轮运输运价公开的目的，FMC 曾在其报告中表示，运价备案机制，在开放式班轮公会环境下，可提高市场效率，提供确保承运人平等对待托运人的实用方法，并保证承运人之间公平合理竞争。

《1916 年航运法》首创了针对远洋班轮运输的运价备案制度。该法明确规定，任何洲际和远洋运输承运人都需要把运价本向相关监管部门进行报告和备案；与此同时，要严格按照"合理性"原则来制定运价；如果监管部门认为运价不够合理，可以对运价进行取消。但监管部门在对外贸易中无法确定运价，而是监管承运人严格按照所报运价本中的条款和条件，确保对货物进行合理承运。美国《1984 年航运法》和《1998 年航运改革法》继承并发展了运价备案制度。如今，承运人（包括无船承运人）向 FMC 进行运价备案的范围远超运价本身，还包括承运人之间签订的协议。FMC 有权对报备的运价和协议内容进行审查，如果认为报备的内容不符合要求，则将予以驳回。此外，承运人必须向公众公开发布其协议，任何人可以自由地查询承运人的运价。

资料来源：【深度】美国《2022 年航运改革法》解读及对我国的借鉴意义丨航运界[EB/OL].（2022-06-20）[2022-12-30]. https://www.163.com/dy/article/HAAUHB4P051985LJ.html.（有改动）

第二节　国际航运公约

一、《国际海上人命安全公约》

（一）背景

1912 年 4 月 14 日，"泰坦尼克"号豪华客轮的沉没震惊全球，引发了人们对于海上安全标准的质疑和思考。在英国的推动下，国际社会召开了第一次国际海上人命安全会议，并于 1914 年 1 月 20 日签订了第一个《国际海上人命安全公约》（International Convention for the Safety of Life at Sea，SOLAS）。由于第一次世界大战的爆发，该公约未能生效。后续通过的新的 SOLAS 公约均是在 1914 年公约的基础上进行更新并增加新条款的。如今 SOLAS 公约已从简单的结构和设备要求，扩展到人员的操作性要求、公司和船舶的安全管理要求、船舶保安要求，从硬件扩展到软件，从船舶扩展到公司，从水上扩展到岸上，为船舶安全营运提供了有力的保障。国际海事组织 1972 年恢复我国合法地位后，1973 年 10 月 5 日，我国宣布加入这一组织并执行这一公约。

（二）主要内容

SOLAS 公约共十二章，涵盖了与船舶和海运有关的各个方面，其中有许多章节是针对特种船的。SOLAS 公约对船舶构造的规定，占了公约正文的 2/3，它还对客船、油船、液货船等特殊船舶，在构造等方面额外进行了繁杂而详细的规定，力图在船舶硬件构造上作出规范，以保证航行安全。对于船员而言，公约中最重要的章节当属消防、救生与航行安全，这也是各类检查的重点。SOLAS 公约的内容与时俱进，不断更新，最近几年新增的国际安全管理（ISM）规则和国际船舶和港口设施保安（ISPS）部分，就是各个缔约国之间协商、角力的结果。

（三）意义

SOLAS 公约是涉及海上人命安全的各种国际公约中最重要的一个公约，它与 MARPOL、STCW 等公约一起构成船舶安全管理的基础。SOLAS 公约更严格、更复杂。运用和理解 SOLAS 公约，应当全面、深入、正确，不能机械地断章取义，如此才能有效地做好船舶安全工作。对远洋航行的船舶，船员应对之有全面、深入、正确的认识，才能提高船舶安全管理水准，从容应对各类安全检查，最终达到"使航行更安全，让海洋更清洁"之目的。

二、《海员培训、发证和值班标准国际公约》

《海员培训、发证和值班标准国际公约》（STCM）是国际海事组织众多公约中最重要的公约之一。1978 年，国际海事组织通过了《海员培训、发证和值班标准国际公约》。1980 年 12 月 31 日我国成为该公约的缔约国。该公约从人、机、环境、管理的角度对船员职业素养提升、海上人命和财产安全保障、海洋环境保护等起到了十分重要的作用。STCW 公约在 1984 年 4 月 28 日正式生效，随着航运业和航海技术的发展，该公约历经多次修订。

20 世纪 90 年代初，国际航运公会（ICS）带领行业呼吁解决 80 年代在一些新兴海员供应国出现的有关海员培训和发证标准的问题，这些呼声引发了对 STCW 公约的全面审查，并促成了 1995 年修正案的通过。1995 年修正案推出 STCW 规则及海员能力、职能和责任级别表，证明船旗国认可证书的船旗国背书概念以及关于质量标准的规定。

2010 年，STCW 公约经历了最近一次的重大修订，并通过了过渡期安排，一直持续到 2016 年底。此次修正案被称为《马尼拉修正案》，目的是通过引入电子电气员和电子技工等新的职位和证书，以及在安全相关培训和电子海图等新设备领域推出新的培训和发证要求来促使公约与时俱进。由于新增了 ISPS 规则和普通船员培训标准，《马尼拉修正案》也包括了安全相关培训条款的制定工作。

2019 年 2 月，全球最大的船东组织国际航运公会（ICS）向 IMO 人为因素、培训和值班(HTW)分委会第六次会议(HTW6)提交提案(HTW6/12/3),建议按照"每10年进行一次全面回顾"的决议规定对STCW公约进行新一轮的全面回顾和修订。国际海事大学联合会(IAMU)和国际运输工人联合会(ITF)分别提交了评论性提案(HTW6/12/5和HTW6/12/6),对ICS的提案进行了评论。在HTW6上,在全会对ICS提案进行审议时,发言的大多数成员国和国际组织表示支持对STCW公约进行全面回顾。HTW分委会邀请有兴趣的成员国和国际组织注意各方表达的观点并向IMO海上安全委员会(MSC)提交一份新提案,以启动对STCW公约的全面回顾。在此背景下,澳大利亚等34个IMO成员国和EC(欧盟委员会)、ICS和IAMU等3个国际组织于2021年6月向MSC第104届会议(MSC104)提交了关于建议对STCW公约进行全面回顾和修订的联合提案(MSC104/15/5)。由于当时的新冠肺炎疫情的影响,该联合提案被推迟到MSC第105届会议审议,该会议于2022年4月20日至29日在线上召开。会议作出如下决定:

①同意在HTW分委会2022—2023年两年期议程和HTW9临时议题中纳入关于"全面审议和修订《1978年STCW公约和规则》的修正案"的新提案,目标完成年为2026年;

②指示HTW优先制定和完成关于海事部门欺凌和骚扰,包括性侵犯和性骚扰的STCW培训规定,作为新提案的一部分;

③指示HTW分委会首先对将要开展的工作范围作出初步评估,明确将要审议的具体领域,并在开始制定修正案草案之前拟订一份路线图供委员会核准;

④根据通函MSC.1/Circ.1587"修订与安全有关的国际海事组织公约,但1974年SOLAS公约及其相关强制性文书除外",同意拟制定的修正案适用于1978年STCW公约适用的海员,拟修订的文书为《1978年STCW公约和规则》,以及HTW分委会应建议修订后的公约和规则的适当生效日期;

⑤指示HTW分委会在全面回顾的工作之外,分别考虑STCW公约范围内目前正在进行的工作领域,如修订STCW公约等。

三、《海事劳工公约》

(一)背景

海运的健康发展离不开高素质的船员。船员是一个古老且重要的职业。我国政府高度重视对船员的保护,为维护船员的合法权益,保障水上交通安全,保护水域环境,2007年我国制定了《中华人民共和国船员条例》。2006年2月国际劳工组织(ILO)审议并通过了《海事劳工公约》(MLC)。MLC公约被业内人士称为与《国际海上人命安全公约》(SOLAS)、《国际防止船舶造成污染公约》(MARPOL)和《海员培训、发证和值班标准国际公约》(STCW)共同支撑国际海事法律体系的"第四支柱"。MLC公约于2013年8月20日生效。2015年8月,我国全国人大常委会审议并批准MLC公约,并于同年11月向ILO递交批约文书。MLC公约于2016年

11 月起对我国生效。2019 年 1 月 1 日起,我国沿海航行船舶全面履行 MLC 公约。

(二)主要内容

(1)船员任职资格

在船员任职资格方面, MLC 公约的规定与 STCW 公约基本保持一致。MLC 公约规定了海员任职资格的最低要求,如最低年龄、体检证书、培训和资格等,并作了具体规定,如禁止雇佣 16 岁以下人员上船工作、船员体检证书应由有正规资格的医师签发等。

(2)船员招募和安置机构的经营管理活动

MLC 公约要求成员国主管部门对位于其领土内的船员招募和安置机构实行严格监管,采取经营许可或类似管理措施,并定期检查。MLC 公约还要求成员国主管部门应建立适当的机制和程序,在必要时对相关投诉开展调查。MLC 公约还规定船员招募和安置机构不得把应由自己承担的费用转嫁给船员。

(3)船员就业条件

为了保障船员合法权益, MLC 公约规定船员就业合同中的就业条款和工作条件应符合标准,并规定了就业合同的标准格式和内容。在签署就业合同前,船员应有机会对合同条款进行阅读和了解。船员就业合同应有副本,以备主管部门查验。MLC 公约还规定可通过集体协商的方式签订就业合同,提前终止履行就业合同应至少提前 7 天通知。

(4)船员工资、福利

MLC 公约规定:船员有获得工作报酬、享有规范的工作和休息时间、享有带薪年休假和短期上岸休息的权利;在船上工作时间不满一个月的船员也有权获得报酬;航运企业应向船员提供基本的膳食服务。

(5)船员工作和生活条件

MLC 公约对船员工作和生活条件作了具体规定,主要涉及起居舱室、娱乐设施、膳食服务等方面。如:对于 3 000 总吨以下的船舶,船员单人卧室面积不小于 4.5 平方米;床位尺寸不小于 198 厘米 ×80 厘米;每间卧室应至少备有一张桌子和座椅;船上应配备具有合理舒适性和符合健康卫生标准的卫生设施;成员国应制定最低膳食标准。

(6)船员医疗、社会保障

MLC 公约规定了船员在船工作的健康、医疗和社会保障条件,要求雇主提供相应的财务担保,承担相应的责任;赋予船员在由于船舶灭失或沉没而造成人身伤害、财产损失或失业时有得到赔偿的权利。MLC 公约明确规定:船员有要求职业安全和健康保障的权利,因工作而导致的疾病、人身伤害或死亡可获得相应的经济补偿;船上至少配备一名接受过 STCW 公约所要求的经过医疗急救培训的船员负责医疗和管理药品。

(7)成员国履约责任

MLC 公约从船旗国、港口国、船员国三个方面规定了各成员国的履约责任。

MLC公约要求，船旗国应建立有效的MLC公约履约检查和发证系统，并对500总吨及以上从事国际航运业务的船舶签发海事劳工证书和海事劳工符合声明，还应要求在籍船舶建立公平有效的船上投诉程序。港口国应建立有效的检查和监督机制，对挂靠本国港口的船舶进行检查，以核查该船是否符合公约中有关船员工作和生活条件、船员权利的规定，并建立船员投诉的岸上处理程序，以确保对挂靠在本国港口的船舶上的投诉能采取迅速而有效的解决措施。船员国应对在本国设立的船员招募和安置机构进行有效的监督检查，为本国船员提供相应的社会保障。

四、与国际货物运输有关的国际公约

提单的规范起源于海运贸易的商人长期实践所形成的习惯，商人的习惯对提单的方方面面都发挥了重要的作用，即使现在商人的习惯对提单法律关系的调整也具有深远的影响，然而，商人的习惯并不完全统一，存在很多模糊、有分歧的地方，这些部分无法满足提单发展的要求。于是英国在1924年、美国在1936年分别制定了海上货物运输法，大陆法系国家更多是以成文法规范提单问题，有的国家以海商法典对提单进行规范，有的以商法典、民法典以及有关法令规范提单问题，有的国家以海商法典对提单作出规定，有关提单的国际公约包括1924年的《海牙规则》，1968年的《维斯比规则》和1978年的《汉堡规则》。

《海牙规则》是国际法协会所属海洋法委员会于1921年在海牙召开的会议上制定的，1924年经欧美26个海运国家参加的布鲁塞尔会议修改通过，其被定名为《统一提单的若干法律规定的国际公约》(简称《海牙规则》)，于1931年6月正式生效。《海牙规则》全文本共16条，内容包括承运人的责任及责任豁免，诉讼时效，赔偿限额，货币单位解释，规则的适用范围，缔约国批准、退出和修改规则的程序。其主要成就在于限制了以往承运人在提单中任意加列各种免责条款的自由，确定了承运人的最低责任范围。但是由于参加会议的主要是航运业比较发达的国家，规则中许多规定明显偏袒船主一方的利益，因此货主和海运业不发达的国家对其一直不满，强烈要求进行修改。中国至今未加入该公约，但在我国海商法和我国航运公司制定的提单中吸纳了《海牙规则》中关于承运人责任和豁免的相关内容。

1968年英国、法国以及北欧国家在布鲁塞尔召开了会议，最终签署了《关于修改统一提单若干法律规定的国际公约议定书》(又称《海牙维斯比规则》或《维斯比规则》)。议定书只对《海牙规则》作了部分修改，仍保持原有的承运人责任制度。《维斯比规则》于1977年6月23日起生效。由于《维斯比规则》规定的承运人责任限制金额的计算单位改为金法郎，而金法郎又以黄金作为定制标准，受黄金价格自由涨落的影响，承运人责任限制金额的实际价值难以保持稳定。针对这一情况，1979年在布鲁塞尔召开的有37国代表出席的外交会议制定了《修改〈维斯比规则〉的议定书》。该议定书于1984年4月生效，并将承运人责任限制的计算单位金法郎改为特别提款权。虽然制定《维斯比规则》的目的是要取代《海牙规则》，但仍有很多国家未批准该规则而继续使用《海牙规则》。因此，现状是两个公约并存，称其为《海牙-维斯比规则》。

《维斯比规则》对《海牙规则》进行了小部分修改，保留了维护承运人利益的条款，对船长、船员的航海过失免责的规定没有触动。发展中国家对此不满，要求彻底修改《海牙规则》。为此，联合国委员会于 1976 年 5 月草拟了《联合国海上货物运输公约》，并交给 1978 年在汉堡召开的联合国海上货物运输公约外交会议审议通过。由于公约在汉堡制定，故又称作《汉堡规则》。《汉堡规则》于 1992 年 11 月生效，然而一些航运大国对《汉堡规则》持否定态度。至今，船东互保协会及船东组织对《汉堡规则》依然抵制。对于船东自己在租船提单上接受《汉堡规则》而多承担的责任，船东互保协会不予承担。只有在《汉堡规则》强制适用于船东时，船东互保协会才会承担。而且，许多发展中国家因担心本国航运业的发展会受到影响而对批准《汉堡规则》犹豫不决。因此，《汉堡规则》尚缺乏国际普遍接受性。

最早的《海牙规则》在承运人责任方面要求非常低，承运人只需承担最低限度的责任，因此《海牙规则》采取的是“不完全过失原则”。在承运人义务方面，《海牙规则》规定承运人只需要履行适航义务和管货义务两项强制性义务即可。该规则偏重保护承运人的利益，在海上货物运输中对承运人的免责太多，这样就显得对托运人不公平。《汉堡规则》在承运人责任方面的规定就更为合理，也更加公平。在承运人责任基础方面，完全过失责任的采用使得承运人对航行过程中的过失不再免责。在承运人免责方面，该规则虽然规定了承运人对于某些过失需要承担相应的赔偿责任，但是该过失必须由索赔之人进行证明，而在实践中，该类过失举证较为困难，所以，承运人对于火灾事故仍然能够免责。《鹿特丹规则》在承运人责任方面提出了新的方案——最小网状责任制，即除海运以外的不同运输方式，如有强制性国际公约的规定，该公约适用于该区段运输。在整个的货物运输合同中，承运人是其中一方当事人，那么在整个运输过程中，承运人有必要对其责任期内的相关损失承担责任。除此之外，对某些人员违反了该规则规定的相关承运人义务，无论是以作为方式还是不作为方式，承运人都须承担相应的赔偿责任，包括承运人所雇佣的人、船长或者相关船员以及承诺履行相关合同中承运人义务的其他人。当然，这些都有一定的限制，但是一旦出错，承运人亦须承担相关责任。

通过比较可以看出，《海牙规则》《汉堡规则》《鹿特丹规则》各自都是为了满足相关方的需求，协调海上运输问题，在各方利益主体相互协调下形成的。从《海牙规则》到《汉堡规则》，再到《鹿特丹规则》，公约中关于承运人责任的规定越来越明确，也越来越严格，这对于保护托运人利益、限制承运人起到了很好作用。

阅读资料

盘点船舶污染损害赔偿四大国际公约

当前,航运业普遍适用的与船舶污染损害赔偿有关的国际公约主要为《1992年国际油污损害民事责任公约》(简称《1992年民事责任公约》)、《1992年国际油污损害赔偿基金公约》(简称《1992年基金公约》)、《2001年国际燃油污染损害民事责任公约》(简称《2001年燃油公约》)以及《2010年国际海上运输有毒有害物质损害责任及赔偿公约》(简称《2010年HNS公约》)。了解各公约之间的相互差异及联系,对掌握船舶污染损害赔偿的法律原理和实践操作是非常有必要的。本文简介了上述国际公约的主要内容,并分析了各公约之间的相互关系及所发挥的具体作用,便于厘清国际船舶污染损害赔偿机制。

一、《1992年民事责任公约》

1967年"托利·卡尼翁"(Torrey Canyon)号油轮溢油事故暴露出船舶油污损害赔偿制度的极度匮乏,为了使油污受害人得到应有的赔偿,政府间海事协商组织(后更名为国际海事组织)于1969年通过了《国际油污损害民事责任公约》(简称《1969年民事责任公约》),适用于为运输散装持久性烃类矿物油(如原油、燃料油、重柴油和润滑油)而建造或改建的任何类型的海船和海上航行器,以及能够运输油类和其他货物的船舶,不论这种矿物油是在船上作为货物运输还是作为船舶的燃料。公约同时对下列行为造成的损害给予免责:战争等行为或不可抗拒自然现象等;完全由于第三方故意行为;完全由于负责维护助航设施管理的主管当局的疏忽或其他错误行为;污染损害完全或部分是遭受损害的人故意造成的行为。

对该公约进行修正的有1976年议定书、1984年议定书、1992年议定书和2000年修正案。其中,1976年议定书将赔偿金额的货币计算单位由金法郎改为特别提款权;1984年议定书一直未能生效;经1992年议定书修订的《1969年民事责任公约》被称为《1992年民事责任公约》,是目前适用范围最为广泛的。国际海事组织于2000年通过了对《1992年民事责任公约》的修正案,提高了船舶所有人的赔偿限额,最高可达8 977万特别提款权。截至2020年9月,《1992年民事责任公约》的缔约国共计141个,我国于1999年加入该公约。

二、《1992年基金公约》

由于在发生重大油污事故时,《国际油污损害民事责任公约》不能完全有效保证油污受害人得到充分的赔偿,并加重了船舶所有人的经济负担。政府间海事组织于1971年通过了《国际油污损害赔偿基金公约》(简称《1971年基金公约》)作为对《1969年民事责任公约》的补充,适用的船舶和污染源类型与《1969 年民事责任公约》相同，并将油污损坏赔偿民事责任分摊到石油货主。公约同时对由下述行为引起的溢油事故对责任主体免责，即：由战争等行为造成或从战舰等用于政府非商业目的之船舶溢出；不能证明损害是由于涉及一艘或者一艘以上船舶的事故所造成的；污染损害完全或部分地由遭受损害的人故意造成，但预防措施除外。

对该公约的修正也与民事责任公约基本一致，即 1976 年议定书将赔偿金额的货币计算单位改为特别提款权，1984 年议定书未能生效。目前适用最为广泛的基金公约是经 1992 年议定书修订的《1971 年基金公约》，又被称为《1992 年基金公约》。国际海事组织在对《1992 年基金公约》的修正案中提高了国际油污赔偿基金的赔偿限额，与《1992 民事责任公约》的赔偿之和不得超过 2.03 亿特别提款权。截至 2020 年 9 月，《1992 年基金公约》的缔约成员共计 118 个，我国仅香港加入该公约。2003 年议定书设立了国际油污损害赔偿补充基金，其目的是在《1992 年民事责任公约》和《1992 年基金公约》的基础上增加第三层赔偿，合计赔偿数额不得超过 7.5 亿特别提款权，大大提高了油污事故的赔偿限额。该议定书是非强制性的，所有《1992 年基金公约》的缔约成员都可以自愿加入。截至 2020 年 9 月，共计 32 个国家加入 2003 年议定书。

三、《2001 年燃油公约》

随着船舶数量的增加和油舱容积越来越大，燃油污染事故对环境的污染也越发严重，国际海事组织意识到燃油污染问题亟待有效解决，最终于 2001 年通过了《2001 年国际燃油污染损害民事责任公约》，适用于任何类型的海船或海上航行器，载有用于或拟用于操作或推进船舶的任何碳氢矿物油，及此类油的任何残余物（包括润滑油在内）的污染事故。其赔偿的责任限制与《1976 年海事赔偿责任限制公约》的具体要求相同，同时参考《1992 年民事责任公约》的免责条款。截至 2020 年 9 月，《2001 年燃油公约》的缔约国共计 99 个，我国也已加入该公约。

四、《2010 年 HNS 公约》

随着上述国际公约的制定与完善，油污损害赔偿机制现已较为成熟，但船载有毒有害物质泄漏引发的严重海洋污染日益成为国际社会普遍关注的问题。国际海事组织于 1996 年通过《国际海上运输有毒有害物质损害责任及赔偿公约》（简称《1969 年 HNS 公约》）。鉴于该公约通过后一直未能生效，针对尚未解决的分歧及问题，后续国际海事组织又通过了 2010 年议定书，经该议定书修正的《1996 年 HNS 公约》被称为《2010 年 HNS 公约》，但至今仍未生效。截至 2020 年 9 月，仅有 5 个国家加入《2010 年 HNS 公约》，但我国并未加入。

五、各公约的相互联系和作用

《1992年民事责任公约》与《1992年基金公约》共同构成了确保向遭受船载散装油类货物的油污事故受害人提供充分有效的国际油污赔偿的机制。具体来说,《1992年民事责任公约》确定了船舶所有人的第一位赔偿责任,而《1992年基金公约》在前者的基础上,为油污事故受害人提供了石油货主的第二位赔偿责任。最后,补充基金又在前两者的基础上设立了第三层赔偿。《2001年燃油公约》是对《1992年民事责任公约》的补充,适用于《1992年民事责任公约》调整之外的船载燃油造成的污染损害。换言之,能适用《1992年民事责任公约》的,就不会适用《2001年燃油公约》。需特别注意,载有散装油类货物的船舶的燃油泄漏造成污染的,适用的是《1992年民事责任公约》。而《2010年HNS公约》通过借鉴上述油污损害赔偿机制,单独建立了针对有毒有害物质的损害赔偿机制。与油污损害赔偿机制不同的是,《2001年HNS公约》将船东和货主责任仅通过一个公约就确定下来。受到"桑吉"轮等重大污染事故的影响,《2010年HNS公约》的生效变得必要和急迫。上述各公约的不断完善也彰显了国际海事组织致力于"让海洋更清洁"的决心。研究和学习船舶污染损坏赔偿的国际公约和立法,对建立和健全符合我国国情的船舶污染损害赔偿机制是大有裨益的。

资料来源:【公约解读】盘点船舶污染损害赔偿四大国际公约[EB/OL].(2020-10-26)[2022-06-30]. https://mp.weixin.qq.com/s?biz=MzA3MTky-MzU2MQ==&mid=2652724161&idx=1&sn=31b482bbece1dc61f3ffb6a65086b085&chksm=84cfd9c7b3b850d19486f21e31faea06bc7461e3e3e97dfa399b2cc7148957cfd82cc92cfae5&scene=27.(有改动)

第三节　国际航运组织

一、国际海事组织

(一)组织概况

国际海事组织,全称是International Maritime Organization,其前身是1948年在日内瓦联合国海运会议上通过、1959年1月6日在伦敦成立的政府间海事协商组织,1982年更名为国际海事组织(IMO)。总部设在伦敦,是联合国中负责处理海运技术问题的一个专门机构。

IMO 的宗旨是促进各国的航运技术合作，鼓励各国在促进海上安全、提高船舶航行效率、防止和控制船舶对海洋的污染方面采取统一的标准。在 IMO 通过的多个海事方面的公约中，最著名的是涉及航运安全、海洋环境和船员管理的 SOLAS、MARPOL 73/78（即《关于 1973 年防止船舶污染国际公约之 1978 年议定书》）和 STCW 78/95（即《1978 年海员培训、发证和值班标准国际公约》的 1995 年修正案）三项公约。

IMO 的最高权力机构为大会，下有理事会和五个委员会（海上安全委员会、海洋环境保护委员会、法律委员会、技术合作委员会和便利运输委员会）。当前，IMO 共有 175 个正式成员和 3 个联系成员。

国际海事组织理事会共有 40 名成员，分为 A、B、C 三类。其中 10 个 A 类理事为航运大国，10 个 B 类理事为海上贸易量最大的国家，20 个 C 类理事为地区代表。理事会是国际海事组织的执行机构，在大会的领导下负责管理该组织的工作，在两届大会之间履行大会的所有职能。理事会是该组织的重要决策机构。该组织每 2 年举行一次大会，改选理事会和主席。当选主席和理事国任期 2 年。

中国于 1973 年加入该组织。1975 年在该组织的第 9 届大会上，中国当选为 B 类理事国并一直连任。1989 年在该组织的第 16 届大会上，中国当选为 A 类理事国并连任至今。中国加入该组织后，历年均派团出席有关国际会议并参与相关国际法规、议定书的制定工作，在有关海事、安全等具体业务方面，中国政府有关部门与该组织开展并保持了有效合作，双边和多边交流活动顺利进行。

2020 年，IMO 举行了理事会第 124 届会议和第 31、32 届特别理事会，海上安全委员会第 101 届会议，海洋环境保护委员会第 75 届会议，法律委员会第 107 届会议，技术合作委员会第 70 届会议，便利运输委员会第 44 届会议及四个技术分委会的会议。中国代表团出席上述会议，在海运温室气体减排、船舶效能、海上安全、抗击新冠肺炎疫情等议题上发挥重要作用。

（二）业务作用

国际海事组织运行之初，主要致力于创制有关海上安全和防止海洋污染的国际公约，包括：采用最新版本的 SOLAS，引入全球海上遇险与安全系统（GMDSS）；制定有关国际海上交通、载重线、危险物运输、船舶吨位测量系统等的公约；通过 MARPOL 73/78；将每年 3 月 17 日（后改为 9 月最后一周的某一天）定为“世界海事日”，以引起人们对船只安全、海洋环境和国际海事组织的重视等。IMO 的主要作用体现在以下方面：

①制定和实施有关安全的公约；

②海上保安；

③防止海盗和武装抢劫船舶；

④防止船舶污染；

⑤促进可持续的海上运输；

⑥提供技术援助。

(三)IMO海事安全类公约的发展趋势

1. 从被动应对转为主动防控

纵观IMO海事安全类公约的修改历史,可以发现它们几乎都与重大的海难和重大的油污事故有密切联系。虽然基于事故调查和经验总结所作的这种被动应对修改公约的方式对保证海上安全起到了积极的作用,但国际海事界并不满足现状,尤其是美国、欧盟等常以此为借口单独立法,导致单边立法之风愈演愈烈,IMO基于保证海上航行安全和维护自己在国际海事界的权威地位的双重考虑,开始思考主动应对的方针。船舶综合安全评估(FSA)的提出使IMO对船舶事故的反应方式从被动应对转为主动防控,在事故发生前预估事故发生的概率,以此为依据确定资源的最优化分配,从而避免事故的发生或降低事故发生的概率,通过对风险控制的费用和所产生的效益进行权衡,为公约的制定或修改提供依据。由于各国对风险的估计与认识不一, FSA提供了一种方法使各国可以充分考虑公约修改对航运界的整体影响,有助于各方达成共识。

2. 鼓励船舶设计和建造技术革新

目标型船舶建造标准(GBS)在IMO的引入使得以往达到IMO海事安全类公约要求的手段不再那么单一,海事界将从被动地接受国际标准转变为主动地设定目标型船舶建造标准。GBS生效后,船舶的标准将是统一的,而达到这一标准的途径则是多元化的。船级社规范和船舶标准等需要由船级社提交给IMO,并由IMO认定符合GBS要求(即能达到IMO设定的安全目标和功能要求)后才能作为国际标准在全球推广。在达到GBS要求的过程中,只有掌握GBS的内涵和核心技术,才能参与国际竞争,造船技术不符合GBS要求的造船企业将遭到市场的淘汰。这些都将促使船厂、船用设备生产厂家等加大研发力度,革新船舶设计和建造技术以扩大自己的市场份额。

3. 强调人的因素理论在海事立法中的应用

进入21世纪,航运界对人的因素这一问题的关注达到前所未有的高度。国际组织制定的强制性海上安全、保安及防污染公约的要求都依赖海员来实现,在一些地区和国家船员短缺的趋势导致的供求关系失衡等问题也都与人的因素有关,而近年来由于海上安全和环境保护的需要, IMO逐渐加大了对人的因素的关注度。不仅体现在IMO制定的ISM规则、海事调查规则上,还体现在IMO的技术机构——海上安全委员会和海洋环境保护委员会的行动守则(即《海上安全委员会和海洋环境保护委员会及其下属机构组织及工作方法导则》)中。

阅读资料

世界海事日

“世界海事日”最早出现在1978年。1978年3月17日正值《国际海事组织公约》生效20周年。1977年11月的国际海事组织第10届大会通过决议,决定今后每年3月17日为“世界海事日”,则1978年3月17日成为第一个“世界海事日”。1979年11月,国际海事组织第11届大会对此决议作出修改,考虑9月的气候较适宜海事活动,因此此后的“世界海事日”改在9月最后一周的某一天。

2005年4月25日,国务院批准决定自2005年起,每年7月11日为“航海日”,同时作为“世界海事日”在中国的实施日期,也是郑和下西洋纪念日。“航海日”自此成为政府主导、全民参加的全国性法定活动日。已分别在上海、山东青岛、江苏太仓举办了多届的“航海日”纪念活动。

资料来源:世界海事日[EB/OL]. [2022-12-30]. https://upimg.baike.so.com/doc/6334081-6547692.html.(有改动)

二、国际移动卫星组织

(一)组织概况

国际移动卫星组织,原名国际海事卫星组织,简称INMARSAT。1976年9月,在国际海事组织的推动下,国际海事卫星组织在英国伦敦成立。后来,海事卫星通信的使用范围扩大到航空和陆上领域,所以机构名称也变成了现在的国际移动卫星组织。

国际移动卫星组织的运营模式是公益与商业并行。1999年,国际海事卫星组织改革为一个国际商业公司——国际移动卫星公司,同时保留了规模较小的国际组织机构——海事卫星组织,专门负责监督海事卫星履行遇险安全通信的责任。海事卫星组织现已发展为世界上唯一能为海、陆、空各行业用户提供全球化、全天候、全方位公众通信和遇险安全通信服务的机构。

INMARSAT的最大贡献在于创建了海事卫星系统。该系统最初是由美国发射的3颗卫星组成的,定点在大西洋、太平洋和印度洋,组成了全球海事卫星通信网。然后其被转让给了欧洲,欧洲的组织又发射了卫星,现在的海事卫星有9颗。海事电话是通过卫星连接的,海事卫星电话在发生船舶遇难等极端情况时,可立即通过通信卫星求援。除此以外,在突发事件(例如恐怖活动、火灾现场、救灾抢险、新闻广播)中,海事卫星系统能实现行进中的视频图像及数据传输,以快速地建立通信枢纽。中国是INMARSAT的创始成员国,中国交通通信中心是INMARSAT的股东,也是被授权经营和管理中国境内INMARSAT业务的唯一运营商。中国的中央和地方政府亦将INMARSAT视为紧急和自然灾害情况下第一救急的通信标准。2014年,INMARSAT成立北京办公室,正式进军中国。

(二)业务与作用

INMARSAT经营海事卫星,在全球范围内特别是海洋、高山等常规公用通信网络难以覆盖的地方提供通信和定位服务。其覆盖面广,受地面无线电干扰小,接收速度快,自动化程度高,通信质量好。利用海事卫星系统可以有效地解决海上搜索面临的通信问题。1982年2月1日起,该组织利用美国国内的海事卫星系统,开始为世界三大洋航行的船舶提供通信服务,是船舶遇险安全通信的主要支持系统,并承担陆地应急通信和灾害救助通信。从1985年起,海事卫星系统的使用范围逐步扩大到航空及陆上领域,成为海、陆、空全能的通信系统,现在INMARSAT管理的全球移动卫星通信系统向所有国家开放,为航海、航空和海上工业提供遇险和安全通信服务及电话、电传、数据和传真服务,其已成为世界上唯一为海、陆、空用户提供通信服务的国际组织。全球移动卫星通信系统是全球业务发展最好、技术最先进的移动卫星通信和信息系统,无论从可靠性、经济性还是实用性看,都具有无可比拟的优越性。

与INMARSAT相关的一个重要进展是1998年IMO决定用GMDSS替代原有的海上遇险和安全系统。这一系统充分利用了海事卫星的优势,可以确保安全与效率的有机结合。GMDSS要求船上携带一种操作简便的设备,具有船对岸、岸对船、船对船的一般通信功能和遇险、搜索信号发射定位等功能。

阅读资料

欧洲和日本国家船东协会委员会

欧洲和日本国家船东协会委员会(CENSA)于1974年1月1日成立,总部设在伦敦,该组织由比利时、丹麦、芬兰、法国、德国、希腊、意大利、日本、荷兰、挪威、葡萄牙、瑞典、英国13个主要航运国家的船东协会组成。其工作范围涉及航运政策和海运领域的各方面,涉及的船舶包括班轮、不定期船、干货船以及油轮。

成立CENSA的主要目的是通过制定合理的航运政策保护和促进其成员的利益。具体包括以下方面。

①通过完善海运法规,维护其成员利益,消除海上运输和贸易方面的限制。

②建立市场自由机制,尽量避免政府歧视,减轻海运法规对托运人的影响,使托运人可以自由选择承运船舶。

③在海运供需双方之间建立自由贸易体系，使该体系尽可能自我调节。

CENSA 每年召开 4~5 次会议，委员会设 1 名主席、2 名副主席，他们都是从成员国的主要船东中选出来的。每个国家在委员会里有 2 名代表。委员会下设 4 个部门，分别涉及下列问题：

①联合国航运政策研究；

②美国航运政策进展；

③欧洲班轮公会和欧洲船东协会之间的会议进展情况；

④世界上其他地区有可能影响委员会成员的立法、政策的变更；

⑤散货、油船运输政策的发展。

CENSA 是联合国贸易和发展会议的咨询机构，与全欧班轮公会联系密切，是欧洲货主委员会的伙伴。日本和欧洲一些国家组织起来，可以互相交流信息，促进世界海运业的发展，也促进了这些国家经济和贸易的发展。

资料来源：欧洲和日本国家船东协会委员会[EB/OL].（2014-09-17）[2022-06-30]. http://www.eworldship.com/index.php?m=wiki&c=index&a=doc_detail&did=16776.（有改动）

第四节 国际航运协会与机构

一、国际船级社协会

1930 年相关海运国家在伦敦召开了国际载重线会议，通过了一项督促各国船级社之间经常进行磋商以尽可能对船舶强度标准取得一致意见的建议案。为了响应这一号召，意大利、美国、法国、挪威、德国、英国和日本 7 国的船级社代表于 1939 年在意大利罗马召开了会议，后来又于 1955 年、1959 年和 1965 年分别在巴黎、伦敦和纽约召开了会议。这几次会议为国际船级社协会的成立奠定了基础。

随着航运和造船业越来越国际化，出现了大量涉及各国共同利益的问题，有关方面都希望能设立某种机构来协商解决这些问题。在船舶入级标准上各国也希望能取得较为一致的意见。终于在 1968 年 9 月 11 日在劳氏船级社总部正式成立了国际船级社协会（IACS）。

加入国际船级社协会的验船机构或船级社在世界上要有一定声誉，向其入级的船舶要达 500 万总吨，还必须提供一套验船师及职员名单、规范及船名录。申请入会须经理事会的一致同意后才能被接纳。

国际船级社协会的第一批正式成员有7个，就是出席1939年罗马会议的7个国家的船级社，后来苏联和波兰的船舶登记局也正式被接纳为成员，南斯拉夫、南朝鲜（今韩国）和东德的验船机构被承认为联系会员。

（一）组织机构

IACS的管理机构为理事会，由各船级社派出一名高级行政人员组成，每年召开一次会议。理事会主席由各船级社轮流担任，任期2年。理事会主席的主要工作是协调各成员社的活动并担任协会的正式发言人。理事会负责检查下属的各个工作小组的活动计划，明确各个工作小组调查的范围并授予其必要的资格，审查各个工作小组提上来的决议或建议。国际船级社协会的工作计划，先由各成员社、海协或造船厂和船东协会等组织提出，再由理事会负责安排给下属的各个工作小组，各个工作小组按照既定的规则进行工作。

理事会下设综合政策小组（由每个成员社的行政代表组成）、质量委员会和常设秘书处，并设有14个工作小组，分别负责以下方面的工作：集装箱；钻井装置；电气设备；轮机；防火；液化气和化学品运输船；船舶防污；材料和焊接；系泊和锚泊；管系和压力容器；船体强度；分舱、稳性和载重线；内河船舶；检验、报告与发证。此外，还设有研究专门课题的5个特设工作组，分别负责以下方面的工作：传动装置；驾驶台单人操作；救生设备；疲劳因素和船上应急计划。质量委员会由每个成员社的代表组成，负责推行质量体系认证计划。常设秘书处由协会的常设秘书、技术官员和行政管理人员组成。

（二）主要活动

IACS的主要活动包括召开理事会及下设的各专业委员会和工作小组的会议，参加国际海事组织召开的有关技术会议，与国际标准化组织及其他国际组织保持联系，统一解释国际海事组织制定的国际公约、规则和建议案的实施中存在的技术问题，统一各国船级社的船舶建造规范，并朝着统一制定国际船舶检验规范的方向发展。1969年，该协会获得国际海事组织的咨询地位。IACS是国际海事组织中唯一能够制定并实施船舶结构设计、建造和检验规范的组织。

IACS成员船级社的入级船舶吨位总和约占全球商船总吨位的98%。然而，不断发生的海损事故引起国际海事界的密切关注，国际船级社协会受到尖锐的批评并面临新的严峻挑战。国际船级社协会的每个成员社必须不断改善服务质量，提高验船师的能力和可靠程度，保持雄厚的技术实力，在其船舶入级规范中反映材料、船体、轮机系统等最新成果。

二、国际海事委员会

国际海事委员会（CMI）的主要工作是就相关的各类国际海事公约提出建议，制定草案，参加审议，国际上现行的不少公约均出自此委员会。该机构于1897年在比利时布鲁塞尔成立，由各国海商法协会组成，如国内无海商法协会，则可由类似组织或个人参加，但无表决权，现有会员 52 个，总部设在安特卫普。国际海事委员会通常每 4 年召开一次国际会议，审议其起草的国际公约草案或建议。

其宗旨是通过各种适当的方式和活动促进国际海商法、海事惯例和实践做法的统一，促进各国海商法协会的成立，并与其他具有相同宗旨的国际性协会或组织进行合作。具体包括：第一，促进海商法的实施，推动国际海事安全发展；第二，建立海事仲裁委员会，研究处理成员国家间的争端问题；第三，制定海商法案。国际海事委员会创立以来，草拟了不少国际海事公约，并被国际社会接纳，著名的如《约克·安特卫普规则》《海上避碰规则》《船舶碰撞中民事管辖权方面若干规定的国际公约》《维斯比规则》等。

CMI 与 IMO 是国际上两大主要的海事立法主体，其中 CMI 是国际民间私人组织（它属于在 IMO 中享有咨询地位的非政府组织（NGO）的一种）。IMO 是联合国的专门机构之一，属于政府间国际组织（IGO）。该组织下设的法律委员会，负责研究有关海上安全和防止船舶污染海洋方面的法律问题，并制定相应的国际公约以及其他海事法律。

大会是国际海事委员会的权力机构，由所有国际海事委员会的成员组成。大会设主席、副主席以及执行秘书长、行政秘书长和财务主任。执行委员会是国际海事委员会的业务执行机构。

该委员会由澳大利亚、比利时、加拿大、美国、德国等 50 多个国家的海商法协会团体会员及个人会员组成。其会员资格向从事海事商业活动的人（个人和团体）或者海商法专家开放，申请加入的组织的宗旨或宗旨之一应符合国际海事委员会的宗旨。

三、国际航标协会

国际航标协会（IALA），以前称国际灯塔管理局协会，是一个非营利的、非政府间的国际技术协会，成立于 1957 年。国际航标协会总部设在法国。

（一）宗旨与职能

国际航标协会的宗旨是为来自世界各地区的航标管理当局、生产厂商和咨询机构提供一个平台，共同致力于协调全球范围内航标系统的标准、促进船舶安全和有效地航行、加强海洋环境保护。

国际航标协会的职能有：

①通过促进成员之间的密切工作关系及协作，开展国际合作；

②收集和发布信息，交流最新的发展动态和共同感兴趣的话题；

③与相关的政府间、国际的和其他组织联络，例如国际海事组织（IMO）、国际海道测量组织（IHO）、国际照明委员会（CIE）和国际电信联盟（CITU）；

④与代表航标用户的组织联络；

⑤致力于航行新技术、水道测量事务（反映为航标事务）和船舶交通管理等

事宜；

⑥就航标事务（包括技术问题、组织机构或培训事宜等）提供专家建议和帮助；

⑦建立委员会或者工作组，以制定和出版适当的 IALA 建议和指南、参与制定国际标准和规范、研究特定问题等；

⑧鼓励国际航标协会成员制定相应的政策，解决与航标建设和使用相关的社会和环境事宜，包括保护历史灯塔、利用航标作为数据收集或其他政府服务和商业服务的平台等；

⑨组织与助航活动有关的国际会议和研讨会。

（二）组织机构

国际航标协会下设国际航标协会理事会、国际航标协会会员大会、委员会、政策顾问组等机构，有国家会员、联系会员、工业会员和名誉会员四种会员，定期召开大会、专题研讨会、展览等。其中，委员会包括工程、环境和保护委员会，航标管理委员会，船舶交通服务委员会，无线电导航委员会，自动识别系统委员会。

IALA 最著名的技术成就在于国际浮标设置体系的统一方面。1980 年 IALA 设计的浮标系统公布。其实施工作是非常艰巨的，因为当时世界上共有 30 多种不同的浮标在使用。IALA 为了统一浮标，作了很多努力，目前 IALA 浮标体系已经基本替代其他浮标体系。

四、其他国际航运机构与协会

（一）波罗的海国际航运公会

波罗的海国际航运公会（BIMCO），是一个具有 100 多年历史的国际航运组织。

作为一个知名的航运非政府组织，BIMCO 与其他海运组织联系非常紧密，在诸多联合国机构（如国际海事组织（IMO）、联合国经济及社会理事会（ECOSOC）、国际商会（ICC）等）中担任观察员。同时，BIMCO 与欧盟、美国及亚洲的海运管理者、政策制定者以及其他利益方之间也始终保持着密切的沟通。

BIMCO 已有 120 个成员国、2 500 多个会员，其中有 955 个船东会员、1 413 个船舶代理和经纪会员、46 个保险公司和保赔协会会员和 94 个其他航运组织会员。值得一提的是，BIMCO 的船东会员共拥有 1.4 万多艘船舶、5.25 亿载重吨的运力，约占世界海运业总运力的 65%，在全球航运业中具有举足轻重的地位。

其服务范围主要有以下三个方面。

（1）研究、制定并推广 BIMCO 的标准合同和条款

据估计，国际海运和相关行业中有将近 3/4 的合同采用了 BIMCO 的标准合同和条款，其中包括租船行业中的 GENCON94、BOXTIME2004、GENTIME 等；提单中的 AUSTWHEATBILL 等；船舶管理中的 SHIPMAN98、CREWMANA/B 等；船舶拖带中的 TOWCON 和 TOWHIRE；船舶买卖中的 SALEFORM87/93；修船业中

的 REPAIRCON；新造船业中的 NEWBUILDCON。会员可通过 BIMCO 网络获取合同范本，从而根据合同磋商内容轻松快捷地实现对合同范本的编辑和修订。

（2）提供信息服务

BIMCO 平均每天为世界各地会员提供多达 150 项咨询服务。BIMCO 的会员能免费从网站上获得各类港口和航运市场信息，如全球港口情况、货物资料、冰冻信息、成本建议、费率信息、燃料价格、公司信息查询、航运市场报告、海运技术协助、航运安全指南、航运贸易限制等。同时，BIMCO 向会员提供租约争议的咨询和协助介入服务。

（3）制作出版物

BIMCO 的出版刊物种类丰富且全部向会员开放，如各类的标准合同范本及术语解释，美国港口国监督（PSC）检查手册，防范海盗、抢劫及偷盗的提示，船长安全指南，船舶靠岸安全指南，费率表，冰冻手册，签约前检查指南，巴拿马运河及其延伸，航运市场人力资源报告以及 BIMCO 期刊等。

BIMCO 周刊刊登最新加入该组织的成员的名单和航运市场信息。BIMCO 公告每年出 6 期，主要介绍海运业的发展趋势和对一些海事案例的判决。BIMCO 与其他海运组织联系非常密切，它的许多成员国同时也是 IMO 的成员。BIMCO 是联合国经济及社会理事会和国际气象组织的咨询机构，与联合国贸易和发展会议观察员及国际商会等有合作关系。

（二）国际航运公会

国际航运公会成立于 1921 年，主要是由英、美、日等 23 个国家有影响力的私人船东组成的协会，协会成员大约拥有 50%的世界商船总吨位。国际航运公会成立的宗旨是保护本协会内所有成员的利益，就互相关心的技术、工业或者商业等问题交流思想，通过协商达成一致意见，共同合作。

（三）国际海运联合会

国际海运联合会（ISF）成立于 1909 年，当时是欧洲的船东组织，到 1919 年才成为世界性的船东组织。国际海运联合会在有关海员雇佣和安全的所有问题上代表船东的利益，总部设在伦敦。

国际海运联合会有以下三个主要目标：

①为会员提供并和会员交流最新的海员雇佣情报；

②根据海员的雇佣发展情况，提出和协调各国船东的意见；

③在讨论处理海员问题的国际论坛上，代表会员的利益与各国政府和工会商洽，其工作重点在劳动标准方面，主要任务是协调和提出雇主的观点。

国际海运联合会还为国际海事组织、联合国贸易和发展会议、联合国经济及社会理事会担任咨询工作。在国际海事组织里，国际海运联合会主要关心船员的配备和培训工作，参与制定了 1978 年《关于海员培训、发证和值班标准国际公约》。

国际海运联合会还负责船员工资、健康、协调与工会的关系、船员配备与组织等。

国际海运联合会主要为船东谋福利，但它与国际劳工组织、国际海事组织合作，积极参加拟订与海员雇佣条件、健康培训和福利有关的重要的国际劳工组织公约和决议，对航运业的发展起着重要的作用。

国际海运联合会有 28 个会员国，拥有船舶的吨位超过世界总吨位的一半，拥有船员超过 50 万人。

（四）国际独立油轮船东协会

国际独立油轮船东协会（INTERTANKO）成立于 1790 年，总部设在挪威奥斯陆，由来自各海运国家的独立油轮船东组成。当时正处于石油危机时期，它成功地将油轮集中起来管理，以便有关船东在竞争中紧密合作。20 世纪 30 年代末，随着油运市场行情的改善，这一组织的活动慢慢地减少，直到 1954 年正式解散。20 世纪 50 年代中期，该组织在伦敦重新成立，可是由于没有足够的能力来维护其成员的利益，因此处于一种半休眠状态。1970 年，一些独立油轮船东聚集在奥斯陆，由 10 个海运国家的代表再次组成了 INTERTANKO，于 1971 年 1 月开始工作。INTERTANKO 旗下有 260 多个会员，其拥有或经营着世界上绝大多数国际油轮及化学品船。同时，INTERTANKO 还拥有来自各相关企业的 300 多个合作会员。石油公司和政府所拥有的油轮船队不准加入协会成为会员。

INTERTANKO 是一个非营利性机构，它成立的宗旨是为会员之间交换意见提供场所，促进自由竞争，维护独立油轮船东的利益，加强技术和商业之间的交流，帮助行业利益相关方建立建设性伙伴关系。作为一个强大的技术性国际组织，INTERTANKO 在制定及有效执行规范及行业标准方面起着领导作用，对石油运输、油轮技术和安全等拥有权威性发言权。INTERTANKO 特别强调它所提供的服务对其成员具有实际价值。其业务主要包括以下五个。

①提供港口信息。成员们每月会收到包括最新港口状况和费用的公告。当发现某处乱收费时，INTERTANKO 代表其成员作出快速反应，在港口费、代理机构安排、运费等方面给出专家建议。

②帮助船东解决运费和滞期费问题。该机构帮助油轮船东解决租船方、石油交易商拖延支付或不支付运费的问题。在此项服务开设的前 2 年，就成功地帮助船东回收了 150 万美元的资金。

③提供标准的租船合同。INTERTANKO 提供各种标准的租船合同条款和文本，专家们向其成员提供各种实际可行的关于租船方面的建议。

④开展市场研究。INTERTANKO 提供关于油轮市场供需方面独到的见解，出版了《油轮市场展望》《油轮经营风险和机遇》等书。

⑤提供关于船舶动态、海上安全、市场趋势、油轮费用、港口使用费等各方面的最新消息。INTERTANKO 凭借着优质的服务，给各独立油轮船东创造了更多的获利机会，同时也促进了自身的发展，对海运业经济贸易发展起了一定的推动作用。

2005 年 4 月 11 至 13 日，INTERTANKO 在希腊雅典召开年度大会和理事会会议。在本次会议上，经 INTERTANKO 理事会批准，中国船级社正式加入 INTER-

TANKO，成为 INTERTANKO 的副会员。

（五）国际油轮船东防污染联合会

国际油轮船东防污染联合会（ITOPF）建立于 1968 年。它的主要目的是管理《油轮船东自愿承担油污责任协定》（即 TOVALOP，下称《船东协定》），《船东协定》是世界油轮船东为了解决石油污染损害费用而提出的一个自愿赔偿计划。当初成立这个联合会的主要动力来自 1967 年的“托利·卡尼翁”（Torrey Canyon）油轮事件。由此次溢油事件，人们认识到能够提供赔偿的措施是很不充分的。

ITOPF 具有一些从应急计划到油污清除工作的多层次的对付溢油事故的专家。这些专家在应急计划制订和设备配备等问题的咨询方面在世界范围内建立了威信。他们尤其擅长于赶赴较大范围的溢油事故现场，指导溢油的消除工作，评估污染损害程序和进行索赔分析。ITOPF 同时也是一个综合的情报资料中心，收集世界各国发生的溢油事故的有关数据，并总结从中应吸取的教训。

ITOPF 的主要工作包括协商赔偿、制定溢油对策、开展事故后调查、提供咨询和培训、提供情报资料五个方面。

（六）国际运输工人联合会

国际运输工人联合会（ITF）于 1896 年由一些欧洲海员与码头工人工会领导人在伦敦创立，后移到汉堡。该组织曾因战争停止活动一段时间。1919 年在荷兰鹿特丹重新组建，并于 1939 年迁回伦敦。在内罗毕、瓦加杜古、东京、新德里、里约热内卢、乔治敦、莫斯科与布鲁塞尔设有办事处。ITF 现有 781 个工会属会成员。属会成员来自 155 个国家，其中陆、海、空运输工人会员超过 4 600 000 名。

ITF 代表全球的运输工人，主要目的是提高工会和工人在世界上的地位，改善运输工人的工作和生活条件；保护其成员利益，帮助其成员工会开展活动；为其成员提供研究和信息服务；向有困难、遇到麻烦的运输工人提供帮助。

ITF 包含海运、铁路运输、公路运输、民航、港口、内陆航运、渔业及旅游服务八个行业部门。

其工作范畴如下。

①在国际运输行业中，代表各国及各地区运输工人，争取工人的合理权益；促进国际社会对运输工人及其工会权利的尊重和支持；为遇到困难的运输工人提供协助。

②联系不同国家及地区的属会成员，加强交流，促进团结，协调行动；在争取社会公益及经济发展的基础上，为和平而奋斗。

③为属会成员及所属行业工人，提供有关行业的重要信息，以制定适当的发展策略及行动准则。

ITF 的主要功能是研究国际运输行业的动向，为属会成员提供有关信息及建议。ITF 设有专门人才培训部门，培养联合会及属会成员所需工作人员，以发展强大及民主的运输工人工会。

ITF 的另一主要功能，是开展属会成员之间的跨地域团结行动。如当某地的属会成员进行工业行动时，在必要时可以通过联盟获得跨地域的声援或行动支持，从而扩大声势，更有利于取得预期成果。方便旗运动正是这种跨地域团结的成功典范，ITF 在世界各地港口的属会成员及检查员，每当发现某方便旗船舶存在侵害船员权益的情况，即可采取合法及可行的抗争行动。这类抗争行动，往往能协助有关船员取回应得的薪酬，或令其工作环境及生活设施得到改善。

（七）国际港口协会

国际港口协会（IAPH）于 1955 年 11 月 7 日在美国洛杉矶成立，总部设在日本东京，是一个非营利性的非政府组织。其宗旨是“世界港口带动世界贸易，世界贸易营造世界和平”，工作职责是制定保护港口权益的政策措施，保障成员港在政府间及有关国际组织中的合法权益，加强同船东、港航界及同港口相关团体的合作，促进港口进步，搞好港口服务工作。IAPH 的最高权力机构为理事会，主要任务是制定各项政策，组织两年一届的世界港口大会。

中国港口协会是由中华人民共和国民政部批准设立的中国港口界唯一的全国性行业协会，是由全国港口行业内以及与港口行业相关的企事业单位自愿组成的，是跨地区、跨部门的非营利性的社会团体，是社团法人。2016 年，它被我国民政部评为全国“4A”级行业协会。

中国港口协会成立于 1981 年，至今已先后召开了 8 次会员代表大会。目前有单位会员 750 多个，会员遍及我国沿海和长江、珠江、黑龙江、京杭运河等水系的各主要港口。

中国港口协会的主要任务是执行国家和政府业务主管部门关于行业协会工作的方针、政策和规章，以行业服务、行业代表、行业协调、行业自律为基本职能，围绕行业发展的中心任务，通过政府业务主管部门授权或政府与会员的委托，承担行业管理的有关工作，参与有关行业发展的决策，坚持为会员服务的宗旨，维护行业和会员的权益，在政府和企业之间发挥桥梁、纽带作用，努力促进中国港口事业的持续健康发展。

中国港口协会业务主管部门为中华人民共和国交通运输部。中国港口协会是国际港口协会的联系会员。

（八）国际船东保赔协会集团

国际船东保赔协会集团是有众多船东保赔协会参加的国际组织。其前身是由英国 6 家船东保赔协会组成的伦敦船东保赔协会集团。由于该集团的服务、资金及信誉很好，在协调各协会间的矛盾方面也有出色的表现，因而其他国家的一些保赔协会相继申请加入，该集团已成为拥有 15 名会员的国际组织。1981 年正式宣告成立国际船东保赔协会集团，其主要活动有：制定各保赔协会间的分保协议；在集团内部安排分保，并把超过集团承保限额的保赔责任通过超赔分保合同，分散到劳合社保险市场。

船东互保协会(Shipowners Mutual Assurance Association)为集团成员之一。船东互保协会是船东间互助性保险机构,承保船东海上经营风险,旨在保障船东利益、补偿会员经济损失。除了海上保险的专业化外,船东互保协会最大的特点是国际化,即会员国际化、保险业务国际化、海商海事案件处理国际化、投资活动国际化。经过150年的发展和经营,互保协会在国际海运界、保险界和法律界的形象已确立,信誉已被确认。因此,国际化是船东互保协会最高也是最基本的服务标准和要求。

船东互保协会由船东组成,规定承保范围,意图为船东可能承担的责任提供金融保障。每年度保险费的溢价将汇入根据风险暴露程度确定的共同基金,而损失将从该共同基金对外补偿。

(九)联合国贸易和发展会议

联合国贸易和发展会议成立于1964年,是联合国大会常设机构之一。

联合国贸易和发展会议是审议有关国家贸易与经济发展问题的国际经济组织,是联合国系统内唯一综合处理发展和贸易、资金、技术、投资和可持续发展领域相关问题的政府间机构,总部设在瑞士日内瓦,有成员国192个。

联合国贸易和发展会议每4年举行一届大会,大会是其最高权力机构。

阅读资料

国际航运商会

国际航运商会是各国船舶所有人协会联合组成的民间国际航运组织。其目的在于广泛交流和协调国际航运政策以维护船舶所有人利益。国际航运商会成立于1921年,会址设在伦敦。

宗旨和业务范围

国际航运商会代表在自由贸易原则基础上经营船队的各国船舶所有人的利益,从事以下业务:①在一般国际航运政策方面,维护各会员国的利益;②通过航运商会成员国间交换意见,制定政策以供国际上及会员国采用;③就共同关心的问题,与其他技术、工业或商业部门进行合作;④为了实现上述宗旨和从事上述业务而参与其他国际组织的研究和讨论。

国际航运商会在海上安全、防止污染和简化贸易手续方面出版了不少刊物,还向会员分别散发有关航海、油船和火灾事故的报告,以促使航运公司及其工作人员从这些事故中吸取经验教训,提高对潜在危险的认识,防止事故的发生。

会员

国际航运商会主要会员系各国船舶所有人协会。对尚未建立船舶所有人协会的国家,也可以吸收航运公司为会员。入会的主要条件是,协会或航运企业必须是在自由贸易基础上组建的。各国国营航运企业只能成为联系会员，无权参加航运商会的决策。1981 年商会有 30 个会员，其中有英国、美国、日本、法国、挪威等航运发达国家会员 20 名，印度、巴西、墨西哥、菲律宾、南斯拉夫等发展中国家会员 10 名。会员拥有的船舶总吨位约占世界商船总吨位的 2/3。

国际联系

国际航运商会在国际海事组织、联合国贸易和发展会议、国际电信联盟、亚洲太平洋地区经济和社会理事会等联合国国际组织中已取得咨询地位，并与国际商会、波罗的海国际航运公会、石油公司国际海运论坛、国际独立船舶所有人协会等民间组织保持密切联系。

组织机构

国际航运商会设主席 1 人，副主席 2 人，他们由全体会员大会选举产生，任期到下届大会，可以连选连任。在情况合宜时，副主席可在各国会员中轮流选任。会员大会还选出执行委员 9 人组成执行委员会，协助主席工作。执行委员会由主席主持。国际航运商会的日常工作在主席、副主席和执行委员会指导下由秘书长组织进行。秘书处设在伦敦的英国航运总会内。

国际航运商会设有专门委员会，办理航运业务工作。已有集装箱和多式联运、简化贸易手续和单证、海上保险、海上防污染、海上安全、海运法规、油船、化学品和液化气船等专门委员会，从事有关工作。其他业务则根据具体情况设立临时委员会处理。

资料来源：国际航运商会[EB/OL]. [2023-05-03]. https://baike.baidu.com/item/%E5%9B%BD%E9%99%85%E8%88%AA%E8%BF%90%E5%95%86%E4%BC%9A/5884609?fr=aladdin.（有改动）

案例分析

海上噩梦："M/T天堂"号油轮事件

热那亚港，位于意大利亚平宁半岛西北海岸的热那亚湾顶端，濒临利古里亚海的北侧，是意大利的最大海港之一，也是地中海沿岸第二大港。从热那亚港进出口的货物占意大利各港口进出运输量的 1/5，被称为"黄金码头"。然而，在这个港口附近，却发生了地中海最严重的油污事件之一——"M/T 天堂"号油轮事件。

回顾

1991 年 4 月 11 日 12 时 30 分左右,“M/T 天堂”号油轮在意大利热那亚湾海岸附近,正将一批 23 万吨重质原油卸给穆尔泰多(Multedo)石油平台,在转移 8 万吨重质原油之后,“M/T 天堂”号工作人员例行断开了与平台的连接,进行内部转移操作,以便将重质原油从油轮的两个侧舱泵入中央舱。在操作时,船舱内突然发生爆炸,大火瞬间从船舱中喷出,火光冲向百米高空并迅速吞没油轮前部,6 名船员当场丧生。这次事故泄漏重质原油约 14.5 万吨。法国和意大利之间约 40 千米的海岸线被 2~5 厘米厚的重质原油覆盖,给意大利热那亚湾相关海域及沿岸的生态环境带来难以估计的破坏。

原因

石油是全球经济运转的主要资源之一,当然也依赖这些在世界海洋范围内进行运输的油轮。而原油油轮船只往往是大型船舶,如“M/T 天堂”号油轮,这艘 23.369 万吨级的油轮被列为超级油轮(VLCC)的范围。事件发生的原因可概括为如下三点。一是油轮自身的安全隐患是造成此次事故的客观原因。“M/T 天堂”号油轮曾在 1987 年两伊战争期间被一枚飞鱼(Exocet)导弹击中过,虽然后续通过维修被认为适合执行任务,但还是为此次漏油事件埋下了安全隐患。二是重利益轻维护是造成此次事故的主要原因。由于受利益驱使,船东匆忙将“M/T 天堂”号油轮投入营运,加之在后续营运过程中缺乏对油轮的日常维护,最终导致事件的发生。三是相关部门疏于监管是造成本次事故的间接原因。由于缺少对油轮及相关经营主体的安全监管,导致本次漏油事件的发生。

影响

“M/T 天堂”号油轮事件发生后,调查人员发现:部分泄漏的重质原油沉入 1 600 英尺(487.68 米)深的海底,造成意大利、法国两国海岸严重污染,数十年才能恢复当地的环境;同时,此次漏油事件对海洋生物的影响也是巨大的,在有些渔区,鱼类种群减少约 43%,海草床和海底栖息生物受到损害。此外,相关产业发展也受到重创,尤其是渔业与旅游业。事件发生后,意大利和法国为此付出大量的人力、物力及时间,来消除事件带来的后续负面影响。

启示

“M/T 天堂”号油轮事件发生后,从中分析事件发生的原因以及当事各方的应对措施,可以得出结论:一方面,事件的发生凸显出船舶维护不善的问题与海洋水域危险物质运输存在的潜在风险;另一方面,意大利相关部门的及时处置,以及事后的合理索赔,给世界各国在遇到类似案例时提供了借鉴。

提高应急处理能力是及时止损的关键。在“M/T 天堂”号油轮事件处置过程中,正是因为意大利政府有关部门在第一时间内及时开展油污清理工作,才遏制了事态的进一步恶化与蔓延,防止了环境灾难的进一步扩大。因此,其为我国这样一个海洋大国提供了镜鉴。一是提升相关部门应急快速响应能力。应急处理部门要优化应急处理程序,加强应急培训演练,提升应急人员的专业能力。二是提升应急保障能力。建立健全应急保障体系,提高多部门协同配置能力。三是完善应急事件事后分析能力。本着从严治理的原则，相关部门需要科学复盘、详细梳理，总结应急事件处理过程中的经验与存在的不足，提高应急事件事后分析与研判的能力。

完善赔偿体系是分散风险的保证。世界海上安全有关通报显示，意大利政府充分利用国内法律和国际公约作为索赔依据，共收到 6 000 万欧元赔款，其中 3 600 万欧元来自国际油污损害赔偿基金会，2 400 万欧元来自保险公司。这样的典型案例，也给我国在海洋油污损害求偿方面提供了参考。一是完善油污损害赔偿责任认定体系。参照《中华人民共和国海洋环境保护法》《联合国海洋法公约》等相关法律公约完善我国的海洋油污污染责任认定体系，明确相关责任主体。二是健全油污损害赔偿保险体系。一方面，大力推进油轮保险体系建设，引导船舶公司完善油污保险与油污损害赔偿基金建设。另一方面，引导基金公司完善相关赔付机制、优化赔付内容、扩大赔付覆盖面、加大赔付力度、拓宽赔付途径、分散赔付风险、完善赔偿保险体系。三是完善油污损害赔偿赔付体系。学习借鉴相关国家的油污损害赔偿赔付的先进做法，使国内法律与国际公约并行，完善油污损害赔偿赔付体系。

落实责任是未雨绸缪的前提。目前，随着石油生产技术的不断发展，我国石油企业在国内外的作业区域越来越广泛，在跨国石油开发和运输中扮演着重要角色，安全防范和环保风险控制的责任也更加重大。一是需要落实好安全生产责任。参照《国际船舶安全营运和防止污染管理规则》《中华人民共和国船舶安全营运和防止污染管理规则》等相关法律法规要求，严格规范管理，完善自身安全管理制度。同时，要求各责任主体严把质量关口，加大对船舶进行维修维护的力度。二是水路运输部门落实好行业管理责任。一方面，严格把控船舶市场准入关口，对于不符合要求的航运公司和船舶不予发放许可证。另一方面，对不符合经营业务范围或是超过核载的船舶进行依法严肃查处，夯实船舶经营主体的责任。三是海事监管机构落实好安全监管责任。做好通航管理、船舶管理、船员管理、危防管理和船检管理，加大船舶审核力度，加强船舶监督检查，建立船舶随机审查与质量评估机制，抓实安全监管责任。

资料来源：谭鑫. 海上噩梦："M/T 天堂"号油轮事件[EB/OL].（2022-08-10）[2023-07-30]. https://mp.weixin.qq.com/s? __biz=MzIwMjU5NzAxMg==&mid=2247510211&idx=2&sn=4287f2899139238138efc52f1dada39f&chksm=96ded-f38a1a9562e440fd9ef5b10cd61abf7bec8d7d9f9aa74e918f2c18492147eed1c42c899&scene=27.（有改动）

案例讨论

1.“M/T天堂”号油轮事件对环境污染有何影响？

2.“M/T天堂”号油轮事件的处理方法对我国有何启发？

思考题

1. 国际航运政策有哪些?
2. 国际航运公约主要有哪些?
3.《国际海上人命安全公约》的意义是什么?
4. IMO 的主要作用是什么?
5. 国际航标协会的职能是什么?
6. 国际航运公会的主要业务有哪些?

参考文献

[1] 王彦,吕靖. 国际航运经济与市场[M]. 大连:大连海事大学出版社,2013.
[2] 唐宋元. 国际航运经济概论[M]. 北京:机械工业出版社,2016.
[3] 郑玉香,甘胜军. 国际市场营销管理[M]. 北京:旅游教育出版社,2015.
[4] 张智毅. 波罗的海国际干散货运价指数风险测度[D]. 杭州:浙江财经大学,2014.
[5] 翁毅. 波罗的海国际干散货运价指数风险测度研究[D]. 上海:上海海事大学,2007.
[6] 王锡刚. 大型液化天然气船舶通过巴拿马运河新船闸操作[J]. 科技风, 2020(29):183-185.
[7] 魏杰. 干散货运价波动下航运企业经营策略研究[D]. 大连:大连海事大学,2018.
[8] 张林红,陈家源. 国际航运市场运价定量预测方法[J]. 大连海事大学学报, 2001(4):32-35.
[9] 任静,冯鑫源. 航运市场运价和新造船市场的长期动态分析[J]. 河北企业, 2012(4):49-50.
[10] 钱芳. 基于 SVM 的中国航运市场运价预警研究[D]. 大连:大连海事大学,2008.
[11] 汪一琦. 基于半参数 MIDAS 模型的金砖国家金融市场稳定性分析[D]. 合肥:中国科学技术大学,2021.
[12] 汤霞. 集装箱班轮运价市场波动及传导特征研究[D]. 大连:大连海事大学,2021.
[13] 孙乐. 件杂货航运市场研究及成本分析[D]. 上海:上海交通大学,2016.
[14] 郑秋琼. 浅析如何进行航运成本管控以提升效益[J]. 当代会计, 2020(14):102-103.
[15] 王小芹. 原油价格波动对班轮运输燃油费的影响分析[D]. 厦门:集美大学,2018.
[16] 李博. 中国出口集装箱运价指数影响因素分析及短期预测[D]. 南京:南京审计大学,2021.
[17] 肖根连.《海事劳工公约》的实施对中小型航运企业的影响[J]. 水运管理, 2019,41(7):20-22.
[18] 于汉清.《海牙规则》、《汉堡规则》、《鹿特丹规则》之比较:以承运人责任为视角[J]. 法制博览,2015(19):275.
[19] 王铠,牛百龙. STCW 公约 2010 马尼拉修正案对引航业的影响[J]. 中国水运, 2012(2):54-55.
[20] 张铎,张仁平. STCW 公约全面回顾和修订的启动及建议[J]. 世界海运, 2022, 45(4):1-4.

[21] 彭宇,张紫茜.俄乌冲突对国际航运市场影响及中国因应[J].航海，2022(3):7-12.
[22] 杨波.简述海牙规则汉堡规则鹿特丹规则及其关于承运人责任的差别[J].商，2016(6):104.
[23] 许斯雅.厦门集装箱码头集团有限公司营销策略优化研究[D].泉州:华侨大学,2020.
[24] 李志军,曹朝霞.提升"软实力" 在世界航运中发挥中国主导力量[N].现代物流报,2022-06-27(A04).
[25] 智峤生.国际航运市场分析及我国航运企业发展策略分析[J].现代营销(经营版),2021(3):150-151.
[26] 邵贤伟.我国航运强国建设的机遇、挑战和对策[J].中国港口,2021(9):1-5.
[27] 毛剑,韩菁.加快建设世界一流港口 推进航运高质量发展[N].中国交通报，2021-11-05(01).
[28] 孙丹妮.理性看待当前航运市场波动[N].中国水运报,2022-02-09(03).
[29] 曹德胜.加快建设航运强国 全力推进"两保一实现"为促进我国经济持续健康发展提供坚强有力的交通运输保障[J].中国海事,2022(3):68-71.
[30] 李茂生,汤月丽.海南自由贸易港驱动下的航运人才需求分析[J].水运管理，2022,44(6):32-36.
[31] 朱丽娜.香港国际航运中心独具"二元属性" 金融+航运大有可为[N].21世纪经济报道,2022-07-01(07).
[32] 沈荣嵩.水上运输发展对中国文字的影响:浅析舟、船、舶三字的演变[J].珠江水运,2000(4):46-47.
[33] 印绍周,王玉洋.谈我国与国际运输工人联合会(ITF)的合作[J].中国海事，2011(2):67-69.
[34] 江彦桥.国际油轮船东防污染联合会(ITOPF)简介[J].交通环保，1990(1):111.
[35] 彭先伟,瞿国忠.国际海事委员会和国际海事组织的立法工作比较研究[J].中国海商法年刊,2005(1):112-128.
[36] 国际移动卫星组织(Inmarsat)简介[J].通信世界,1999(5):87-88.
[37] 俞庆华.大陆集团和国际移动卫星组织(Inmarsat)携手合作,打造一体式车辆互联[J].汽车零部件,2017(1):84-85.
[38] 陆艳蓉."国际海事组织"简介[J].天津航海,2000(3):37-40.
[39] 张岳华,赵鹏,任士琳.我国履行《海员培训、发证和值班标准国际公约》的具体措施与国际标准下的航海职业教育研究[C]//2022教育教学与管理重庆论坛论文集,重庆:中国智慧工程研究会智能学习与创新研究工作委员会,2022.
[40] 林青.关于国际海事组织经修正的《1974年国际海上人命安全公约》和《国际船舶和港口设施保安规则》的修正案生效的公告[J].中国海洋法学评论(中英文版),2009(1):206.

[41] 陈晓攀，田绍杰. 浙江自贸区宁波片区航运政策发展研究[J]. 交通与港航，2022，9(1)：78-81.
[42] 陈喆. 我国政府扶持航运业发展的政策研究[D]. 大连：大连海事大学，2015.
[43] 任婷. 我国国际航运经济政策优化探析[J]. 船舶物资与市场，2020(12)：71-72.
[44] 陈祥燕，陈伟炯，吕长红. 国际航运中心城市集疏运体系发展现状与未来趋势[J]. 港口经济，2014(5)：5-8.
[45] 盘艳芳. 鹿特丹智慧港口建设发展模式与经验借鉴[J]. 中国航务周刊，2021(6)：48-49.
[46] 陈吉. 全球化新趋势下上海国际航运中心建设的思路和对策[J]. 科学发展，2022(4)：30-37.
[47] 闫然. 全球先进自由贸易区的功能定位、监管模式与政策创新：以迪拜、新加坡、伊基克为例[J]. 上海商学院学报，2014，15(4)：35-41.
[48] 曾洋. 香港国际航运中心纵横谈 人才驱动的智能型航运中心建设[J]. 中国远洋航务，2013(1)：72-73.
[49] 荣伟成. 新时代上海国际航运中心建设路径的研究[J]. 淮南师范学院学报，2022，24(3)：85-91.
[50] 童孟达. 上海国际航运中心未来发展思考[J]. 中国港口，2021(1)：27-32.
[51] 范学谦. 伦敦国际航运中心发展对我国服务业的启示[J]. 交通企业管理，2013，28(11)：72-74.
[52] 胥苗苗. 新加坡的国际航运中心战略[J]. 中国船检，2013(12)：37-39.
[53] 孔文. 新加坡：全球性国际航运中心的经营之道[J]. 交通建设与管理，2007(Z1)：64-67.
[54] 谢奔一. 航运中心生态位演化研究[D]. 武汉：武汉理工大学，2016.
[55] 宫春梅. 关于船舶折旧和减值会计政策的几点思考：基于配比原则的角度[J]. 交通财会，2013(1)：48-51.
[56] 江山. 航运企业船舶成本及其航次效益研究[D]. 大连：大连海事大学，2000.
[57] 朱威. 考虑硫排放及碳减排的海运集装箱船舶经济航速研究[D]. 重庆：重庆交通大学，2019.
[58] 金伟晨，张晶，谢予.2022 年世界造船业回顾与展望[J]. 世界海运，2023，46(2)：16.